GUANGZHOU

筑梦羊城

广州发展70年

中共广州市委宣传部 编著

广州新华出版发行集团
广州出版社

图书在版编目（CIP）数据

筑梦羊城：广州发展70年 / 中共广州市委宣传部编著 .—广州：广州出版社，2019.12
ISBN 978-7-5462-3063-4

Ⅰ .①筑… Ⅱ .①中… Ⅲ .①社会主义建设成就－广州 Ⅳ .① D619.651

中国版本图书馆 CIP 数据核字（2019）第301581号

ZHUMENG YANGCHENG : GUANGZHOU FAZHAN 70 NIAN
筑梦羊城——广州发展 70 年

出版发行：广州出版社
（地址：广州市天河区天润路 87 号 9 楼、10 楼　邮政编码：510635
网址：www.gzcbs.com.cn）
责任编辑：蚁燕娟　周　秦
责任校对：蒋美秀　张　苹
排版设计：广州水石文化发展有限公司
印　　刷：广州市快美印务有限公司
（地址：广州市白云区广从五路 410 号一楼 103 房　邮政编码：510440）
开　　本：889 毫米 ×1194 毫米　1/16
印　　张：28.75
字　　数：557 千
版　　次：2019 年 12 月第 1 版
印　　次：2019 年 12 月第 1 次
书　　号：ISBN 978-7-5462-3063-4
定　　价：88.00 元

发行专线：（020）38903520 38903521
如发现印装质量问题，影响阅读，请与承印厂联系调换。

序

七十载风雨兼程，七十载砥砺前行。躬逢中华人民共和国成立70周年这一伟大历史节点，每一位中华儿女都由衷为伟大祖国感到自豪。盛世华夏、伟大历程，值得庆祝，更值得铭记。

在人类历史长河中，70年只是弹指一挥间，但正是在这短短的70年里，中华民族彻底结束了百年屈辱，实现了从站起来、富起来到强起来的历史性飞跃。新中国成立70年来，我们党团结带领全国各族人民，筚路蓝缕、披荆斩棘，共同绘就了一幅波澜壮阔、气势恢宏的历史画卷，谱写了一曲感天动地、气壮山河的奋斗赞歌：曾经一穷二白的国家，如今已成为世界第二大经济体，成为世界经济增长的主要动力源；曾经百废待兴的国家，如今活跃着上亿市场主体，公路成网、高铁飞驰，港珠澳大桥、北京大兴国际机场等超级工程熠熠生辉；曾经贫穷落后的国家，如今建成了覆盖十几亿人的世界最大的社会保障体系，七亿多农村贫困人口实现脱贫，人民生活即将迈向全面小康；曾经封闭僵化的国家，如今以海纳百川的宽广胸怀拥抱世界，推动构建人类命运共同体，日益走近世界舞台中央……中国共产党领导中国人民实现了一个又一个“不可能”，创造了一个又一个难以置信的奇迹。“风雨压不垮，苦难中开花。”历经70载风雨，中国人民无比自豪地向世界宣示：“今天，社会主义中国巍然屹立在世界东方，没有任何力量能够撼动我们伟大祖国的地位，没有任何力量能够阻挡中国人民和中华民族的前进步伐。”

在新中国70年的历史进程中，广州是一座具有特殊重要地位的城市，她既是新中国开展国际贸易的前沿窗口，更是在改革开放中先行先试、不断发展壮大的国家中心城市。70年来，广州在中国和世界的城市竞争中快速崛起，取得了举世瞩目的发展成就：经济实力实现跨越式提升，2018年广州的地区生产总值达23628.6亿元，为1949年的1700多倍，形成汽车、电子、石化、电力热力、电气机械等五个产值超千亿元的工业行业，以及批发零售、金融、房地产、租赁和商务服务、交通运输、信息服务等六个增加值超千亿元的服务业行业，广州成为全国经济发展最具活力的地区之一。工业化、市场化、国际化水平不断提升，构筑起以汽车制造业、电子产品制造业和石油化工制造业为支柱产业的现代工业体系，三大产业结构率先由"二三一"结构演化为"三二一"结构，进入谋求高质量发展的后工业化发展阶段。国家中心城市功能显著增强，以广州为枢纽的国家级陆海空立体交通综合体系已经形成，吸聚人口等资源要素的能力显著增强，城镇化水平极大提升，跻身全国超大城市行列，世界城市研究机构GaWC（全球化与世界城市研究网络）发布的2018年世界级城市名册中，广州排名上升到Alpha级别，在世界一线城市中排名第二十七位。人民生活水平显著提升，1952年广州城市、农村常住居民人均可支配收入均不超200元，2018年广州城市、农村常住居民人均可支配收入分别为59982元和26020元，商贸的新业态、新产业、新模式、新消费蓬勃发展，"千年商都"的内涵不断丰富，2018年广州的网上商店零售额已经连续五年保持全国第一位，快递业务收入排名全国第二位。科技创新能力不断增强，全市科技创新企业总数突破20万家，涌现了微信、UC动景、广州数控、金发科技、海格通信等一批具有自主知识产权的龙头骨干企业。建设了一批专业化、高品质专业孵化器和众创空间，2018年全市共有认定省级新型研发机构50家。国家重点实验室20家、省重点实验室213家，分别占全省的70%、69%，广州的区域创新体系已经形成。各项社会事业全面发展，教育、医疗、环保等方面都取得显著成绩，高等院校数量从1978年的15所增长到2018年的82所，2018年底全市已有医院255家、医院床位数8.60万张，城镇生活垃圾无害化处理率为100%，饮用水水源地水质连续八年达标率保持100%，人民群众的幸福感持续提升。特别是党的十八大以来，在以习近平同志为核心的党中央坚强领导下，广州始终把自身放到国家大局中确立发展定位、谋划战略举措，主动顺应经济全球化趋势，把握新一轮科技和产业革命正孕育兴起、国际分工体系加速演变、全球价值链深度重塑的机遇，坚定不移扩大对外开放，落实放宽外商投资准入政策，提高投资贸易便利化程度，全力营造一流营商环境，以开放促发展、促改革、促创新、促合作、促共享，构建起更全面、更深入、更多元的对外开放格局，各项事业实现高质量高效益可持续发展，国家重要中心城市和"两个重要窗口"作用进一步凸显，为当好"四个走在全国前列"排头兵奠定了坚实基础。

广州70年发展历程，是一幅波澜壮阔的恢宏画卷；广州70年发展成就，是新中国繁荣发展的有力见证。广州70年发展实践雄辩地证明：解放思想是解放和发展社会生产力、解放和增强社会活力的总开关，习近平新时代中国特色社会主义思想是新时代中国共产党的思想旗帜，是当代中国马克思主义、21世纪马克思主义，是中国人民创造增长奇迹、大幅提升人民生活水平的思想武器。广州70年发展实践雄辩地证明：坚持党对一切工作的领导，不断加强和改善党的领导，是我们的一切工作取得成效的根本保障；广州70年的发展归根结底是坚决遵循党中央的坚强领导，任何时候，我们都要坚持以习近平新时代中国特色社会主义思想为指导，增强“四个意识”，坚定“四个自信”，做到“两个维护”，在思想上、政治上、行动上同以习近平同志为核心的党中央保持高度一致。广州70年发展实践雄辩地证明：坚持以人民为中心，把增进人民福祉、促进人的全面发展、朝着共同富裕方向稳步前进作为经济社会发展的出发点和落脚点，在人民中寻找发展动力、依靠人民推动发展、使发展造福人民，是我们党贯穿革命建设改革伟大历程的永恒主题，是历经一个世纪风雨依然矢志不渝的真挚初心。广州70年发展实践雄辩地证明：坚持中国特色社会主义是根本制度优势，始终坚持中国特色社会主义的正确前进方向，需要我们牢牢把握改革开放的前进方向，用好改革开放关键一招，大胆地干、大胆地闯，不断坚持和发展中国特色社会主义，不断发挥和增强我国制度优势，推动中国特色社会主义制度更加成熟更加定型。广州70年发展实践雄辩地证明：中国共产党人矢志不渝为实现党的初心和使命不懈奋斗，是近百年来中国一切社会变革的最重要因素和最根本保证，只要我们不忘初心、牢记使命，坚定信念、勇于担当，始终保持锐意进取、永不懈怠的精神状态，就没有什么难题是解决不了的，就没有什么事情是办不成的。

天翻地覆慨而慷，而今迈步从头越。站在新时代更高的历史节点上，党的十九大高瞻远瞩地擘画了到21世纪中叶中国发展的战略安排，为中华民族百年航程谋划了新的篇章。我们坚信，具有5000多年文明历史、创造了新中国70年伟大成就的中国人民和中华民族，在实现“两个一百年”奋斗目标、实现中华民族伟大复兴中国梦的新征程上，必将书写出更新更美的时代篇章。

士者弘毅，任重道远。总结新中国成立70年广州取得伟大奇迹的经验，对于我们坚持用习近平新时代中国特色社会主义思想指导推动新时代广州改革发展，实现“两个一百年”奋斗目标和中华民族伟大复兴具有重要意义。2018年10月，习近平总书记视察广东明确要求，广州要实现老城市新活力，在综合城市功能、城市文化综合实力、现代服务业、现代化国际化营商环境方面出新出彩。70年发展给了广州充足的底气，奠定了新时代砥砺奋进的雄厚基础。广州将坚持以习近平新时代中国特色社会主义思想为指引，从习近平新时代中国特色社会主义思想中寻找开放方法论，从70年的伟大历史实践中总结提炼新经验，举全市之力推进粤港澳大湾区建设、支持深圳建设中国特色社会主义先行示范区，着力推动高质量发展、加强高水平治理、创造高品质生活，坚决打赢三大攻坚战，确保全面建成小康社会和“十三五”规划圆满收官，加快实现老城市新活力、“四个出新出彩”，加快建设具有独特魅力和发展活力的国际大都市，在全省实现“四个走在全国前列”、当好“两个重要窗口”中勇当排头兵。

为认真贯彻落实习近平总书记重要讲话精神，深入研究和总结新中国70年发展逻辑与经验，中共广州市委宣传部策划出版了本套丛书，该丛书共有《筑梦羊城——广州发展70年》和《大城之美——图说广州发展70年》两册，让一件件史实说话，以一张张图片见证，全景式回溯广州走过的70年不平凡历程，系统梳理广州70年发展的宝贵经验，更好激发全市人民逐梦前行的巨大热情和再创奇迹的雄心壮志，广泛凝聚起奋进新时代的磅礴力量！

70年伟大荣光，我们一同见证；更加美好的未来，召唤我们一起携手出发！

是为序。

编者

2019年10月

目录

CONTENTS

第一章

广州经济社会发展综述

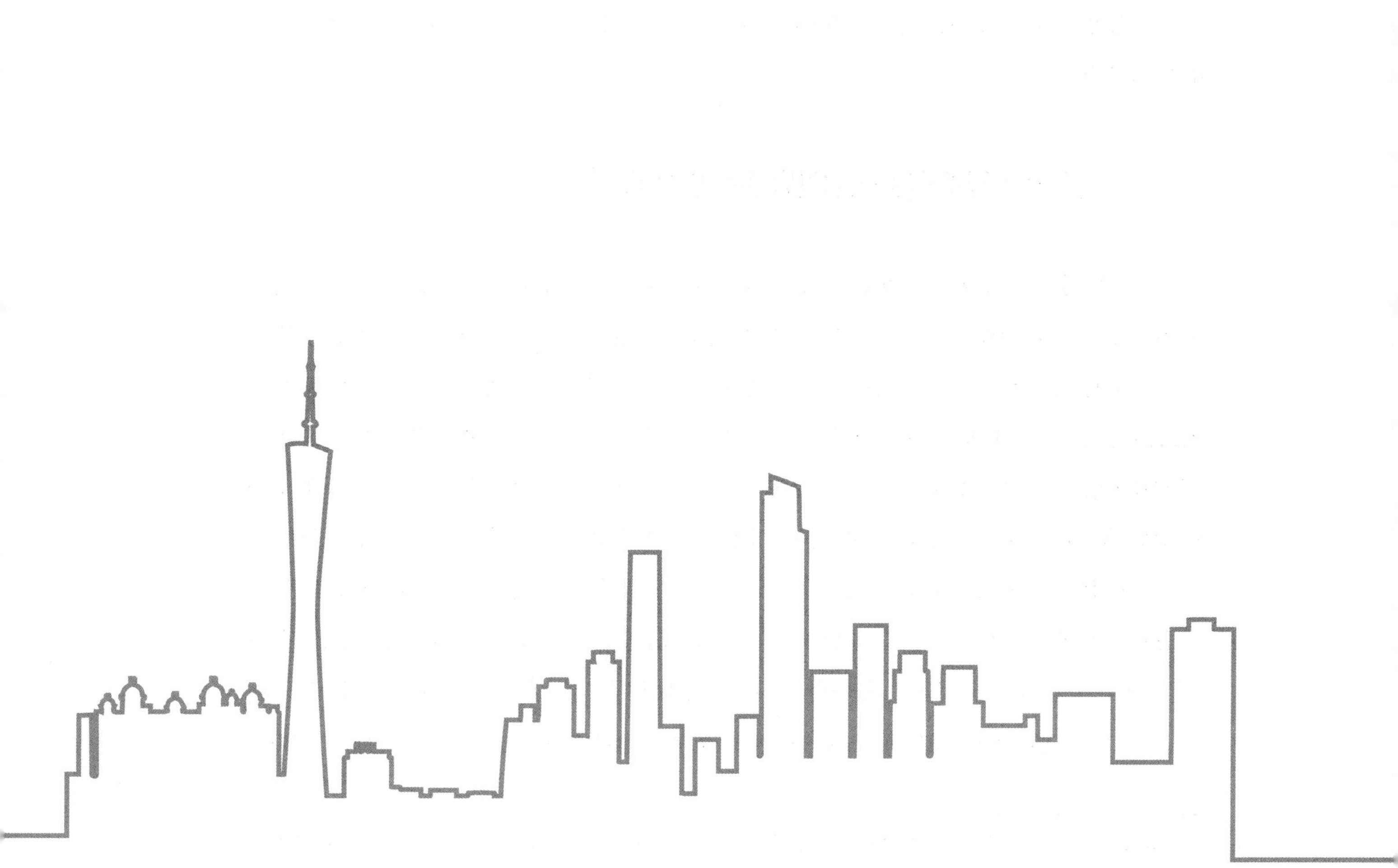

新中国成立70年来，在党中央的坚强领导下，广州市委市政府带领全市人民解放思想，积极探索，勇于创新，经济社会各个领域发生了翻天覆地的变化。广州以敢为人先的精神在改革开放和社会主义现代化建设中始终屹立潮头，实现了从“赶上时代”到“引领时代”的伟大跨越，取得了一系列辉煌成就。特别是党的十八大以来，在习近平新时代中国特色社会主义思想指导下，广州坚持新发展理念，经济社会朝着高质量发展的方向迈进，人民群众的幸福感和获得感持续提升，谱写了经济社会发展的壮丽篇章。

一、广州经济实力实现跨越式提升

新中国成立70年来，广州持续加快经济发展步伐，经济总量连上新台阶，财政实力不断增强，人均地区生产总值达到高收入国家或地区水平，综合竞争力明显提升。

经济总量连上新台阶。新中国成立初期，广州经济基础薄弱，1949年地区生产总值2.98亿元，1978年提高到43.09亿元；按可比价格计算，1978年地区生产总值是1949年的13.0倍，1950—1978年均增长9.2%。改革开放初期，广州经济总量在全国主要城市中居第八位，不仅低于京、津、沪，也低于沈阳和武汉等城市。乘着改革开放的春风，广州作为国家首批沿海开放城市，经济建设插上腾飞的翅膀。1989年起，广州经济总量连续27年位居全国第三，仅次于上海和北京。2010年，广州地区生产总值突破1万亿元。党的十八大以来，更是以每年1000亿元以上的速度递增，2017年冲破2万亿元，2018年[①]达22859.35亿元，约占广东省经济总量两成半。按可比价格计算，2018

① 本文中地区生产总值增速按可比价格计算；2018 年数据为快报数，其余年份为年报数。

年广州的地区生产总值是1949年的1736.0倍。1950—2018年均增长11.4%，高于全国[①]（8.1%）、广东省（9.7%），其中1979—2018年均增长13.0%。1990—2013年，广州地区生产总值增速连续24年保持两位数增长。特别是“八五”时期（1991—1995年），随着我国改革开放和现代化建设进入新的阶段，广州加快推进改革开放力度，地区生产总值年均增速高达20.2%。党的十八大以来，随着我国经济发展进入新常态，广州坚持新发展理念，转变发展方式，经济由高速增长阶段转向高质量发展阶段，2013—2018年均增长8.3%，高于同期全国平均增速1.3个百分点，成为全国经济发展最具活力的地区之一。

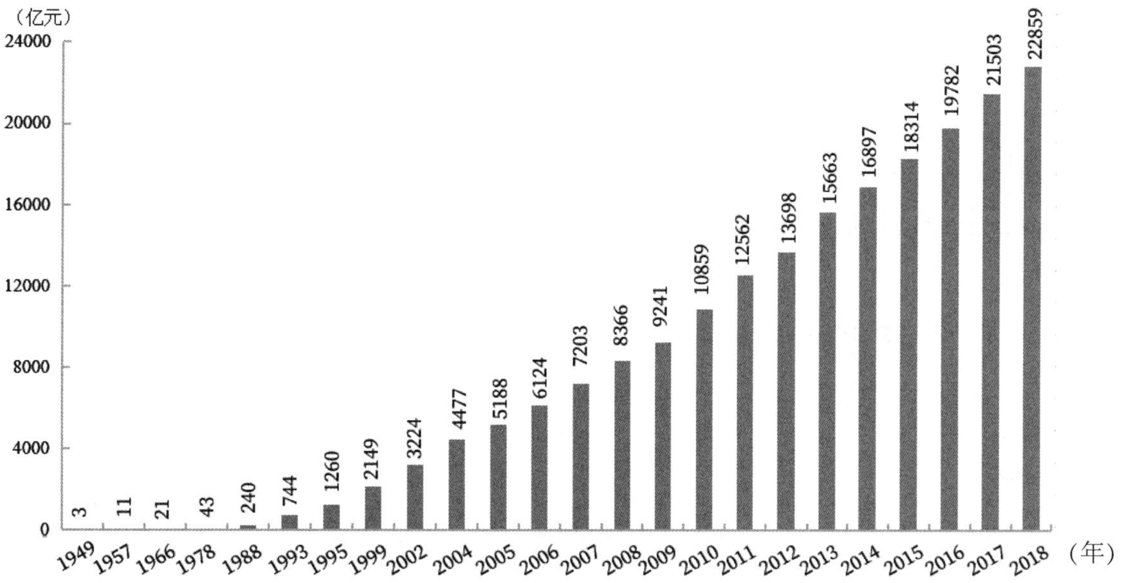

图 1-1 1949—2018 年主要年份广州地区生产总值[②]

1949年，广州人均地区生产总值仅为121元，1978年为907元，1950—1978年均增长6.8%。改革开放以来，随着经济发展，广州人均地区生产总值于1979年上千元台阶，1993年攀万元台阶，2012年冲上10万元，2014年近13万元（按平均汇率计算，突破2万美元），2017年突破15万元，2018年达15.55万元（折合2.35万美元），是全国的2.4倍和广东省的1.8倍，高于北京（14.02万元）、上海（13.50万元）和天津

① 全国数据为 1953—2018 年均增速。

② 图中数据按公开数据四舍五入处理，下同。

（12.07万元）等城市。按世界银行的划分标准[①]，广州于2010年已达到高收入国家或地区水平。若作为一个经济体参与排位，根据国际货币基金组织发布的2018年各国、各地区的生产总值及人口数据，广州人均地区生产总值可排在世界各经济体第四十一位。按人民币可比价格计算，1979—2018年广州人均地区生产总值年均增长10.1%，比1950—1978年均增速高3.3个百分点，高于同期全国平均水平1.7个百分点。

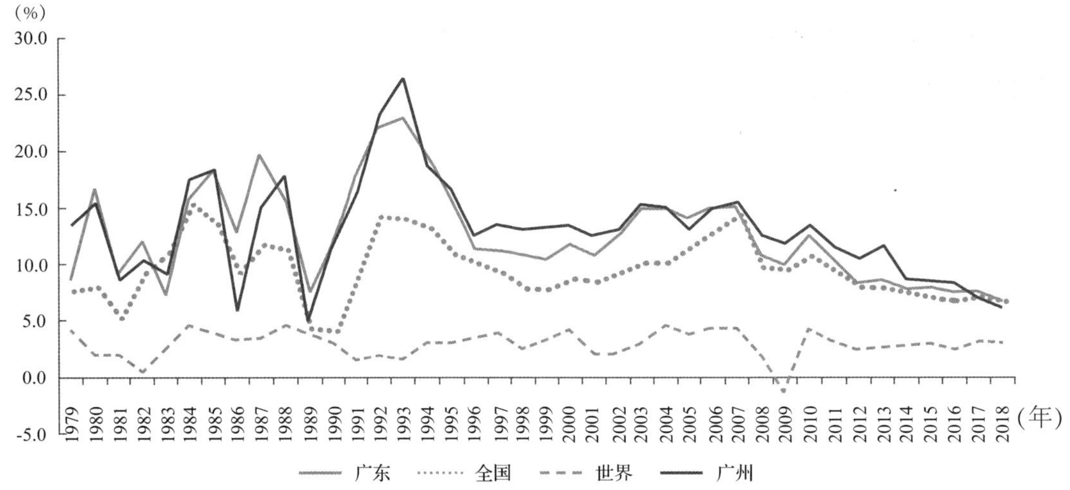

图 1-2 1979—2018 年广州与广东、全国、世界地区生产总值增速

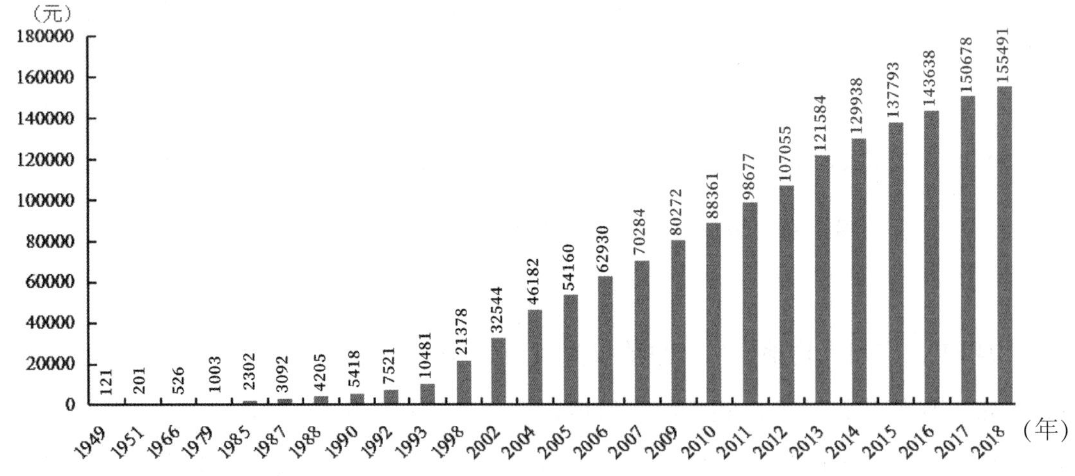

图 1-3 1949—2018 年主要年份广州人均地区生产总值

① 按照世界银行 2010 年划分标准，人均国民总收入（与人均地区生产总值大致相当）低于 1005 美元为低收入国家，在 1006—3975 美元为中等偏下收入国家，在 3976—12275 美元为中等偏上收入国家，在 12275 美元以上为高收入国家。

财政实力明显增强。新中国成立初期，广州财政较为困难。1950 年，地方一般公共预算收入 1.05 亿元，1978 年为 13.65 亿元，1951—1978 年均增长 9.2%。改革开放以来，随着经济实力的增强和财政体制改革的深化，广州财政收入增长较快，1979—2018 年均增长 12.7%，比 1951—1978 年均增速高 3.5 个百分点。党的十八大以来，广州财政收入稳步提升，2012 年突破 1100 亿元，2014 年再上 1200 亿元台阶，2015 年冲上 1300 亿元，2018 年达 1634.22 亿元，2013—2018 年均增长 6.8%。

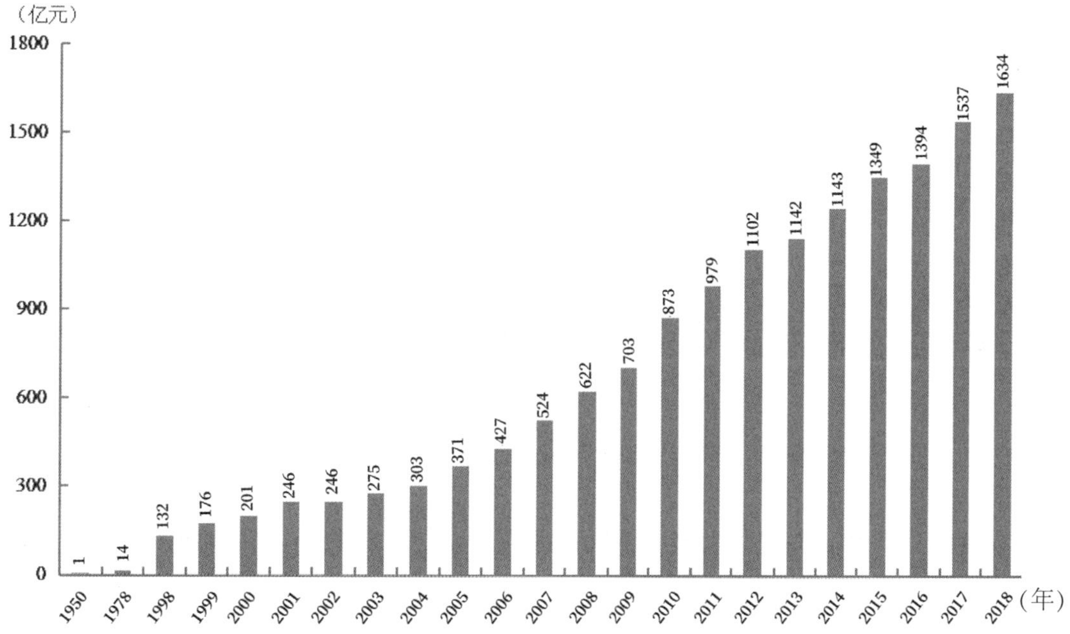

图 1-4 1950—2018 年主要年份广州地方一般公共预算收入

二、广州产业结构持续优化升级

新中国成立70年来，广州经济结构在调整升级中不断优化，农业向产业化、都市型发展，工业向高端化发展，服务业向现代化迈进，消费不断提档升级，民营经济释放活力。

产业结构调整步伐加快。新中国成立初期，广州经济规模小，产业结构基本“三分天下”，1949年的三大产业结构为27.37：33.02：39.61，随后第二产业占比稳步提升。尤其是改革开放以来，工业化进程进一步加快，服务业迅速发展，三大产业结构由1978年的11.67：58.59：29.74调整为1991年的7.29：46.53：46.18，产业结构基本呈“二三一”格局。20世纪90年代起，第三产业逐步成为推动国民经济发展的主导力量，广州产业结构从“二三一”格局演化为“三二一”格局。第三产业增加值占比在1994年超过第二产业后继续提升，1998年突破50%，2009年占比逾60%，2017年占比达70%。2018年，三大产业结构继续调整为0.98：27.27：71.75，第三产业占比较1978年大幅提高42.01个百分点。

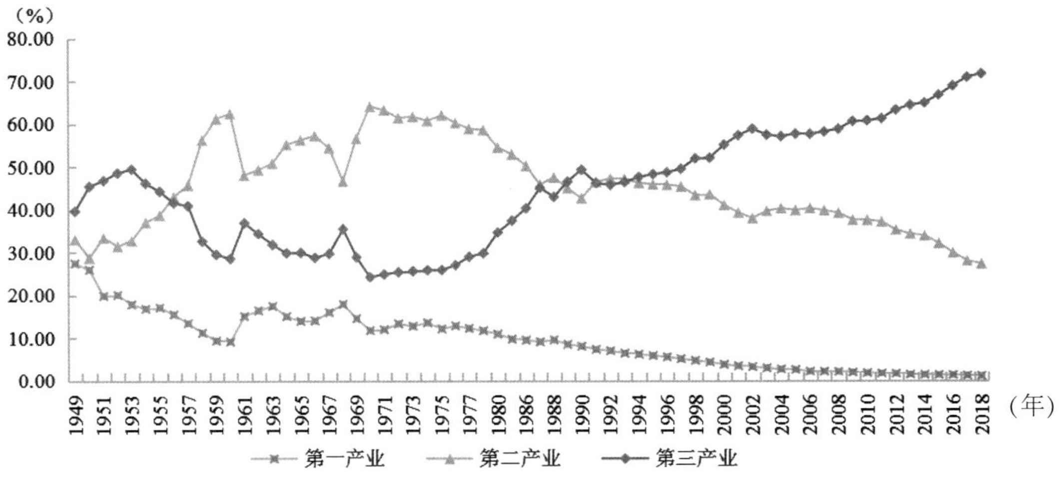

图 1-5 1949—2018 年主要年份广州三大产业结构

农业向产业化、都市型发展。新中国成立初期，广州农业设施薄弱，生产能力较低，1949 年第一产业增加值为 0.82 亿元，到 1978 年为 5.03 亿元，1950—1978 年均增长 3.8%。党的十一届三中全会召开，农村率先揭开改革和发展的序幕，农村经济体制改革不断深化，农业生产持续发展。2018 年，第一产业增加值 223.44 亿元，1979—2018 年均增长 4.6%，其中 2013—2018 年均增长 1.4%。

农业生产不断满足日益增长的生活需求，农业经济由单一的种植向种养和加工相结合、种植业和多种经营相结合发展，种植业占农业总产值比由 1978 年的 77.8% 下降到 2018 年的 55.6%，渔业占比从 4.5% 上升到 19.7%，呈现多种经营高质量发展的良好态势。近年来，广州加快培育农业新业态，向都市型迈进，2018 年的都市农业总收入 2167.57 亿元，农业产业化生产单位 2064 个，农业产业化规模达 17.3%。

工业向高端化发展。新中国成立初期，广州工业基础薄弱，工业化程度低，1949年的工业增加值0.96亿元。国家五个五年计划建设期间，广州工业在国民经济中的地位明显提高，钢铁、有色金属冶炼、机械、化工和轻纺等骨干企业迅速发展，为广州工业发展打下坚定的基础。1978年，广州实现工业增加值24.36亿元，1950—1978年均增长12.7%。

改革开放以来，广州工业结构基本实现由技术含量低、劳动密集程度高、门类单一的结构向资本密集、技术密集、知识密集、门类齐全的发展格局转变。1978—2003年，广州工业以轻工业为主，轻工业占比保持在50%—66%，形成以轻型加工为主的工业生产体系，自行车、电风扇、服装、彩电等居民生活用品生产加快。

2004年，重工业总产值首次超过轻工业，轻、重工业之比为45.05：54.95。2006年，重工业产值比重超过60%。同年，汽车制造业产值突破1000亿元，电子产品制造业和石油化工制造业蓬勃发展，与汽车制造业形成广州工业经济三大支柱产业。2018年，三大支柱产业总产值占规模以上工业总产值的55.5%，2013—2018年均增长9.0%，高于同期全市规模以上工业总产值增速2.1个百分点。

近年来，广州工业结构不断转型升级，加快迈向中高端，2018年工业增加值达5621.73亿元，1979—2018年均增长13.5%。围绕中国制造业发展规划，广州聚焦IAB（新一代信息技术、人工智能、生物医药）、NEM（新能源、新材料）重点产业行动计划，成功引进超视堺、LG、科大讯飞、百济神州等一批高技术制造业项目，工业发展新动能加快成长。2018年，规模以上高新技术产品产值占全市规模以上工业总产值的48.0%，比2014年提升4.0个百分点；先进制造业发挥引领作用，高技术制造业规模持续扩大，两者增加值占规模以上工业增加值比重分别为59.7%、13.4%，分别比2014年提升4.4个、1.8个百分点。

服务业向现代化迈进。新中国成立初期，广州服务业发展缓慢，1949 年的第三产业增加值 1.18 亿元，到 1978 年为 12.82 亿元，1950—1978 年均增长 9.5%。改革开放以来，广州不断加快第三产业发展，增加值规模持续扩大，重点推动交通运输、金融保险、房地产、会展服务、商贸旅游等行业快速发展，1979—2018 年均增长 13.7%，高于同期地区生产总值增速 0.7 个百分点，对经济增长发挥重要的支撑作用。党的十八大以来，广州第三产业增加值总量接连攀登新台阶，2013 年突破 1 万亿元，2018 年达 16401.84 亿元，2013—2018 年均增长 9.2%，高于同期地区生产总值增速 0.9 个百分点。

从构成看，在传统服务业方面，交通运输、仓储和邮政业增加值占第三产业增加值比重由 1978 年的 47.4% 下降到 2018 年的 9.6%，批发零售业增加值占比由 33.4% 下降到 20.1%。在现代服务业方面，实现增加值继 2017 年突破 1 万亿元后，2018 年近 1.1 万亿元，占第三产业增加值比重的 66.5%；金融业增加值占第三产业增加值比重由 1978

年的3.1%上升到2018年的12.7%；房地产业增加值占第三产业增加值比重由7.7%上升到2018年的11.6%；网络约车、远程教育、在线医疗等与“互联网+”技术深度融合的新服务模式推动产业转型，占第三产业增加值比重8.7%的信息传输、软件和信息技术服务业，营业收入2013—2018年均增长18.2%，其中互联网、软件和信息技术服务业营业收入年均增长25.9%。

消费市场繁荣兴旺。新中国成立初期，广州商品短缺、种类单一，1949年的社会消费品零售总额为1.77亿元，1978年为17.63亿元，1950—1978年均增长8.3%。改革开放以来，广州商业迅速恢复和发展，规模逐步扩大，商品供应从匮乏到逐渐充裕、丰富。在政策指引下，“千年商都”广州展现新活力，商品消费市场保持兴旺，商贸功能不断完善，新兴消费热点不断涌现，带动居民消费潜力有序释放。2018年，实现社会消费品零售总额9256.19亿元，自1988年起连续31年在全国主要大城市中位列第三；1979—2018年均增长17.3%，比1950—1978年均增速高9.0个百分点。

党的十八大以来，在社会消费品零售总额基数较大的基础上，2013—2018年均增速仍保持两位数（10.5%）。体现发展与享受需求的旅游休闲成为新增长点，2018年，旅游业总收入为4008.19亿元，2013—2018年均增速为13.1%。网络餐饮消费方式日益盛行，全市限额以上住宿和餐饮业通过公共网络实现的餐费收入同比增长62.4%。

在壮大自身优势产业的基础上，广州积极探索推动新业态发展，借助“互联网+”技术的迅猛发展，逐步将电子商务、物流快递等孕育成为拉动经济增长的新动能。限额以上网上商店零售额2013—2018年均增长39.0%，网购走进千家万户，增速高于同期社会消费品零售总额，不断引领消费模式新发展。网上消费畅旺带动快递业务持续快速发展，2018年的快递业务量首次突破50亿件，比2014年增长2.6倍；快递服务品牌集中度上升，快递与包裹服务品牌集中度指数CR8为87.7①，同比提升12.9%。

民营经济释放活力。改革开放以来，国家对个体工商业的政策支持力度不断加大，广州民营经济经历从无到有、从个体工商户到民营企业家的地位升级，规模实力不断实现跨越。近年来，随着商事制度改革深入推进，广州市大力推动大众创业、万众创新，广州创业环境日益宽松，民营企业数量快速增长，民营市场主体持续释放市场活力。2018年，广州民营经济实现增加值9139.47亿元，占全市地区生产总值的40.0%；2006—

① 即排名靠前的8家公司拥有87.7%的市场份额。

2018年均增长10.9%。2018年，全年新登记私营企业25.57万家，同比增长36.2%，353家省级以上企业技术中心中70%以上是民营企业。90%的现有科技型企业为民营企业，90%以上的企业发明专利申请量来自民营企业。民营企业贡献的就业岗位占比达五成，税收占比为三成。

三、广州开放型经济开创新局面

新中国成立70年来，广州积极参与国际经济合作与竞争，充分利用国内外资源和市场，大力开拓国际市场，对外贸易快速发展，自贸区建设成效喜人，开放型经济实力不断增强。

对外贸易快速发展。新中国成立初期，作为中国最早对外贸易通商口岸之一，广州相继成立外贸经济实体。1950—1956 年，批准 508 家私营进出口商经营进出口业务。1957年，广州市第一家国营进出口公司成立。

党的十一届三中全会后实行改革开放，广州被国务院批准为沿海港口开放城市和计划单列城市，凭借良好的地理优势和政策优势，广州大力开拓国际市场，加快发展外向型经济。货物贸易出口值由 1978 年的 1.34 亿美元增长至 1986 年的 6.04 亿美元，1978—1986 年出口总量累计为 29.99 亿美元，年均增长 17.8%。1987 年起，外贸统计口径进行了调整，统计数据发生较大变化。1987 年，广州进出口总值 21.71 亿美元，1993 年超 100 亿美元，2010 年突破 1000 亿美元；2018 年达 1484.83 亿美元，是 1987 年的 68.4 倍，1988—2018 年均增长 14.6%。其中，2018 年出口总值达 848.51 亿美元，是 1987 年的 82.9 倍，1988—2018 年均增长 15.3%。

出口商品结构也在不断优化，从农村土特产品、中低档工业品为主转向轻纺产品和机电产品为主，高新技术产品出口也快速增长。广州机电产品出口占出口总额的比重由 1998 年的 29.3% 提高到 2018 年的 50.3%；高新技术产品（与机电产品有交叉）出口占出口总额的比重由 1999 年的 4.7% 提高到 2018 年的 15.4%。

出口市场从以港澳为主向多元化发展。从中国香港、美国、欧盟和日本等主要出口市场拓展到东盟、非洲和拉美等市场。借助“一带一路”倡议实施，广州全面深化国际合作，2018 年广州对“一带一路”沿线国家和地区进出口 2463.5 亿元，占全市进出口总值的 25.1%。

利用外资规模不断扩大。1979年，广州实际利用外商直接投资为165万美元。在改革开放热潮中，在中央政策的指导下，广州在利用外资方面开拓创新，多次领全国风气之先，制定一系列鼓励外商投资的优惠政策，吸引大批外资来穗投资，利用外资规模不断扩大。2018年，实际利用外资达66.11亿美元，1979—2018年累计939.68亿美元，1980—2018年均增长26.7%；其中，1980—1986年均增长77.9%，1987—2012年均增长20.4%，2013—2018年均增长6.3%。

截至2018年，累计吸收来自其他国家和地区的外商直接投资项目36537个；世界500强企业累计已有301家进入广州，共设立1017个项目。

自贸区建设成效喜人。中国（广东）自由贸易试验区广州南沙新区片区于2015年正式挂牌，市委市政府举全市之力推动南沙自贸片区高质量发展。市场活力进一步激发，注册企业数由自贸区挂牌前的8400家增加到2018年的91230家，增长近10倍。外贸进出口从2014年的1291.4亿元上升到2018年的2063.9亿元，跨境电商交易规模从0.3亿元发展到98.7亿元。

在自贸区政策带动下，中远海运散货全球总部、中远航运风电总部、唯品会跨境电子商务总部等航运物流总部企业落户南沙，打造更高水平的对外开放门户枢纽。

四、广州的国家中心城市功能显著增强

新中国成立70年来，尤其是改革开放以来，广州持续加大基础设施投资，不断完善现代化陆海空立体交通体系，重点加快国际航运枢纽、国际航空枢纽、国际科技创新枢纽建设，城镇化发展阔步向前，区域协同发展扎实推进，国家中心城市功能持续强化。

基础设施投资稳步提升。自新中国成立至改革开放前，广州的城市基础虽在不断进行建设和改造，但总体仍比较落后。1978年，广州城市建设固定资产投资额为3150万元，“行路难”“乘车难”等问题突出。近年来，广州积极加快枢纽型网络城市建设，高铁、地铁、高速公路、海港、空港等基础设施建设取得重大进展，现代化陆海空立体交通体系不断完善，国家重要中心城市地位不断提升。2006年的基础设施投资额达548.65亿元，2018年达1762亿元，年均增长10.2%，占全市固定资产投资的平均比重为28.97%。党的十八大以来，基础设施投资持续增长，占全市固定资产投资比重由2013年的25.5%逐步提升到2018年的29.7%，2014—2018年均增长9.2%。

综合交通运输网络日趋完善。新中国成立初期，广州公路运输比较落后。20世纪50

年代，全市仍有40%的村、15%的乡镇不能通汽车，至20世纪80年代全市公路才在严格统一规划下有计划地连成网络。截至1990年，全市公路密度每百平方公里达37公里，居全国省会城市前列。在此期间广州还重点改造十大出口建设，拓宽了一批桥路，基本形成以广州为枢纽，向省内外辐射的运输网络。

近年来，广州路网建设不断取得突破，整体交通状况得到较大改善，市民出行更为便捷。2005年，全市公路通车里程5493公里，2018年达8975公里、是2005年的1.6倍；其中，2018年高速公路里程1022公里，是2005年的2.4倍。自1997年建成第一条地铁线路以来，截至2018年底，广州实现区区通地铁。截至2019年9月底，广州地铁线网里程达478公里，稳居全国第三位。2018年，广州地铁安全运送乘客30.25亿人次，承担全市公共交通51%的出行量。大力修建高铁。2004年，铁道部规划的全国四大铁路客运中心之一——广州南站开工建设，武广铁路、广珠城际铁路、广深港铁路、贵广铁路、南广铁路等高铁线路投入运营，从广州南站出发可乘高铁直达多个省会城市、直辖市、自治区首府及众多城市，构建起一个四通八达的高铁网络，进一步完善综合交通枢纽功能。

国际航空枢纽飞跃发展。新中国成立初期，白云机场占地面积不足120万平方米。1964—1967年，进行全面扩建，扩建后基本具备与国内外通航的条件。1978年，机场旅客吞吐量不足70万人次。

近年来，广州大力推进国际航空枢纽建设，新白云国际机场于2004年投入使用，拥有3条跑道、2个航站楼，成为国家民航局首批未来“智慧机场”建设示范单位。机场的枢纽吞吐能力及综合服务水平得到明显提升。2016年，机场旅客吞吐量近6000万人次。2018年，机场旅客吞吐量近7000万人次，居全国第三位、全球第十三位。其中，国际航段完成旅客吞吐量1731.92万人次，占总旅客吞吐量比重接近四分之一。2019年，机场旅客吞吐量超7000万人次。

随着广州推进高端临空产业的集聚发展，2018年白云国际机场综合保税区进出口总值超120亿元；空港跨境电商发展态势迅猛，跨境电商进出口总值超80亿元，居全国空港第一位；已入驻南方航空、DHL、顺丰速运等企业350家；经白云机场综合保税区操作引进租赁飞机36架，货值约28亿美元，同比增长约61%，成为华南航空租赁业务发展的新增长极。

国际航运枢纽能级提升。新中国成立初期，广州港口建设较为落后。1952年，广州港吞吐量为311万吨。1973年，国家提出三年改变港口面貌的要求，广州港先后建起多个万吨级以上的专用码头，1978年，广州港吞吐量达1686万吨。

改革开放给港口带来生机和活力，20世纪80年代的港口建设规模和投资规模均远超1949—1979年的总和。党的十八大以来，广州奋力向建设具有较强辐射能力和资源配置功能的国际航运中心的更高目标进发。特别是2015年以来，更以粤港澳大湾区建设为契机，加快提升国际航运中心综合竞争力。2018年，广州港口货物吞吐量突破6亿吨，位列全球第五，比2013年增长29.6%。继2017年成功跻身全球7个集装箱年吞吐量超2000万标准箱的港口行列后，2018年达2192.21万标准箱，比2013年增长41.4%，排名上升至全球第五位。广州港国际邮轮旅游旅客吞吐量稳居全国第三。

其中，“珠江航运指数”于2016年正式发布，“珠江价格”增强广州航运价格“话语权”，市场的透明度和影响力进一步增强，广州国际航运中心的综合竞争力逐步提高。

科技创新能力不断增强。2000年，广州全社会研究与实验发展（R&D）经费内部支出29.1亿元，R&D经费投入强度为1.16%，2014年投入强度首次突破2%。在创新驱动发展战略指引下，2015年广州初步提出建设国家创新中心城市的定位，此后进一步明确为建设国家创新中心城市和国际科技创新枢纽的定位，全社会R&D经费投入总量与强度双提升。2018年，全社会R&D经费内部支出600.17亿元，比2000年增加19.6倍，2001—2018年均增长18.3%；R&D经费投入强度2.63%，比2000年提升1.47个百分点。

近年来，广州着力培育源头创新能力，支持广州地区高校、科研院所等机构建设重点实验室。截至2018年底，全市共有国家重点实验室20家、省重点实验室233家、市重点实验室165家。加强科技企业孵化培育，共有科技企业孵化器286家、众创空间187家。

城市信息化建设发展迅速。新中国成立之初，广州信息基础设施建设薄弱，1950年全市邮电业务总量为0.27亿元，1978年为0.65亿元，1951—1978年均增长3.2%。改革开放以来，广州积极推进城市信息基础设施建设。

近年来，以应用计算机和通信技术为主体的新兴电子信息服务业发展迅速，电子政务、电子商务、社会信息化和信息产业取得新发展。2018年，全市邮电业务总量达2615.46亿元，1979—2018年均增长25.2%，比1951—1978年均增速高22.0个百分点。

党的十八大以来，邮电业务总量增长迅猛，2013—2018年均增长44.9%。截至2018年底，全市拥有移动电话用户4007.73万户，1991—2018年均增长37.5%。

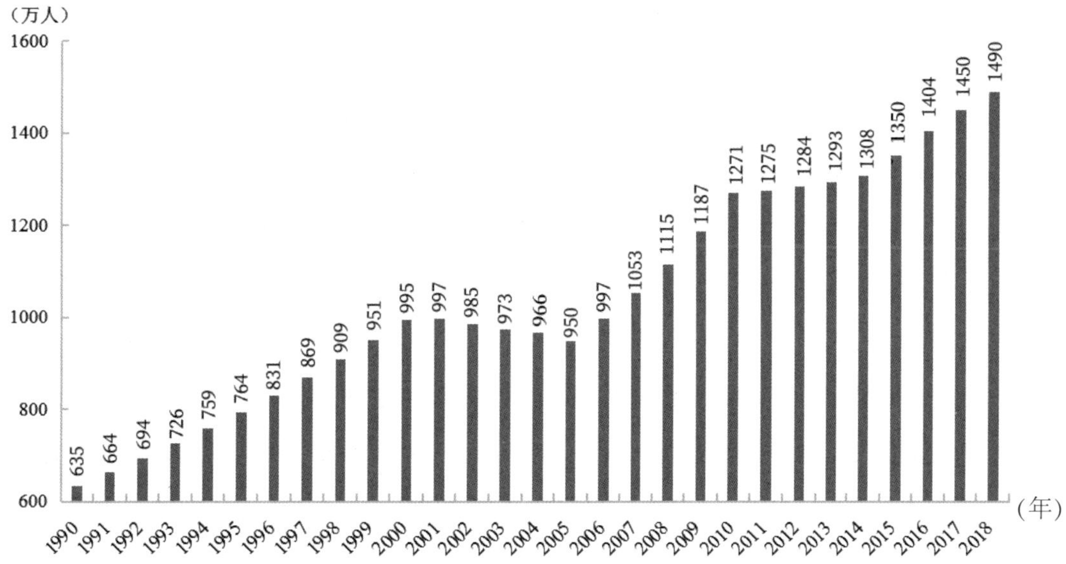

图 1-6 1990—2018 年底广州常住人口情况

城镇化发展阔步向前。1990年底，全市常住人口634.64万人。2007年底，全市常住人口达1053.01万人，广州晋升全国超大城市行列。2018年底，全市常住人口1490.44万人，是1990年底的2.3倍；城镇化率从1990年的69.40%提高到86.38%，对外来人口吸引力不断增强。

2014年初，广州开启新一轮的行政区划调整，从化、增城两个县级市获国务院批准在2015年正式“撤市设区”。广州成为第三个管辖区域全部设为区的省会城市，城区面积由2014年的3843.43平方公里扩大到7434.40平方公里，为深入推进城镇化发展、拓展产业布局创造更多空间、挖掘潜力。

区域协同发展扎实推进。改革开放以来，广州抓住历史机遇，深化区域合作，共谋协同发展：不断加强广州—深圳双核驱动，增强核心引擎功能；强化广州—佛山极点带动，在更高层次上提升广佛同城化；推进广清（广州—清远）一体化、广佛肇清云韶（广州、佛山、肇庆、清远、云浮、韶关）经济圈发展，引领广东省“一核一带一区”协调发展新格局，更好地促进区域协调发展。

与此同时，广州抓住粤港澳大湾区建设契机，聚焦创新驱动、产业升级、要素流动、市场融合、改善民生，加快湾区内城市间合作。截至2018年底，香港在穗累计设立2.41万个项目，广州累计实际使用港资占全市累计实际使用外资的六成多。

五、广州人民生活水平显著提升

新中国成立以来，广州着力提升居民收入，多项就业政策走在全国前列，全面推进多层次社会保障体系，人民共享发展丰硕成果。

1952年，广州城市、农村常住居民人均可支配收入均不超200元，1978年分别提高到442元、440元。改革开放以来，收入分配制度改革加快推进，居民收入渠道不断拓宽，收入来源趋向多元化，居民收入水平有了很大提高。2018年，广州城市、农村常住居民人均可支配收入分别为59982元、26020元；1979—2018年均分别增长13.7%、13.2%，居民收入保持稳定增长态势，与经济增长同步。其中，城市常住居民财产性收入占可支配收入的比重，从1994年的不足2.0%提升到2018年的18.9%，居民财富显著增加。

新中国成立之初，广州百业待兴。1949年底，社会从业人员99.2万人，1978年底提升到266.9万人，1950—1978年均增长3.5%。改革开放以来，广州逐步形成以市场为导向的就业体制，产业发展、城镇化进程加快为劳动力提供更多的就业机会和岗位。

近年来，广州实施积极就业政策，千方百计增加就业，多项就业和再就业工作走在全国前列，包括率先实现就业市场化，率先创建市场就业机制，率先建立对特困失业人员全方位，全免费的就业援助承诺制度，率先实施对“零就业家庭”（全家失业）的就业援助服务措施，率先实施失业人员“金锁匙”培训计划等。截至2018年底，社会从业人员达896.54万人，1979—2018年均增长3.1%。2018年，城镇登记失业率为1.90%，自2013年以来连续6年保持在3%以下。

广州按照“兜底线、织密网、建机制”的要求，推进全面建成覆盖全民、保障适度的多层次社会保障体系，社会保险覆盖面不断扩大，保障标准不断提高。社会保障持续完善。截至2018年底，全市基本养老参保人数928.37万人、社会医疗参保人数1247.70万人、失业保险参保人数608.71万人、工伤保险参保人数639.87万人、生育保险参保人数585.30万人。2018年，企业退休人员月均养老金提高至3513元，位于国内副省级城市前列。

六、广州社会事业取得长足发展

新中国成立以来，广州努力推动社会事业全面发展，教育、医疗、文化体育、环保等方面取得显著成绩，全市人民获得感、幸福感和安全感持续提升。

教育事业快速发展。新中国成立之初，广州教育资源紧张，基础教育基础薄弱。

1950年，普通小学在校生、中学在校生分别为17.20万人、2.12万人；1978年分别提升到56.92万人、38.43万人。

改革开放以来，广州加大教育投入，改善中小学教育条件，促进教育均衡发展。2018年，普通小学在校生、中学在校生分别为105.85万人、51.44万人，1979—2018年平均增长分别为1.6%、0.7%。同时，广州大力发展高等教育，从2003年开始，省市共投入236亿元建设广州大学城，集中国内先进的科研教学设施，优化整合教育资源，2004年9月进驻10所高校。在广州的高等院校数量从1978年的15所增长到2018年的82所。普通高校在校生从1978年的2.17万人增长到2018年的108.64万人，1979—2018年平均增长10.3%。

医疗服务体系不断完善。新中国成立之初，广州医疗资源很有限。1950年，卫生技术人员0.53万人，医院床位0.35万张。1978年，医疗卫生资源依然较为紧张，卫生技术人员3.15万人，医院床位1.44万张。

改革开放以来，广州积极完善基层卫生和公共卫生服务体系，大力提升医疗质量和服务水平，人民群众看病就医问题得到改善，健康水平和人体素质明显提升。2018年底，全市共有各类卫生机构（不含村级卫生室928个）3670个，其中医院255个，比1978年增加115个；卫生技术人员15.65万人，比1978年增加12.50万人；医院床位数8.60万张，比1978年增加7.16万张。

文化事业繁荣发展，众多高级别艺术盛会在广州举办，音乐金钟奖永久落户羊城。通过举办金狮奖、金花奖、新年双语晚会、“声响亚洲”文化节、羊城国际粤剧节、广州国际管乐演奏大会、国际纪录片节等系列文化艺术活动，进一步展示了广州风采和魅力。

广州积极传承发扬岭南优秀传统文化，建设一批新时代红色文化讲堂，建设广州文化馆、广州美术馆、华侨博物馆、岭南金融博物馆等，文化基础设施不断完善。2018年底，全市共有各类专业艺术表演团体（事业单位）7个，文化馆13个，文化站169个，公共图书馆14家，档案馆27个，博物馆和纪念馆31个，广播电台2家，电视台3家，广播综合人口覆盖率和电视综合人口覆盖率均为100%。

体育事业屡创佳绩。广州建设一批现代化的一流体育场馆，并成功举办第六、第九届全国运动会、2006 年广州国际女子网球公开赛、第二十七届世界摔跤锦标赛、2010 年亚运会、广州国际马拉松赛、2017 年金砖国家运动会、世界羽毛球巡回赛总决赛等大型体育赛事，广州运动员在大赛中取得好成绩。2018 年，广州举办国际级、国家级单项比赛94次。广州运动员破世界纪录1项1人次，破亚洲纪录1项1人次，破全国纪录1项1人次，获得世界冠军37项39人次，亚洲冠军26项31人次，全国冠军120项171人次。全年开展各级各类大型全民健身活动赛事496项次，约700万人次参加各级各类大型全民健身活动。

环境质量进一步改善。广州多措并举，打造天蓝地绿水清的美丽环境，“广州蓝”出场率越来越高。2018年，全市细颗粒物（PM2.5）平均浓度降至35微克/立方米，连续两年达到国家二级标准；城镇生活垃圾无害化处理率为100%，同比提高3.5个百分点；城市污水处理厂日处理能力达到570.23万立方米，同比增长4.0%；全市10个城市集中式饮用水水源地水质达标率保持100%，连续8年达标率保持100%；全市森林覆盖率达到42.26%，建成3500公里绿道；大力打造都市花海，将花融入城市的各个角落、市民生活的每个细节，擦亮“花城”这一城市名片。

70年奋斗岁月波澜壮阔，70年发展历程辉煌灿烂。回首70年，广州始终以敢闯敢为的激情和勇气，开拓进取，奋斗不息。在新的历史起点上，广州正以习近平新时代中国特色社会主义思想为指导，坚持新发展理念，坚持高质量发展要求，抢抓粤港澳大湾区建设重大历史机遇，继续发扬敢闯敢试、敢为人先的改革精神，闻鸡起舞、日夜兼程、风雨无阻，奋力实现“老城市新活力”“四个出新出彩”，推动广州国际大都市、国家中心城市建设全面上新水平。

（参编人员：魏绍琼　黄燕玲　徐菲）

第二章

财政发展

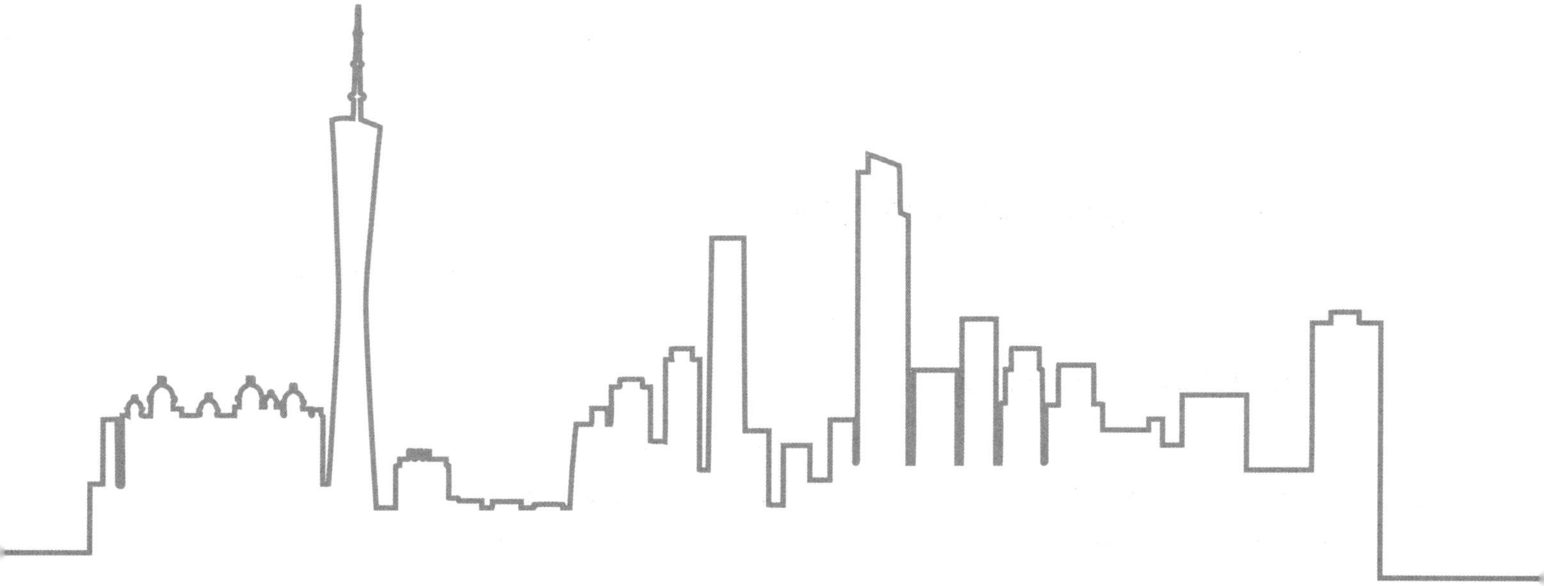

新中国成立70年来，广州财政围绕全市经济社会发展大局，坚持以“政”领“财”、依法理财，认真履行资源配置、收入分配和监督管理等职能，财政面貌发生深刻变化。财政实力日益壮大，一般公共预算收入（前身为地方财政收入）从1950年的1.03亿元增加到2018年的1634.22亿元，年均增长11.4%，财政保障能力稳步提升；公共财政体系逐步完善，财政政策职能作用持续增强；财政体制改革不断深化，财政事权和支出责任逐步理顺；法治财政、绩效财政、阳光财政建设持续走在全国前列，为促进各个时期广州经济社会发展作出重大贡献，助力广州不断开创新局面。

一、1949—1978年：广州财政发展概况

新中国成立后，广州市逐步建立新型的社会主义地方财政。1949—1978年，广州财政工作除了在“大跃进”和“文化大革命”等期间经历严峻考验外，其余各时期均明显发挥促进生产、增加财政收入、保障必需支出的重要作用。

（一）财政促进国民经济恢复和发展

从恢复生产、稳定人民生活，到促进经济建设发展、不断提高人民物质和文化生活水平，广州财政有力地支撑国民经济的恢复和发展。

1. 财政收入逐步恢复和增长

新中国成立后，随着国民经济的发展和所有制的变化，广州市财政收入也随之发生变化。新中国成立初期，按照“暂时沿用旧税法，部分废除，逐步整理”原则，继续征收国民政府时期的各项税费。随后，政务院先后颁布《全国税政实施要则》及各

税的暂行条例。按照国家统一规定，地方财政收入项目基本包括工商各税、其他各税、特种税与基金、农业税和耕地税、企业收入及其他收入六大类。除特种税、基金和公债收入全部归中央外，在市财政收入的五大类中，工商税收（含工商各税和其他各税）和企业收入是两项重点收入。

1957年以前，工商税收以私营企业缴纳为主体，占财政收入的83.4%，企业（国营）收入占6.53%。随着生产资料向社会主义公有制转变，国营和集体所有制经济迅速发展，企业收入（包括国营企业、集体企业和公私合营企业）大幅增加。1958—1965年，企业收入占财政收入的比例上升至39.78%，工商税收降至57.9%。第四、第五个五年计划期间，工商税收占60.4%，企业收入占38.2%，其中1978年底工商税收占62.15%、企业收入占36.4%。受此拉动，尽管期间经历“文化大革命”影响，1978年底广州市财政总收入达13.71亿元，为1950年1.03亿元的13.31倍，为恢复生产和发展经济提供较好的财力支撑。

2. 财政支出重点保障基本建设

广州市地方财政支出除上缴中央和省财政外，分为经济建设费、文教科学卫生事业费、抚恤和社会福利救济费、行政管理费和其他支出五大类。1949—1978年，经济建设费支出占比最大，基本建设是经济建设费的最大支出项。

1950—1952年是国民经济恢复时期，基本建设以恢复生产和稳定人民生活为主，三年基本建设支出3646.8万元，年均1215.6万元，占经济建设费的73.16%。第一个五年计划期间，广州市因地理位置特殊，不是建设重点地区，基建投资不多，年均支出1732.9万元。1957年的基本建设支出最高达3941.2万元，主要集中在工业领域，这一年新建10个国营工厂，扩建、改造65个合营厂。1958年，由“大跃进”开始的基本建设投资热一直延续到1960年，三年基本建设支出5.39亿元，年均1.8亿元，为第一个五年计划期间的10倍多，占经济建设费的95.5%。其中，工业占基本建设支出的93.7%，交通运输占3.84%，其他部门支出占2.46%。其间，新建了广州糖厂、广东制药厂、广州钢铁厂等一批工业骨干企业，但由于基本建设增长过快过猛，国民经济比例失调，又超过财力物力的承受能力，造成下一个时期的经济困难和财政压力。

1961年起，广州贯彻“调整、巩固、充实、提高”八字方针和执行“以农业为基础，以工业为主导”的发展国民经济总方针，大力压缩基本建设支出，当年支出1125万元，为上年的5.55%，占经济建设费的51.4%，主要用于收尾工程项目和有选择性项目的简易投资。1962年，基本建设支出进一步压缩至227.9万元，占经济建设费的

11.8%。1963—1965年，国民经济逐步好转，基本建设支出逐渐回升，三年支出8077.4万元，占经济建设费的32.7%，新（扩）建工业企业46家。“文化大革命”开始后，基本建设支出减少。1966—1970年，基本建设五年总支出1.52亿元，年均3037.9万元，为经济建设费的49.2%。1974年，继续贯彻“以农业为基础，以工业为主导”的发展国民经济总方针，支农和工业的基本建设支出增加。1971—1978年，基本建设共支出7.35亿元，占经济建设费的57.3%。

（二）财政管理体系初步建立

新中国成立后，广州市逐步建立和健全财政管理制度，包括财政体制、预算管理、预算外资金、税务管理、企业财务、会计事务、周转金和财政监督等。

1. 市、区县和乡镇三级财政管理体制形成雏形

1950—1957年，广州市建立市级财政管理体制。首先执行中央和中南区规定，实行统收统支财政体制。随后，市财政实行划分收支、分级管理体制，采用“固定收入加固定比例加调剂比例分成”办法，扩大地方财政收支范围和管理权限，市级可支配财力由1952年的0.53亿元增至1957年的1.12亿元。其间，各中南区属市的单位预算实行收入上缴、支出由市下拨。

1958—1970年，在完成对私营企业改造和“大跃进”后，中央下放财权，广州市的财政体制改为固定收入加中央下放企业分成及调剂比例分成，其间经过几次调整：1968年，广州市实行高度集中的财政体制，预算内收入全部上缴；1969—1970年，恢复“收支挂钩、总额分成”。区级财政创建于1958年下半年，1963年取消，划入广州市的从化、花县（今花都）两县实行总额分成办法。

1971—1978年，广州市的财政体制由“收支大包干”逐渐恢复以总额分成为主、结合专项分成的办法。其间，1976年起调整为“定收定支，收支挂钩，总额分成加体制分成，一年一定”。1978年起，城市房产税、车船使用牌照税、屠宰税三种地方税改为地方固定收入，不参与收入分成，市占总留成比例当年为29.75%。区级财政于1972年重建后，从1976年起，区、县体制改为“总额分成加超收和体制分成”；同年，农村人民公社财务改由财政部门管理，公社税务所改为财政管理所，建立公社财务收支计划和决算审批制度。

2. 预算管理制度逐渐完善

1951年7月，广州市人民政府制订《财政收支预算决算暂行条例（草案）》，正

式建立广州市的预算管理制度。从当年起，计算单位由大米改为人民币（元），会计年度采用历年制，年度预算编制逐步正常化。1952年，广州市成立决算委员会，协助各单位编报年度决算。1960年，广州市人民委员会颁布《广州市执行地方预算实施办法（试行）》，规定市地方预算（包括市本级预算和市辖区预算）须经市（区）人民代表大会批准后，再逐级下达执行，各级财政部门负责组织本地区预算的执行。1964年，市财政局制订《加强财政管理的几项规定》，按照“统筹兼顾、全面安排、条块结合、以块为主、综合平衡、留有后备”的原则编制预算。

“文化大革命”时期，1969年广州市财政局简化预算管理制度，年度预（决）算编报简单，预算管理规定难以贯彻执行，且年度预决算因市人民代表大会未能正常召开而无法审议。直至党的十一届三中全会后，广州市的预算管理制度才逐步恢复、健全和完善。

二、1978—2012年：广州财政发展概况

改革开放伊始，广州财政工作得以恢复，并持续稳定健康发展。财政收入快速增加，支出大幅增长，财政管理改革深入推进，有力支撑着广州经济社会发展。

（一）财政工作质量稳步向好，财政职能作用充分发挥

党的十一届三中全会后，随着广州市国民经济持续、平稳、健康发展，财政收入也持续、稳步增长，财政保障能力持续增强。

1. 收入增速维持高位，财政“蛋糕”不断做大

1982年，广州市开征中外合资经营企业所得税和外国企业所得税。1983年和1984年，分别进行第一步和第二步“利改税”后，工商税收增加明显，在1983—1990年累计比重上升至93.16%。

进入20世纪90年代，广州市外商投资环境不断改善。广州市推动“三资”企业（即中外合资经营企业、中外合作经营企业、外商独资企业）的生产及产品销售，区街及乡镇企业也在市场竞争中迅速发展，促进工商税收快速增加。1994年，《中华人民共和国个人所得税法》的颁布执行带来个人所得税大幅增长。1998—1999年，住房分配制度改革进一步深化、国家调低银行贷款利率等措施促进不动产销售，营业税收大幅增加。多因素叠加为市财政收入增长注入强劲动力。2000

年，广州市地方财政一般预算收入达200.55亿元，是1991年的4.14倍。“十五”和“十一五”期间，广州市财政收入仅在受“非典”疫情和国际金融危机等影响的个别年份增幅有所趋缓。2012年，受房地产市场调控、实施新个人所得税法和营业税改征增值税试点改革等因素影响，广州市财政收入增速再次放缓。其间，市财税部门执行联席会议制度，统筹协调抓收入，挖掘非税收入潜力，不断拓宽收入渠道，积极妥善应对挑战。总的来说，广州市财政收入实现速度快、结构优、质量高的良好态势；区域间的发展差距缩小，老城区平稳增长，南沙、花都、从化等地后发优势得到有效发挥。2012年底，广州市地方财政一般预算收入达1102.4亿元，是2001年的4.48倍。

2. 支出结构持续优化，民生投入逐步加大

1978—1990年，广州市经济建设费支出累计达到66.98亿元，新建和扩建一批与人民群众生活息息相关的工业项目，包括白云山蛋鸡场、广美食品公司、珠江啤酒厂、珠江水泥厂等一批企业，新建桥梁和人行天桥、立交桥24座，新建人民路、六二三路高架路及北环高速公路，新建天河体育中心，铺设城市供水、燃气管道，城市面貌极大改观。

1991—2000年，广州市坚持“量入为出、收支平衡”的原则，财政支出结构经过逐步调整渐趋优化。20世纪90年代初，重视对农业、教育、科技、能源交通等基础设施和社会事业的投入，压缩一般性消费支出和价格补贴，随后向农业、文教、科学、卫生、政法等部门倾斜，并相应增加对地铁建设、支援欠发达地区的资金投入。1999—2000年，压缩竞争性和经营性领域的财政支出，逐步建立公共财政框架，加大对基础设施、城市建设、社会保障、科教文卫事业、防范和化解金融风险储备金等方面的投入，从严控制一般性支出。

2000年后，按照公共财政要求，广州市财政支出进一步向科技、教育、医疗卫生、社会保障和就业、文化、农业等领域倾斜，民生和公共事业支出占一般预算支出比重逐年上升。“十一五”期间，共投入2539.3亿元财政资金用于改善民生和发展社会事业，占一般预算支出总额的75%以上，是“十五”期间的2.35倍。至2012年，市本级公共财政预算支出中，用于民生和各项公共事业发展支出占支出总额的75.4%。广州市社会保障水平有效提高，基本公共卫生服务水平稳步提升，基本公共教育服务不断普及，市民文化体育活动日益丰富，公共交通出行条件不断改善，住房保障力度持续加大。

3. 财政调控作用初显，产业结构持续升级

受2008年国际金融风暴影响，2009年广州市的财政增收面临前所未有的困难。经济增速放缓和外贸出口下滑导致税收增速放缓，进一步减轻企业负担、贯彻落实国家各项税费减免政策，也增加了财政增收困难。广州市抓住国际金融风暴形成的倒逼机制，在促进经济发展方面加大投入，设立战略性主导产业专项资金，出台关于建设现代产业体系、加快转变发展方式等系列财政保障政策措施，积极推进“三促进一保持”，重点支持战略性主导和新兴产业发展及现代产业体系建设。“十一五”期间，广州经济保持平稳较快增长，地区生产总值年均增长13.5%，2010年跨过1万亿元关口，达到10604.5亿元。广州市成为全国第三个经济总量超1万亿元的城市，逐步建立起以服务经济为主体、现代服务业为主导，现代服务业、先进制造业、战略性新兴产业有机融合、互动发展的现代产业体系，三大产业比由“十五”期末的2.5：39.7：57.8调整为1.8：37.2：61。

（二）财政管理改革持续深化，财政管理水平不断提升

1978—2012年，广州市财政管理改革取得长足发展，分税制财政管理体制的建立进一步激发发展潜力，预算管理科学化精细化水平大幅度提升。

1. 分税制登上历史舞台，财政分配关系日趋科学

1979年，中央批准广东省在对外经济活动中实行改革开放的特殊政策、灵活措施，财政上实行“定额上缴，五年不变”的大包干体制。相应地，广州市、区（县）体制调整为“划分收支，分级包干”，市可支配财力增加。1985年，改为实行“核定基数，定额上缴，增收分成，一定五年”。1988年起，又改为“定额上缴，超收全留”。在此期间，区（县）体制调整为“逐年递增，超收全留，欠收自理”，农村取消人民公社，镇级人民政府建立，设立镇一级财政，管理体制按照省规定的四种模式自定。

20世纪90年代初，广州市实行“递增上缴”的财政体制，区、县体制一致。1993年，《国务院关于实行分税制财政管理体制的决定》出台。1995年，广东省政府印发《广东省分税制财政管理实施方案》，规范省与市县级财政分配关系。随后，广州市政府印发《广州市分税制财政管理体制实施方案》，决定建立“分税分成，水涨船高”的新分配机制，对各区（县级市）从1996年1月1日起统一实行分税制财政管理体制，按照各级政府事权划分，确定各级财政支出管理范围和责任，以事权合理界定各级政府的财权和收入划分，进一步理顺市与各区（县级市）的财政分配关系。镇级财

政相应实行“分税包干”体制。在此基础上，制定《广州市深化分税制财政管理体制改革方案》及其实施细则，将市级、区级财政收入按税种划分为市本级固定收入、市与区共享收入和区级固定收入。

2001年起，广东省对广州市财政管理体制从细化财政收支范围、完善所得税收入分享制度两方面继续优化调整。2006年，市政府印发《关于完善市对区财政管理体制的实施方案》，平衡各区经济利益，对市辖区执行统一的财政管理体制。在此基础上，2010年印发的《关于完善市对区（县级市）财政管理体制的意见》，进一步平衡各区（县级市）财力，调整完善市对区（县级市）收入激励机制，并对经济相对薄弱和重点发展地区给予政策倾斜。2012年，印发《关于进一步完善市对区（县级市）财政管理体制的方案》，结合市下放区（县级市）管理事权，按照“财随事转”原则，在财力上给予保障，充分调动和发挥各级政府创收增收积极性，增强各区域科学发展、可持续发展等方面能力。镇级财政管理方面，2007年实施的《广州市农村中心镇财政管理体制改革实施意见》，在财政体制上对中心镇倾斜，提高中心镇财力的自我保障力度。

2. 预算管理全面规范，科学化精细化水平不断提高

1980年起，省级以下财政实行“分灶吃饭”管理形式。省级对市级只分配收入任务，不分配支出指标，地方的收支预算由地方政府根据量入为出原则自行统筹安排，这是地方收支预算自主安排的开端。

2001年，根据财政部和广东省财政厅的统一部署，广州市开展部门预算改革试点工作，选择市科技局、市质监局、市劳动社保局、市水利局、市教育局试行编制部门预算，一个部门一本预算。部门预算改革是继实行分税制财政体制改革之后，在财政管理上的又一项重大改革。

2002年起，广州市全面开展部门预算改革，持续规范部门预算和决算编制工作。2004年，市财政局印发《财政预算执行分析工作方案（试行）》，引入定性和定量分析相结合的科学、动态、全面的评价指标和预测方法，逐步改进财政预算执行分析工作，为政府搞好宏观调控、加强财政管理提供科学的决策依据。

2010年，广州市已建立起由公共财政预算、国有资本经营预算、政府性基金预算、社会保障预算共同组成、有机衔接的政府预算体系，全面推进预算执行动态监控改革，实现财政资金支付全过程实时监控。

从2011年开始，广州市财政局试点推行部门预算入库前评审，进一步提升部门预算编制的合理性、精准性。

2012年，广州市对预算编制实施全口径、科学管理，把一般公共预算、政府性基金预算和财政专户管理资金预算纳入预算管理范围，全面推行零基预算。

与此同时，广州市的财政管理制度体系逐步健全，不少制度在广东省乃至全国都属首创。2006年出台的《广州市非税收入管理办法》是全国最早颁布的地方性非税收入管理政府规章。2008年出台的《广州市综合治税管理工作规定》是副省级城市以政府文件形式出台的首个综合治税文件。《广州市政府部门行政首长财经责任问责试行办法》是广州市首次出台针对政府部门行政首长的问责制度。

广州市自2001年起启动国库集中支付制度改革，2006年在全市范围内推行，2011年已建立以国库单一账户为基础、资金拨付以集中支付为主要形式的国库管理模式，改变以往“以拨作支”的预算支出方式。

绩效评价由项目支出绩效评价起步，逐步拓展至预算管理全过程，形成单位自评和市财政局组织重点评价相结合、项目评价和部门评价相结合的评价模式。

试水财政预决算公开，2009年在市财政局网站公开市直114个部门预算，是国内首个公开政府部门预算的城市，并于2012年统一部门决算公开时间。

三、党的十八大以来，广州财政发展概况

党的十八大以来，广州市坚持稳中求进工作总基调，实施积极财政政策，全力稳增长、促改革、调结构、惠民生、防风险，保障广州市经济社会全面、协调、可持续发展。

（一）适应经济发展新常态，财政服务经济社会发展作用明显

党的十八大以来，我国经济发展步入新常态。党的十九大报告指出，我国经济由高速增长阶段转向高质量发展阶段，市财政局积极主动适应形势变化，狠抓财源开拓，优化支出结构，有力保障市委市政府重点工作稳步推进以及民生和各项社会事业顺利发展，各项工作取得新成效。

1. 挖掘收入潜力，强化预算执行，财政收支稳中提质

进入“十三五”以来，广州财政呈现“增速放缓、结构优化、减税降负”的特征。税收收入占一般公共预算收入比重保持在80%左右，在营改增等背景下全市财政

收入结构仍保持良好，主体税种支撑作用明显，2013—2018年增值税、企业所得税、个人所得税分别年均增长14.6%、12.3%、16.4%。同时，加强预算体系统筹协调，加大政府性基金预算、国有资本经营预算和财政专户管理资金调入一般公共预算的力度。2018年，全市一般公共预算收入1634.2亿元，是2013年的1.4倍，年均增速7.4%。预算执行方面，不断加强支出进度管理，建立支出进度与预算安排、转移支付挂钩，库款规模与资金调度挂钩机制，每月对市直各部门、各区支出进度进行通报，对支出进度慢的部门、区（县级市）实施约谈，效果明显。2013年，一般公共预算支出执行率87.5%，2018年达100.5%。

2. 聚焦公共事业，加大民生保障，公共财政效能凸显

广州市财政局坚持以人民为中心的发展思想，始终将人民对美好生活的向往作为工作目标，在发展中保障和改善民生，不断提高市民的获得感和幸福感。市本级财政支出不断向民生领域倾斜，一般公共预算用于民生和社会事业支出占比超76%，2019年达79%。

广州市积极用好政府债券资金，清理盘活财政存量资金，加大政府性基金和国有资本经营预算调入一般公共预算，拓宽民生保障资金来源。积极规划中长期民生支出安排，通过实施中期财政规划管理，将部门行业发展规划与财政收支规划相衔接，提前预判基本公共服务支出需求，同时充分发挥预算稳定调节基金平衡作用，确保基本公共服务均等化财力供需实现跨年度整体平衡。

完善市对区级财政管理体制。进一步加大对财政供养人员负担重、常住人口多、社会管理压力大的部分区级的财力倾斜，提高基层政府民生保障能力。不断加大和优化财政转移支付管理，扩大一般性转移支付规模。2014—2018年，市本级对区级财政转移支付资金从311亿元增加到566亿元，年均增长16.1%，其中一般性转移支付（不含税收返还）从121.8亿元增加到342.2亿元，年均增长29.5%，切实提高区级基本公共服务保障水平。

探索建立基本公共服务多元化供给机制，引导社会资本参与民生保障工作。截至2018年底，广州市累计入库的政府和社会资本合作（PPP）项目达18个，涉及项目总投资约600亿元，覆盖轨道交通、地下管网、市政道路、污水处理、养老、体育等民生领域。

3. 开展减税降费，助推转型升级，财政调控成效明显

广州市充分用好广东省自2012年起下放的行政事业性收费市县级收入减免权限，

出台多项收费减免政策。2015年，先行全面停征堤围防护费，每年为企业减负40亿元，是广州市为企业减负力度最大的一项改革。2018年7月1日起，免征河道管理范围占用费等10项行政事业性收费，并实行收费目录清单管理，主动向社会公布涉企行政事业性收费和政府性基金目录清单。2019年，建立减税降费联席会议制度，出台《广州市落实减税降费政策总体工作方案》，全面贯彻国家实施更大规模减税降费决策部署。

在推动产业转型升级方面，广州市充分发挥财政政策和财政资金在重点领域和关键环节的导向作用，加快培养创新主体和载体，完善科技成果转化体制机制，每年投入70多亿元扶持中小企业和民营企业，并设立中小企业发展基金、信贷风险补偿资金池、再担保机构、发放政策性小额贷款保证保险风险补偿和保费补贴等约15亿元，专项支持中小企业和民营企业发展。

支持现代产业链水平提升，2016—2018年市财政共投入373.5亿元大力支持创新驱动发展，近年来市财政科技创新投入占比约6.4%，投入力度排在国内主要城市前列。实施IAB（新一代信息技术、人工智能、生物医药）产业发展专项扶持计划，聚焦IAB产业和NEM（新能源、新材料）产业高标准建设十大价值创新园区。加快汽车、电子、石化等支柱产业优化升级，培育新能源汽车、轨道交通、高端装备、节能环保产业等新增长点，推动产业向全球价值链中高端攀升。每年安排总部奖励、商务发展、现代物流、时尚创意等专项资金，推动生产性服务业向专业化方向发展，生活性服务业向品质化方向转变。

积极营造现代化国际化营商环境，建立公开规范透明的财政扶持机制，深化涉财事项放管服改革，厘清政府与市场事权支出边际。支持引进、新设和发展各类金融总部机构、金融市场交易平台、类金融机构以及金融新业态，健全规范化、多层次的金融机构扶持实体经济发展的体制机制。

此外，还加快推进重点功能区土地收储，保障实体经济发展的土地空间；实施创新创业集聚领军人才计划，给予项目经费资助和个人补贴。

4. 加强地方政府性债务管理，严控债务风险，债券政策效应有效发挥

2015年修订的《广州市政府性债务管理办法》，建立以地方政府债券为主的规范举债融资机制。2018年制订的《广州市存量隐性债务化解工作细化方案》，进一步加强政府性债务和隐性债务管理，计划用10年时间将存量隐性债务消化完毕。截至2018年底，全市政府债务余额为2403.79亿元，其中市本级1456.34亿元、区级947.45亿元，债务规模适中，整体债务风险可控。广州市政府将年度新增债券发行额度及使用计划报市人大常委会审议，经批准后，报省政府代发地方政府债券。在年度预算草案、决算草案中反映政府债务限额、债务余额、新增债券使用等情况，并经市人大常委会、市政府和有关媒体公开，充分发挥各级人大和社会监督作用。2015—2018年，累计发行债券2329.50亿元。其中，置换债券1797.10亿元，置换地方融资平台存量债务，有效降低城投集团、地铁集团等企业负债水平，减少当期财政偿债支出，腾出更多资金用于重点项目建设；新增政府债券532.40亿元，用于轨道交通、垃圾处理设施、保障性住房等民生项目及南沙新区等重大项目、重大平台建设，有力地拉动固定资产投资，推进供给侧结构性改革。

（二）强化市对区激励机制，财力下沉促进协调均衡发展

广州市、区财政管理体制分别在1998年、2006年、2010年、2012年、2017年按照财力下移的原则进行调整，现行市、区财政管理体制方案在2017年12月印发实施。

按照党的十九大提出的建立权责清晰、财力协调、区域均衡的财政体制关系的要求，在延续上一轮体制整体框架的基础上，按照"保基本、强激励、理顺事权财权"的思路，进一步下沉财力，均衡各区发展。新一轮财政体制加大对历史包袱沉重、城郊结合区常住人口较多、社会治理压力较大的老城区的补助，通过增强区级财力，改善基层教育、就业、社会保障等方面公共服务供给能力。

通过调整收入增量分成比例，进一步加大对区级收入激励，主要包括：提高市固定收入和共享收入奖励区的比例，同时调减对特定区的集中比例，一增一减大幅提高区级收入增长。延续对国家级开发区和产业园区的税收返还政策，对来源于南沙、中新（广州）知识城、天河软件园、越秀民间金融街、国家版权交易基地等市库收入超基数部分全额返还区级。通过提高门槛、统一标准、加大比例三种方式，加大对区级政府招商引资工作的税收返还力度。从财政管理体制上固化对生态保护系统的投入，对城市维护建设任务较重的区实行定额补助。进一步提高土地出让收入中区级分配比例，以增强各区对重点项目资金保障能力，加快区域内基础设施建设。

在新体制方案中，对因收入分成体制调整涉及的轨道交通建设和城市维护建设等事权进一步予以明确，并分年度、分领域稳步推进市区财政事权和支出责任划分改革，制订印发广州市区财政事权与支出责任划分改革及民生领域改革子方案，先行明

确政策界定较为清晰的7类12项基本公共服务事权，力争2020年初步形成财政事权与支出责任划分清单。

（三）深化预算管理改革亮点纷呈，助力广州财政上水平走在前列

党的十八大以来，广州市加快建立现代财政制度，预算管理各项改革进展顺利，法治财政、绩效财政、阳光财政走上新台阶，财政效能不断提升。

1. 预算编制精益求精，预算执行日趋完善

2014年初，广州市将公共预算、政府性基金预算、国有资本经营预算、社保基金收支预算连同财政专户管理资金一并向市人代会报告，形成全口径预算编报体系，实现涵盖所有财政性资金的收支预算均向市人民代表大会报告，开创全国先河。同年，《广州市市级财政专项资金管理办法》实施并不断完善，逐步实现“一个部门一个专项”目标，建立“依法设立、规范管理、目标明确、绩效优先、监管有力、严格追责”的专项资金管理运作体系。

预算支出标准体系日益健全。2019年，市财政局制订《广州市本级支出标准体系建设工作方案》，建立预算支出标准体系建设和发展长效机制。项目库管理持续优化，对项目进行分类、分级管理，提高项目预算与政策落实匹配度，满足市人大预算审查监督重点向支出预算和政策拓展的需要。同时，实施中期财政规划和项目库管理，实行三年滚动预算编制，财政发展可持续性有效增强。

预算管理领域“放管服”向纵深推进。财政部门“抓住两头，放开中间”，聚焦预算编制和预算监管；业务主管部门全面负责本部门资金分配和预算执行；压减市级审批区级具体项目数量，财政资源配置效率和使用效益大幅提升。

预算执行管理持续加强。实施“四挂钩一通报”机制，健全预算执行与预算编制相适应机制，对预算执行慢的部门按规定压减其预算规模，并实行部门预算编制签字制度，确立部门主要负责人财经主体责任。2018年，广州市完成省考核支出进度100.5%，全省排名第一位。

2. 法治财政率先试点，依法理财稳步发展

围绕建立现代财政制度等改革要求，广州市财政局坚持全链条、多层次推进制度支撑体系的建设，形成涉及财政事权和支出责任划分、预算管理、政府性债务、投资评审、绩效评价、政府采购监管、国有资产管理、财政监督等相关财政政策和管理制度有效存量文件219份。2018年，对接预算管理领域“放管服”改革部署，

推进行政权力事项实施目录“十统一”标准化建设，夯实更为简政放权、权责统一的财政权责基础，实现行政权力事项与政务服务事项关联服务。在执法三项制度规程框架下，建立执法行为有清单、执法程序有指引、案卷归档有标准的执法运行秩序，2017年首次实现随机抽查执法结果和年度执法“账本”公开。随后各类行政处理决定书、政府采购投诉处理决定书、行政处罚决定书在广州市政府采购网和市财政局网站公开，执法布局模式呈现“大监督、全过程、标准化”的特点。法制队伍和普法责任制建设不断强化，每年有近万人次接受财政法规培训，局内设法制机构法律专业人员占比超过80%，形成一支以内设法制机构人员为主、以业务处室法律人员和外聘法律顾问为辅的工作队伍。2017年，广州市财政局被财政部确定为全国财政系统法治财政示范点建设单位，为法治财政管理提质增效注入新动力，初步形成一套可复制、可推广的广州经验。

3. 绩效财政取得突破，资金效益明显提升

自2014年实施《广州市预算绩效管理办法》以来，广州市已形成以该办法为核心，涵盖目标管理、运行监控、绩效评价、结果应用四个环节及内部管理的“1+5”预算绩效管理制度体系，为推进全过程预算绩效管理提供制度保障。

绩效管理公开力度不断加大。从2017年开始实现市本级部门一般公共预算支出项目绩效目标全公开，当年同时在市政府门户网站和市财政局网站公开10份第三方评价报告和70项自评复核结果，实现绩效评价结果全公开；部门决算更加关注资金使用绩效，公开2016年部门决算时细化预算绩效管理内容及部门年度任务绩效完成情况，2017年增加项目绩效完成说明的表式，探索预决算绩效信息公开的闭环管理。

部门整体预算绩效管理持续推进。于2016年启动试点工作，通过建立“部门职责—工作任务—支出项目”部门整体绩效目标体系，按照“部门整体+重点项目”模式开展部门整体绩效监控和绩效评价，从整体上反映部门财政资金绩效情况。已初步构建事前、事中、事后三位一体的部门整体预算绩效管理机制。

广州市预算绩效管理工作经验引发社会关注。先后获得《人民日报》《羊城晚报》等主流媒体的宣传报道和财政部网站、《中国财经报》《财政科学》杂志等行业媒体的深度介绍；广州市财政局应邀参加由财政部、国务院发展研究中心联合主办的2019预算绩效管理国际研讨会，分享广州市全面实施预算绩效管理改革的实践和经验。2019年，《广州市关于全面实施预算绩效管理的实施意见》印发实施，提出2022年基本建成“全方位、全过程、全覆盖、全公开”的预算绩效管理模式总目标，预算绩效管理工作迈上新台阶。

4. 阳光财政全国领先，公开力度不断加大

广州市在全国率先开展部门预算公开，并在此后不断打造“透明预算”和“阳光财政”，将部门预算公开工作的开展情况纳入部门绩效考核范围，按照“统一时间、统一范本、统一内容、统一形式、统一程序”原则，引导市直部门统一公开年度预决算，经验得到财政部肯定并在全国推广。2019年，进一步将支出预算功能分类公开到“项”级科目、经济分类科目公开到“款”级科目；公开部门占有使用国有资产总体情况、分布构成、主要实物资产数据和资产变动情况；在政府预算层面公开五本预算绩效目标，在部门预算层面全面编制、公开部门整体绩效目标，在项目预算层面公开项目绩效目标8390项。

部门决算公开突出绩效元素。2018年起，公开范本单列“部门整体绩效管理情况”内容，推进预决算和绩效管理一体化；披露部门全过程绩效管理，从绩效目标管理、运行监控、绩效评价等方面详细说明本部门预算绩效全过程管理工作开展情况；公开部门项目绩效自评报告，推动部门决算公开由资金执行向资金绩效拓展；以量化指标列表说明本部门整体绩效目标和重点工作完成情况，反映部门整体支出绩效。

公务接待费、因公出国（境）经费、公务车购置与运行经费和会议费（以下简称“三公”经费和会议费）实现阳光管理。2012年，广州市公开市本级一般公共预算开支“三公”经费和会议费决算。2013年，成为全国首个实现市、区（县级市）、镇街三级政府“三公”经费和会议费信息全公开的城市。公开范围拓展至支出明细项级科目，细分至经费总额和分项金额、因公出国（境）团组数量、人数和前往地点、车辆购置数量及保有量、公务接待人次等。

在广州市政府网上办事大厅建设广州市“财政专项资金管理统一平台”，向公众提供财政专项资金发布、申请、公示、查询等一站式服务。

政府采购信息公开机制逐步健全。2015年，在全国率先公开细化的项目支出政府采购预算。2016年，在部门决算公开中增加政府采购情况表。2019年，实现政府采购活动全流程公开，建立覆盖政府采购预算、采购公告、采购文件、中标、成交结果、采购合同等全过程的政府采购信息公开机制。

2013年起，清华大学公共管理学院公共经济、金融与治理研究中心对全国295个地级以上市政府财政透明度进行评价。在中国市级政府财政透明度研究报告中，2014年广州市排名第一位，2015—2018年连续4年排名第二位。2019年广州市在国有资本及部门预决算情况公开、城市债务详细说明、“三公”经费2018年预算执行、专项资金和政府采购信息公开等多个单项获得满分，总得分85.87分，与北京市并列第一位。政府采购透明度也走在全国前列，在2016年、2017年清华大学、中国社科院法学所等机构的评估报告中，广州市被评定位列93个地级市政府第一。

参考文献：

1. 广州市地方志编纂委员会．广州市志：卷九（下）[M]. 广州：广州出版社，1999.

2. 广州市地方志编纂委员会．广州市志：1991—2000. 第五册 [M]. 广州：广州出版社，2009.

（参编人员：贺志华）

第三章

城乡居民生活变化

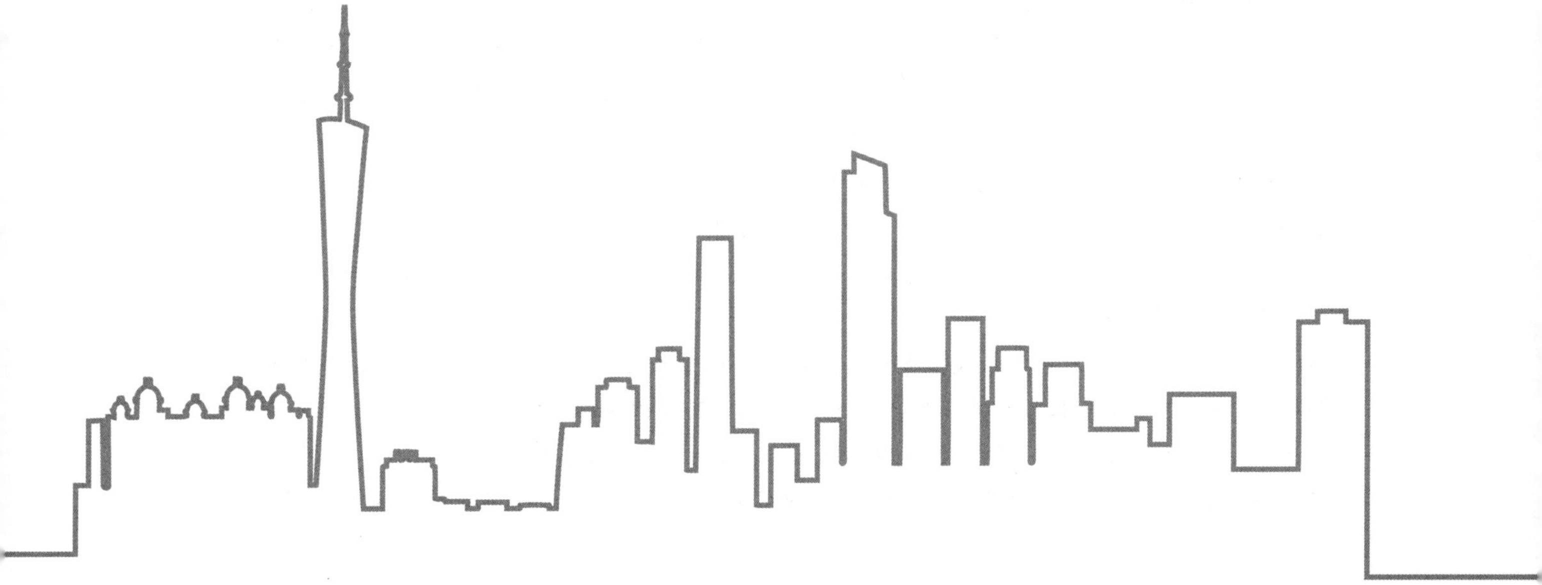

新中国成立70年来，广州经济社会实现了飞跃式发展，综合实力显著增强，城市面貌日新月异，城乡居民收入持续增长，消费结构不断优化，生活质量显著提高，居民幸福感和获得感持续提升。

一、广州城乡居民收入水平大幅提高

2018年广州的城市居民人均可支配收入[①]59982元[②]，是1978年的135.7倍，1979—2018年均增长13.7%，扣除价格因素年均实际增长7.4%。2018年广州的农村居民人均可支配收入[③]26020元，是1954年的177.0倍，是1978年的144.5倍，1979—2018年均增长13.2%，扣除价格因素年均实际实际增长8.2%。

① 广州市于1980年正式开始城市住户调查工作。1952—1977年，城市居民收支数据为多次一次性调查采集数据，其中一些年份存在缺失无法对比；1978年数据依据当年广州市统计局一次性调查数据中的可支配收入、消费性支出、服务性消费支出指标，其余指标均以1980年数据作对比；2014年，由于国家统计方法制度改革，城市居民人均可支配收入调查范围、调查口径均有所不同。本章根据2014年新的方法制度倒推2010—2013年城市居民人均可支配收入和人均消费支出数据，以同口径进行分析。

② 本章所用居民收支及生活状况数据，除特别标注外，1999年之前数据来源于《广州五十年（1949—1999）》（广州市统计局编.北京：中国统计出版社，1999）。1999年及之后数据来源于《广州统计年鉴》。

③ 广州市于1954年正式开始农村住户调查工作。2014年起，广州实施城乡一体化住户调查制度，农村家庭居民收入数据以新口径公布，“人均可支配收入”指标代替“人均纯收入”指标，不再公布“人均纯收入”数据。本分析收入指标2014年以前数据为“人均纯收入”数据，2014年后按可支配收入同口径计算。因1978年之前数据中断缺失，年均增长率从1979年开始计算。

（一）居民收入不断增加，贫困问题依然突出（1949—1978 年）

1949—1965 年，广州国民经济逐步恢复、发展，虽然受到“大跃进”及三年困难时期的影响，但居民收入仍基本呈不断增加态势。“文化大革命”期间，国民经济和人民生活受到较大影响，居民收入出现波折。

1977 年，广州城市居民人均可支配收入 395 元，比 1952 年增长 97.5%；农村居民人均纯收入 213 元，比 1954 年增长 44.7%。这一时期城市化水平较低，农村实行人民公社化的管理体制，农村居民收入以集体分配收入为主要来源，占家庭纯收入的七至八成。城乡居民生活处于温饱不足状态。

（二）经济快速发展，跨越温饱到小康（1978—2014年）

1. 改革开放新起步，收入快增实现翻番（1978—1991年）

改革开放初期，广州经济总量在全国城市中位居第八，不仅低于京、津、沪，也低于沈阳和武汉等国内重要的以工业为主的城市。党的十一届三中全会后，广州率先实行改革开放，产品市场和价格逐步放开，大力培育市场体系，社会主义市场经济体制逐步建立并不断完善。

在城市，广州市对国有企业管理体制进行改革，推动企业扩大自主权，大力发展非公有制经济，探索财政金融体制改革，建立社会保障体制。在农村，广州市拉开以家庭联产承包责任制为中心的农村经济体制改革的序幕。1987 年，天河区杨箕村、登峰村首创全国农村股份合作制先河。随后广州市不断完善和大力推进农村股份合作制改革，乡镇企业兴起，农村商品经济得到快速发展。1978—1991 年，广州地区生产总值年均增长达 12.7%，这一时期广州的综合经济实力跃升至全国第三位，仅次于上海和北京。

伴随经济的腾飞，城乡居民收入大幅提高。1983 年广州的农村居民人均纯收入 612 元，扣除价格因素实际收入是 1978 年的 2.2 倍，农村居民实际收入实现第一次翻番。1984 年广州的城市居民人均可支配收入 879 元，扣除价格因素实际收入是 1978 年的 2.0 倍，城市居民实际收入实现第一次翻番。1983 年，农村居民恩格尔系数[①] 从 1978

---

① 恩格尔系数是指居民食品支出占总消费支出的比重。据国际标准恩格尔系数达 59% 以上为贫困，50%—59% 为温饱，40%—50% 为小康，30%—40% 为富裕，低于 30% 为最富裕。由于“食在广州”的美誉，在同等收入环境下，广州恩格尔系数较其他城市稍高。

年的67.1%下降到53.3%。1991年，城市居民恩格尔系数从1978年的62.0%下降到58.9%。标志着广州城乡居民生活实现温饱。

2. 居民收入第二、第三次翻番，解决温饱奔小康（1992—2006年）

1991年，广州完成生产资料价格“双轨制”并轨。1992年，广州在全国率先取消粮食凭证定量供应，全面放开粮油价格。至此，全市农副产品价格、日用工业品和生产资料价格全面放开。其间，广州集体经济产权和管理制度改革也走在同时代前列。

1992年，邓小平发表南方谈话，党的十四大确立了建立社会主义市场经济体制改革目标，广州被列为全国第二轮综合配套改革试点城市，重点建设功能齐全的市场体系，建立全方位、多层次、宽领域的对外开放体系，完善支持多种所有制经济发展的政策和体系，保持经济全面、快速、协调健康发展。

随着改革红利的释放，经济保持较快速发展，广州城乡居民收入水平迅速提高。1992年广州的城市居民人均可支配收入3967元，扣除价格因素，实际收入是1978年的4.1倍，城市居民实际收入实现第二次翻番。1995年的农村居民人均纯收入4483元，扣除价格因素，实际收入是1978年的4.2倍，实现改革开放以来农村居民实际收入第二次翻番。1992—1995年，城乡居民恩格尔系数下降到50%左右。

“九五”期间（1996—2000年），广州农业产业化、现代化示范基地和特色品牌农产品生产区建设富有成效，带动农业生产逐步向规模化、集约化发展。2000年后，广州市更加重视农业基础设施和公共服务完善。“十五”期间（2001—2005年），根据中央“多予少取放活”方针，广州大力实施“城市支持农村、工业反哺农业”战略，通过加大财政支农力度、推进中心镇建设、加强农业基础设施建设、引导农村剩余劳动力就业等方式积极推进农村“城市化、工业化、农业现代化”，促进城乡协调发展。

2000年的城市居民人均可支配收入13967元，扣除价格因素，实际收入是1978年的8.6倍，城市居民实际收入实现第三次翻番。2006年广州的农村居民人均纯收入7788元，扣除价格因素，是1978年的8.4倍，农村居民实际收入实现第三次翻番。这期间，城市居民恩格尔系数在37.3%—50.4%之间波动，农村居民恩格尔系数在38.2%—48.5%之间波动，城乡居民生活在建设小康社会进程中不断丰富。

3. 城乡一体化发展，收入第四次翻番（2007—2014年）

2007年，广州市委市政府制定实施“惠民66条”及17条补充意见。全市各级、各部门采取积极有效措施，全力推进贯彻落实，出台50多项相关惠民政策，民生水平大幅提高。[①] 城市国有资产经营管理体制和国有企业产权制度改革继续推进，非公有制经济发展的政策体系继续完善，对外经贸和招商引资发展迅猛。2010 年，全市国有企业公司制改革基本完成。2012 年底，广州民营经济主体 93.33 万户，注册资本 3895.12 亿元，民间固定资产投资 1158.11 亿元，占社会总投资的 30.8%。落户广州的世界 500 强企业从 2002 年的 108 家增加到 2012 年的 232 家。[②]2014 年，广州全面实施商事登记制度改革，为经济社会进一步发展打通路径。

这一时期农村的发展主要分为两个阶段：2007—2011 年，社会主义新农村建设从试点到推进。2009—2011 年，广州市新增 467 个新农村示范村和重点村，市财政共安排扶持资金 6080 万元，专项用于农村各项基础设施建设和村容村貌整治，大力发展都市型现代农业，农业现代化水平进一步提高。[③]2012—2014 年，农村建设提档升级，建设美丽乡村。2012 年之后，广州市在巩固发展试点、示范工作的基础上，结合农村扶贫开发、名镇名村建设和美丽乡村建设，促进广州新农村上规模上档次。2014 年，广州开展土地承包经营权确权登记试点，推进集体建设用地使用权流转，建成集体经济“三资”交易平台；建设 27 个美丽乡村和 3 个名镇、41 个名村；市财政安排 4.85 亿元扶贫，新一轮农村扶贫开发取得成效。[④]

2009 年，广州城市居民人均可支配收入达 27610 元，扣除价格因素，实际收入是 1978 年的 16.7 倍，实现改革开放以来城市居民实际收入第四次翻番。恩格尔系数在 32.8%—34.0% 之间波动，跨入总体小康。2014 年，广州农村居民人均可支配收入达 17663 元，扣除价格因素，实际收入是 1978 年的 17.3 倍，实现改革开放以来农村居民实际收入第四次翻番，恩格尔系数在 42.3%—45.9% 之间波动，继续向全面小康生活迈进。

（三）全面深化改革持续推进，居民收入稳步提高（2015 年以来）

党的十八大以来，按照深化改革开放、推动高质量发展的要求，广州深入推进供给侧结构性改革，加快转型升级，大力发展新经济，培育新动能，国家中心城市功能显著增强。这期间经济从高速增长转向中高速增长。在围绕城市经济社会发展大局的基础上，广州越来越重视城乡区域统筹发展。实行城乡统一规划管理，统筹安排城乡基础设施、

---

① 黄小晶，李汉强，冯秋航．广州当代大事纪略 [M]．广州：广州出版社，2018:228.

② 参见 2013 年广州市《政府工作报告》，2013 年 1 月 9 日．

③ 佟宇竞．广州“十三五”新农村建设形势分析与战略思路 [J]．南方农村，2017（2）．

④ 参见 2015 年广州市《政府工作报告》，2015 年 2 月 2 日．

公共服务设施建设，推进城乡一体化。提高底线民生保障水平，扩大民生保障覆盖面，持续增进民生福祉。

2015年，《广州市社会医疗保险办法》正式实施，广州市实现城乡居民医保和大病医保全覆盖。城乡居民实现公共服务均等化制度公平性增强，居民得到更多实惠，大病患者的医疗费用负担减轻了。①2016年，广州公布《关于进一步推进户籍制度改革的实施意见》，取消农业户口，实行城乡户籍“一元化”登记，率先启动户籍制度改革，稳步推进基本公共服务均等化，增强社会公平性，让发展成果更好地惠及全市人民。2016年，广州着力推动美丽乡村、新农村连片示范建设，打造宜业、宜居、宜游的社会主义新农村。农村基础公共服务设施建设进一步提升，社会事业和民生保障进一步改善，造血功能和自我发展能力进一步增强。

2015—2018年，广州城市居民恩格尔系数一直保持在33%以下，农村居民恩格尔系数一直保持在40%以下，标志着城乡居民生活奔向全面小康。2018年，城市居民人均可支配收入59982元，扣除价格因素，实际收入是1978年的31.6倍；农村居民人均可支配收入26020元，扣除价格因素，实际收入是1978年的23.7倍。

2017年10月18日，习近平总书记在党的十九大报告中提出乡村振兴战略。广州市委市政府印发《中共广州市委广州市人民政府关于推进乡村振兴战略的实施意见》《广州市实施乡村振兴战略三年行动计划（2018—2020年）》，提出乡村振兴目标和要求，要求对照量化任务清单抓好落实，并提出加强规划引领，高质量落实乡村振兴各项任务。城乡居民继续向实际收入新的增长奋进。

二、消费结构优化升级，消费层次稳步提高

新中国成立以来，随着国民经济快速发展、社会进步以及居民收入的不断提高，广州城乡居民的消费能力、消费观念、消费习惯、消费结构、消费方式发生日新月异的变化，消费水平逐步提高，消费结构不断优化。2018年，广州城市居民人均消费支出42181元，是1978年的95.9倍，年均增长12.5%，扣除价格因素，年均实际增长6.2%；农村居民全年人均生活消费支出20634元，扣除价格因素，是1978年的14.8倍，年均实际增长7.0%。在消费结构方面，衣食住行等生存性消费占比逐

① 黄小晶，李汉强，冯秋航．广州当代大事纪略[M]．广州：广州出版社，2018:295．

渐减少，教育、文化、医疗、卫生等发展型消费占比增长较快，娱乐旅游等享受型消费占比有所增加。

（一）基本生活有保障，生活水平日渐好

1. 食品消费从“吃饱”到“吃好”，恩格尔系数下降

改革开放前，食品供应相对紧张。城市居民凭粮票、油票、糖票等各种票券购买粮食，农村居民主要靠集体分配的粮油鱼肉生活。食品消费支出增长缓慢且食品支出占家庭支出比重较大，城乡居民生活维持在温饱边缘。改革开放以来，食品种类丰富齐全，供应门市遍布。广州城乡居民恩格尔系数逐步下降，1982—1992 年在 50%—60% 之间，1993—2013 年下降到 40%—50% 之间，2014—2018 年低于 40%。广州城乡居民生活一步步跨过温饱、迈过小康、奔向富裕。

在食品消费结构方面，20 世纪 80 年代前一直以主食型为主，只顾“温饱”，到 20 世纪 90 年代追求“吃得好”，再到 21 世纪以来追求“吃得健康”，对食品的追求实现从量到质再到科学搭配的转变。随着消费水平的提高，食品消费越来越营养、美味和方便，越来越多样化。

2. 衣着消费从单一到多元，追求时尚魅力

衣着消费的转变折射出城乡居民生活水平及消费观念变化的演变进程。随着经济发展和居民收入水平的不断提高，居民的衣着消费观念不断提升，衣着消费不再单纯追求保暖实用，而是将穿戴服饰作为自我美化生活的重要方式，衣着愈加追求时尚、档次提高、个性化增强、流行周期缩短。2018 年，广州城市居民人均衣着消费 2277 元，是 1980 年的 46.5 倍；农村居民人均衣着消费 798 元，是 1980 年的 34.7 倍。

（二）居住环境大改善，居住品质有提高

随着政策调整、住宅建设飞跃发展和收入的不断提高，广州城乡居民的居住条件和居住环境不断改善。

1. 居住空间拓宽，人均居住面积扩大

改革开放初期，城乡居民住房紧张，“四世同堂多拥挤，家人杂居无私密”是普遍现象。20 世纪 80 年代，房地产业迅速发展，通过多渠道、多形式筹集资金建设大批住宅，推出商品房，使城乡居民居住条件有了明显改善。1980 年广州的城市居民人均住房面积仅 4.0 平方米，1989 年提高至 7.6 平方米，1999 年首次超过 10 平方米（12.4 平

方米），2007年首次超过20平方米，2014年首次超过30平方米，2018年提高至人均36.2平方米。1978年广州的农村居民人均住房面积仅6.8平方米，1980年首次超过10平方米（10.4平方米），1985年首次超过20平方米（20.3平方米），1999年首次超过30平方米（30.2平方米），2009年首次超过40平方米（40.6平方米），2018年首次超过50平方米（50.3平方米）。[①]2018年，广州城市居民自有住房比重达92.0%，比1978年提高75.5个百分点；广州农村居民家庭自建住房比例上升到94.4%，拆迁安置房占2.5%，购买商品房的比例为2.5%。

2. 住房数量质量双提高

广州解放初期，城市居民多住砖瓦平房，居住条件简陋，农村居民住的多是泥砖屋，甚至是竹棚茅舍。改革开放初期，城市居民共用厨房、厕所的现象还比较普遍。农村居民受经济条件限制，多没有能力建新房，社队集体也很少建房给农户居住。随着政策放开、收入水平提高，城市居民房屋设施已从砖瓦平房转向功能齐全高层楼房。农村居民逐步具备自建新房能力。自20世纪80年代掀起两次建房热高潮，20世纪90年代又掀起新一轮的建房热潮。2018年，广州城市居民居住单栋楼房、二居室、三居室比重分别为30.5%、28.2%、29.6%[②]；农村居民居住单栋楼房的家庭占91.9%，居住单栋平房的家庭占3.0%，居住三居室单元房的家庭占2.8%，居住四居室单元房的家庭占1.2%，其他仅占1.1%。新建农村住房绝大部分是钢筋混凝土结构，住房建筑质量大幅提高。2018年，广州农村居民钢筋混凝土结构住房占84.9%，砖混结构住房占14.4%，砖瓦砖木结构住房仅占0.7%。

3. 居住条件不断改善

从居住的外部环境看，广州市城乡基础设施建设投入不断加大，各项基础设施逐步改善和加强，居住环境越来越宽敞优美。2006年，广州已基本实现村村通电、通水、通水泥路、通有线电视和通电话，基础设施得到明显改善。改革开放初期，城市居民共用厨房、厕所的现象还比较普遍。随着经济社会发展，人居生态环境综合整治持续推进，城乡环境卫生、村容村貌、公共卫生等全面提升。从居住的内部条件看，方便卫生的厨卫条件在居民家庭普及。近年来，室内配套设施比从前更加安全、卫生、舒适。42.4%的家庭使用液化石油气，52.1%的家庭使用管道煤气、天然气，居住条件极大改善。改

① 广州市统计局，国家统计局广州调查队．广州统计年鉴[M].北京：中国统计出版社．

② 广州市统计局，国家统计局广州调查队．广州统计年鉴[M].北京：中国统计出版社．

革开放前农村居民家庭普遍无厕、公共旱厕。据 2018 年数据显示，99.5% 的农村居民家庭有独用厕所，其中 98.8% 是水冲式卫生厕所。广州农村居民家庭中 81.6% 饮用经过净化处理的自来水，6.5% 的家庭饮用桶装水，5.8% 饮用受保护的井水和泉水，6.1% 为其他饮用水来源。94.0% 的家庭自装热水器，6.0% 的家庭有其他洗澡设备。

（三）耐用消费新升级，潮流消费进家门

1. 耐用消费品不断升级换代

新中国成立以来，在解决了最基本的“衣、食、住”问题之后，居民更趋向于改善生活品质，家庭耐用消费品的结构经历从无到有、从少到多、从简单到智能的发展过程，生活必需品时代已逐步向耐用消费品时代转型。20 世纪六七十年代，家庭富裕程度的标志为“老四件”（自行车、手表、缝纫机、收音机），进入 20 世纪 80 年代“新三件”（彩色电视机、洗衣机、电冰箱）开始进入居民的生活。20 世纪 90 年代电话、空调、组合音响、摩托车等普及各家各户。21 世纪以来，汽车、电脑、照相机、中高档乐器、健身器材、智能家居等享受型消费品以迅猛态势进入寻常百姓家。2018 年底，广州城市居民每百户拥有洗衣机 102 台、电冰箱 103 台、彩色电视机 131 台、空调器 239 台、中高档乐器 14 台、汽车 48 辆，分别比 1990 年增加 15 台、16 台、42 台、238 台、14 台、48 辆；每百户农村居民家庭拥有家用汽车 46 辆、空调 221 台、彩色电视 145 台、电冰箱 109 台、洗衣机 105 台、洗碗机 5 台、照相机 20 台、健身器材 11 台、中高档乐器 7 台。[①] 冰洗厨卫空调等家用电器全部普及，家用电脑、照相机、微波炉越来越多，智能手机、家用电脑、家用汽车等高档次、现代化耐用消费品成为消费新宠，洗碗机、健身器材、中高档乐器成为耐用消费品的新时尚。居民耐用消费品更新换代频率加快，品质和档次不断提高，反映了居民生活水平飞跃式提升。

2. 交通工具日新月异，通信设备更新升级

居民出行方式日新月异。改革开放初期，自行车是居民出行的主要交通工具，1985 年底每百户城市居民拥有自行车 166 辆，农村居民拥有自行车 224 辆。20 世纪 90 年代，出行工具升级为摩托车，每百户家庭拥有自行车数量至 1996 年后开始不断减少，而城市居民的摩托车拥有量从 1990 年的 4 台上升至 1999 年的 23 台，农村居民从 1990 年的 5 台上升至 1999 年底的 89 台。进入 21 世纪，随着汽车产业的快速发展，家用小汽车

① 广州市统计局，国家统计局广州调查队 . 广州统计年鉴 [M]. 北京：中国统计出版社 .

取代摩托车，逐渐成为当前居民消费新热点。2018年底，每百户城市居民拥有汽车48辆，农村居民拥有汽车46辆。此外，随着广州基础交通设施日趋完善，多种新式打车软件、共享单车、地铁、自驾车等出行方式流行，居民出行条件明显改善。

近年来，信息技术飞速发展，通信设备加快更新升级，从固定电话到“大哥大”再到移动电话的普及，智能手机、家用电脑走进千家万户，现代化的通信服务已形成巨大的消费市场。2018年底，城市居民每百户拥有家用电脑122台、移动电话263台，比2000年底分别增加67.8台、190.8台；农村居民每百户拥有家用电脑87台、移动电话318台，比2005年底[①]分别增加59台、139台。

居民旺盛的需求带动了交通通信消费支出攀升，2018年，城市居民人均交通通信支出5244元，比1980年增长104.8倍，占消费支出比重从1980年的1.0%上升到12.4%；农村居民人均交通通信支出达到2962元，占消费支出的14.4%。

（四）消费观念有逆转，消费热点再升级

随着经济社会不断发展，人民物质生活水平和文化素质不断提高，广州城乡居民越来越重视教育和个人素质培养，有能力且更愿意加大资金投入满足教育、文化、娱乐等精神生活需求，消费观念发生了巨大转变。消费观念变化带动消费结构持续优化，消费热点不断涌现。

1. 精神生活丰富多彩，教育娱乐消费多元化

在改革开放初期，居民的消费主要用于解决基本生活需求，购买的衣服、耐用消费品等也仅用作满足基本生活需要。随着经济社会不断发展，五天工作制实施、法定假期增加、城市职工带薪休假制度进一步完善，居民的闲暇时间得到保障，以旅游、体育、健身消费为热点的休闲娱乐产业进入高速发展期。同时，居民日益重视教育和综合素质培养，如以多种形式参加继续教育学习、子女参加多元化的课外兴趣班和特长班等方式，提高综合素质。休闲娱乐、高等教育兴趣班、养生保健也逐渐成为居民的消费热点。农村居民家庭也开始青睐娱乐、休闲、旅游等活动，潮流消费走进寻常百姓家。大众娱乐方式，从收音机到电视，从迪斯科到广场舞，从去网吧、游戏机室到手机游戏，从家庭音响到VR、可穿戴设备……居民精神文化生活越来越丰富多彩。

广州的城乡消费重点从“生存型”消费向“发展型”“享受型”消费转变，2018年

---

① 根据《广州统计年鉴》，农村居民自2005年开始统计家用电脑拥有量。

广州的城市居民“发展型”“享受型”消费占消费支出比重为40.0%，比1980年提高24.3个百分点。

2018年，城市居民人均教育文化娱乐支出5640元，比1980年增长234倍，占消费支出比重从1980年的4.5%上升至13.4%；农村居民人均教育文化娱乐支出2030元，占消费支出的9.8%，其中人均教育支出从1980年的3.4元，增加到1097元，比2006年增长322.6倍。

2. 保健意识增强，医疗保健消费升温

改革开放初期，城市居民用于医疗保健方面的实际支出较少，1980年的人均医疗支出仅6元。随着城市职工医保基本实现全覆盖，医疗保障机制日趋完善，医疗水平和医疗保障能力大大提升，居民能够享受到更好的医疗服务。与此同时，居民自身保健意识逐步增强，各类保健用品及服务越来越普及，居民对医疗保健的需求提至重要的位置。2018年，城市居民人均医疗保健支出1875元，比1980年增长311.5倍，占消费性支出比重4.4%，比1980年提高3.2个百分点；农村居民人均医疗保健支出1017元，占消费性支出比重4.9%。

3. 电子商务快速发展，消费手段更加便捷

随着互联网的普及和网络基础设施的完善，广州电子商务快速发展，商业模式不断创新，居民消费手段更加电子化。

截至2018年底，广州城市居民家庭中74.5%的移动电话接入互联网，91.0%的家用计算机接入互联网；农村居民家庭中74.5%的移动电话接入互联网，86.2%的家用计算机接入互联网。近年来，信息化服务消费给城乡居民带来方便、实惠与快捷，越来越多的人喜欢网上消费，居民的衣食住行日常生活等需求均可以通过网购实现。通过互联网购买商品和服务支出成为居民消费的持续热点。

2017年的一项针对网购用户调查结果显示，人均网购消费额达11840元，分别比2016年和2015年增长14.2%、87.3%。网络激发了城乡居民极大的消费热情，带动居民消费量和消费额增加，网购支出呈现高速增长态势，并成为释放居民消费潜力的一大着力点。

新中国成立70年来，广州城乡居民收入保持持续较快增长，居民消费结构不断优化、水平不断升级，民生保障持续加强，城乡居民共享改革开放的成果，生活质量显著改善，城乡居民获得感和幸福感持续提升，实现了从温饱不足向全面小康的历史跨越。2019年2月18日，中共中央、国务院印发《粤港澳大湾区发展规划纲要》。根据

规划，广州定位于充分发挥国家中心城市和综合性门户城市引领作用，着力建设国际大都市。在新的历史起点上，广州城乡居民将在党的坚强领导下，不忘初心，砥砺奋进，埋头苦干，改革创新，用勤劳和汗水、智慧和勇气创造更美好的生活！

参考文献：

1. 广州市统计局．广州五十年（1949—1999年）[M]. 北京：中国统计出版社，1999.

2. 广州市统计局，国家统计局广州调查队．广州统计年鉴[M]. 北京：中国统计出版社，2002—2018.

3. 2013年广州市《政府工作报告》，2013年1月19日．

4. 2015年广州市《政府工作报告》，2015年2月2日．

5. 佟宇竞．广州“十三五”新农村建设形势分析与战略思路[J]. 南方农村，2017（2）．

6. 黄小晶，李汉强，冯秋航．广州当代大事纪略[M]. 广州：广州出版社，2018.

（参编人员：李日红　褚珊珊　郑毅婷）

第四章 农业和农村发展

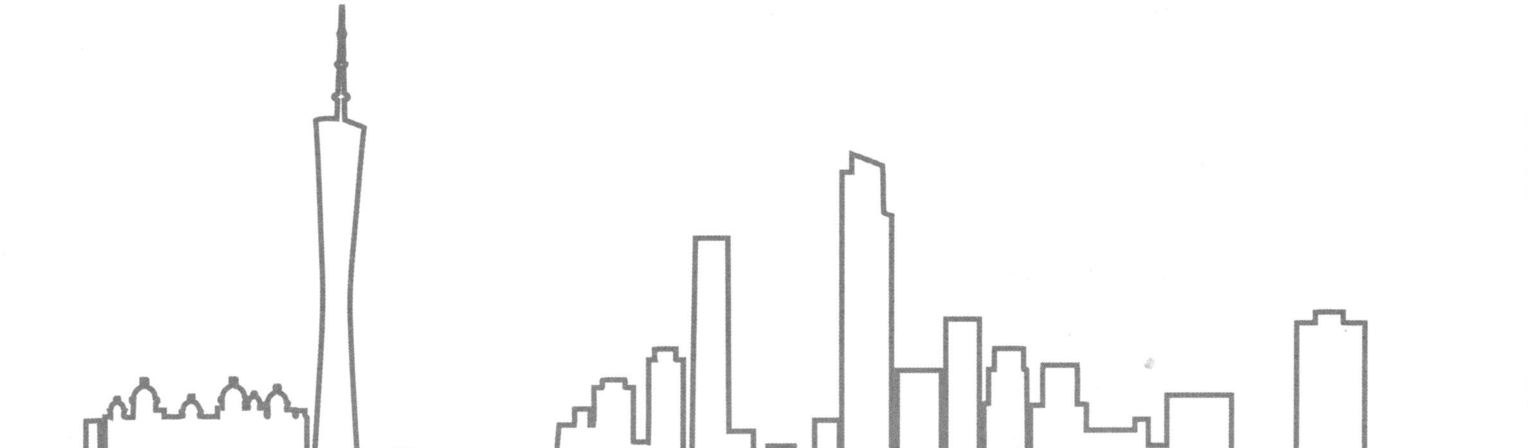

新中国成立70年来，广州农业农村走过辉煌的发展历程，取得重大的历史性成就。广州农业生产水平得到快速提升，农业产业结构不断优化调整，广州农业从单一的“以粮为纲”向第一、第二、第三产业融合发展转变。与1949年相比，2017年粮食总产量下降24.79万吨，蔬菜、水果、水产总产量分别增长365.2万吨、47.94万吨、46.57万吨。广州大力打造都市型现代农业格局，并逐步推进农业产业化发展，2018年都市农业总产值达1428.9亿元。农村人口比重从1949年的50.34%下降到2017年的20.31%。

目前，广州市坚持以农业农村优先发展为总方针，以实施乡村振兴战略为总抓手，全面深化农村改革，持续深化农业供给侧结构性改革，推进农业向绿色、安全、高效方向发展。

一、1949—1978 年：广州农业和农村发展概况

新中国成立之初，百废待兴，政府从变革农业生产关系、改善农业生产条件入手，边摸索边前进，推动广州农业走上社会主义发展道路。

（一）农村生产关系不断摸索变革

新中国成立后，农村生产关系发生翻天覆地的变化，封建土地所有制彻底废止。1950—1953 年，广州郊、县农村通过土地改革，彻底消灭封建剥削制度，广大农民分到土地以及其他生产资料，生产积极性大大提高。1955—1958 年，广州农村陆续建立农业生产互助组和初级农业生产合作社，农业逐步实现合作化。1958 年初，97.7% 的农户加入高级农业生产合作社，这标志着社会主义集体所有制在农村的确立。

（二）农业农村生产逐步改善

在以农业为国民经济基础的方针指引下，广州市政府注重农业生产及其配套设施的投入，促进农业生产发展。20世纪50年代，政府鼓励开荒扩种，耕地面积不断扩大，1955年广州市耕地面积达331.10万亩。1949—1978年，广州市水利建设进入大发展时期，有效灌溉面积从120.0万亩增加到257.26万亩，旱涝保收面积由25.70万亩增加到208.72万亩。广州农村经济结构以生产粮食为主，种植业占农业总产值均超过76%，最高时达86.83%。

（三）农业科技推广网络逐步建立

1953年初，广州市农业技术指导站及其分站成立。1977年，广州市70个人民公社基本建立农科站或推广站。与此同时，20世纪50年代中后期，广州市政府积极推广农业科学技术和改革耕作技术，成功将水稻种植模式改为翻耕，推广以小科密植为中心的水稻栽培技术以及引进使用先进农业机械。1964—1977年，随着农技推广网络的建立和完善，农业技术研究和推广成绩斐然，低产田顺利改造，农作物病虫害科学有效防治，一批农作物新品种成功研发并推广，推动农业生产的发展。

二、1978—2012年：广州农业和农村发展概况

1978年12月，党的十一届三中全会召开，作出改革开放的决策。数十年来，广州在农村农业方面进行的改革总体概括为：由家庭联产承包责任制向允许土地承包经营权流转转变，农业经营主体由小而散农民向懂技术善经营的职业农民转变；由计划经济向社会主义市场经济转变。政府努力创造良好的市场环境，稳步推进新农村建设，区域经济发展差异缩小，城乡一体化进程加快，农业生产朝着现代化、专业化、科技化、产业化、标准化发展，农民生活水平稳步向小康迈进。

（一）农村改革取得突破进展

广州农村抓住改革开放的机遇，推进以家庭联产承包责任制为中心的经济体制改革。广州农村不断自发地尝试推行各种不同形式的生产责任制，以期促进农业生产的发展，增加农民的收入，并逐步取消农产品统购统销体制，建立农产品市场机制。农村经营制度的改革解放了农村生产力，为农村经济和社会发展带来历史性巨变。

1. 推行家庭联产承包责任制

1982年1月1日，中共中央批转《全国农村工作会议纪要》，肯定集体经济要建立生产责任制长期不变。广州市农村的联产计酬生产责任制逐渐推进，从联产到组、联产到劳，向包产到户、包干到户的家庭联产承包责任制发展。1983年，广州农村包干到户的生产队发展率达95%，以家庭联产承包为主的责任制全面推行。

家庭联产承包责任制实行统分结合的经营体制，在坚持土地等主要生产资料公有制的前提下，把土地和其他生产资料根据合同交给农民使用，由农民独立经营，其劳动成果以“交够国家的，留足集体的，剩下全是自己的”形式管理，极大地调动农民的生产积极性。粮食作物由1978年的111.06万吨增加到1984年的125.99万吨，增幅为13.44%，比1949年增加1.45倍。农村劳动力由1978年的124.55万人增长到1984年的131.8万人，增加7.25万人。

2. 改革农产品统购统销体制

1953年，开始实施农产品统购统销体制。在实行家庭联产承包责任制后，农民要求取消农产品统购统销制度的呼声也越来越强烈。在此情形下，广州市从1979年起开始改革购销体制，放开塘鱼价格。1981年，取消肉鸡和鲜蛋派购任务，放开价格。1983年，放开水果价格。1984年11月，放开蔬菜价格。1985年，放开生猪价格。1988年，放开食用油价格，5月首次提高粮食合同定购和销售价。广州成为全国农副产品购销制度改革的先行地。

随着农产品价格的逐步放开，广州市政府取消不准长途贩运、不准农产品私人上市成交的禁令。实行国营、集体、个体齐上，多渠道搞活农产品流通政策，在促进商品农业发展的同时，城乡市场农副产品逐步由凭票供应改为敞开供应。

（二）农业产业不断优化

改革开放以来，广州农村进行以家庭联产承包责任制为中心的农村经济体制改革，摒弃农产品统购包销的旧体制，放开价格，多渠道搞活农副产品流通。调整“以粮为纲”的生产方针，重视经济效益和市场需求，调整农业生产布局，极大地调动农民的生产积极性。

1. 城郊型农业生产体系逐渐形成

1984年，市政府制定“服务城市，富裕农民，活跃市场，方便群众，增加出口，积极创汇”的城郊型农业生产方针。要求在绝不放松粮食生产的同时，生产菜、肉、禽、鱼、蛋、奶、果、花八种鲜活农产品供应城市，积极组织农产品北运和出口。不断提高农业现代化水平，走城郊型、创汇型和生态型农业道路。在此方针指引下，通过大力发展开发性农业，促进农业规模经营，使农业生产得到发展，农业现代化水平不断提高。

2. 挖掘生产潜力，发展传统名优品种

积极挖掘生产潜力的主要措施有：积极改造中低产田。开发荒山荒坡，造林种果。把一些低洼积水、产量低的水稻田改挖成鱼塘。发展立体种养，如蔗地间种瓜菜。利用果园、竹林养鸡。还创造了利用塘基养猪种果、塘面养鸭、塘内养鱼的“猪基鱼塘”立体种养方式。大力发展冬种蔬菜。按照市场需求发展传统名优品种，努力增加种养收入。同时，蔬菜生产已形成一、二、三线基地。1990年，近郊老菜区一线基地和中远郊二线基地面积达12.6万亩。另外，一大批种养专业大户的生产规模也在不断扩大。

3. 农业生产快速提升

1990 年，广州市农业总产值 13.08 亿元，比 1978 年增长 93.16%，平均年递增率约为 5.7%。根据城郊型农业生产方针，广州市对农业生产布局和产业结构进行调整：适度减少粮食作物种植面积，增加经济作物种植面积，重点发展蔬菜、水果和糖蔗生产。1990 年与 1978 年对比，水稻播种面积减少 70.67 万亩；糖蔗种植面积和总产分别增长 5.90%、50.98%；蔬菜播种面积和总产量分别增长 94.72%、1.27%；水果果园面积和总产量分别增长 1.31 倍、497 倍；生猪出栏量、水产品总产量、牛奶总产量分别增长 40.41 倍、41.76 倍、1.89 倍；“三鸟”出栏量和禽蛋总产量增长迅速，“三鸟”出栏量比 1979 年增长 365 倍，禽蛋总产量比 1980 年增长 34.2 倍。1984—1989 年，市政府每年安排投入 50 万元，完成“三线两岸”荒山荒坡的绿化工作，共造林 616 万亩，种植果树 15 万亩。

4. 农业现代化水平有所提高

1990 年，全市农业生产用电 6186 万千瓦时，拥有农业机械总动力 174.4 万千瓦。全市机耕面积 189.16 万亩，有效灌溉面积 228.11 万亩，旱涝保收面积 189.11 万亩，分别占耕地总面积的 76.60%、92.37%、76.61%。全市化肥供应总量 13.46 万吨（折纯量），农药供应总量 7483 吨，平均每亩耕地可供应化肥 54.50 千克、农药 3.03 千克。

全市机械化养猪场 1 个、养鸡场 2 个。平均每个农业劳动力生产粮食 1271 千克、花生 41 千克、糖蔗 2155 千克、蔬菜 1344 千克、水果 329 千克。标志着广州农业在现代化道路上得以进一步发展。

（三）农业农村工作稳步推进

20世纪90年代，广州农业和农村在管理制度、产业结构、市场流通、科技、民生领域进行改革和探索，农业经济全面、协调、快速发展，农村面貌和农民生活发生深刻的变化。农业向高产、高质、高效的“三高”型、都市型、产业化模式转变，农民实惠增多，经济社会稳定向前发展。

1. 改革管理机构，创新经营管理制度

随着“三高”农业的发展和农业产业化的兴起，农业开始走向市场。农业行政管理部门进行机构改革，在职能转变上体现为农业、农村部门分开，企业和政府职能分开，党委和政府部门职务分开。

进一步变革农业生产关系，行政与生产部门机构分离，并分别设立各级社区性合作经济组织。随着农村土地承包关系的逐步完善和农业规模经营的不断发展，经济发展较快的地区开始探索农村合作经济股份制等新型的农村经济管理模式。1987年，天河区杨箕村率先在全国进行农村产权制度改革，把集体资产进行评估，按劳动工龄等标准折股，量化到人，还股于民，解决农村集体经济的权属问题，为壮大和发展农村集体经济闯出一条新路子。1991年底，天河区行政村和自然村两级全面实行股份合作制，有效解决历史上悬而未决的集体财产归属问题，成为全国第一个在区县级农村全面推行股份合作制的地区。

实施延长农村集体土地承包期，全市60%左右的耕地延包期为29年，40%左右的耕地延包期为30年，并在2000年完成。推广农村合作经济股份制和建立专业合作经济组织，加强农村财务管理，逐步健全监督机制等系列政策措施，广州农业经营管理制度改革取得显著的效果。

2. 调整产业结构，促进农业与农村经济转型升级

改革开放以来，广州面对人民生活需要和市场需求，积极调整并深化农村经济生产结构。从种植业内部进行调整，在大农业层面进行调整，调整重点逐步转移到提高农产品质量和效益上来。种植业和林业在大农业中所占的比重继续下降，牧副渔业比重上升。农村第一、第二、第三产业的比重分别从1990年的38.6：47.8：13.6调整为2000年的9.7：76.3：14，农村产业结构实现历史性的转变。乡镇企业结构调整主要体现为推进产权制度改革，调整优化企业结构和产品结构。

3. 以市场为向导，抓好农产品流通和外向型经济

1992年，广州市先后放开家禽、鲜蛋、水果、蔬菜、生猪、食糖、粮食和鲜奶价

格，实行随行就市，以质论价，逐步结束“统购统销”购销体制。随着农产品价格放开，1990年全市恢复和发展农贸市场370个，专业批发市场22个，年成交额42.2亿元，农产品贸易出现由国有商业供销社、城乡集体商业、个体商贩和集市贸易多种经营方式、多种所有制齐参与的局面，调动了生产者的积极性，活跃了市场，促进了生产发展，同时有力解决了市场供应长期短缺的难题。

农业产业化经营是农业走向现代化的途径之一。通过龙头企业带动、专业市场带动、中介组织带动、外资项目牵动等措施，推动产业化经营。白云区的“江高模式”最初成型于以养鸡场为龙头，带动周边农户共同发展养鸡业的经济组织形式。此后成为中国农业产业化的一面旗帜，以“公司+农户”的方式揭开中国农业产业化发展的序幕。同时，广州市通过制定优惠政策，指导外向型农业发展；多渠道招商引资，兴办出口生产基地来发展外向型经济。20 世纪 90 年代，农产品生产和流通以市场体系建设、推动产业化经营和发展外向型经济为重点，进入大发展阶段。

4. 依靠科技进步，推进农业现代化和产业化建设

广州农业依靠科技进步，推进农业现代化和产业化建设主要有五个方面：一是发展“三高”农业，以品种改良，推广优良品种为主。二是抓好现代农业示范区和产业化龙头企业。三是重视推广应用新品种、新技术，形成完善的区（县级市）、镇、村三级农技推广体系，在种植业、养殖业和林业生产上全面推广应用新品种、新技术，获得良好效益。四是加强农业基础设施和机械化建设，特别是在水利建设、农业信息化建设的投入力度最大。五是开展生态农业的探索与实践，如开展城郊型综合经营生态农业的实践、以发展旅游农业为目的的休闲型生态农业实践，提高广州大农业的综合实力和经济效益。2006年，广州基本实现农业现代化达标率达88%，全市实现农林牧渔业总产值248.8亿元，比1995年增长96.2%。

5. 服务三农，农民生活水平总体步入小康

广州市重视农业的基础地位，各级政府在农业、畜牧业、水利、林业等方面通过多种渠道不断增加资金投入，尤其是通过现代化和产业化建设，在基地、市场、服务体系建设等方面投入大量经费，进而建立起稳定的农业投入机制。农业服务体系通过与生产基地建设相互配套，发展饲料、肥料、运输、加工、贮藏、销售、出口等多项社会化服务，形成服务网络，有效地为三农服务。

为有效保护农民利益，切实减轻农民负担，广州市农业行政管理部门与相关部门每年进行一次全市性的农民负担检查监督活动，并向市委市政府汇报当年减轻农民负担工作的进展情况。农业产业结构调整和市场化的推进，使得工资性收入成为农民收入的重要来源。2000年的广州市农民人均年纯收入6086元，居全国城市前列。2006年，广州基本实现村村通电、通水、通水泥路、通有线电视和通电话，农村居民的居住环境得到明显改善。随着科技进步与收入增加，农民拥有的耐用消费品和人均居住面积逐步增多，居住环境和农村学校医疗设施不断完善，农民生活水平总体上步入小康。

三、党的十八大以来，广州农业和农村发展概况

党的十八大以来，广州以全面建成小康社会为目标，围绕抓关键、补短板，全面推进农村综合改革和其他领域各项改革，在注重改革的全局性、系统性、协同性，着力深化农村体制机制创新，优化农业生产（产品）结构，推进农业供给侧结构性改革，农业、农村经济迈向高质量发展。党的十九大作出实施乡村振兴战略的重大决策部署，进一步推动新时代广州农业和农村发展步伐。

（一）全面深化农村改革

广州市把推进农村改革放到更为重要的位置，认真贯彻中央改革部署和要求，根据自身实际，全面深化农村综合改革，在农业经营体系、农业支持保护体系、农村土地制度、城乡融合发展和农村社会治理等领域取得重大成效，加快推进乡村振兴战略布局。

1. 强化农业支持保护制度

近年来，广州市在加强农业支持保护方面取得很大进展，形成尊重市场规律，发挥政府作用，符合广州市市情、中国国情和国际惯例的农业支持保护政策体系。党的十八大以来，通过强化农业支持保护补贴，如强化耕地地力保护、粮食适度规模经营，强化农业支持保护管理，强化预算绩效管理等政策方向，通过强化农业支持保护制度的落实，明显加大强农惠农力度，持续推进广州现代农业发展。

2. 深化农村土地制度改革

党的十八大以来，广州市不断深化土地制度改革，推动土地合理有序流转。一是推进农村集体产权制度改革，基本完成农村土地承包经营权确权登记颁证。二是通过发展股份合作经济，引导有条件的农村企业逐步建立现代企业制度，转变农村集体经

济传统管理方式。三是通过完善承包地“三权分置”制度，建立农村土地信息系统数据库，推进数据库与农村集体“三资”交易管理平台结合，开展农村土地流转竞价交易，引导土地经营权有序流转。四是推进农业补贴政策改革，农民财产权益更有保障，集体经济更加壮大。2017年，广州市家庭承包耕地流转面积63万多亩，流转面积占家庭承包耕地面积的43.04%，通过出租（转包）形式流转的土地面积占流转总面积的98.13%。

3. 构建新型农业经营体系

大力培育新型农业经营体系，培育新型职业农民，培育农业社会化服务综合体。新型农业经营主体方面，着力培育以农业龙头企业、合作组织、专业大户、家庭农场为骨干，其他组织形式为补充的新型农业经营主体，完善新型农业经营体系，推进专业合作社示范社和龙头企业的评审与监测，部署开展家庭农场认定，推动农业生产经营方式创新。

截至2017年底，广州市的国家级、省级、市级农业龙头企业分别共有6家、38家、122家。区级以上农业龙头企业总资产455亿元，实现销售收入627亿元，农业产业化组织带动农户37.36万户，带动农户增收总额47.13亿元，户均增收1.26万元。截至2018年底，全市的国家级、省级、市级专业合作社示范社分别为10家、22家、51家。全市注册登记的专业合作社共1454家，总注册资金15亿元，登记社员数3.3万人；各类新型农业经营主体加快发展，整体运行良好，经济效益明显提高。

4. 加快农村金融制度创新

开展农村金融体制改革，融合商业金融、政策性金融、合作金融，构建农村金融体系。制订《广州市加快改善农村金融服务工作方案》，明确每年从战略性主导产业资金中安排3000万元用于支持农村金融发展。“政银保”等金融支农方式和各种政策性农业保险不断完善，农业金融服务能力不断增强，撬动各类资本投入现代农业发展，农业和农村经济形成“稳中求快、稳中求进”的良好态势。2018年，广州市农村金融服务体系更加完善，上市涉农企业达5家，建成农村金融服务站238家，政策性农村住房保险覆盖率达99.99%。广州市同时加强财政保障，加快建立财政涉农资金统筹整合长效机制。

5. 创新农村社会治理

广州市发挥基层党组织在社会治理创新中的核心作用，推进基层社会治理创新，加强农村基层社会治理，强化农村社区自治和服务功能，持续加强农村精神文明建设，不断提升基层社会治理服务科学化水平。2018年，广州市大力实施“头雁”工程，市委常委带头挂点包村，实现软弱涣散村“领导挂点、第一书记派驻、工作队进驻”的“三个全覆盖”。实施村民议事厅全覆盖，坚决打好扫黑除恶专项斗争三年攻坚战，推进“互联网＋政务服务”，建成市、区、镇街、村居四级网上政务服务体系，全市5446个事项实现全程网上办理。拓展“仁里集”智能治理云平台、民主法治议事大厅和“幸福奋斗讲坛”等基层治理平台的内涵和功能。

同时，着力提高脱贫攻坚质量，通过“注重扶贫同扶志、扶智相结合”，切实帮助贫困人口转变观念。截至2018年10月，广州市累计投入帮扶资金超26亿元，其中全市财政资金投入近8.4亿元。至2018年底，贫困村有劳动能力贫困户人口、贫困村农民人均可支配收入分别达9300元、11357元。

6. 健全城乡融合发展体质机制

党的十九大提出，建立健全城乡融合发展体制机制和政策体系。近年来，伴随城镇化深入推进，广州城乡关系、城乡空间结构等方面发生深刻变化，其中问题集中体现在村庄空心化问题明显、中心镇辐射带动能力不足等两个方面。

为此，广州市坚持以精准规划引领城乡融合发展，构建广州特色“重点镇—特色小镇—美丽乡村”三级体系，以空间结构调整带动人口结构优化和资源均衡配置，形成布局合理、层次分明、职能明确、特色鲜明的镇村体系和城乡空间新格局；打造美丽乡村升级版、高标准建设特色小镇、着力提升重点镇功能。

（二）深入推进农业供给侧结构性改革

近年来，广州市扎实做好农业供给侧结构性改革工作，提升农业供给体系质量效益和竞争力，加快农业现代化步伐，拓宽农民增收致富新渠道，助力乡村振兴战略。

1. 优化农业产业结构

以农业供给侧结构性改革为主线，按照高产、优质、高效、生态、安全的要求，整体谋划产业体系，加快建设优势农产品产业带，保护农产品知名品牌，培育壮大主导产业，因地制宜创建现代农业产业园和产业基地，谋划共建“大湾区‘菜篮子’”，加快发展富民兴村产业。同时，大力发展精品特色农业，发展优质杂粮、丝苗米、岭南特色园艺作物及标准化健康养殖、远洋渔业等特色产品及新兴业态，不断优化农业产业结构。

2. 保障农产品安全供给

广州市积极推进农业综合执法改革，推行农产品绿色生产，深入实施农业标准化、品牌化提升工程，尤其是加强“菜篮子”工程建设，落实粮食安全责任制，不断完善农产品质量安全监测体系，增强农产品有效供给能力。

“十二五”期间，广州有1个市级农产品质检中心通过“国家实验室”认可和国家计量认证，6个区级农产品质检中心通过广东省计量认证。20个蔬菜质量安全追溯系统示范点建设稳步推进，初步建立由131个监测单位组成的四级农产品质量安全监测网络。兽药GMP、GSP制度得到有效落实并实现监管常态化，主要农产品质量安全例行监测综合合格率96%以上。

截至2016年底，全市有无公害农产品产地207个，无公害农产品280个；全市有效使用绿色食品标志企业23家，产品55个；经中绿华夏有机食品认证中心认证的有机产品11个，有机投入品1个；农产品地理标志登记产品1个。

2018年底，广州市有效期内省名牌产品（农业类）达163个，数量创历史新高，居广东省首位。广州市创新完善农产品质量安全监管形式，2018年全市抽检各类农产品总体合格率超99%，农业部（2018年3月后为农业农村部）例行监测和省级监督抽查全市产地农产品合格率达100%。

3. 壮大新兴产业新业态

通过推进农村第一、第二、第三产业融合发展，扶持农产品加工业、仓储物流业发展，大力提升休闲农业，实施“农业+旅游”“农业+康养”“农业+文创”等行动，建设特色农庄、主题农园、农活体验基地、乡村旅馆等，加快培育发展农业新型业态。

2017年，广州市认定首批20家市级农业公园，其主导产业涵盖水果、花卉、蔬菜种植等农业优势产业，并将旅游观光采摘、农耕文化体验、科普教育、民俗风情展示等元素融为一体。2018年，广州市确定60个旅游文化特色村创建单位。广州市稳步推进特色小镇建设，沙湾瑰宝小镇入选国家第二批特色小镇和全省第一批特色小镇创建示范点，世界生态设计大会永久落户良口生态设计小镇。深入挖掘古村落建筑文化、农耕文化、岭南美食、非物质文化遗产等旅游资源，形成多元主题的“广州旅游文化特色村”新品线路体系，以创新的文旅产品擦亮广州乡村文化旅游品牌。2019年，广州市授予从化区城郊街道西和村、从化区吕田镇莲麻村、从化区鳌头镇西塘村、增城区增江街道大埔围村、花都区梯面镇红山村和番禺区石楼镇大岭村等6个广州城郊村“广州市旅游文化特色村”称号。

4. 强化农业科技创新驱动

广州市发挥科技创新优势，着眼全市整体需求，全力提高农业科技和信息化水平。

2017年，农业科技进步贡献率达65.8%；农业信息化综合建设水平全省领先，如建成兽医管理信息平台和动物卫生信息网；科技攻关能力不断强化，市属科研院所获省科技进步三等奖1项，市科学技术二等奖2项。大力发展种子产业。2017年，国内第一个以种业为产业特征的特色小镇——广州国际种业中心（种业小镇）在南沙区东涌镇正式启动建设，作为高端人才和技术集聚的新高地，推动实施创新驱动发展战略、乡村振兴战略等重大举措。

5. 注重农业人才培养

广州市充分汇聚人才力量，为乡村振兴提供智力支撑。大力培养新型职业农民和粤菜师傅、乡村工匠等专业人才，引导城市人才到农村、机关人才到社区，激励各类人才在广阔农村创新创业、施展才华。开展“百团千人科技下乡”工程，提高“三支一扶”高校毕业生待遇。实施“千企帮千村”工程，吸引近2000家企业报名参与。组建粤菜师傅服务平台，推进搭建粤菜师傅评价体系，深入开展“百厨百店”行动计划，大力挖掘、推广乡村本土特色菜式、特色宴，打造一批美食名品、美食名厨、美食名店和一批乡村粤菜美食旅游景点和乡村粤菜美食旅游精品线路。

6. 夯实农村共享发展基础

广州市持续加强农田基本建设，落实《广州市农田鱼塘基本建设工作实施方案》。2016—2018年，各区农田基本建设项目累计立项136个，落实农田基本建设任务8.94万亩，安排市级财政补助资金3.49亿元。通过开展农村供水改造，广州市农村集中式供水普及率100%。全部建成集中式供水管网供水到户，城乡自来水全面普及。同时，不断提升农村基本公共服务水平，巩固扶贫开发成果。

2012年，广州市结合农村扶贫开发、名镇名村和美丽乡村建设，深化农村建设，促进广州新农村上规模上档次，超96%的山区自然村实现通电、通电话、通有线电视、通路灯、通洁净水、通硬底化道路，改善了山区镇基础设施和生产生活条件。2018年，广州市全域推进农村人居环境整治，促进北部地区新农村建设，建设生态宜居乡村环境。以白云、黄埔、番禺、花都、南沙、从化和增城七个涉农区为主体，以行政村为基础，以自然村为基本单元，强化监督考核激励，强化典型示范带动，全域推进农村人居环境整治。2018年，广州全市100%的村基本完成“三清理”“三拆除”“三整治”，超七成的村达到省定干净整洁村标准，超四成的村达到省定美丽宜居村标准。全市75.97万户农村家庭中，有75.79万户厕所达到卫生标准，卫生厕所普及率为99.76%；有75万户达到无害化卫生厕所标准，无害化卫生厕所普及率98.73%。

未来，广州农业农村将通过加速聚集科技、人才、金融等要素，发展特色、高端、高效农业产业及新兴产业，提高农业科技化、信息化水平，提升农产品生产供应保障能力，提升农业生态保障，完善联农带农机制，实现农民人均收入持续增长，完善农村基础设施和提高公共服务水平，推动城乡共享发展，逐步实现农业现代化。

参考文献：

1. 广东省农业厅．广东农牧业三十六年 [M]. 广州：科学普及出版社广州分社，1990.

2. 广州市地方志编纂委员会．广州市志：农业志 [M]. 广州：广州出版社，1993.

3. 广州市地方志编纂委员会．广州市志 [M]. 广州：广州出版社，1996.

4. 广州市统计局．广州统计年鉴 [M]. 广州：广州出版社，2002—2018.

5. 广州市统计局．广州 50 年 [M]. 广州：广州出版社，2005.

6. 广州市地方志编纂委员会．广州市志：1991—2000 [M]. 广州：广州出版社，2010.

7. 广州市统计局，国家统计局广州调查队．勇立时代潮头铸造辉煌成就——数说广州改革开放 40 年 [M]. 广州：广州出版社：2018.

8. 曾伟玉．转型与跨越——广州改革开放四十年（上下册）[M]. 广州：广州出版社，2018.

9. 广州市统计局．数说广州 [M]. 广州：广州出版社，2018.

10. 广州市农业农村局．广州市农业概况 [EB/OL].http://www.gzagri.gov.cn/2008—2018.

（参编人员：鲁才浩　王艳）

第五章

工业和信息化发展

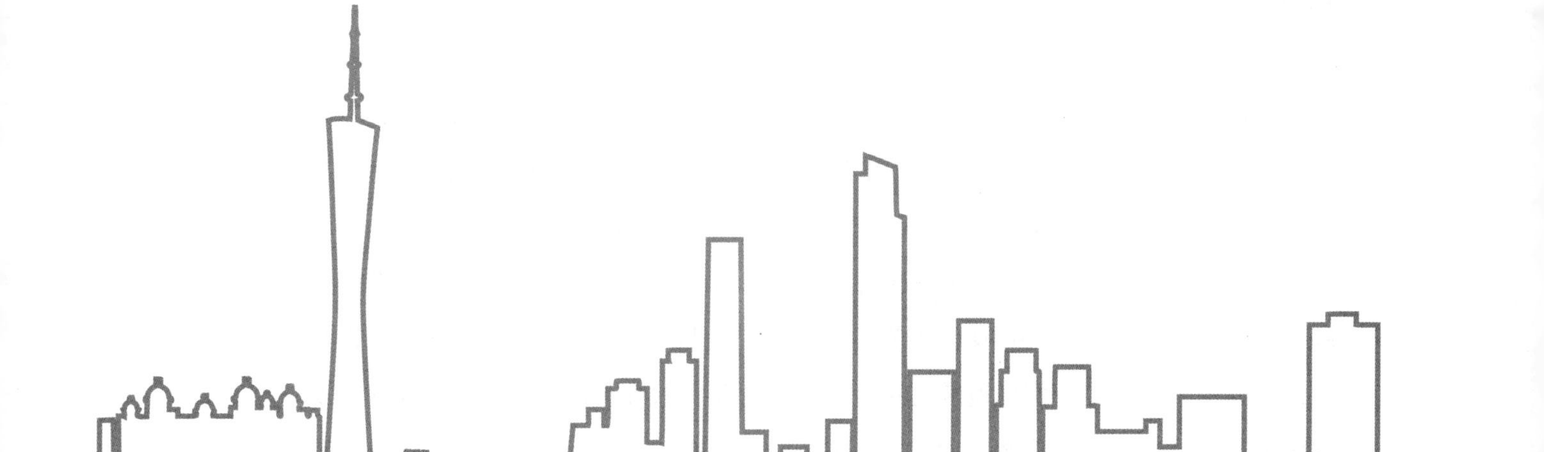

新中国成立70年来，广州工业在1949年10月前在以手工、轻工业为主的民族工业基础上砥砺发展，逐步建成门类齐全、实力雄厚、技术先进、综合配套能力强的现代工业体系。

党的十八大以来，以习近平新时代中国特色社会主义思想为引领，广州实施制造强市战略，坚实推进供给侧结构性改革，推动工业高质量发展，创建了广东省首个国家制造业创新中心；汽车、船舶、电子产品、成套设备等发展走在全国前列，成为全国重要的先进制造业基地。70年来，广州工业总产值由1949年的2.97亿元增长到2018年的19954亿元（快报数），增长7317倍。广州市拥有41个工业大类中的35个，是华南地区工业门类最齐全的城市，工业综合实力、配套能力位居全国前列。2018年，全市全口径工业增加值5622亿元，占全市地区生产总值比重的24.6%；先进制造业增加值占规模以上制造业比重的66.1%，高新技术产品产值占规模以上工业总产值的48.0%；工业实现税收1483亿元（不含海关代征），占全市国内税收比重的33.2%；规模以上工业利润总额1399亿元，同比增长7.9%，主营业务收入利润率为7.6%；第二产业从业人员289.40万人，占社会从业人员比重的32.3%。从工业税收和从业人员占比看，工业均超过全社会总量的30%，为广州经济社会发展作出重要贡献。广州的信息化建设从20世纪80年代中期开始，信息技术从推广到广泛应用，城市信息化能力和发展水平极大提升，信息产业发展迅速。广州市荣获信息惠民国家试点城市，第四届中国城市信息化50强第二名，首批“宽带中国”示范城市等荣誉称号。2018年底，广州国际互联网出口带宽达2000GB，是中国内地最大的出口；2018年，软件和信息服务业实现营业收入3598亿元，同比增长15.56%；建成全省首个4K电视应用示范社区、工业互联网产业基地，工业互联网标识解析国家顶级节点（广州）正式开通，广大市民在城市信息化发展中获得越来越多的优质、高效的服务体验。

一、1949—1978年：广州建立以轻工业为主的工业体系

（一）国民经济恢复时期

1950—1952年是国民经济恢复时期。1950年底，广州市各种类型工业企业合计1.37万户，其中国营（包括地方国营）企业25家，公私合营企业5家，私营企业3290家，个体手工业户1.03万多家。主要市属国营和公私合营企业包括广州自来水公司、江东纸厂、人民印刷厂、联和米厂、东亚烟厂、大生铜厂、永成冰厂、兴业机械厂、广州电业局发电厂、广州汽油机厂、公共汽车修理厂等；省属企业包括广东纸厂、广东饮料厂、广东纺织厂、广东麻织厂、广东制药厂等。1950年的全民所有制工业（包括公私合营）按1952年不变价计算工业总产值为3645万元，占全市工业总产值的13.61%（按当时的行政管理范围统计）。在抗美援朝的大背景下，全市人民众志成城、增产节约，加班加点搞生产，工业生产突飞猛进，至1952年工业总产值49612万元（当年价，如无特别说明均为当年价，下同），比1949年增长70.1%（可比价增速，下同）。其中轻工业总产值42657万元，重工业总产值6955万元，比重分别为86.0%、14.0%，轻工业占比大。

（二）“一五”时期

第一个五年计划时期（1953—1957年），广州市提出“把广州建设成为社会主义工业生产城市”的目标，基本完成对生产资料私有制的社会主义改造。这一时期广州工业有计划地进行社会主义改造，建成一批轻纺、机械、食品和药品工业企业，新建和扩建的国营企业包括广州市第十一橡胶厂、广州华侨糖厂、广东罐头厂、广州通用机器厂、广州造纸厂、广州绢麻厂、广州发电厂、广州化工厂、广州缝纫机厂等，这些工业企业在广州国民经济发展中起了骨干作用。其中，第一机械工业部和交通部于1954年开始分别筹建广州造船厂和广州船舶修造厂。1958年两厂合并为广州造船厂，此后经过四次扩建，该厂成为华南地区最大的造船厂。广州钢铁厂于1957年动工建设。这一时期，累计工业基本建设投资2.16亿元，占全市基本建设投资（4.96亿元）的43.36%。至1957年，广州工业总产值为138497万元，是1952年的2.9倍，年均递增24.0%。

（三）“二五”时期和三年经济调整时期

“二五”时期（1958—1962年），广州新建和扩建一批钢铁、机械、轻纺和支农的

骨干企业。如广州钢铁厂于1958年7月起陆续投产，当年产生铁1.31万吨、钢锭1908吨，结束了广州无现代钢铁工业的历史；广州氮肥厂于1958年5月动工建设。受“左”倾干扰，1958年全市工业总产值同比猛增62.3%，其中重工业增长126.7%，轻工业增长43.4%，重工业在全市工业总产值中的比重由1957年的19.7%上升到28.8%，但效益增长并不明显。整个“二五”时期，全市工业基本建设投资年均增长18.0%，而同期工业总产值年均增速只有6.56%。1963—1965年为经济调整时期，受国家政策影响，广州工业重新调整布局，重点压缩冶金工业发展速度，加强工业对农业的支援。1965年，广州市工业总产值为278331万元，分别是1962年的1.58倍、1957年的2.17倍。

（四）“文化大革命”时期

第三、第四个五年计划时期为1966—1975年，时间上与“文化大革命”总体重合，广州工业遭受较严重的损失，生产水平大幅下降，仅在1973年短暂恢复。1975年，中央召开解决工业问题的一系列重要会议，着手对工业进行整顿，广州工业生产形势有了明显好转。这一时期，广州在中央的支持下重点建设了广州汽车制造厂、拖拉机厂、轮胎厂、第三棉纺织厂、石油化工厂、黄埔发电厂等。这一时期，工业基本建设投资为8.27亿元，相当于前两个五年计划的88.3%。1975年，全市工业总产值为658434万元，分别是1970年的1.42倍、1965年的2.52倍。

二、1978—2012年：广州的工业化和信息化建设高速发展

（一）“五五”至“七五”时期

1976—1990年属第五至第七个五年计划时期。1978年12月，党的十一届三中全会作出把工作重点转移到社会主义现代化建设上来的决策。广州市按照中央“调整、改革、整顿、提高”方针，从工业结构、企业组织结构和产品结构上进行大力度调整。这一时期，黄埔发电厂、太平洋影音公司、华南电子计算机公司、广州冰箱厂、广美食品公司、广州合成纤维厂、广州广播设备厂彩色电视机生产线、广州洗衣机厂、珠江啤酒厂、梅山糖厂、广州电梯厂、广州标致汽车有限公司等一批重大工程项目相继建成投产。“五五”时期（1976—1980年），广州工业系统以发展轻纺工业为重点进行调整，集中力量抓好自行车、缝纫机、手表、电风扇、手电筒、干电池、车胎、针织品、服装、中

西成药等10个拳头产品的发展。同时，着重抓山区“小三线”企业以及耗能大、任务不足、长期亏损企业的调整，并从重工业中调整15家企业转产轻工业品。1980年，广州市工业总产值88.12亿元，是1975年的1.4倍。

“六五”时期（1981—1985年），中央赋予广州“特殊政策、灵活措施”和“计划单列和省一级的经济管理权限”，广州市工业总投资达43.27亿元，其中轻工业投资23.16亿元，占投资总额的53.5%。1985年全市工业固定资产比1980年底增加40.74亿元，工业总产值177.93亿元，是1980年的1.83倍，平均每年递增12.83%。

“七五”时期（1986—1990年），广州深化工业管理体制改革，扩大对外合作交流，引进先进技术设备，对老企业大力实行技术改造。此期间广州着重进行工业产品结构调整：重点支持和优先发展118种重点产品，限制和淘汰40种产品。落实企业经济管理自主权，完善承包经营责任制。整个“七五”时期，工业生产虽有所起伏，但仍以年平均递增13.07%的速度发展。至1990年，广州市工业总产值达442.44亿元，是1985年的1.85倍。

（二）“八五”“九五”时期

1991—2000年属第八、第九个五年计划时期。广州加大力度调整工业结构，发展培育支柱产业，改变以往重工业发展慢于轻工业的局面，实现轻重工业并举，钢材、发电、水泥等原材料产品及摩托车、空调、电梯等高附加值新兴工业产品产量大幅增长。同期，广州“三资”工业企业发展迅速，股份制企业从无到有，成为推动工业发展的重要力量。

“八五”时期（1991—1995年），在邓小平南方谈话精神的推动下，广州工业生产呈现高速增长态势。1995年全市工业总产值1722.49亿元（新规定口径），比1990年增长2.19倍，年均增长26.1%，分别高出“六五”及“七五”时期13.3个、13.0个百分点，是1949年后发展速度最快、经济效益最好的一个时期。

“九五”时期（1996—2000年），广州对工业国有资产实行多次重组，广州工业大集团，如广州本田汽车、珠江钢铁、珠江钢琴、珠江啤酒、广船国际等一批优秀企业崛起，工业经济总量进一步扩大。截至2000年，广州工业总产值首次突破3000亿元大关（3100.02亿元），是1995年的1.79倍，年均增长23.4%，比“八五”时期（19.3%）低4.1个百分点。全市轻重工业的比重由1989年的63.8：36.2转变为56.8：43.2，形成轻重工业并举，综合配套能力强的工业体系。

广州信息化建设从20世纪80年代中期开始，呈现如下发展特点：在计算机与通信网络发展方面，1991年12月31日到1996年6月8日，广州电信固定电话号码由6位升为7位、再由7位升为8位，只用了短短的五年半时间。到2000年底，全市固定电话达257万户，电话机普及率达47.37部/百人，市中心区达61.2部/百人。1993年，广州电信建成数字数据网络（DDN）。1995年，广州163国际互联网节点建成并正式向社会推出国际互联网（Internet）接入服务。1997年，广州与北京、上海一起构成三个互联网国际出入口局。2000年，广州国际互联网（163网）和视聆通网（169网）完成并网。在政府信息化建设方面，1987年1月，经市政府同意，广州市经济信息中心成立，并于1992年7月更名为广州市信息中心，承担政府信息化和城市信息化的组织管理协调职责。从20世纪80年代中期起，政府部门从电脑打字、电脑排版等信息处理起步，逐步建设以公文收发管理为主的办公自动化系统，局域网经历了令牌网、以太网发展阶段。在国际互联网应用推广方面，1995年10月，广州电信建成互联网节点，国际互联网正式进入广州，互联网用户数逐年增多。用户通过浏览器登录万维网（WWW）可以访问世界各地建立的网站节点，搜索信息，收发电子邮件。1996年10月，广州信息网（GZNET）开通，后来发展成为广州市政府门户网站。1997年6月，网易公司在广州创立，逐步发展成为一家互联网综合服务公司。2000年，市政府部门全部实现了上网，效能居全国城市前列。在电子商务发展方面，1999年3月，8848等B2C网站正式开通，网上购物进入实际应用阶段。2000年，广州成为金融行业开展电子商务的试点城市；当年9月，广州电子商务门户网站建立，汇集193个电子商务网站，其中80家电子商务网站能够开展网上销售业务；中华拍卖网、新浪、美商等网站进入广州电子商务市场。同年，市信息化办公室与市商委、市经委、市外经委等单位联合提出“广州市电子商务行动计划”，商业服务行业陆续开展电子商务：广东银联和南方航空公司推出网上订票服务，广州旅游信息管理系统实现全市600家酒店信息查询；邮政行业开通网上邮局服务；南方大厦、新大新、广百等大型零售企业开展网上购物业务等。

（三）“十五”“十一五”时期

2001—2010年为第十个五年计划、第十一个五年规划（“十一五”开始称规划）时期。这一时期广州重工业发展成就突出，工业总量增长迅速，打造了汽车、电子、石化产值超千亿元的工业三大支柱型产业。“十五”时期（2001—2005年），广州工业保持快速发展势头。2003年，广州市政府与中船集团签署《关于推进广州南沙造船基地建设的合作协议》，拉开建设全国性造船基地的序幕。2009 年 6 月，广州中船龙穴造船有限公司承造的中海 30.8 万载重吨超大型油船出坞，广州造船基地建设取得重大进展。2005 年 6 月，广州汽车集团股份有限公司成立，此后发展迅速，有力引领和促进了广州汽车工业发展壮大。2004 年，广州重工业比重首次超过轻工业，产值首次突破 5000 亿元大关，达 5766.69 亿元。2005 年，全市完成工业增加值 1843.96 亿元，比 2000 年增长 86.6%，2001—2005 年平均增速 16.3%，高于全市地区生产总值增速 2.5 个百分点，比“九五”时期年均增速加快 2.2 个百分点。2005 年的工业总产值达 6767.96 亿元，比 2000 年增长 1.3 倍，2001—2005 年均增速 19.8%，比“九五”时期年均增速减缓 3.6 个百分点。广州规模以上工业总产值相当于当时广东省内 14 个地级市规模以上工业的总和。“十一五”时期（2006—2010 年），广州工业总量稳步壮大，跃上万亿级新平台。2006 年，广州汽车制造业产值达 1168.2 亿元，率先突破千亿元大关，汽车工业总产值首次超过传统的石化产业，成为广州工业经济最大的支柱型产业。全市工业总产值于 2008 年突破 1 万亿元，石油化工制造业、汽车制造业和电子信息制造业三大工业支柱产业产值均跨千亿元大关，广州汽车工业集团成为首家千亿企业。

“十一五”时期，广州大力实施产业结构调整，陆续关停落后产能，至 2008 年底，已全部淘汰 91 家落后水泥生产企业（生产线），关停小火电机组 192.5 万千瓦。2008 年，市政府出台《关于推进市区产业“退二进三”工作的意见》，广州分三批完成中心城区 319 家企业搬迁，30 年来实现内环路内基本没有工业企业。2010 年，实现工业总产值 14438.99 亿元、工业增加值 3644.96 亿元，“十一五”期间年均分别增长 15.9%、13.3%（全口径），规模以上工业实现利润总额 1031.27 亿元，比 2005 年增长 1.5 倍。

从 2005 年开始，以电子政务为主要建设内容的政府信息化进程得到政策和信息技术的巨大支持。广州市政府信息化公共平台建设项目（如数据交换平台、政府网站群、统一身份认证系统、企业网页、市民网页等）成为支撑城市政务服务、公共服务、城市管理、市场监管、社会治理、生态环保、产业经济等方面发展的重要信息基础设施。2006 年，广州市启动建设社会治安视频监控系统。2009—2011 年上半年，共利用视频破获刑事案件 7763 宗。建成全市道路、高快速路、地铁、BRT 全方位视频监控。2010 年是“亚运年”，广州市通过视频共处理客运交通违法个案 9369 宗，有效遏制道路营运违章行为。广州市社会治安与城市管理智能化视频系统建设从 2013 年开始，通过实现视频监控系统的高清化、智能化，进一步提升广州市社会治理和城市管理能力。

（四）“十二五”时期

“十二五”时期（2011—2015年）[①]，广州市工业实力总体稳步提升，对全市经济的支撑及带动作用明显增强。2015年，广州工业总产值达19892.51亿元，比2010年增长59.2%，年均增速为9.8%；实现工业增加值5185.63亿元，增长6.9%。其中，先进制造业增加值2587亿元，较2010年增长53.7%，年均增速为9.0%。汽车、电子、石化三大支柱型产业引擎作用突出，2015年三大支柱型产业的产值9014.89亿元，占全市规模以上工业总产值的48.25%；汽车产量221万辆，汽车自主品牌实现从无到有；电子信息产业快速增长，在乐金8.5代液晶面板项目带动下形成千亿级组平板显示产业集群；重大装备产业实力增强，其中船舶产能达500万载重吨/年，成为全国三大造船基地之一。产业集聚态势良好，拥有广州开发区、南沙经济技术开发区、增城经济技术开发区等三大国家级开发区和花都开发区、从化开发区、云埔工业园区、白云工业园区等省级园区。2015年2月16日，广州市工业和信息化委员会正式挂牌，作为全市工业和信息化发展的主管部门。2015年，广州市获得中国（广州）中小企业先进制造业中外合作区、中国智慧城市发展应用评估创新奖、全国质量强市示范城市、全国创业先进城市、珠三角国家自主创新示范区等荣誉。

“十二五”期间，信息化引领支撑作用增强，智慧广州建设水平进一步提升。2012年9月，市委市政府出台《关于建设智慧广州的实施意见》。于2011年筹备建设的国家超级计算广州中心，是国家“十二五”期间部署的重大科技创新平台和重大科技基础设施。2015年，落户广州的超级计算机“天河二号”连续六次蝉联全球超级计算机500强榜单冠军。2012年，广州市规划设计政府大数据系统，建立政府电子政务云平台。2015年，部署建设智能化治安视频监控与城市管理视频云平台，在医疗卫生、社会保障、食品药品监管、城市管理、公共安全、交通运输、环境治理、社区服务等领域的创新应用大量涌现。2015年，广州市软件营业收入达2256亿元，比2010年增长3倍，占广东省的32%。全市新增光纤入户数137.5万户，新建3G基站2242座、4G基站21526座，新增WLAN361个、AP接入点6954个，47个试点村（行政村）100%实现“通信光网化”。截至2015年底，95家单位接入市政府信息共享平台，实现市区两级政府全覆盖，建立信息资源主题1571个，日均交换数据390万条。

---

① 出于行文需要，此处与下文的时间划分有重叠，并将2011—2015年广州工业发展情况在此集中介绍。

三、党的十八大以来，广州实施制造强市战略和加快智慧城市建设，工业和信息化向高质量转型发展

（一）新时代工业和信息化发展概况

党的十八大以来，中国特色社会主义进入新时代，广州市以习近平新时代中国特色社会主义思想为指导，加快实施制造强市战略，加快智慧城市建设，全面深化供给侧结构性改革，加快向高质量转型发展。广州成功创建中国（广州）中小企业先进制造业中外合作区、首批国家服务型制造示范城市和广东省唯一的国家制造业创新中心、全省唯一的智能网联汽车与智慧交通应用示范区，全省首个4K电视网络应用示范社区、工业互联网产业基地，工业互联网标识解析国家顶级节点（广州）正式开通，数字经济、绿色制造等指标位居全国前列。

1. 总量规模日益壮大

2018年，广州市规模以上工业企业4675家，比2015年增长0.5%；实现规模以上工业总产值18235亿元；工业增加值5622亿元，占全市地区生产总值的24.6%，同比增长5.5%；完成工业投资额951.5亿元，同比增长53.8%，增速领跑全省；技改投资额同比增长11.1%。重点产业布局取得实效，汽车产量跃升全国首位，打造全省唯一一个国家智能网联汽车示范区；船舶及海洋工程装备领域生产能力居全国前列；生物医药中的干细胞产业引领全国；工业机器人及智能装备产值规模居全国前列；集成电路、新型显示、区块链、人工智能等产业集群加速形成。

2. 创新能力不断提升

2017年3月1日，富士康科技集团第10.5代显示器全生态产业园区建设项目动工仪式在增城区举行，项目一期总投资610亿元，是改革开放以来广州单笔投资额最大的先进制造业项目。2017—2018年，广汽智联新能源汽车产业园、宝能新能源汽车产业园、乐金8.5代OLED面板、粤芯12英寸芯片制造、百济神州生物医药等一批先进制造业重大项目落户或动工建设；广东聚华印刷及柔性显示国家制造业创新中心、广州国际人工智能产业研究院、广州智能软件产业研究院、华为广州创新中心、广东省轻量化高分子材料创新中心等产业平台成立；十大价值创新园区编制完成控制性详细规划和园区产业规划，累计集聚企业超1000家，营收超1亿元的企业69家。2018年，广州市高新技术产品产值占规模以上工业总产值比例达48%，全市拥有19家国家重点实验室、213家省重点实验室，分别占全省的70%、69%；高新技术企业数量突破1万家，形成以金发

科技、广州数控、科大讯飞等为代表的一大批拥有自主知识产权的龙头骨干企业，并掌握一批关键核心技术，如广汽集团开发出首款具有自主知识产权的无人驾驶汽车、广州奥翼电子公司研制出全球首款石墨烯电子显示屏、广州亿航自主研制出全球第一款可载客的无人驾驶飞机、聚华印刷成功点亮 31 英寸超高清（UHD/4K）印刷 OLED 显示屏等。

3. 质量效益明显改善

2018 年，广州市先进制造业增加值达 2656 亿元，居全省第二位，先进制造业增加值占规模以上制造业增加值比重的 66.1%；规模以上工业增加值增长率为 24.4%，工业全员劳动生产率为 38.2 万元 / 人，工业企业主营业务收入利润率为 7.6%，制造业税收为 1333 亿元，均居广东省前列。全市培育广东省名牌产品工业类 158 个，制造业产品质量合格率达 95.3%，广州“制造”逐步向广州“质造”迈进。

4. 两化融合进一步深化

2018 年，广州宽带等信息基础设施建设走在全省前列。截至 2018 年底，广州的国际互联网出口带宽达 2000GB，成为中国内地最大的互联网出口。全市固定宽带接入用户 548.3 万户，其中光纤接入用户达 493.9 万户，光纤接入用户占比达 90.1%。4G 基站达 6.2 万座。全市行政村实现 100% 无线全覆盖和自然村的连续覆盖。固定互联网宽带接入端口数、移动通信基站数、4G 基站数均位居全省第一。2016 年，广州市获中国宽带发展联盟颁发“宽带中国”示范城市最佳实践奖。在《中国两化融合发展数据地图（2018 年）》中，广州两化融合水平位列全国重点城市两化融合发展水平的第一梯队第一名。

5. 绿色制造体系初步构建

规模以上单位工业增加值能耗、单位工业增加值二氧化碳排放量下降幅度、单位工业增加值用水量下降幅度三个指标中，除二氧化碳排放量下降幅度外，其余均达到预定目标，2018 年分别比 2015 年下降 17.71%、6.78%（2017 年数据）、18.5%。2018 年，全市 153 家工业重点用能单位完成“十三五”期间能耗总量和强度“双控”目标，规模以上工业单位增加值能耗下降 4%。

6. 智慧城市快速发展

“十三五”以来，广州继续实施2012年出台的《关于建设智慧广州的实施意见》，超前部署“5G+4K/8K”超高清视频产业。率先在全国出台《广州市关于加快超高清视频产业发展行动计划》，加快5G等基础网络布局，培育4K电视网络应用示范社区，开展智慧灯杆试点，推动5G场景试点示范，逐步打造在全球具有较大影响力的超高清视频产业集聚区、5G产业园区。截至2019年9月底，全市共建成9726座5G基站（具体数以省最终公布为准），集聚100余家5G产业相关企业。全省首个面向5G技术的物联网与智慧城市示范区启动建设。超高清视频产业制造走在全国前列，研发全国首台超高清超高速摄像机、全国首台5G+8K摄录一体机，4K超高清视频板卡出货量连续多年位居全球第一、新型显示模组市场占有率位居全球第一、4K电视销量位居全国第一。

（二）新时代加快工业和信息化发展的主要做法和成效

1. 强化顶层设计，战略支持体系更加完善

广州市先后出台IAB（新一代信息技术、人工智能、生物医药）产业五年行动计划、建设十大价值创新园区、发展集成电路产业和超高清视频产业、推进健康大数据应用等30多个产业政策，基本构建了覆盖产业链、创新链、人才链、政策链、推进链等较为完整的政策体系；推动研究构建制造业高质量发展指标体系，搭建集重点数据指标、百强企业产值、产业园区单产税收等于一体的可视化平台，实时评估发展质量效益。

2. 实施创新驱动战略，“五大工程”取得实效

在制造业创新中心方面，广州市积极培育了8家制造业创新中心，其中聚华柔性印刷成为全国首批5家国家制造业创新中心之一，高分子材料、机器人等7家省级制造业中心挂牌运营，数量位居全省第一。在智能制造方面，鼓励企业开展数字化车间/智能工厂、智能管理、智能服务等试点示范及应用推广，培育一批智能装备集成商与整体解决方案提供商，黄埔区特色产业“智能装备”于2018年2月被工信部认定为第八批“国家新型工业化产业示范基地”，全市72个项目获得国家级、省级智能制造试点示范，数量位居全省第一。在技术改造方面，实施新一轮工业企业技术改造三年行动计划，鼓励企业开展以高端化、集约化、智能化、绿色化为重点的技术改造，通过实施传统制造业设备更新改造、智能制造升级改造、两化融合创新改造、绿色节能改造、创新成果产业化改造、制造服务型改造等行动，推动全市先进制造业、优势传统产业和新兴产业完成新一轮技术改造。在绿色制造方面，积极创建“国家循环经济示范城市”，加快推进绿色制造试点示范，数量全市共有19家绿色工厂、69种绿色设计产品、7家工业节能与绿色发展评价中心、1家绿色供应链管理企业入选工信部绿色制造示范名单，数量位居全省第一。高端装备方面，广州市把发展高端智能装备作为全市装备工业转型升级的

主攻方向，全市智能装备和机器人产业规模位于全国前列，拥有华南地区最大的系统集成综合服务商（广州瑞松）及国家机器人检测与评定中心（国机智能）及国家无人机系统质量监督检验中心，机器人及智能装备的综合检验检测能力居华南第一位，无人机检验检测能力居全国第一位。广州在船舶及海洋工程、轨道交通、电力和环保装备等领域也走在全国前列。

3. 开展“招大引强”行动，一批重大标志性项目落地

广州在集成电路、超高清视频、汽车、新一代信息技术等领域开展重点招商行动，引进一批带动力强、产业链长、产业规模大的优质项目。思科智慧城、GE 生物科技园、中电科、国智恒北斗、新松机器人亚太总部基地、TCL 集团华南总部、三一重工集团广州基地、树根互联全国总部、科大讯飞华南总部以及超视堺第 10.5 代显示器、乐金显示第 8.5 代大尺寸 OLED 面板生产线、百济神州生物制药、粤芯芯片等一批重大标志性项目先后落户广州。

4. 深化两化两业融合，数字经济赋能作用逐步显现

持续深化制造业与互联网融合发展，率先实施工业互联网“BEST”路径，全市工业互联网生态环境建设走在全国前列。树根互联、阿里云、航天云网、中设智控、机智云等 20 多家国内知名工业互联网平台集聚广州。工业互联网标识解析国家顶级（广州）节点启动建设，建设了一批工业互联网标识解析二级节点。加快发展服务型制造，家具定制、工业设计、物流供应链等行业领先全国，家具定制领域占全国市场份额的 16% 以上，广州市拥有 5 家国家级工业设计中心，数量居全国前三位。21 家省级工业设计中心，数量位居全省第一。

5. 加强区域合作，大湾区产业协同发展

出台《广州市协同构建粤港澳大湾区具有国际竞争力的现代产业体系行动计划》，提出构建以高质量发展为主线，以先进制造业、战略性新兴产业为主导的“1596”现代产业体系。发挥广州核心城市作用，推动建设广佛同城 4 个万亿级产业集群、广清一体化产业园、广清经济特别合作区、穗港智造特别合作区、粤港澳全面合作示范区等，增强与周边城市之间基础设施互联互通，提升广州产业整体竞争力和经济辐射力。

（三）新时代工业和信息化发展展望

广州深入学习贯彻习近平新时代中国特色社会主义思想，按照《粤港澳大湾区发展规划纲要》要求，加快协同构建粤港澳大湾区具有国际竞争力的现代产业体系，深入实

施制造强市战略，推进工业经济高质量发展，构建具有国际竞争力的现代制造业产业体系，使先进制造业成为广州经济发展的新支柱。

1. 国家级试点示范和重大平台加快创建

继续推进国家服务型制造示范城市、中国软件名城、智能网联汽车与智慧交通应用示范区和印刷及柔性显示国家制造业创新中心等国家级试点示范和重大平台建设。同时，积极争取国家支持，创建“制造业高质量发展国家级示范区”，与工信部共建国家级软件产业基地、超高清视频产业小镇，创建广东综合性国家科学中心广州核心区，推进广东省大数据综合试验区培育建设。

2. 产业开放合作发展

积极引进新动能，聚焦产业科技前沿开展产业链招商，引进一批有影响力、成长性好的企业（项目）。加强与粤港澳大湾区其他城市产业合作交流，携手打造以珠江东西两岸为重点的高端电子信息制造产业带和先进装备制造产业带，联手打造广佛同城装备制造、汽车、新一代信息技术、生物医药与健康领域万亿级产业集群。

3. 产业集聚融合高质量发展

聚焦创新资源集中的新一代信息技术、人工智能、生物医药、新能源、新材料等五大产业。高标准建设十大价值创新园区，培育新能源汽车、智能装备、新型显示、人工智能、生物医药、互联网等6个千亿级产业集群，建成1—2个世界级先进制造业集群。推动低效园区提质增效，推动一批试点园区单位面积产出实现倍增。大力发展工业互联网，建设广东省工业互联网产业示范基地、工业互联网创新中心（广东）、工业互联网标识解析国家顶级节点（广州）等重点项目，推动企业“上云上平台”。构建引导制造业高质量发展的指标体系、考核评价体系和政策体系，促进高质量发展。

4. 5G带动信息化建设

以5G网络为重点，建设高速泛在先进的信息基础设施。建设高水平全光网城市，推动千兆进小区、百兆进家庭。加快5G试验验证，推动4G向5G的平滑演进及规模组网，实现主城区和重点区域5G网络连续覆盖，建成全国领先的5G网络，率先实现5G试商用。深入开展新数字家庭行动，继续培育一批4K电视网络应用示范社区，带动超高清视频产业和信息基础设施投资的增长。

5. 数字经济引领新发展

以数据流引领资金流、技术流、物资流、人才流，以智能制造、工业互联网发展带动实体经济的数字化转型，以整合产业链、供应链、价值链的信息经济平台带动产业互联网发展，利用互联网创新思维促进政府信息化、新型智慧城市、智慧社会等的建设，以数字经济引领新发展，打造一个美好全新的、关注人文的现代化、数字化城乡经济社会发展新模式。

参考文献：

1. 广州市地方志编纂委员会 . 广州市志 [M]. 广州：广州出版社，1998.

2. 王晓玲 . 广州解放 60 年 [M]. 北京：红旗出版社，2009.

3. 广州市地方志编纂委员会 . 广州市志 [M]. 广州：广州出版社，2010.

4. 广州统计局 . 数说广州 [M]. 广州：广州出版社，2018.

5. 曾伟玉 . 转型与跨越——广州改革开放四十年（上下册）[M]. 广州：广州出版社，2018.

6. 广州市工业和信息化部门历年工作报告 .

（参编人员：杜雨华　石漫宇）

第六章

商务发展

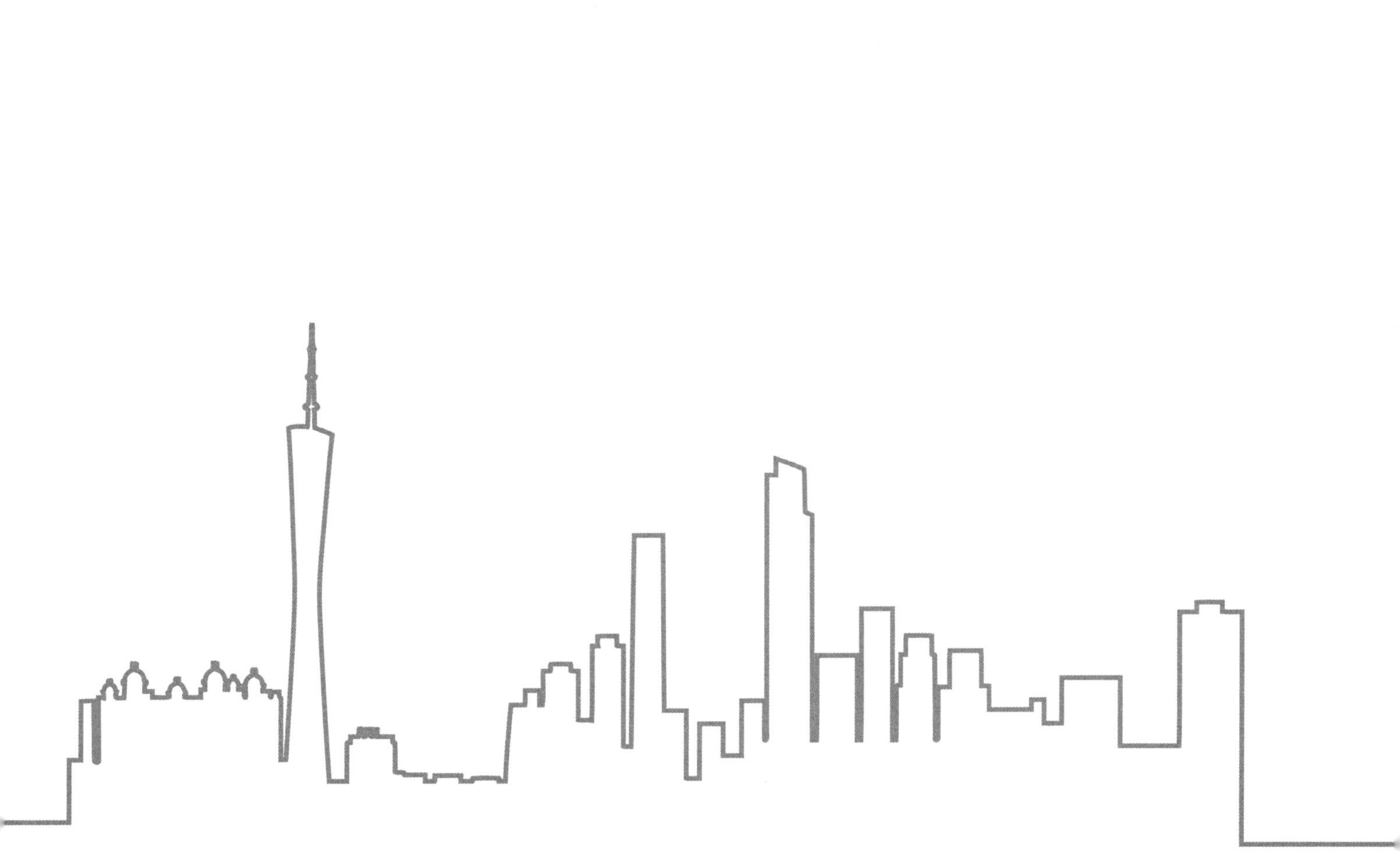

新中国成立70年来，广州商务工作发生历史性巨变，取得举世瞩目的成就。广州的商贸业为国民经济发展提供强有力支撑，外贸大市地位不断巩固，“引进来”和“走出去”齐头并进，初步形成全方位、多层次、宽领域的全面开放新格局，国际商贸中心的功能不断增强。

一、1949—1978年：广州成为华南地区最大商品集散中心和对外交往重要口岸

新中国成立后，国家对外贸易实行“高度集中，统一经营”的体制。广州作为全国重要出口口岸，利用毗邻港澳的优势，逐步成为全国轻纺工业的重要基地、华南地区最大的商品集散中心和对外交往的重要口岸。

（一）商贸业逐步恢复

随着国民经济恢复及社会主义三大改造完成，按照全国统一要求，广州市建立层级行政管理机制，即商业行政部门（主管局）—商业企业管理部门（专业公司）—基层商业。商业企业管理体制多次调整，分别是：市管计划，区管经营；市管批发，区管零售；市统管批发、零售；市管批发、大店，区管零售、小店等，但几次调整均没有改变企业归属行政的性质。

此外，市场建设方面，广州市执行“变消费城市为生产城市”指令。商办工业方面，在“前店后厂”手工作坊的基础上，逐步创办了独立经营的商办工厂。商品流通发展方面，逐步成为轻纺工业的重要基地、华南地区最大的商品集散中心和对外交往的重要口岸。

（二）对外贸易管理体制和经济实体初步建立

新中国成立初期，广州市军事管制委员会贸易处接管了原国民政权在广东的对外贸易机构，建立人民海关和商品检验局，对进出口贸易实行管制。1950 年，广州对外贸易局制定相应的实施细则。1959 年，成立广州市对外贸易公司，实行统一领导、统一管理、统一经营的高度集中对外贸易体制。在对出口业务的管理方面，外贸出口坚持统一计划、统一政策、集中领导、统一对外的原则，制定对外成交价格，并严格遵守国家的外汇管理制度。在对计划商品的管理方面，广州对外贸易管理处专门设立业务组，这是广东省第一个全省性的对外贸易计划管理职能机构，承担对国家下达的进出口任务的管理职能。在对财务和物价管理方面，1980 年前广州的外贸企业一直隶属中央财政，实行盈亏由中央统负的财务体制。随着外经贸体制逐步发展，广州市一些外经贸经济实体也相继建立。1950—1956 年，批准 508 户私营进出口商经营进出口业务，1957 年后相继成立广州市杂品出口公司（广州市第一家国营进出口公司）及广州市对外贸易公司、中国粮油食品进出口总公司广东省分公司广州市支公司、中国纺织品进出口总公司广东省分公司广州市支公司、中国轻工业品进出口总公司广州市分公司。

（三）进出口贸易逐步走向世界

广州市贯彻国家对苏联与东欧诸国贸易的方针，对苏联、东欧、朝鲜等 10 多个国家和地区的出口贸易额不断上升。1978 年，广州外贸出口额为 1.34 亿美元。在出口商品结构方面，新中国成立初期出口商品以农副土特产品为主，其次为传统的轻工产品；1957 年以后出口农副土特产品的比重下降，轻纺等工业品出口比重逐年增加。出口业态方面，一开始以易货贸易为主，并规定必须“先进后出”“进出平衡”，后逐步发展以现汇交易为主的正常贸易业态。1950—1956 年，基本上是由私营进出口商从事出口贸易，外销市场仅限于港澳地区和少数东南亚国家。1956 年，后逐步拓展非洲及欧洲市场，如尼日利亚、瑞典等国。

广州市专业外贸公司执行上级公司的进口任务，进口商品只限于生产出口产品所需的原材料、机械设备、生产线及交换物资等。

20 世纪 50 年代中期，西方国家对新中国采取“封锁、禁运”，我国约四分之一的对外贸易额是与苏联等国家进行的记账式贸易，不能适应我国大规模经济建设对多种物资的需要，必须寻找一种多创外汇的新途径。为此，中国出口商品交易会就应运而生。1955—1956 年，广州先后举办内贸外贸相结合的华南物资交流大会、广东省物资展览交流大会和两次广州出口物资展览交流会。广东各界人士在总结这类交流会经验的基础上，向外贸部提出举办全国性出口商品展览会的建议，得到国务院的重视与支持。1956年冬季，广州以中国国际贸易促进委员会的名义在中苏友好大厦举办为期两个月、当时全国规模最大的中国出口商品展览会，展场面积1.8万平方米，陈列商品1.2万多种，出口成交额5380万美元。展览会从组织形式、客户邀请接待、展览宣传以及会期选择等方面为后来举办交易会提供了全面经验。

经国务院批准，在1957年4月25日至5月25日和当年10月15日至11月30日，由中国各外贸公司联合在广州举办春秋两届中国出口商品交易会（简称交易会），出口成交总额8687万美元，约占当年全国创收现汇的20%。从此，中国出口商品交易会定期在广州举行，成为中国发展对外贸易的重要渠道和展示中国社会主义建设成就的重要窗口。1978年，两届交易会出口成交总额433158万美元，相比1957年增长约50倍。

（四）引进外资从零起步

1949年10月至20世纪60年代初，只有苏联和东欧等的社会主义国家到中国投资。中苏关系恶化后至1978年，外国来华投资一度中断。广东省政府、广州市政府制定系列优惠政策和措施，对海外华人华侨和港澳台同胞在广州投资进行保障。1952年，国家在广州成立广东省华侨回国投资辅导委员会。1954年，广州市根据国家政策规定，凡新中国成立后海外华人回国投资的，其所投放资金可当作生活资料看待；凡投资于华侨投资公司者，不论资金多少均保证股息年利8厘，如有盈余还可以分红。据不完全统计，到1966年共吸收海外华人华侨和港澳台同胞投资7000多万元，用于在广州开办麻袋厂、麻纺织厂、华侨糖厂等。“文化大革命”期间，海外华人和港澳台同胞对广州的投资暂停。

二、1978—2012年：千年商都深度融入世界经济

改革开放以来，在党中央、国务院和省委省政府的正确领导下，广州得改革开放风气之先，始终坚持高举中国特色社会主义伟大旗帜，解放思想、实事求是，不断探索新路径、取得新成就，商务发展充满生机活力，“千年商都”广州深度融入世界经济大潮。

（一）商务改革不断深化

党的十一届三中全会以后，广州率先实行改革开放，商务领域创造诸多“全国第一”。

改革开放之初，广州以价格改革为突破口，启动经济体制改革，率先放开塘鱼、蔬菜等食品价格管制，逐步减少农产品统购、派购品种。创设西湖路灯光夜市、高第街服装工业品市场等新式商贸业态，商贸经济蓬勃发展。充分发挥毗邻港澳的区位优势和华侨众多的优势，因地制宜探索发展外向型经济，当好对外开放的“试验田”和“窗口”。建设首批国家级经济技术开发区、高新技术产业开发区。诞生全国第一家开架销售商品的超级市场友谊商店、全国第一条经营服装的个体户集贸市场高第街。成功引进全国第一家利用外资的医疗机构广州珠江华侨港澳同胞医院、第一条电子计算机生产线华南计算机公司、第一家中外合作出租车企业白云小汽车出租公司、第一个引进外资开发的住宅小区东湖新村等。通过合资合作方式兴建的白天鹅宾馆、中国大酒店和花园酒店三家五星级酒店，开创中国酒店业引进外资先河。美国宝洁公司在中国第一家合资企业落户广州，成为当时全国劳动生产率和利润率最高的企业。

党的十四大以后，广州加快建设社会主义市场经济，商务发展驶上“快车道”。

1992 年，广州在全国率先全部放开物价。1993 年，相继建立政府调控市场机制。受外资涉足零售业试点影响以及买方市场驱动，以超市为标志的业态革命和以连锁经营为标志的零售业组织方式革命同时在广州拉开帷幕并推向全国：开通全国第一条商业步行街上下九步行街；召开全国第一届连锁经营座谈会，连锁经营发展成为现代流通方式的主要载体之一；全国第一家货仓商场广客隆开业，在全国引发“客隆”旋风；创下 4 家超 1 万平方米的百货商场同日开业的纪录。2001 年，中国加入世界贸易组织（WTO）后，广州创新外经贸发展方式，建成具有世界水平的“广交会”琶洲展馆，2002—2011 年的货物贸易进出口总值每年上一个百亿美元台阶。制造业方面，利用外资向汽车、电子、化工、人工智能、生物医药等资本和技术密集型产业集聚；服务业方面，利用外资逐步扩大到金融、物流、会展、中介等现代服务业。对外投资迈入加速化、规模化发展阶段，民营企业逐步走出国门并成为主力军。

（二）商贸业发展日益强大

1. 商贸规模保持快速增长

2012 年，广州市社会消费品零售总额 5977.27 亿元，比 1978 年的 17.63 亿元增长 338 倍，商品销售总额突破 3 万亿元大关；广州社会消费品零售总额占广东省的

26.4%，商贸业增加值占全省的29.8%。与国内主要中心城市比较，广州商业流通规模连续25年稳居全国第三位，并与北京、上海的差距逐步缩小，国内商贸中心城市的地位日益凸显。

2. 商贸流通指标位列全国前列

2012年，广州港口货物吞吐量达到4.5亿吨，居国内第四位；集装箱吞吐量达到1471.6万标准箱，居国内第四位。新白云国际机场进出港旅客达到4830.8万人次，居国内第二位；货邮吞吐量163.44万吨，居国内第三位。

3. 支柱产业地位不断增强

2012年，广州商贸业实现增加值2274.38亿元，占广州地区生产总值的16.8%，占第三产业增加值的26.4%。商贸业增加值占广州地区生产总值的比例由2006年的12.3%上升到2012年的16.8%，占第三产业增加值的比例由2006年的21.3%上升到2012年的26.4%；商贸业对国民经济增长的贡献率在第三产业中居首位，远超房地产业和金融业，商贸业支柱产业地位不断增强，成为经济增长的主要推动力。

4. 发展环境不断优化

改革开放以来，广州的专业批发市场以功能清晰、区域性强、产品集中、数量充足、门类齐全等优势而闻名中外，每年吸引大量境内外客商到广州批量采购，有效推动了广州经济发展。2001年以来，广州大力发展商业基础设施建设，优化政务服务，推进业态创新，为商贸业辐射影响力的提升提供有力支撑。2012年12月发布的“福布斯中国大陆十佳商业城市”排行榜中，广州被评为“具有辐射力的国际商贸中心”，并连续三年被评为“福布斯中国大陆最佳商业城市”。

（三）货物贸易跨越发展

规模快速扩大。随着外贸管理体制改革不断深化和对外开放水平的提升，广州货物进出口总额从1978年的1.34亿美元增长至2012年的1171.31亿美元。自2001年加入世界贸易组织后，对外贸易进入新阶段。2001年，广州货物进出口规模突破200亿美元，2005年和2010年分别突破500亿美元、1000亿美元。

结构不断优化。广州出口商品种类从改革开放初期的以农副产品等初级产品为主，逐步向深加工、高技术含量、高附加值的工业制成品转变。机电、音像设备及其零件、附件，纺织原料及纺织制品，车辆、航空器、船舶及运输设备，光学、医疗等仪器，钟表，乐器等成为出口的主导产品。进口商品结构也发生变化，主要引进生产急需物资和技术含量较高的机械设备。2012 年，机电产品出口 309.4 亿美元、占全市的 52.5%，进口 259.3 亿美元、占全市的 44.5%；高新技术产品出口 112.7 亿美元、占全市的 19.1%，进口 161.9 亿美元、占全市的 27.8%。

贸易伙伴日益多元。改革开放初期，广州对外贸易伙伴相对集中，欧盟、美国、日本和中国香港等市场货物进出口占总额的比重较高。加入世界贸易组织后，与新兴市场和发展中国家贸易往来日益频繁，份额显著提升。2012 年，广州出口国家和地区由 1978 年的 132 个增长到 200 多个，对欧盟、美国、日本、东盟和中国香港之外的贸易伙伴进出口占比达 30.1%。

中国出口商品交易会效果明显。改革开放以来，社会各界对举办交易会的规模和作用也产生不同的认识。经过一段时间酝酿，在 1982 年春交会试行了缩小规模和缩短会期的改革。实践证明，缩短会期是可行的，而缩小规模不利于发挥交易会规模优势。当届交易会的出口成交额仅为上届的 18.4%，到会客商人数为上届交易会的 40%，也影响到广州市的旅游业收入。通过试行改革，全国外贸系统和广东省、广州市达成把交易会越办越好、越办越大的共识，交易会进入一个全面发展的新时期。20 世纪 80 年代，交易会举办时间由 30 天缩短为 20 天，再由 20 天改为 15 天，但成交总额稳步提升，至 1989 年突破 100 亿美元。20 世纪 90 年代，广州市改变过去根据商品大类划分交易团和安排展位的布展方式，采用“省市组团、商会组馆、馆团结合，行业布展”组展方式并沿用至今，即使在亚洲金融危机冲击最严重的 1998 年和 1999 年，到会采购商人数和成交额仍然连创新高。2003 年秋交会的到会采购商超 15 万人，成交额突破 200 亿美元。2004 年，琶洲展馆一期工程投入使用，一届两馆两期同时举办，中国出口商品交易会的规模一举跃居世界单年期展会第二位。自 2007 年 4 月起（第 101 届），交易会由“中国出口商品交易会”更名为“中国进出口商品交易会”，由单一出口平台发展为进出口双向交易平台。

（四）服务贸易创新发展

规模快速攀升。2001 年，我国加入世贸组织，并于 2003 年签署《内地与香港关于建立更紧密经贸关系的安排》，广州的服务贸易发展打开新的局面。2004—2012 年，服务进出口总额从 41.98 亿美元提高到 401.53 亿美元，约占全国的 1/12。

发展动力不断增强。随着服务业转型升级和服务领域开放的持续深入，广州金融服务、电信计算机和信息服务等知识密集型的新兴服务贸易加速发展，成为服务贸易快速发展的新增长点。2012年，广州服务贸易三大优势行业中，居首位的“转口贸易及贸易佣金、经营性租赁服务、法律、会计、管理咨询和公共关系服务等”占服务贸易总额的68.17%，居第二位的“与运输有关的服务”占11.60%，居第三位的“旅游”占8.86%。

（五）利用外资稳步增长

引进外资规模不断扩大。1979年，中央批准广东实行特殊政策和灵活措施。1984年10月，广州市恢复为计划单列市，享受省级经济管理权，开始大量吸收外资。1980—2012年，广州实际使用外资由0.13亿美元增长至45.75亿美元，共吸引232家世界500强企业投资设立项目626个，投资总额累计412.6亿美元。

外资来源结构更加多元。改革开放之初，外商投资主要来源于港澳地区，20世纪90年代扩展到亚洲国家，至2012年，外资来源地已遍及全球139个国家和地区。

利用外资质量逐步提升，从最初的制造业逐步扩展到信息、金融、批发零售、住宿餐饮等占主导地位的第三产业。2012年，服务业新设立外商投资企业962家，占全市新设项目总数的87.85%；实际使用外资25.05亿美元，占全市实际使用外资金额的54.76%。

（六）对外投资合作快速发展

对外投资取得积极成效。1981年，广州市第二轻工业局穗华企业公司、中国轻工业对外经济技术合作公司、新加坡陈德熏集团公司三方各出资32.05万美元，在香港开设广州市第一家境外企业——香港穗华企业开发有限公司，开启广州对外投资的序幕。2012年，广州市境外投资项目119个，协议总投资额7.12亿美元，中方协议投资额6.85亿美元；投资领域包含贸易、生产、服务、研发、资源和联络机构等6大类73项，涉及32个国家和地区。

开展对外承包工程和劳务合作业务。1983年，国家批准成立广州市友谊劳务服务公司，赋予广州市在劳务输出方面的独立经营权，广州劳务输出起步。2012年，广州新签对外承包工程、对外劳务合作合同额4.46亿美元，完成营业额2.89亿美元，派出劳务人员9867人（次），当年底在外人数13770人。涉及供电、供水、交通、邮政、医疗卫生、制药、轻工、农业、工艺、文化、教育、体育、娱乐、住宅、饭店和园林等行业，多项工程被外经贸部评为施工优质工程。

三、党的十八大以来，广州高质量建设国际商贸中心

党的十八大以来，广州商务工作坚持以习近平新时代中国特色社会主义思想和习近平总书记视察广东重要讲话精神武装头脑、指导实践，以全面增强广州国际商贸中心功能为目标，以提高质量效益为中心，以深化改革创新为动力，努力推动广州商务事业稳中有进发展，商务运行呈现高质量发展态势。

（一）提升能级，凸显国际商贸中心地位

商贸综合实力跃上新台阶。2013—2018 年，广州社会消费品零售总额连上 6000 亿、7000 亿、8000 亿、9000 亿元新台阶。2018 年，广州市社会消费品零售总额 9256.19 亿元，规模连续 31 年稳居全国第三位。批发零售业商品销售总额年均增长 12.7%，2018 年达 6.51 万亿元。外贸进出口总额年均增长 4%，2018 年达 9810.15 亿元。

双向投资快速增长。2013—2018 年，广州累计吸收外商直接投资项目 13268 个，实际使用外资年均增长 6.6%。2018 年，实际使用外资 66.11 亿美元，累计有 301 家世界 500 强企业在广州投资设立 1017 个项目。2018 年，中方协议投资额达 21.55 亿美元、相比 2013 年增长 2.14 倍，对外直接投资额 17.19 亿美元。

有力支撑经济发展。2018 年，广州批发和零售业、住宿和餐饮业共实现增加值 3752.87 亿元，占地区生产总值的 16.4%，对全市地区生产总值增长贡献率为 11.1%；全年完成税收收入 748.43 亿元，占全市税收收入的 13.7%。

（二）创新驱动，为全国商务发展贡献“广州经验”

推动自由贸易试验区建设。广东自贸试验区广州南沙新区片区于 2015 年挂牌成立，累计形成 439 项制度创新成果，其中 36 项在全国复制推广，“跨境电子商务监管模式”“企业专属网页”入选商务部最佳实践案例；90 项在全省复制推广，171 项在广州市推广实施。广东自贸试验区已成为制度创新的高地和投资贸易的宝地。

率先推动商贸领域改革创新。党的十八大以来，广州成功获批并建设 10 余项国家级试点，包括跨境电商综合试验区、服务贸易创新发展试点、供应链创新与应用等，其中服务贸易创新试点经验数量居全国第一位。

有序推进专业批发市场转型升级。近年来，广州市有计划、有组织、有步骤地推动专业批发市场转型升级和有序疏解，中心城区一批专业批发市场向展览化、电子商务、

创客空间和商业综合体的方向转型。

（三）提质增效，打造全球高端资源吸附器

构建大招商格局。2014年9月，广州建立市招商工作联席会议制度，由市政府主要领导任总召集人，分管市领导任召集人，相关副秘书长、市直有关单位和各区政府主要负责人任成员，联席会议办公室设在市商务部门，负责统筹协调全市招商资源和力量，建立全市招商项目库及信息管理系统，构建“1+1+N”重点产业促进政策体系。

广州在世界“能见度”不断提升。2014年下半年起，由广州市主要领导带队，每年组团参加冬季达沃斯论坛、夏季达沃斯论坛、博鳌亚洲论坛、中国发展高层论坛等国际会议。2015年起，广州市坚持每年举办广州国际投资年会。

高端高质高新项目加快集聚。广州市财政每年投入7亿元，5年共投入35亿元支持“引智”，使广州汇集全省2/3的高校、77%的科技研发机构和100%的国家重点实验室。聚焦IAB产业、NEM产业和总部企业、现代服务业项目开展招商，成功推动一批世界500强企业龙头项目落户，一批面向未来的创新型支柱产业集群加速形成。

高端开放型经济平台建设加快。推动中心城区“黄金三角区”（琶洲人工智能与数字经济试验区、国际金融城和天河CBD）建设，聚集互联网创新、金融和商务等高端要素。37万平方米的琶洲人工智能与数字经济试验区核心区总投资额达600亿元，吸引腾讯、阿里、复星、国美、唯品会等20家领军企业进驻。天河CBD有142家世界500强企业设立的201家项目机构、105家广州市认定的总部企业进驻，营业收入超10亿元、年税收超1亿元的“亿元楼”62栋，2018年地区生产总值居国内CBD第一位。推动广州开发区、南沙经济技术开发区、增城经济技术开发区等三大国家级经济技术开发区率先转型发展，在更高层次参与国际经济合作和竞争，成为先进制造业、对外开放及科技创新的重要引擎。

商贸重大载体建设提速。有序推进天河路、北京路等16个都会级商业功能区建设，支持江南西、广州大道北等16个区域级商业功能网点建设。2017年，天河路商圈商品销售总额突破1万亿元，其中天河城、正佳广场、太古汇等3家购物中心的销售额位列全国前十，“天河路商圈商业指数”成为全国首个商圈指数。扶持广东塑料交易所、广物钢铁交易中心等一批大宗商品交易平台建设和发展，促进产业链上下游产品、电商流通服务业、贸易业和金融业深度融合，构建具有远程控制和辐射能力的“国际采购与商品定价中心”。

（四）动能转换，“千年商都”内涵不断丰富

新业态蓬勃发展。坚持把发展外贸新业态作为培育外贸发展新动能、促进外贸稳中有进的重要措施来抓。2018 年，市场采购出口额 1269.5 亿元，占同期广州外贸总值的 16.1%。2013 年，广州获批国家跨境电商试点城市，又于 2016 年获批国家跨境电商综合试验区，跨境电商业务量一直居全国城市前列。2018 年，跨境电子商务进出口 246.80 亿元，比 2014 年增长近 20 倍。2018 年，广州南沙口岸平行进口汽车到港 13788 辆，稳居全国第二位、华南第一位。广州邮轮旅游产业从 2016 年起步，邮轮经济蓬勃发展，至 2018 年接待出入境游客约 90 万人次，成为继上海、天津后的国内第三大邮轮旅游口岸。

新产业初具规模。加快发展融资租赁产业，截至 2018 年，广州共有 1434 家融资租赁企业，企业注册资本超 5000 亿元，相比 2015 年快速增加 10 多倍。推动建设九江银行“银赁通”融资租赁线上平台，是国内首例针对融资租赁企业的线上项目平台。完成租赁飞机项目共 52 架，其中 36 架为进口租赁飞机，进口额超 28 亿美元。南沙自贸片区完成广东自贸区首架跨境保税转租赁飞机、首单资产包跨境转让等多项创新业务。

新模式加快涌现。据商务部统计数据显示，广州网络零售以7850亿元规模位居2018年中国网络零售城市交易额榜首。2018年，广州市网上商店零售额904亿元，同比增长15.4%。快递业务量50.64亿件，连续五年保持全国第一位；快递业务收入479.7亿元，居全国第二位。

新消费方兴未艾。加快推进商旅文融合，每年举办广州国际购物节、广州国际美食节，加快零售餐饮企业跨界经营，发展新型消费，休闲旅游、文化娱乐、大众餐饮、夜间消费等亮点服务消费。成功推动广州成为米其林指南中国大陆第二座城市。2018年，首次组织世界美食城市联盟春季会议，并成功举办博古斯烹饪大赛亚太区预选赛。发布《广州市餐饮业网点空间布局专项规划》，计划到2035年将广州打造成与纽约、东京、巴黎等世界一线城市齐名的世界美食之都。2016年，广州成为全国首个餐饮业零售额突破1000亿元的餐饮大都市。2018年，广州餐饮业零售额1092.14亿元、增长6%，约占全省餐饮业营业总收入的1/3，总量、增速和人均年消费额均居国内大城市首位。

（五）扩大合作，建设“一带一路”倡议枢纽城市

国际产能合作不断深化。广州参与建设的中国—沙特吉赞经济城已被列为国家级国际产能合作示范区。东送能源集团、京信通信集团等企业在国外投资上亿美元，引领广

州企业“走出去”投资。中新（广州）知识城成为广州与“一带一路”沿线国家合作的典范，中欧合作示范园区、广州中以生物产业孵化基地等特色产业园区建设顺利。截至2018年12月，广州企业在“一带一路”沿线28个国家投资设立186家企业（机构），中方协议投资额37.5亿美元。

贸易通道日益拓展。2016年8月，广州开通首趟中欧班列，打通了珠三角与欧洲经济圈的陆路便捷通道，运输时间（15天）比海运节省25天左右。开通广州“21世纪海上丝绸之路”跨境电商平台，并通过旅游购物、市场采购、展览展会构建新的“一带一路”贸易渠道。2018年，广州与“一带一路”沿线国家进出口额2463.47亿元，约占全市进出口额的1/4。

经济外事工作取得新突破。广州先后参加习近平总书记出席的广州与印度艾哈迈达巴德市缔结友城签约仪式、中国—新西兰市长论坛，承办中国—海湾阿拉伯国家合作委员会自贸区第七轮谈判、第二届对非投资论坛等国家级经济外事活动，以及中国（广东）—新加坡经贸合作交流会、中国（广东）—斐济经贸合作交流会、中国（广东）—加拿大（不列颠哥伦比亚）经贸合作交流会，逐步搭建经济外交新平台。

（六）深化改革，打造全球投资首选地和最佳发展地

坚持政策引导。随着《关于促进进出口稳定增长的若干意见》《关于加快电子商务发展的实施方案》《关于加快服务贸易发展的实施意见》《关于加快广州国际邮轮产业发展的若干措施》等政策文件先后出台，有力推动广州稳增长、调结构、促改革、惠民生、防风险等目标实现。市政府设立100亿元的人工智能产业基金，着力引进龙头制造业企业。黄埔区、广州开发区出台支持先进制造业、现代服务业、总部经济和高新技术产业发展的4个“黄金十条”产业政策及保护知识产权、支持人才集聚的2个“美玉十条”政策，其中不少政策为全国首创，支持力度为全国之最。

提升贸易便利化水平。广州国际贸易“单一窗口”2.0版上线，实现企业报关“一个平台、一次递交、一个标准”和口岸部门“一点接入、一次申报、一次办结”，实现机场、海港口岸全年7×24小时常态化通关，“运输工具”申报数据项由原来的1113项减少到371项，“货物申报”申报数据项由原来的229项减少到105项。在全国率先推出“互联网+易通关”、政府购买查验服务、“智检口岸”、进出口商品全球质量溯源体系2.0版等一批标志性改革举措。完善广州市进出口预警监控体系，指导涉案企业积极应诉，加快形成公平贸易体系网络。2018年，广州海关进口整体通关时间为36.09小

时，较全国其他海关少 14.61 小时，同比压缩 49%；出口整体通关时间为 3.06 小时，较全国其他海关少 2.15 小时，同比压缩 62%。

优化营商环境。深入推进“准入前国民待遇+负面清单”管理模式改革、外商投资备案制改革、境外投资备案制改革等“放管服”举措，并将95%的外商投资备案下放到区，办理时间由10天缩减为3天。推动商事制度改革，推出注册资本“认缴制”“多证合一”“卡位注册”“集群注册”“一址多照”等制度，广州年均新登记市场主体保持持续快速增长，2014—2018年分别增长18.7万家、20.8万家、24.5万家、32.8万家、41.11万家。2018年，广州实有各类市场主体205.68万家。广州5次被《福布斯》评为“中国大陆最佳商业城市”第一位。在普华永道发布的《机遇之城》报告中，广州2016年、2017年两次被评为中国“机遇之城”第一位。在“全球化与世界城市研究网络”（GaWC）发布的2018年世界城市评级报告中，广州继2016年首次入围Alpha-级后，排名再度提升13位，上升至Alpha级全球城市行列，排在全球入选城市第二十七位。

（七）持续发展，会展综合实力和竞争力居全国前列

展览面积持续增长，总量居全国前列。2012—2018 年，广州重点场馆办展数量年均增长 8.8%，展览面积年均增长 3.5%。2018 年，广州重点场馆合计举办展览 628 场，展览面积首次突破 1000 万平方米，达 1019.96 万平方米。根据中国会展经济研究会发布的《2018 年度中国展览数据统计报告》，2018 年广州办展数量和办展面积居全国第二位。

广交会龙头作用明显，品牌展会具备较强影响力。一年两届的广交会，单展规模世界第一。自第 116 届广交会以来，每届展览面积 118 万平方米，境外采购商约 20 万人，出口成交额约 300 亿美元，在促进全国外贸发展、提高广州城市国际影响力、带动广州会展业发展方面发挥了重要作用。除广交会外，家具博览会、建博会、美博会、照明展、灯光音响展、酒店用品展、亚洲乐园及景点博览会、陶瓷工业展等多个展览规模居全球或亚洲同行业展览前列。全国单展规模前 10 位的展览中，广州和上海各占 5 个。广州有 4 个展览入围 2019 年世界商展 100 大排行榜，其中中国（广州）国际建筑装饰博览会展览面积 41.6 万平方米，居榜单第二位，系榜单中中国展览业的首位。

展会植根性较强，会展集聚效应较好。在广州举办的展览中，有 81 场展览举办时间超过 10 年，其中超过 30 年的 10 场，超过 20 年的 36 场。随着广州国际化水平的快速提升，近年来众多外资会展企业加快布局广州会展市场，已有 15 家外资会展企业在

广州设立分公司、办事处或者合资公司等形式的机构。2018年，首次在广州举办的展览有24个，展览面积约37万平方米。

会议业发展势头良好，国际会议快速崛起。围绕打造国际会议目的地城市的目标，主动承接和吸引各类高端国际会议。2018年，广州会展活动单位合计接待国际会议130场、同比增长28.7%，参加会议555.1万人次、同比增长6.6%。2016年G20峰会第二次协调人会议、中国与海合会第七轮谈判会议、中国商业圆桌研讨会、2017年《财富》全球论坛、2018年世界航线大会等国际会议的成功举办，极大地提升了广州的国际影响力。

参考文献：

1. 中国商务年鉴编纂委员会．中国商务年鉴[M]. 北京：中国商务出版社，1984—2018.

2. 广州年鉴编纂委员会．广州年鉴[M]. 广州：广州年鉴社，1985—2018.

3. 广州市地方志编纂委员会．广州市志[M]. 广州：广州出版社，2000.

4. 广州社会科学院，广州商务委员会，广州商业总会编．广州商贸业发展报告[M]. 北京：社会科学文献出版社，2001—2018.

5. 广州市地方志编纂委员会．广州市志[M]. 广州：广州出版社，2010.

（参编人员：张宇　谢磊）

第七章

金融业发展

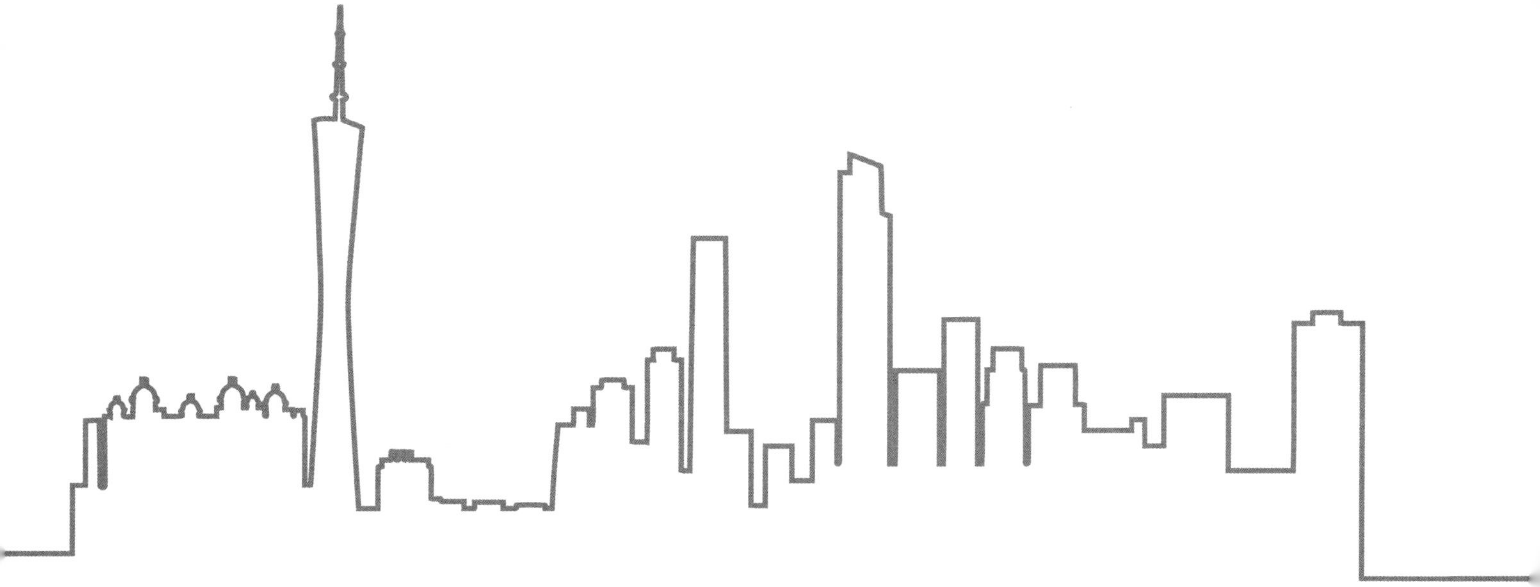

新中国成立70年来，特别是进入全面深入改革的新时代，随着国民经济、科技和社会的发展，广州金融业发展取得巨大成就。2018年，全市实现金融业增加值2079.46亿元，占地区生产总值的比重为9.1%，对地区生产总值的贡献率为8.4%，拉动地区生产总值增长0.50个百分点。金融业税收为416.25亿元。金融业综合实力显著增强，金融改革创新不断深化，多元化金融组织体系和多层次金融市场体系不断完善，金融基础设施建设成就显著，金融业服务经济社会发展的能力不断增强。本外币各项存款余额、贷款余额分别从1952年底的2.26亿元、1965万元增长到2018年底的5.48万亿元、4.07万亿元，为推动广州经济社会健康发展发挥重要作用。

一、1949—1978年：广州金融业获得初步发展

（一）存贷款规模逐步扩大

新中国成立后，国家金融体制实现高度集中统一，建立统一的人民银行体系、统一的全国货币制度、统一的转账结算方式和统一的信贷投放制度，形成1949年10月后近30年只有人民银行的单一局面，其分支机构按行政区层级设置，从中央到基层构成一个整体。人民银行既行使金融管理和货币发行的职能，又从事信贷、储蓄、结算、外汇等经营活动。

新中国成立后，中国人民银行广州分行成立。1952年底，广州市银行各项存款余额2.26亿元，比1950年底增长2.31倍；各项贷款余额1965万元，比1950年底增加21.59倍。1953—1957年，国民经济发展进入第一个五年计划时期，金融工作重点转移到保证建设资金需要的轨道上来。1957年底，广州市银行各项存款余额2.83亿元，比1952年底增长25.3%；各项贷款余额4.52亿元，比1952年底增长22.01倍。1958—1962年

“二五”计划时期，存款余额增长较快。1962年底，银行各项存款余额10.28亿元，比1957年底增长2.63倍；各项贷款余额10.27亿元，比1957年底增长1.27倍。至1968年，存贷款均呈缓慢增长态势，各项存款余额、贷款余额分别为11.14亿元、10.34亿元。1969年起，各项存款余额、贷款余额增长加快。1975年存款余额、贷款余额双双突破20亿元，分别为21.40亿元、20.04亿元。

广州市金融部门加强信贷资金管理，控制货币投放，银行的地位和作用有明显的加强。1978年底，银行各项存款余额25.56亿元，银行贷款余额26.04亿元，分别比1950年底增长36.7倍、2992.1倍。1978年，银行现金收入23.25亿元，现金支出22.34亿元，现金净回笼9027万元；金融保险业增加值4024万元，比1949年增长6.04倍。

（二）保险市场起步

随着新中国的成立，中国人民保险公司广州市分公司随之成立，标志着广州市保险业的发展新开端。20 世纪 50 年代前期，广州市保险业发展出现高峰。1958 年 10 月，在西安召开的全国财贸工作会议提出：除国外保险业务必须继续办理外，国内保险业务应立即停办；同年 12 月，在武汉召开的全国财政会议正式作出“立即停办国内保险业务”的决定。1959 年 1 月，中国人民保险公司召开第七次全国保险工作会议，贯彻落实国内保险业务停办的精神，并部署善后清理工作。1959 年后，部分城市国内保险业务并没有完全停办，如上海、哈尔滨、广州、天津等城市。1966—1976 年，中国国内保险业务完全停办。

二、1978—2012年：广州金融业进入发展轨道

改革开放以来，广州作为全国首批对外开放的沿海城市，金融体制改革处于全国领先地位，金融业进入新的历史发展时期。

（一）金融业实现快速发展，金融业综合实力不断提高

1. 银行业金融机构存贷款规模不断扩大

1978 年，广州地区金融机构本外币各项存贷款余额为 51.60 亿元，1982 年突破 100 亿元，1992 年突破 1000 亿元，2000 年突破 10000 亿元，2012 年突破 50000 亿元。2012 年，广州银行业金融机构累计实现利润总额 502.67 亿元。

2. 资本市场实现平稳发展

1990 年，随着深圳证券交易所、上海证券交易所成立，我国资本市场逐步建立并发展壮大，证券市场实现快速增长。截至 2012 年底，广州地区有证券公司 3 家，证券公司总净资产 260.7 亿元，总净利润 23.6 亿元，其中广发证券一直稳居全国十大券商行列；全市证券交易额 3.2 万亿元。期货交易品种日趋丰富，市场投资和套期保值需求日益旺盛。截至 2012 年底，广州 8 家期货公司期末净资产 25.7 亿元，全年累计净利润达 2.6 亿元。广州市 3 家基金公司共管理公募基金 82 只，基金资产净值合计 3233 亿元。截至 2012 年底，广州境内外上市公司 91 家。创新设立广州股权交易中心，截至 2012 年底共有挂牌企业 135 家，会员单位 142 家。设立全国第一家以“碳排放权”命名的广州碳排放权交易所，完成我国基于碳排放总量控制下的一级市场第一例配额交易。大力发展股权投资市场，全市约有 150 家股权投资机构，管理资金规模约 500 亿元。

3. 保险业业务规模逐步扩大

广州市保险业于 1980 年开始恢复，保费收入规模从 1980 年的 197 万元增长到 2012 年的 420.8 亿元，年均增长 36.6%，远高于地区生产总值的增长速度；赔付从 1980 年的 1000 多元增长到 2017 年的 125.9 亿元，年均增长 66.7%。截至 2012 年底，广州有保险总公司 3 家，保险公司总资产 1168 亿元，保险业从业人员 5.34 万人。保险业在金融市场中的地位不断提升，在提高金融资源的配置效率、增强金融体系运行的稳定性和协调性方面发挥着日益重要的作用。

（二）突破传统计划金融体制模式，持续深化金融改革

改革开放以来，广州经过一系列金融体制改革，建立起适应社会主义市场经济发展需要的，以中央银行为领导、政策性金融和商业性金融相分离、监管高效和调控有力的现代金融体系，在我国金融体制改革进程中发挥了排头兵作用。

1. 市场化运作金融体制框架初步建立

1985年，中国人民银行广州分行分离专业银行业务，专门行使中央银行职能。广州市先后恢复和建立中国农业银行广州分行、中国银行广州分行、中国人民建设银行（即中国建设银行）广州分行、中国工商银行广州分行等国有专业银行。自1986年广州被国家经济体制改革委员会和中国人民银行批准为首批金融改革试点城市以来，广州金融体制改革不断深入。1993年，珠江实业、广船国际、广州浪奇、东方宾馆、穗

恒运A成为首批广州A股上市公司。1994年后，稳步推进“分业经营、分业监管”体制改革。1994年成立广州地区证券同业协会，强化证券业的自律管理。2000年4月，中国保监会广州办公室成立，负责广东行政辖区（不含深圳市）保险监管，2004年更名为中国保监会广东保监局。2011年，中国人民银行广州分行设立营业管理部，承担面向广州市的金融协调和金融服务职能，履行相应的管理职责，为广州经济社会发展提供更加完善的金融服务。

2. 法人金融机构改革不断推进

2009年9月，广州市商业银行股份有限公司获准更名为广州银行股份有限公司，由城市商业银行向区域性银行转变。2009年12月，广州市农村信用合作联社更名为广州农村商业银行股份有限公司，成为广东省内第二家农村商业银行。2011年，广东发展银行转型为全国性股份制商业银行，更名为“广发银行股份有限公司”。

（三）建立多元化、多层次金融体系，提高金融资源配置效率

1. 金融机构类型不断丰富，多元化金融组织体系逐步形成

银行业组织机构逐步完善，形成以大型商业银行为主体，股份制商业银行、农村金融机构、城市商业银行、国家开发银行和政策性银行、外资银行等并存的多元化发展组织体系。

1982 年，中国第一家外资银行分行——南洋商业银行广州分行成立。1987 年，建立广州第一家全国性股份制银行——交通银行广州分行。随后招商银行、中国投资银行、深圳发展银行、广东发展银行、中信实业银行、民生银行、光大银行、上海浦东发展银行等一批区域性商业银行均在广州设立分支机构。证券业积极创新，证券经营机构、产品体系和服务体系不断发展，证券业规模迅速扩张。广州证券成立于 1988 年，是全国最早成立的证券公司之一，广发证券、万联证券分别于 1994 年、2001 年成立。保险业大力发展市场主体，市场体系得到进一步完善，整体实力迈上新台阶。1980 年，中国人民保险公司珠江分公司成立，标志着广州地区商业保险公司开始恢复国内保险业务。1989 年，交通银行广州分行设立保险业务部，两年后保险业务部分离出来组建太平洋保险公司。1990—1995 年，广州地区保险业的监管由人民银行广州分行金融管理处负责。1995—1996 年，友邦保险、美亚保险先后设立广州分公司，友邦保险的进入带来了保险代理人制度。1995 年，广州保险业公会成立。1995 年，广州金融高等专科学校成立保险系。1996 年，中山大学与友邦保险公司合作设立精算中心。人民银行广州分行于

1996年分设非银行金融机构管理处，职能之一是负责保险监管。2000年4月起，中国保险监督管理委员会广州办公室成立，负责保险监管工作。2003年11月，广州保险业公会撤销，同时成立广东省保险行业协会。2000—2004年，广东药科大学、中山大学、广东外语外贸大学和广东商学院（即广东财经大学）相继开始培育保险专业人才。2010年，国泰财产保险有限责任公司在广州开业，为第一家落户广东的台资财险公司；原安联保险广州分公司改建为独立法人机构，日本财产、三井住友等打入非车险专业市场。至2010年底，广州保险市场主体发展到60家，广州地区有专业代理机构超90家、兼理机构4170家，保险从业人员超3万人。2010年，广东省内首家汽车金融公司广汽汇理汽车金融有限公司在广州开业。2011年，众诚汽车保险股份有限公司成立，是首家总部设在广州市的中资保险法人机构。2012年，广州首家全国性寿险企业总部——珠江人寿保险股份有限公司开业。广州于2012年放开股权投资类企业工商注册，拉开广州风险投资市场建设的序幕。2012年8月，广州股权交易中心正式成立，成为全省首家区域性股权市场。广州进一步探索完善多层次资本市场体系，并取得明显效果。

2. 地方金融稳健起步

改革开放以来，随着国家金融监管权力配置逐步下放，地方金融稳健起步。1999年，广州市融资担保中心成立。2011年，第一家合资保理公司广东量通保理有限公司在广州注册。地方金融的业态和机构数量不断增多。截至2012年底，广州市有小额贷款公司27家。

（四）金融科技和信息化水平不断提高，社会信用环境不断优化

1. 企业和个人征信系统建设取得重大进展，社会信用环境不断优化

改革开放以来，人民银行广州分行不断推进广州征信体系建设，以广州为枢纽的企业征信系统不断完善，个人征信系统建设持续推进，银行间企业和个人征信系统实现全国联网运行。金融信用信息基础数据库持续稳健运行，征信服务覆盖范围不断扩大。搭建中小微企业信用信息和融资对接平台，努力实现信用信息共享，中小微企业信用环境不断改善。广州市社会信用体系建设不断深化，社会诚信意识逐步强化，金融发展生态环境不断改善。

2. 金融科技和信息化水平不断提高，银行卡和金融IC卡业务发展迅速

改革开放以来，广州金融业不断推进金融科技创新和信息化发展。1981年6月，第一台小型计算机在广州的银行机构推广使用，基于电子计算机广泛使用基础上开发的

综合会计系统、综合联机业务系统、办公自动化系统、本外币通存通兑系统、银行卡管理系统、财务管理信息系统、信贷管理系统等相继建立，极大提高银行业信息化水平，全面改善和提升金融服务效率。1979年10月，中国银行广东省分行代理发行香港东亚银行的“东美VISA信用卡”，它是内地第一张信用卡。1986年，中国工商银行广州分行在国内金融界最早引进并使用中型电子计算机，1987年在广州地区率先开通电子化业务。20世纪90年代起，广州银行卡系统业务快速增长，银行卡系统交易量大幅上升，银联网络开通移动POS、网上支付、手机移动支付、羊城通自助充值和小额支付等多种服务项目，电子化水平不断提高。2009年以来，广州在金融IC卡和移动支付应用方面走在全国前列，大力推进移动支付创新应用，广州地铁全面开通受理金融IC卡和移动支付服务，并在国内首次实现金融IC卡和移动支付ODA技术的规模化应用，广州地铁APM线成为国内第一条支持“云闪付”的地铁线路，广州成为全国首个支持地铁全线网“云支付”购票的城市。

3. 支付结算系统建设成效显著，跨境支付结算平台创新持续推进

1991 年，广州在全国范围内率先推出票据自动清分系统，彻底突破手工票据交换中作坊式操作的局限，实现票据交换业务的自动化处理，建立了内地联网城市最多、辐射范围最广的异地、同城票据交换网络，加快了广州区域内、广州与全国各地间的资金流转速度，提高了资金使用效率，金融服务水平进一步提高。1992 年，由人民银行广东省分行开发的、全国首个用于办理证券业务的“异地证券业务计算网络系统”正式开通使用。1995 年，人民银行广东省分行开发“广东跨银行 ATM 网络系统”，广东银联建成全国第一个跨银行、跨地区的 ATM 网络。1997 年，人民银行广州分行开发的全国第一个大型同城电子资金转账系统在广州投入使用，形成我国内地最大的同城电子资金汇划网络，为企业、政府部门和银行业提供统一的支付信息传输和资金清算渠道，极大提高了资金流转速度。2000 年以后，大额支付系统、小额支付系统、金融结算服务系统、支票影像交换系统、中央银行会计集中核算系统等现代化支付清算系统建设有序推进，支付结算网络覆盖省内、辐射各省份、连通港澳。

三、党的十八大以来，广州金融业迈向高质量发展

党的十八大以来，广州金融业进入深化和创新改革阶段，由高速增长转向高质量发展。2014 年，广东自贸区挂牌成立以来，广东积极以自贸区金融创新为平台，实施自贸

区金融改革，以金融开放促进跨境贸易和投融资便利化。2017年6月，广州花都创建绿色金融改革创新试验区获得国务院批准，绿色金融在广东先行先试并卓有成就。广州紧紧抓住全面深化金融改革、“一带一路”倡议、粤港澳大湾区建设、自贸区建设和绿色金融改革创新试验区建设等重要契机，加快金融改革创新，提升金融开放水平，进一步完善现代金融服务体系，着力建设区域金融中心。出台《关于全面建设广州区域金融中心的决定》《关于支持广州区域金融中心建设的若干规定》等政策文件，打造广州金融政策体系，同时将金融机构、金融交易平台、金融功能区作为金融产业发展的重心，夯实广州金融业高质量发展的基石。这一阶段，广州金融业增加值从2013年的1148.87亿元提高到2018年的2079.46亿元，占地区生产总值的比重为9.1%；金融业税收416.25亿元，比2013年增长1.62倍。

（一）金融服务实体经济能力不断增强

银行机构发挥融资主力军作用。银行业平稳发展，存贷款规模稳步增长，支持实体经济力度不断加强。本外币存款余额从2012年的3.02万亿元增长到2018年的5.48万亿元，贷款余额从2012年的1.99万亿元增长到2018年的4.07万亿元，年均分别增长10.4%、12.7%。

多层次资本市场发展取得新成效。2018年，全市证券交易额12.23万亿元，比2013年增长2.53倍。截至2018年底，广州累计境内外上市公司161家，比2013年增加62家，总市值2.25万亿元。其中，境内A股上市公司100家，比2013年增加40家，总市值1.24万亿元；新三板挂牌公司累计485家，总市值946.67亿元。2018年，全市信用债发行规模9219.49亿元。设立首期规模30亿元的上市民营企业纾困基金母基金，撬动社会资本形成200亿元的总规模，金融业支持民营上市企业稳定发展。

保险市场加快转型升级。保费收入从2012年的420.8亿元增长到2018年的1127.3亿元，年均增长18.5%；2018年赔付达321.98亿元。截至2018年底，广州保险业总资产达3830.33亿元。保险业在金融市场中的地位不断提升，在提高金融资源的配置效率、增强金融体系运行的稳定性和协调性方面发挥日益重要的作用。

小额贷款行业呈现规范稳健发展态势。小额贷款行业成为广州市地方金融业发展生力军。2013—2018年，广州市小额贷款公司由25家快速发展至107家，注册资本由46.5亿元增长至259亿元，从业人员由656人增长至2921人，贷款余额由95.38亿元增长至250亿元，各项指标均实现大幅增长。其中，互联网小额贷款公司41家，数量居全国第二位，主发起人包括复星、绿地、雪松等 11 家世界 500 强企业、24 家中国 500 强企业。

融资租赁行业快速集聚发展。2014 年，出台《广州市人民政府办公厅关于加快推进融资租赁业发展的实施意见》，融资租赁行业发展揭开新的篇章。2015 年，广州市完成第一架租赁飞机项目，实现飞机租赁业务零的突破。2016 年，广州市完成首单跨境船舶融资租赁项目。2017 年，大批优质企业集团在广州发起设立融资租赁公司。截至 2018 年底，融资租赁注册企业 2527 家，纳税金额为 4.17 亿元。

融资担保行业减量增质。2012—2018 年，在经济下行压力增大和银行信贷额度紧缩的情况下，广州市融资担保行业整体业务规模呈下降趋势，行业规模理性减少。截至 2018 年 12 月末，全市持牌融资担保公司 32 家，实收资本为 63.27 亿元，净资产为 68.19 亿元，总在保余额约 280 亿元，其中的融资性在保余额为 90.89 亿元，为 9525 家中小企业及个人提供融资担保服务。为缓解广州市中小企业融资难问题作出了积极贡献。

商业保理机构数量增长明显。自 2013 年起，商务部允许港澳服务提供者以中外合资等形式在穗深两地试点设立商业保理企业。2017 年 2 月，在广州市工商部门全面放开商业保理企业工商登记背景下，广州市商业保理企业数有了明显的增长。截至 2018 年底，全市商业保理企业 790 家，商业保理行业连续 5 年保持成倍增长。

（二）多元化、多层次金融体系不断完善，金融资源市场化配置水平不断提升

1. 金融机构的类型不断丰富，多元化金融组织体系逐步健全

2013 年，全国首家小额再贷款公司广州立根小额再贷款公司在广州民间金融街成立。2014 年，全省首家互联网小额贷款公司唯品会小额贷款公司开业运营。2016 年，全国首个合资期货公司摩根大通期货公司落户广州。同年，全国首家省会城市中小企业融资再担保机构广州市融资再担保有限公司成立。2017 年，国内第四家、全国省属企业第一家、电力行业第一家和广东省第一家自保公司——广东粤电财产保险自保有限公司开业。广州市还设立一批金融研究院和金融机构博士后工作站等金融智库，主要包括广州国际金融研究院、广州民间金融研究院、广州市社会科学院金融研究所等，为广州金融的发展提供理论支持与引导。2018 年，中国建设银行广州分行正式挂牌成立。自 2012 年开始，广州市陆续设立广州金融业协会、广州互联网金融协会、广州股权投资

行业协会、广州市小额贷款行业协会、广州市普惠金融协会、广州市典当行业协会、广州市融资担保行业协会和广州金融人才协会等。这一批金融行业协会发挥了行业自律功能，致力于协调与服务会员单位，搭建金融行业的交流合作平台。这些金融机构的设立与管理体系的完善不断推动了广州金融业向前发展。

广州已形成以银行、证券、保险、信托、基金为主体，以融资租赁公司、消费金融公司、汽车金融公司、财务公司、股权投资基金、小额贷款公司、融资担保公司等多种新型金融业态为辅助的多元化金融组织体系。

2. 大力培育多层次金融市场体系，金融资源市场化配置水平不断提升

2011年，继上海航运交易所、重庆航运交易所成立之后，华南地区首家、国内第三家航运交易所广州航运交易所成立。2012年，广州碳排放交易所成立，完成国内基于碳排放总量控制下的首例减排交易，成为国内首个配额现货交易额突破15亿元大关的试点碳市场，发布了全国首个碳市场指数——中国碳市场100指数。

广州产权交易所、广州农村产权交易所有序发展。广州股权交易中心于 2012 年成立之后在全国首创“中国青年大学生创业板”，区域性股权市场的建立对促进中小微企业股权交易和融资、鼓励科技创新和激活民间资本发挥了积极作用。2014 年，广州金融资产交易中心开业运营。截至 2018 年底，新增产品规模达 117.68 亿元，金融产品累计融资交易额达 1876.08 亿元。2015 年，广州钻石交易中心开业。2016 年，广州商品清算中心正式上线运营；截至 2018 年底，累计清算金额达 3895.38 亿元。2017 年 3 月 19 日，中证报价私募股权市场正式在广州上线运行；截至 2018 年底，各类业务融资交易规模达 523 亿元。2018 年 1 月 18 日，新三板广州服务基地落户广州，为华南地区的企业提供新三板培训、路演和投融资对接等服务。

（三）金融改革创新取得新进展

1. 加快推进南沙自贸片区金融改革创新

2012 年，南沙启动现代金融服务区建设工作。同年，广州航运交易所落户南沙，广东省贵金属交易中心迁址南沙。2016 年，南沙落地全国首笔“跨境资产贷款衍生品综合交易”业务、首单境外美元私募债券业务等创新业务，推出国内首张以自贸区冠名的“自贸通龙卡”和金融“IC 卡”；发行国内首只支持再生纸项目运营的绿色债券——广纸绿债，开展合格境外有限合伙人（QFLP）和合格境外普通合伙人（QFGP）试点，完成首单美元结算的跨境船舶租赁资产交易，率先在 CEPA 框架下开展外资金融合作试点。83 项金融创新政策落地实施 58 项，开展熊猫债、粤港电子支票业务、跨境人民币直贷、跨境资产转让、跨境人民币缴税服务等多项跨境金融创新业务。截至 2018 年底，落户金融及类金融企业 6236 家，累计跨境人民币结算额达 3107.56 亿元。飞机租赁成绩显著，引进落地 59 架飞机，合同金额约 32.25 亿美元。广州航运交易所发布“珠江航运运价指数”，完成全国首单第三方平台跨境资金结算。

2. 广州民间金融街创新发展

2012 年，广州在全国首创建设民间金融街。民间金融街入驻机构从设立之初的 32 家，逐步发展到 2018 年的 297 家，建设模式被推广复制至哈尔滨、西安等城市，成为中国民间金融第一品牌。

3. 广州绿色金融改革创新试验区建设初见成效

2017 年，广州绿色金融改革创新试验区获批，是全国五个绿色金融改革试验区之一，两年来取得较好建设成效，形成一批可复制、可推广的经验和案例。广州市出台《关于促进广州绿色金融改革创新发展的实施意见》，对深化绿色金融改革创新，推广绿色企业及项目标准、产品、融资模式，发挥绿色平台和机构功能等做出部署。广州地铁发行全国首单地铁票款资产证券化债券 50 亿元，广东华兴银行、广州银行各发行绿色金融债券 50 亿元，广州发展集团发行广东省首单绿色企业债券 24 亿元。截至 2018 年底，广州碳排放权交易中心累计成交配额 9377.11 万吨，稳居全国首位。

4. 广州国际金融城打造粤港澳金融合作示范区

2012年4月，广州国际金融城起步区开发建设。多年来，金融城着力打造总部金融集聚区，加快起步区土地出让和项目建设，探索深化粤港澳金融合作创新，增强对境内外金融机构吸引力，截至2018年底，有广发银行、中国人寿、中国太平、中国人保等12家金融机构进驻。

5. 高起点谋划粤港澳大湾区建设

成立广州市推动粤港澳大湾区建设领导小组金融专项小组，由分管金融的常务副市长担任组长，各部门参与，统筹部署推进。加快重大项目和平台建设，推进穗港、穗澳互设金融机构，推动将广州国际金融城打造成为粤港澳大湾区金融合作示范区的进程。联合人民银行广州分行举办系列辅导报告会。研究制定大湾区金融政策，建立粤港澳大湾区金融工作沟通机制，多次赴港澳加强金融合作交流和规则对接，在常态化推介、绿色金融合作、促进跨境投融资便利、招商引资、推动企业赴港上市等方面均取得积极成效。

（四）防控金融风险取得阶段性成效

1. 金融风险防控走出“广州模式”

2017年，广州市设立全国首家地方金融风险监测防控机构——广州金融风险监测防控中心，并被确立为唯一服务全省的地方金融风险监测防控平台。截至2019年8月，已实现具备非法金融活动监测预警、非现场监管、网络舆情监测等九个模块功能，开发“金鹰投诉举报中心”微信小程序，覆盖“7+4+1”类地方金融业态和11个区，累计排查市内企业91379家，经排查共发现风险企业1359家。2018年，广州市在全国率先出台《广州市决胜防控金融风险攻坚战三年行动计划》，与蚂蚁金服集团、腾讯公司分别签署战略合作协议，在金融监管科技技术研发领域深度合作。推行首席风险官制度，构建金融风险防控的基础防线。金融风险防控逐步形成“政府监管＋行业协会自律＋大数据监测”的“广州模式”。

2. 互联网金融专项整治工作不断推进

广州市网贷风险应对工作领导小组及其办公室实体化运作，逐步压降网贷机构总数、业务总规模、投资人数等指标。互联网非公开股权融资、互联网资管及跨界等领域经清理整顿均已完成整改。

3. 非法集资处置手段不断创新

创新防范非法集资宣传教育模式，探索将地方金融风险防控纳入网络管理，落实非法集资举报奖励制度。连续举办3届防范非法集资微视频和海报设计大赛，并在广东广播电视台创办《金融大讲堂》栏目，截至2019年9月底累计播出节目48期，受众（含听众和在腾讯大粤网上浏览的人数）超5000万人次。

（五）金融发展环境持续优化

1. 金融政策体系不断完善

广州市注重政策先行、政策支撑，陆续制定涵盖市场、平台、机构、人才、环境、监管、服务等领域的政策文件，形成多层次、广覆盖、特色鲜明的“1+N”金融政策规划体系，实现金融政策从落后于先进城市到与之看齐的跨越，政策的高端引领和叠加效应日益显现，已成为区域金融中心建设的核心推动力之一。出台《中共广州市委广州市人民政府关于全面建设广州区域金融中心的决定》，成为指导广州区域金融中心建设的纲领性文件。自2012年起，广州市获《广东省建设珠江三角洲金融改革创新综合试验区总体方案》、“南沙金融15条”、《中国（广东）自由贸易试验区总体方案》《广东省广州市建设绿色金融改革创新试验区总体方案》等政策支持，积极探索金融发展的有效路径。推动出台《广州市人民政府关于支持广州区域金融中心建设的若干规定（修订）》《关于推进金融支持广州国际航空枢纽建设的实施意见》《关于金融支持乡村振兴战略的实施意见》《广州高层次金融人才支持项目实施办法（修订）》等政策文件，聚集高端金融要素，构建促进金融与产业深度融合的政策体系，集聚一批具有国际视野的高层次金融人才，为广州现代金融服务体系的建设提供强大的人才保障和智力支撑。截至2018年底，广州市出台的金融相关政策文件中，政府级别的文件超40个，部门级别的文件40个，涉及综合类政策、金融先行先试政策、金融市场、金融平台、金融新业态、企业上市、金融人才引进和金融监管等方面。

2. 金融组织体系不断完善

截至2018年底，广州市共有法人金融机构53家，比2012年增加22家；持牌金融机构314家，比2012年增加99家；小额贷款、典当、融资担保、融资租赁、商业保理等地方金融机构3500多家。分行业来看，广州银行业金融机构共有机构网点2883个，比2012年增加315个，其中外资银行业金融机构79家。保险总公司5家，市场主体104家（财产险主体46家，人身险主体56家），比2012年增加27家。外资保险公司经营主体33家，比2012年增加10家。另外，证券公司3家，证券分支机构344家，期货公司7家（约占全国4.7%），期货营业部和分公司60家（约占全国3.14%）。

3. 金融文化建设取得突破

依托金融论坛（展会）、专业性金融会议、金融文化实体、金融机构等多方面推动金融文化的建设和发展。自 2011 年起，广州成功组织举办 8 届中国（广州）国际金融交易·博览会、7 届金融图书“金羊奖”评选、25 期珠江金融论坛、11 期珠江资本讲堂。以“精品、经典”理念建设的岭南金融博物馆，于 2018 年 12 月 17 日举行开馆仪式。岭南金融博物馆展陈设计荣获第十二届中国国际建筑装饰及设计艺术博览会华鼎奖金奖。加快金融智库的发展壮大，广州金羊金融研究院于 2018 年正式落户，成为国家金融与发展实验室在广州设立的实验基地；亚洲金融智库落户广州开发区并成功举办首届年会。与国务院参事室金融研究中心联合举办首届“迈向新时代的中国金融：2018 年金融论坛”，回顾和总结改革开放以来中国金融发展取得的历史性成就。2018 年 12 月 18 日，广州金融人才协会正式成立。2018 年，首家金融家空间正式在广东省博物馆艺外咖啡馆揭牌，打造金融人才“精神家园”。

4. 金融国际化水平进一步提升

持续打造高质量国际化交流合作平台。自2017年起，广州每年举办国际金融论坛全球年会，邀请全球金融专家集聚广州，对全球经济、金融发展进行深度探讨。广州市举办的第十九、第二十一届中国风险投资论坛是我国风险投资界极具影响力的盛会，通过举办论坛，让更多人了解广州，吸引更多风险投资机构和人才到广州落户发展。制订《市地方金融监管局金融招商工作方案》，创新招商手段和方式，推动重大项目和重点金融机构加快落户。自2015年起每年举办广州市金融业推介会，邀请各国驻穗领事馆参加，深化与驻穗领事馆的互惠合作。连续两年赴港举办穗港澳金融合作推介会，宣传广州金融发展，推介国际金融城、绿色金融试验区等各金融功能区。2018年，在东京、旧金山、纽约世界三大湾区成功举办2018广州金融世界湾区推介会，这是广州金融业首次“走出去”在国外开展推介。种种措施，标志着广州的金融国际化水平进一步提升。

参考文献：

1. 广州市人民政府金融工作办公室．广州金融发展形势与展望[M]. 广州：广州出版社，2006—2014.

2. 广州市统计局．广州50年[M]. 广州：广州出版社，2015.

3. 广州市金融工作局．广州金融发展形势与展望[M]. 广州：广州出版社，2015—2018.

4. 广州市统计局．数说广州[M]. 广州：广州出版社，2018.

5. 广州市地方金融监督管理局．广州金融十大创新[M]. 北京：中国金融出版社，2019.

6. 广州市地方金融监管局．广州金融发展形势与展望[M]. 广州：广州出版社，2019.

7. 广州市地方金融监管局：2018年工作总结和2019年工作计划．

（参编人员：张光荣　梁永臻）

第八章

交通运输事业发展

广州地处珠江入海口，辖区水系发达，路网交错，航线密集，是国务院确定的国际综合交通枢纽。70年来，广州经历了从交通基础设施极为落后到大都市现代交通网络骨架基本形成的发展过程。特别是2012年以来，广州全面贯彻“交通强国”战略，在深度参与粤港澳大湾区建设中，全力打造国际综合交通枢纽，交通运输事业发展迅速。目前，广州已建成北有白云机场，南有南沙港，内有公铁枢纽，全市公路环网相连、纵横交错、四通八达的综合运输网络。成功创建国家“公交都市”建设示范城市，形成层次清晰、模式丰富、换乘便捷的城市公共交通系统。

一、1949—1978年：广州作为华南交通枢纽初步形成时期

1949—1978年，广州不断修建路桥、完善路网；改造既有铁路枢纽，扩建机场；建设广州港及公路客运枢纽，同时大力发展城市公共交通，成立公共汽车公司并投入运营车辆；建设公交站场，开行公交线路，不断提高城市交通基础设施水平。广州交通运输事业进步显著，华南交通枢纽初步形成，为后续发展打下坚实基础。

（一）城市路网不断拓展，立体交通初现成型

新中国成立伊始，广州市区城市道路总长度为228公里，总面积185万平方米。通往外地的公路只有16条，共243公里，大多数公路桥危路窄，勉强通车。20世纪50年代初期初步恢复城乡交通。1949—1957年，修复原有公路并新建一倍多里程的公路。到1957年底，公路合计通车里程达925.9公里，广州地区主要城镇都开通公路。1958—1965年，广州公路建设发展较快，先后修建公路548条，共1981.12公里。从20世纪

60 年代开始，广州先后新建和扩建河南中路（即今江南大道）、东风路、芳村东路、黄埔大道、环市路、中山路、滨江路等道路，完成珠江北堤岸的改造整治和南堤岸的构筑，使珠江两岸整齐划一，美观秀丽。到 1965 年底，广州地区基本实现桥梁永久化，公路通车里程达 2907.02 公里，并相继兴建珠江大桥、人民大桥和大北立交桥、德坭立交桥，对促进工农业的发展起到积极作用。至 1975 年底，共修沥青公路路面 273.8 公里，新修公路 1002 公里，新建桥梁 237 座 8793 米。广州市道路交通开始从平面交通向立体交通发展。

（二）大力发展城市公共交通，城市公交线路陆续延伸

1. 城市公共汽车发展

1949 年 11 月，广州军管会的交通处收缴了原国民党“绥靖公署”一辆交通车，作为新中国成立后广州第一辆国营公共汽车并开始运行。1956 年，市政府决定从各有关单位抽调 40 辆交通车，拨作公共汽车加入运营。翌年，首批 2 辆采用国产解放牌货车底盘组装成的公共汽车加入运营，城市公共交通走上使用国产车的道路。1958 年，首批 15 辆由主车拖挂的挂车载客运营。1960 年首批 10 辆无轨电车投入营运。1963 年，华南地区首批钢架铁皮车身结构的越秀牌 8.7 米新型客车陆续投入运营。1975 年，开始投入使用 14.2 米铰接式公共汽车，各类型公共汽车总数为 787 辆。

2. 公交线路变化

1949 年底，广州设置 14 条公交线路（市区 9 条，郊区 5 条），全长 147.8 公里。1950 年 11 月，海珠桥修复后通车，珠江南北市区的公共汽车交通得以恢复。1965 年底，全市公共汽车线路共 75 条，线路长 1818 公里。1978 年底，全市公共汽车线路共 118 条（其中市区、郊区线 33 条），线路长度 3030.9 公里（其中市区、郊区 284 公里）。

3. 出租汽车情况

这一时期，出租汽车业务发展缓慢，以人力三轮车、机动三轮车服务为主。1949—1956 年，广州市只有数十辆出租汽车。1967—1968 年，24 辆 5 人座海燕牌小汽车投入营运。1975—1978 年，27 辆改装的广州 130 型 14 座旅行车投入专线营运。

（三）公路、铁路、航空、航运客运枢纽初步形成

1. 公路客运枢纽

1950 年，广州市首家公路客运站越秀南客运站建成并投入使用。1970 年，广东省

汽车站建成使用。直至1978年，广州市拥有运输车辆190台，开通客运班线119条，覆盖省内主要地市及广西、福建两地，全年公路客流总量202万人次。

2. 铁路客运枢纽

新中国成立时，广州地区铁路有广三、广九、粤汉铁路连接。1953年，在广州南站至石围塘站建成火车轮渡。1954年，在广北联络线上增设流花桥站（现广州站），同时修建流花桥站至广州西站联络线。1956年，将广州北站（现棠溪站）扩建成一级两场区段站。至1957年，初步形成以广州北、广州南、广州西、广州、天河、黄埔、石围塘、三眼桥站等为主体的广州铁路枢纽雏形。1961年，流北联络线即流花桥站至广州北站建成通车。1974年，广北联络线改造成为货物列车外包线。1974年4月10日，广州新客站建成投用，设计能力为日发送旅客3万人次。

3. 航空客运枢纽

白云机场最早由国民革命军第一集团军空军使用，作为飞行学员训练基地。广州解放后，中南军区司令部航空处接管了白云机场，并于1950年3月将机场移交给新成立的中国民航广州办事处。1950年8月1日，“天津—汉口—广州”航线开通，是新中国成立后首开的两条航线之一。随后，白云机场接替承载了新中国军用和民用航空的业务。1964年4月29日，巴基斯坦国际航空公司开通“达卡—上海—广州—达卡”国际航线，标志着中国民航打破了空中封锁。与此同时，民航局决定对白云机场按国际机场的标准进行扩建。白云机场的第一代候机楼成了广州迎接中外领导和宾客的重要场所。

4. 航运与港口

这一时期的广州航运与港口事业百业待兴。1949年，广州港货物吞吐量达186.19万吨，贸易量占全国比例的21.42%。1953年，广州港结束了市区长堤一带“三步一堆场、五步一码头”客货混乱、交通拥挤的局面。黄埔外港区先后续建了中码头和黄埔大码头等多个万吨级泊位，同时对出海航道进行大规模疏浚，使航道水深达到-7米，万吨级货轮可直达黄埔港区。1973年，广州港动工建设5个两万吨级以上深水泊位的新港码头。1978年，港口货物吞吐量达1686.2万吨。

（四）道路运输客货运量保持较大增长

1. 旅客运输发展

新中国成立初期，广州汽车总站只有少量客车、货车。将车站部分功能承包给司机负责恢复营运后，长途旅客运输得以迅速恢复。1953年开始进行公私合营，到1956年，广州地区的私营运输社以及一些合营的行车公司先后归并入广州汽车总站。1957年，广州汽车总站有汽车80辆，比1953年增长63.3%；长途客运量达287万人次，旅客周转量12782万人公里，分别比1953年增长4.5倍、3倍，迎来新中国成立后第一个客运高峰年。1958年后，广州汽车运输公司注重提高客车完好率，试制了全国第一台通道式客车，同时提高服务质量，旅客周转量保持较大增长。1969—1976年，客运量一直保持增长态势，并于1976年达到510.28万人次。

2. 货物运输发展

1950—1952年，广州市政府对私营货运汽车现象进行初步整顿，将全市个体分散的500多辆私营汽车组成7个货运汽车联营社，通过劳资双方代表组成"运货汽车统一管理委员会"，对全市的私营运输汽车实施统一管理。这一时期，公路货运主要依靠人力车，而码头车场的货物搬运则完全依靠人力，汽车货运量仅占总货运量的33.1%。1953—1957年，汽车货运与人力车货运比例发生变化，汽车货运量占总货运量的比例逐年上升，人力车货运量则逐年下降。"文化大革命"初期，广州市公路运输不能正常营运，全市生产、生活用煤不能按计划调入，市内货物运输处于半瘫痪状态。从1970年起，广州公路运输行业逐步恢复正常生产秩序，货运量在连续三年下降后开始回升，汽车已成为主要运输工具。这一时期，市区不准人力大小板车行驶后，人力三轮货车也仅是机动车的运力补充。汽车货运量所占总货运量的比重由1965年的50.6%上升到1976年的79.8%。码头、货物等的装卸搬运也基本实现半机械化。

二、1978—2012年：广州作为综合交通枢纽建设时期

党的十一届三中全会后，广州交通建设和经济发展相互推动，城市交通建设迭代升级，城际交通发展日新月异。城市道路"双快"（轨道交通和城市快速路）交通体系加快布局，高速公路加快建设；港口、航运枢纽地位强化，大都市交通骨架系统形成；城市轨道交通建设提速、公交线网覆盖范围扩大，交通信息化水平提高，交通运输事业方兴未艾。

（一）城市交通高速发展，区域联系进一步加强

广州逐步建成四通八达的高速公路网，形成"环＋放射"的城市道路网，中心区与

外围区联系进一步加强。

1. 城市路桥发展

改革开放以来，广州市加快城市道路、桥梁建设，打破过去封闭单一的管理模式的束缚，建立起全方位开放、多渠道建设的管理体制。采取贷款、有偿使用、民办公助等多种形式筹集资金，加上精心组织与管理，使建设进展比较顺利。1982年12月，历时8年的东风路扩宽工程竣工，成为当时广东省最宽、最长的马路（宽44米，长9公里）。至1990年，广州市共建有跨江大桥6座，立交桥24座，人行天桥和人行隧道46座，道路945公里，道路面积1085万平方米。

1992年，邓小平南方谈话发表以后，广州全面推动交通事业创新发展，交通发展步入速度最快、成效最为明显的黄金阶段，一批“双快”交通体系等建设得以推进，基本完成支撑现代化大都市建设的交通战略布局。2000年，市政道路建设重点围绕加强各功能区与中心城区的快速连接以及功能区内部道路完善配套展开实施，为广州的经济社会发展提供有力支撑。2001年前，广州有快速路3条，即内环路（含放射线）、广园快速一期（沙河立交—丰乐立交）、华南快速一期（番禺大桥—广汕路段），总里程121.92公里。2001年后，广州进一步加大快速路建设及组网力度，先后建成南沙港快速路、广园快速路二期、广园快速路延长线、华南快速路二期和三期等快速路工程。主干道方面，中山大道BRT工程2010年建成通车，广州BRT系统的实施对于改善交通条件、方便市民出行具有重要意义。

2. 公路和高速公路变化

党的十一届三中全会以后，实行改革开放政策，广东国民经济有了很大发展，公路建设从普及进入提高阶段。1990年，干线已实现全部无渡口通车，全市100%的镇和95%的村通公路；公路通车里程从1949年的240多公里上升到3554公里，公路密度每百平方公里达48.1公里，高于全国全省的公路密度平均值。全市公路也形成以市区为中心，以105线、106线、107线、324线（G205线）国道为骨架，以一、二、三环线为系带，连结各条国道，贯通县、乡公路的四通八达的公路网络。到1995年，全市公路通车总里程4193.8公里，共有桥梁1026座、45078延米。21世纪以来，广州基本建成以高速公路、干线公路、集散公路、联络道路等组成的布局合理、层次分明、等级齐全、具有较高通达性和服务水平的环状放射性公路网络主骨架。至2012年底，广州市有国道374.045公里，省道831.232公里，县道758.321公里，乡道4266.76公里，村道1971.443公里。

（二）城市公共交通步入全面发展阶段，服务品质进一步提升

1. 城市公共交通发展

一是公交方面，改革开放前，公交企业经营积极性不高、经营手段相对落后。1994年3月，第一家外资企业广州新福利巴士有限公司进入公交市场，改变国有公交的单一格局，之后冠忠、珍宝、新穗、马会等合资合作公交企业相继成立，行业由国有企业一家独大转变为以国有为主体、多种经济成分为补充的结构，形成“公共利益优先、适度竞争”的公交市场经营新格局，有效推动广州公交行业的发展。从2011年起，广州在市中心区城中村、北郊中心镇以及外围新建城区等区域，加大中小巴线路布局建设力度。城中村、社区道路现已安全通行公交车辆，基本实现公交线路的覆盖。至2012年底，广州市中心六区有公交线路726条，车辆数10430辆，日均客运量637.44万人次，形成“干线—支线—微循环线”三层级线网网络。

二是地铁方面，从1997年6月开通地铁一号线西塱到黄沙首通段（5.4公里）以来，广州的轨道交通也得到快速发展。至2012年底，共有城市轨道交通线路8条，线网里程236公里，共设车站144个；共有营运车辆273列，1496辆；2012年，日均客运量507万人次，单日历史最高客运量693万人次。城市轨道交通逐渐成为广大人民群众日常出行的重要方式。其中，2010年开通的广佛线，是国内首条跨市运行的地铁线路，实现广州、佛山两市之间的便捷通达。

三是出租车方面，1978年，广州市在全国首创出租车“扬手即停、计程收费、日夜服务、电话预约”的全新服务模式，出租车逐渐成为广大人民群众服务的出行方式，是广州市一张靓丽的名片。

四是水上交通方面，20世纪70年代，市民过江多选择轮渡。1985年，轮渡发展达到顶峰，当年创下客运量1.19亿人次的历史高峰。但从1989年起，轮渡客运量开始逐年减少，到2006年逐步减至1700万人次，轮渡行业的发展步入停滞阶段。2006年，广州市政府开始水上交通系统的重构工作，并将发展水上巴士纳入“66条惠民措施”，于2007年开通首条水上巴士线路，于2009年开展广州市水上巴士规划研究，并于2012年进入实施阶段。

2. 交通信息化发展

20世纪90年代，广州市交通部门组织成立关于公交电子收费筹备办公室，极力推动公交车收费电子化的普及和应用。1994年，公共汽车13路线实施IC卡自动收费，成为国内最早使用IC卡的公交线路。2000年，广州开始以信息化改造传统交通，在公交

行业推广智能化调度，在车辆终端安装GPS智能调度终端，使广州公交行业迈入全面的信息化时代。2001年，广州公交车启用羊城通卡收费系统，并且在一年内逐步覆盖广州市内所有的公交汽（电）车、轮渡、地铁。从2003年开始，广州市出租车行业推行使用车载终端，终端具备驾驶员从业资格信息显示、电子支付、卫星定位、调度管理、电召等功能，对于提升出租车行业信息化监管水平发挥着重要作用。

（三）城际交通枢纽取得较大发展，大都市交通骨架系统形成

1. 公路客运枢纽步入高速发展阶段

广州市的公路客运站由1978年仅有的2个发展到2012年的28个，全市客运站占地面积由3.6万平方米扩大到97.2万平方米，运输车辆由190辆增加到8000余辆；开通客运班线由119条增加到1370条，覆盖广东省内各地级市及湖南、湖北、广西、江西、福建、浙江、江苏等24个省级行政区域；客流总量6800余万人次，公路客运取得长足发展。

2. 铁路枢纽建设得到较大发展

1987年，广深复线建成通车。1988年，衡广复线建成通车。1994年，我国第一条时速160公里准高速广深铁路通车。1996年，广州东站成为当时中国铁路最大的现代化口岸站。2001年，武广电气化铁路全线开通。2009年，枢纽内第一条运行速度350公里的武广高铁开通运营。2010年，新广州南站竣工投产使用，成为全国最大的高铁客运站之一。2011年，广深港高铁广深段开通运营，广州铁路枢纽能力快速提升。

3. 航空客运枢纽发展迎来高峰期

随着改革开放的实施，白云机场亦迎来发展高峰期，多项业务指标跃居全国第一位。1980—1992年，飞机起降架次居全国机场第一位；1986—1992年，旅客吞吐量居全国机场第一位，成为国内最繁忙的机场。1994年，白云机场的年旅客吞吐量首次突破1000万人次。2000年，新的广州白云国际机场正式动工，成为国内首个按照中枢理念设计建造的枢纽航空港。2004年，旧白云机场转场新白云国际机场，跨入“双跑道时代”，当年旅客吞吐量就超过2000万人次，此后以每3年净增约1000万人次快速增长。2007年，突破3000万人次。2010年，突破4000万人次。2012年8月，新白云国际机场扩建工程正式动工，建设项目包括2号航站楼、综合交通中心（GTC）、第三跑道、信息大楼、110kV变电站、北站坪、地铁及城轨等七大工程以及相关配套项目。

4. 广州港水路运输业稳步发展

随着港口管理体制的改革、生产经营管理制度的完善以及新建大型煤炭等专业码头的投产，广州港吞吐量快速增长。1988 年，全港货物吞吐量 4735 万吨，是新中国成立初期的 20 多倍。1999 年，广州港货物吞吐量突破 1 亿吨，成为中国内地第二个跨入亿吨大港行列的港口。2004 年，港口货物吞吐量突破 2 亿吨。2006 年，港口货物吞吐量突破 3 亿吨。2008 年，集装箱吞吐量突破 1000 万标准箱，成为继上海、深圳港之后国内第三个突破千万箱的集装箱大港，跻身世界十大集装箱港口行列。2010 年，港口货物吞吐量突破 4 亿吨。这一时期，广州港水路运输业稳步发展。2012 年，广州地区在册水路运输及服务、辅助企业有 661 家；拥有营运船舶 1288 艘，733.4 万载重吨；广州地区水路运输全年完成货运量 1.63 亿吨，完成货运周转量 3971.24 亿吨公里，完成旅客运输 74.89 万人，完成旅客周转量 7339.59 万人公里。

（四）道路运输客货运企业整体发展水平较高，客货运量快速增长

1. 客运企业整体发展水平较高

改革开放以来，广州公路客运改变独家经营的状况，出现集体、合资、个体多种经营的新局面，增加中小型客车、出租汽车、专线车、旅游客运等多种形式。从 1982 年开始，广州市运输公司、广州市第二运输公司先后分别成立客车队，经营市内专线和长途客运。1983 年以后，客运市场进一步开放，经营长途客运的个体客车逐年增加。至 1990 年，广州市有营运长途客车 1138 辆，其中个体经营的有 761 辆。2001—2006 年，广州市公路客运企业整体发展水平较高，向集约化、规模化发展。客运量和客运周转量逐年增长，客运量从 2001 年的 2.11 亿人次增长至 2012 年的 7.61 亿人次，旅客周转量从 2001 年的 101.12 亿人公里增长至 2012 年的 2074.52 亿人公里，公路客运站数量也从 2001 年的 2 个发展到 2012 年的 28 个。

2. 货物运输保持平稳增长态势

从 1978 年开始，广州打破由市属运输公司独家经营公路运输的局面，出现市场竞争。1983 年后，非运输单位车辆大量投入营运、个体户车辆数量大增，乡镇汽车和专业户、联户的汽车也参加公路货物运输，公路运输市场的竞争更为激烈，同时促进了公路运输的发展，提高了公路运输的服务质量。2000 年后，广州地区公路（全社会）货物运输量、货物周转量呈现先增后逐渐放缓的状态。货运量从 2001 年的 1.33 亿吨增长至 2017 年的 7.71 亿吨，年平均增长率达 11.6%；货物周转量从 2001 年的 89.75 亿吨公里

增长至2017年的886.5亿吨公里，年平均增长率达15.4%；货物平均运距也由67.47亿吨公里增至118.29亿吨公里。15年间，货物平均运距提高近八成。2012年，全市共有货运站场38家，货运企业户约6.6万家，其中普通货运企业约6.5万家，危运企业103家；共有运力约14.77万辆，以小吨位车辆为主，其中2吨以下货车占比约71%，8吨以上的车辆合计不足15%。广州地区公路货物运输保持平稳增长态势。

三、党的十八大以来，广州作为现代化国际综合交通枢纽建设时期

党的十八大以来，广州市全面贯彻“交通强国”战略，积极对接“一带一路”倡议，深度参与粤港澳大湾区建设，全力推动建设国家中心城市和枢纽型网络城市。深入推进国际航空枢纽、国际航运枢纽建设，提升铁路枢纽能级，积极打造国际综合交通枢纽。成功获授“国家公交都市建设示范城市”称号。实现区区通地铁。逐步形成层次清晰、模式丰富、换乘便捷的城市公共交通系统，城市交通得以长足发展，出行品质逐步提升。

（一）城市交通优质发展，建成国家公交都市示范城市

2014—2019年10月，广州新增开通轨道交通线路12条（段），轨道交通线路总规模达15条；新开及优化公交线路404条，总规模达1246条；中心城区公共交通站点500米覆盖率达95.1%，基本实现出行需求全覆盖；新增公交专用道195.2公里，公交专用道运营总里程达519.4公里，基本覆盖中心城区主要客流走廊，为市民通勤出行提供快捷通道，日均受益市民约500万人次。新开及优化14条水上巴士航线，发挥了水上巴士“通勤为主、兼顾旅游观光”的辅助疏运作用；2015年推出定制公交如约巴士，累计开行线路1041条，为超650万人次的市民提供个性化的定制出行服务，市民出行选择更加丰富。

同时，在智慧出行方面取得新突破，普及推广应用“行讯通”“广州地铁”等APP，为市民提供一站式出行查询服务，并实现全国交通一卡通及其他多元化的非现金支付方式的全面应用，让市民“智享”出行。

深入贯彻绿色发展，累计推广应用纯电动公交车11310辆，基本实现公交电动化，为持续改善空气环境质量发挥积极有效的作用。全市公共交通日均客运量1472万人

次，其中轨道交通日均客运量 859 万人次，常规公交日均客运量 609.3 万人次，水上巴士日均客运量 3.8 万人次。中心城区公共交通机动化分担率达 61%，公共交通乘客满意度为 85.1%。

公共交通主导地位更加巩固，已形成层次清晰、模式丰富、换乘便捷的城市公共交通系统，并于 2018 年获交通运输部授予的“国家公交都市建设示范城市”称号。

（二）公路及客货运行业高速发展，建成国内一流道路枢纽网络

1. 道路建设方面

广州市道路建设以完善骨干路网为重点，加快实施一批高快速路、国道、省道、城市主干道及跨江桥梁（隧道）等项目，对支撑广州经济社会发展、拉开城市发展布局、顺畅各功能区组团间的联系、缓解老城区交通拥堵等发挥重要作用。至2018年底，广州市市政道路总里程7824公里，面积13028万平方米。截至2018年，全市公路通车里程8976公里，其中高速公路通车里程1022公里。广州市道路质量不断提高。

2. 公路客货运行业

近年来，广州市交通运输部门以确保公路货运行业安全、稳定、规范为总体目标，以加强企业经营资质管理为抓手，强化安全生产考评和信息化监管，行业安全生产形势持续平稳，行业经营发展、规范化管理水平不断提升。广州推进8个依托客运站建立的旅游集散中心规范发展，取得一定成效。根据广东省交通运输厅开展道路客运改革试点的工作部署，由市公交集团二汽公司等试点单位开行定制客运线路，在市区一些客流聚集地设置试点配客站点，为定制旅游线路提供就近上下客服务。

（三）铁路路网三网融合，综合交通枢纽能力极速提升

目前广州市内铁路营业里程 277 公里，其中时速 200 公里及以上铁路里程 126 公里，设有广州站、广州东站、广州南站等主要客运车站。广州市内在建铁路项目有穗莞深城际、东北货车外绕线、南沙港铁路等，规划铁路项目有深茂铁路深江段、广湛高铁、广河高铁等。预计 2022 年，广州市内铁路营业里程达 436 公里，其中时速 200 公里及以上铁路里程 158 公里；2035 年，铁路营业里程约 700 公里，其中时速 200 公里及以上铁路里程约 400 公里。广州规划形成以广州、广州东、广州南、佛山西、棠溪（白云）站为主要客运站，以广州北、南沙、新塘、鱼珠站为辅助站的“五主四辅”客运布

局，预留增城站、机场站发展成为枢纽重要客运节点的条件。货运系统布局方面，将规划形成“1+5+12”（1个一级物流基地，5个二级物流基地，12个三级物流基地）三级物流节点网络，规划广州南动车段、大朗站配套动车快运设施。随着贵广客专、南广铁路、广珠城际、广佛肇城际、广惠城际、佛山西站等一大批铁路项目相继建成投入运营，广州的综合交通枢纽能力极速提升。

（四）航空航运高质量发展，建成现代化国际综合交通枢纽

1. 广州白云国际机场业务发展迅猛

2018年，旅客吞吐量6974万人次、航班起降47.7万架次、货邮吞吐量189万吨，同比分别增长5.9%、2.6%、6.2%，旅客吞吐量全球排名第十三位。2019年，旅客吞吐量超7000万人次。广州白云国际机场拥有2座航站楼、3条跑道，飞行区等级为4F，可满足年起降航班62万架次、旅客吞吐量8000万人次和货邮吞吐量250万吨的运营需求。航线网络已覆盖全球220多个通航点，其中国家及地区航点近90个，已有近80家中外航空公司在此运营。从白云机场出发，2小时航程可以覆盖中国西南、华中、华东地区，4小时航程可覆盖我国以及东亚、西亚、南亚、北亚地区，12小时航程可抵达全球主要城市。

到2025年，白云机场国际航空枢纽将打造成型，届时旅客吞吐量将达1亿人次、货邮吞吐量将达350万吨，力争同步进入全球前五位；国际和地区通航点争取达140个，国际和地区旅客占比力争达35%以上。

2. 广州港航运迈向高质量发展阶段

2014年，广州市政府推出“三中心一体系”和“三大枢纽”战略。2015年，市政府实施《建设广州国际航运中心三年行动计划（2015—2017年）》。2018年，广州港货物吞吐量突破6亿吨大关，达6.13亿吨；集装箱吞吐量2192万标准箱，港口货物和集装箱吞吐量均位列国内沿海港口第四位，国际港口第五位。广州港已拥有各类码头泊位800多个（万吨级以上泊位76个），泊位年综合通过能力3.74亿吨；集装箱吞吐能力1576万标准箱，旅客吞吐能力3217万人次。广州开通集装箱航线214条，开通覆盖整个珠江—西江流域的水上驳船航线160多条。商品汽车吞吐量居国内第二位，邮轮旅客吞吐量自2016年起连续3年位居全国第三。

广州航运交易所发展成为华南地区规模最大、服务功能最完善的船舶交易服务平台，发布的“珠江航运运价指数”是华南地区唯一航运运价指数。全球规模最大的散货

运输船队、特种船运输船队和中交四航工程局等知名航运关联企业总部在广州落户。并成功举办2019年世界港口大会，来自全球50多个国家和地区的近1200名代表与会，有力提升了广州城市和港口的国际知名度、美誉度。广州港与世界100多个国家和地区的400多个港口有密切海运贸易往来，国际友好港数量达50个。

（五）未来展望

未来，广州将继续牢固树立“公交优先”的城市发展理念，着力建成更加完善立体的城市公共交通运行系统，谋划完善各级路网衔接通道，推进各层级路网的全面融合发展，强化大湾区互联互通，实施大湾区客运公交一体化网络和多模式、多层次综合客运体系；形成广州市域内高速铁路网、普通铁路网、城际铁路网三网融合，域外快速通达的铁路交通体系；打造集航空运输、高铁、地铁、城际轨道和高速公路多种交通方式于一体的综合交通中心和换乘枢纽，在“一带一路”倡议、粤港澳大湾区建设、新一轮对外开放大格局中发挥更大的作用。

参考文献：

1. 广州市地方志编纂委员会．广州市志[M]. 广州：广州出版社，1996.

2. 王晓玲．广州解放60年[M]. 北京：红旗出版社，2009.

3. 广州市住房和城乡建设委员会．广州市住房和城乡建设志（2001—2017年）（部门资料）.

4. 广州市港务局．广州港志（部门资料），2019.

（参编人员：黄贵滨　陈瑜　徐源雾　何平宇　苏艳　李祖文）

第九章

旅游业发展

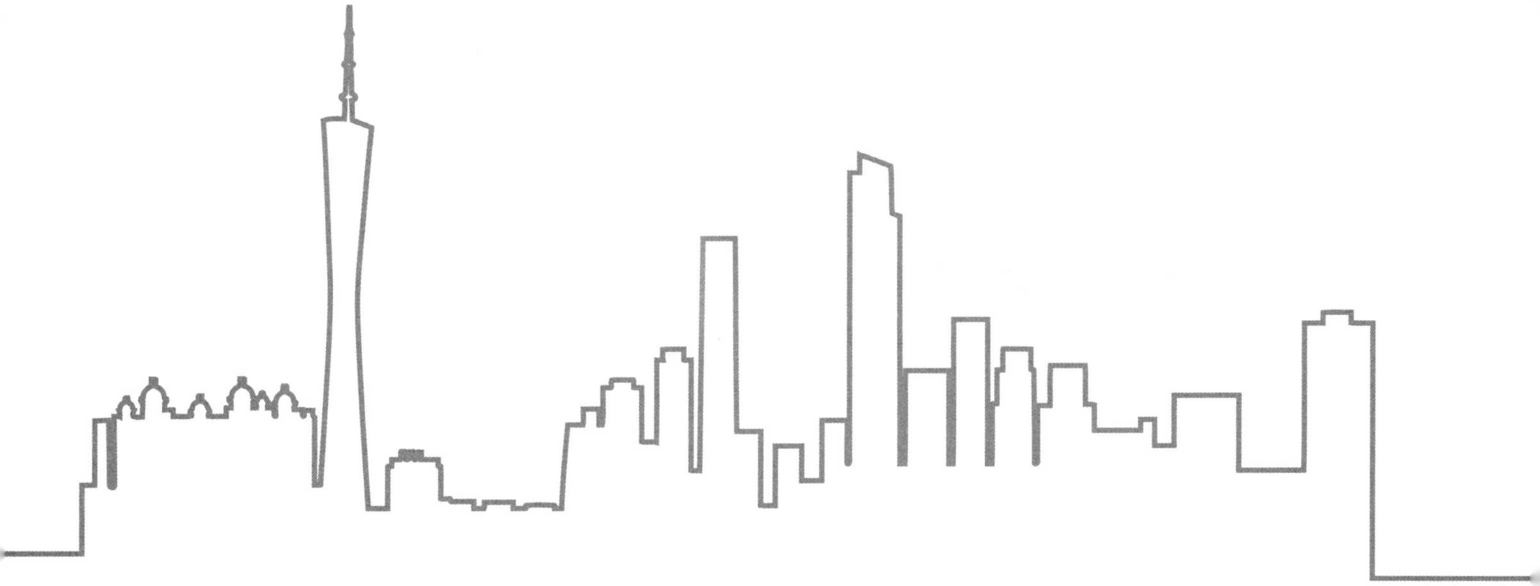

广州是华南经济、文化交流的中心，我国重点旅游城市之一。新中国成立以来，广州充分发挥毗邻港澳、作为改革开放前沿地等优势，旅游业从单一政务接待逐步发展成为市战略性支柱型产业之一，接待国内外旅游人数和旅游外汇收入在全国各大旅游城市中稳居前三位。

一、1949—1978年：广州旅游业初步发展

新中国成立初期，广州市游客较少。1953年后，各省区市每年在广州举办各类物资交流会和展览会，游客量大幅度提升。1956年秋季，中国出口商品展览会［即"中国出口商品交易会（广交会）"的前身］在广州举办，广州成为我国与其他社会主义国家、第三世界国家交往的窗口。1957年春季，首届中国出口商品交易会在中苏友好大厦举办。

广交会开创了新中国展会的新纪元，成为广州旅游发展的重要动力。这一时期，广州旅游业主要以政务性的外事接待为主，兼具接待交易会客商，以及回来探亲的华侨、港澳同胞。

（一）不断开发旅游资源

逐渐建设一系列文化设施，修复一批历史古迹。如1959年根据五羊传说修建的五羊雕塑，1958—1962年修复陈家祠等。1956—1959年是广州公园建设最集中的时期，陆续建设一大批公园，如广州文化公园、广州起义烈士陵园、流花湖公园、荔湾湖公园、东山湖公园、华南植物园、广州动物园等。此外，温泉等资源得到较好的开发，并逐步建立起历史古迹、风景名胜与公园等旅游资源体系。

（二）旅游设施和接待服务能力日益提升

广州解放初期，市内住宿设施较少，交易会后陆续新建了不少宾馆。1957年，建设专门用于接待华人华侨的华侨大厦。1961年，建设当时规模最大的羊城宾馆（现东方宾馆）。1966年，新建流花宾馆、红棉酒店、海珠宾馆、矿泉别墅等。1968年，建成当时全市最高的建筑物——广州宾馆。1973年，建成流花宾馆。1976年，建成广州20世纪80年代最高建筑物——白云宾馆。

在旅行社发展方面，1952年，广州相继出现私人经营的顺风旅行社和闽侨旅行社，同年成立中国国际旅行社从化温泉支社。1954年后，逐步成立中国国际旅行社广州分社、广东省中国旅行社、广州市中国旅行社、广东省粤侨旅游公司等，旅游设施和接待服务能力日益提升。

（三）旅游行业管理逐步深化

在旅游行业管理机构方面，1965 年，广州市旅业管理处成立。1973 年，广州市旅业管理处改为广州市旅业公司，并设立保卫科。在旅游管理制度方面，旅游行业管理逐步具体化、细化。1949 年 10 月后，广州市规定住宿业需领取“公共场所卫生许可证”。1953 年，公布《广州市旅栈业暂行管理规则补偿办法》。1957 年，制定《服务业守则》。1966 年，制定旅业卫生工作的标准。1971 年，制定《旅店管理暂行办法》。1973 年，制定《接待店治安保卫工作制度》。1974 年，颁布《旅店业治安管理暂行规定》。1977 年，颁布《广州市饮食卫生工作守则》。在旅游资源保护方面，黄花岗七十二烈士墓园、三元里抗英遗址、广州农民运动讲习所旧址等入选第一批全国重点文物保护单位名单。

二、1978—2012年：广州旅游业全面发展

改革开放以来，广州市作为沿海开放城市和综合改革试验区，大力实施改革创新举措，以建设华南中心城市、国家卫生城市、园林式城市、山水生态城市、中国优秀旅游城市、国家中心城市等为目标，为广州市现代旅游业发展创造了良好条件。

这一时期，广州市已确立较多旅游发展规范，旅游产业逐步转变为以市场经济为中心的旅游发展模式，旅游市场由入境旅游主导逐步转变为国内旅游为主导，旅游产品日益多元化与体系化，旅游经营管理制度日渐完善，旅游产业体系逐步形成。

（一）旅游业市场化效应显现

1978年的全国旅游工作会议提出，旅游工作要从“政治接待型”转变为“经济经营型”。1986年，旅游业首次被列入国民经济和社会发展计划，标志着我国首次明确旅游业的产业地位。1993年，《关于积极发展国内旅游的意见》要求国内旅游业要纳入国民经济和社会发展计划。

广州市也出台一些旅游政策。1994年，出台《关于加快发展旅游业的决定》。1995年，制定《广州旅游发展战略纲要（1996—2005年）（草案）》。2009年，颁布实施《关于加快旅游业发展建设旅游强市的意见》。进一步推动广州国内旅游的深入发展。

（二）旅游产品开发朝多元化方向发展

除了继续加强历史古迹与风景名胜的修复完善与公园建设外，广州市还强调城市景观、主题公园、城市商业游憩区、事件旅游等城市旅游资源的发展。同时，广州市重视环城游憩带的建设，大力发展乡村休闲度假、乡村文化、乡村农业等乡村旅游资源。广州市旅游产品逐步朝多元化方向发展，初步构成了较为完备的旅游产品体系。

（三）行业管理逐步规范化和科学化

改革开放以来，国家颁布涉及旅游产业政策、旅游休闲制度、旅游保护制度、旅游经营管理制度、旅游产品生产制度等一系列制度规范。同时，广州针对自身特点加强行业管理。如1995年出台《广州地区旅游行业管理规定》《广州地区旅游景点发展专用资金征收与管理实施细则》。1998年，颁布《广州市“一日游”管理规定》。

近年来，广州还出台《广州市旅游条例》《广州市社会导游人员管理暂行办法》《广州市乡村旅游区（点）服务规范》《广州市工业旅游景区服务规范》《旅游景区高峰预警指引》《珠江游船等级划分与评定》《广州市特色旅游购物街区旅游服务规范》《广州市旅行社组织外国人来穗旅游奖励办法》《广州市旅游景区评定工作暂行管理办法》等旅游规范。此外，广州市还采取一系列措施提升旅游形象、推动旅游营销。

（四）旅游资源日益丰富

广州市加大旅游资源的开发和整合工作力度。一方面，新建大型项目不断推出，并在全国具有较高的知名度。珠江夜游品牌蜚声海内外，世界大观、东方乐园、航天奇观、长隆集团、广州塔等大型旅游项目陆续上马。另一方面，2010年亚运会后，广州城市建设提速。花城广场、广东省博物馆新馆等极大地提升广州城市旅游内涵。这一阶段，广州积极推动“大旅游”的发展，整合社会资源用于旅游开发，拓展旅游业发展空间，如景观房产游、工业旅游、体育旅游、会展旅游等。同时，先后推出广州经典一日游、珠江沿岸文化史迹游、岭南园林文化游、先烈路近代革命史迹游、广州文化艺术游、羊城新八景游等旅游产品，丰富了广州旅游业的空间和格局。

（五）酒店业服务和管理水平不断提升

1983年，第一家境内外合资酒店——白天鹅宾馆在广州开业，被誉为改革开放的成功典范。1989年6月，全国星评委公布第一批星级酒店名单（共8家），其中1家四星级酒店、7家三星级酒店均来自广州。1990年，国家旅游局首次评定全国五星级酒店，其中白天鹅宾馆和中国大酒店入选。2007年6月，广州花园酒店被全国星评委评定为“白金五星级酒店”，是中国首批三家白金五星级酒店之一。

亚运会以后，广州的旅游发展环境和国际地位不断提升，国际品牌酒店在广州迅猛发展，高端酒店市场持续繁荣兴旺。

（六）旅行社行业持续快速发展

改革开放以来，广州地区旅行社、从业人员数量人数持续攀升，旅行社行业规模不断发展。1983年底，由广之旅参与组织的香港游首团一行25人抵达香港，是新中国成立以来首批内地居民以游客身份去港。1999年10月，广州康泰国际旅行社有限公司获批试办，成为第一家合资旅行社。2006年，广州出现第一家外资旅行社——胜景旅游广东有限公司。

旅行社行业一体化集中化进程加快。2003年10月16日，中国南航集团旅游发展有限公司在穗挂牌成立。该公司总投资约27亿元，借助南方航空的有形资产以及品牌、资信、网络等方面优势，整合南航集团范围内旅行社和酒店类所有资源和业务，主要经营集团内旅游包机、旅行社、酒店（宾馆）、度假村（山庄）和餐饮等业务，着力打造“南航旅游”个性化、服务化的品牌。2004年4月26日，广东省中国旅行社股份有限公司（简称广东中旅）与年营业额200多亿欧元、每年组织接待游客2200万人次以上的德国国际旅游联盟在华企业、中国首家由外方控股的旅行社——中旅途易旅游有限公司（TUI CHINA）正式签约，这是广州的旅行社首次与大型国际旅游集团牵手合作。加盟外国旅游业巨头，标志着广东中旅成为华南最大旅游批发商的发展战略向更深、更广的层面推进。

三、党的十八大以来，开启广州国际化旅游目的地建设新篇章

党的十八大以来，按照党中央、国务院的决策部署，广州旅游业紧紧围绕“五位一体”总体布局和“四个全面”战略布局，以新发展理念为指导，深入贯彻落实全域旅游发展战略和“三步走”战略，精心谋划、锐意创新，紧密围绕建设“全国旅游综合改革试点城市”，紧扣三大改革目标和六大创新任务，出台一系列推进旅游业改革发展的政策措施，开启广州国际化旅游目的地建设新篇章。

（一）旅游业全面快速发展

党的十八大以来，广州旅游产业发展势头良好，总收入年均保持两位数增幅高速发展。游客接待人次屡创新高，交通、餐饮、住宿等相关行业持续火爆，充分体现旅游“一业兴而百业旺”的产业带动作用，全面助力提升广州在经济领域、城市资源、产业加速助燃、形象展示等方面的综合实力。

2018年，广州市共接待游客2.23亿人次，同比增长9.2%；旅游业总收入4008.19亿元，同比增长10.9%。截至2018年底，广州市A级旅游景区共有54家（其中5A级景区2家，4A级景区26家）、旅行社713家（其中出境游组团社160家，外资投资旅行社10家）、星级酒店170家（其中五星级酒店22家，四星级酒店35家）。

随着旅游公共服务质量和水平日益提高，广州旅游的知名度和影响力不断提升，城市旅游综合竞争力居全国第三位，位于副省级城市的首位。世界旅游业理事会（WTTC）评选广州为“2007—2017年全球旅游增长最快的十个旅游城市之一”（居第五位），广州连续4届当选亚太城市旅游振兴机构（TPO）会长城市，已经成为亚太地区重要的旅游目的地、集散地和客源地。

（二）供给侧改革成效显著

为深入贯彻落实国家、省关于旅游业改革发展的决策部署和广州市第十一次党代会精神，加快推进广州市旅游业发展全面上新水平，广州市政府出台《关于进一步加

快旅游业发展的意见》。

广州以推动全域旅游发展为主线，加快旅游业供给侧结构性改革，进一步激发旅游市场活力，促进旅游业提质增效；全力推进全域旅游建设，整体提升广州旅游吸引力；全面实施旅游国际化战略，建设国际旅游交往中心；全面实施“旅游+”战略，促进旅游产业融合发展。

具体举措有：加强红色旅游资源的开发和建设，通过“不忘初心 红色传承”等专项活动，提升红色旅游景区的内涵和氛围。出台《旅游民宿等级划分与评定》标准，推动广州民宿的发展和升级，打造广州民宿品牌，提升广州民宿影响力和美誉度。积极推动南沙邮轮母港建设和广州游艇业的发展。在国家、省有关部门推进自驾车旅居车发展的工作部署和《广州市旅游局关于加快推进2016年自驾车房车营地建设的通知》的基础上，鼓励引导有条件的区域开展自驾车房车营地建设。

为进一步契合广州市国家旅游综合改革试点的工作部署，打造以广州为中心、辐射华南地区乃至全国的旅游资源交易综合服务市场，成立广州旅游资源交易平台，并拟将其打造为华南地区首家旅游资源交易与产业综合配套服务平台。在越秀区、增城区、从化区、天河区、海珠区推进省级全域旅游示范区创建工作。2019年9月，番禺区成功入选首批国家全域旅游示范区名单。

（三）“厕所革命”成绩斐然

广州以从化、增城、花都为重点，在全市分两批确定60个旅游文化特色村创建单位，并于2019年制定并印发《广州市旅游文化特色村创建指引》，牵头编制《旅游文化特色村建设和服务规范》，为建设和打造旅游文化特色村提供指引。

加大资金扶持，推进广州旅游企业基础设施建设，尤其在旅游交通指示牌、停车场、旅游景区厕所、游客中心等旅游基础设施和公共服务上给予引导和扶持，加强广州旅游集散中心和旅游问询中心的建设。

2017年2月，全国厕所革命工作现场会在广州召开。截至2018年12月底，全市建有旅游厕所585座，实现4A级以上旅游景区“第三卫生间”基本覆盖，涌现一批具有文化特色、舒适性强的旅游厕所。

（四）行业管理实现标准化和智慧化

广州市旅游部门认真贯彻落实国家旅游部门标准化试点及质量强市示范城市创建

工作，加大旅游行业标准化建设。在广之旅作为第一批试点标准化单位取得成功的基础上，增城区、广东中旅成为全国旅游标准化第二批试点创建单位，实施《旅游景区高峰预警机制工作指引》《广州市珠江游经营管理办法》《大学城提升计划——旅游服务问询工作方案》《广州市旅游集散中心规划研究》等系列标准指引。

广州旅游咨询服务网络初步建立。花城广场、火车东站、广州南站等3个旅游咨询点建设有序展开，全市旅游信息咨询中心达27个；已建成9家广州旅游集散中心，并逐年加大建设扶持和引导力度。

2017年2月5日，广州市旅游局正式推出广州城市旅游卡。该卡是中国内地城市首次实现公交、地铁、水巴等多种公共交通功能和城市旅游资源功能全面整合，为游客提供“吃住行游购娱”一体化服务。

推进广州旅游数据中心的建设，引导星级酒店和旅游景区强化现代科技运用，基本实现星级酒店和A级旅游景区Wi-Fi全覆盖，并全面推进网络预约、网络订票、智能入园、智能人流引导等智慧工程建设。

（五）旅游目的地发展成效显著

21世纪以来，围绕“花城、商都、岭南文化名城”的主题，广州市政府相关部门加大旅游资源开发力度，新建一批旅游景区（点），广州融创文旅城顺利开业。截至2018年，纳入广州旅游统计范围的景区（点）（不含商业城及步行街）有140家。与此同时，A级景区数量逐年上升，成为广州景区营业收入的主力军。截至2018年，全市A级旅游景区总数达到54家，其中5A级景区2家、4A级景区26家、3A级景区25家、2A级景区1家。

切实落实外国人过境广州144小时免签政策，并设立境外推广中心，逐年加大境外宣传推广力度，促进过境游客在广州的旅游消费。

2016年9月，广州旅游观光巴士启行仪式在广州动物园南门举行，标志着广州市第一辆真正意义上的旅游观光巴士正式开通。

2017“广州过年・花城看花”春节系列旅游推广活动成绩显著，推动广州春节旅游淡季向旅游旺季的转变，“广州过年・花城看花”成为广州旅游享誉世界的靓丽名片。

2017年，广州市越秀区北京路文化旅游区举行“世界优秀旅游目的地”授牌活动，这是广州市乃至广东省首个世界优秀旅游目的地，这也是继四川省成都市、安徽省黄山市之后，全国第三个获此殊荣的单位。

2017年，为贯彻落实广州市委市政府关于推进“干净整洁平安有序”城市环境建设要求，结合国家旅游局开展全域旅游示范区创建活动的总体部署，广州市旅游部门对全市A级景区深入开展“干净整洁平安有序”环境综合整治提升行动，以进一步提升A级旅游景区管理标准化、精细化、品质化水平。

2017年12月，广州成功当选首届“粤港澳大湾区城市旅游联合会”轮值主席城市，定期开展穗港澳文化和旅游部门交流，成功举办“穗港澳青少年文化交流季”活动，推出16条粤港澳大湾区文化遗产游径，有序推进大湾区北部生态旅游合作区建设，共同培育、打造粤港澳大湾区文化旅游高质量发展示范区、文化休闲与康养健身的国际旅游目的地。

（六）旅游酒店国际化步伐加速

党的十八大以来，广州旅游酒店业也出现一些新变化，主要体现在以下四个方面：一是高档酒店建设与经济型酒店建设同步发展，经济型酒店急剧扩张。二是国际青年旅馆、公寓酒店等多种住宿类型不断兴起与快速发展。三是绿色低碳消费成为新兴消费潮流，绿色旅游酒店正逐步全面推广。四是旅游酒店的集团化和品牌化趋势日益明显。总的来说，广州的旅游酒店业正处于全面发展的黄金时期，旅游酒店业态日益丰富。

与此同时，国际型酒店也在不断兴起发展。九运会、亚运会以及新白云机场的建成使用等一系列有利因素，极大地推动广州高档国际型酒店的发展。近年来，广州新建一批高档次、高品质的国际型酒店。例如2012年开业的广州正佳万豪酒店、广州四季酒店，2013年开业的广州W酒店、广州文华东方酒店、广州南丰朗豪酒店，2014年开业的广州日航酒店、广州保利假日酒店，2015年开业的广州柏悦酒店、广州增城保利皇冠假日酒店、广州汇华希尔顿逸林酒店，2016年开业的广州天河雅乐轩酒店、珠江新城希尔顿欢朋酒店，2017年开业的广州康莱德酒店。

2018年成功与米其林签约，每年发布广州米其林美食指南，成为大陆继上海之后第二个拥有米其林评鉴的城市。

（七）旅行社行业影响力和市场占有率不断攀升

广州地区旅行社数量、从业人员人数持续攀升，旅行社行业规模不断发展。2012—2018年，广州地区旅行社数量以及从业人数持续稳定增长。2016年旅行社数量增长至521家（纳入统计范围的461家），其中出境游组团社102家，台湾游组团社7家，外商投资旅行社7家。截至2018年底，广州地区旅行社数量702家，行业规模持续扩张。

2012年以来，广州市旅游部门开展系列行动，净化出境游市场秩序，并评选出100多家“诚信旅行社”，从旅行社内部管理、投诉处理、导游业务水平、服务质价相符、诚信经营等方面进行规范，引导旅行社完善管理制度，鼓励旅行社诚信经营，获得良好的社会效果。并着手制订一些行业标准，如诚信旅行社服务规范与评定、旅游投诉服务规范等，积极推动旅行社行业标准化建设，努力提高服务质量管理。同时还制订了国内游和出境游多个合同范本，规范旅行社行业合同管理，积极维护消费者权益。

外资旅行社出现并逐步涉入出境旅游业务。广州外资旅行社经营出境游业务逐步开放。佳天美（广州）国际旅行社有限公司是日本最大的旅游企业集团JTB集团的子公司，于2016年12月首次获得出境业务的经营资质许可，它是首家在广州获得出境业务的外资旅行社。

（八）旅游新业态和新科技发展提速

加快广州文创商品的发展。推出2017首届广州旅游商品创新设计大赛，76件作品被评为广州代表性旅游商品，带动广州文创商品产业的发展。

推动广州民宿、房车露营地的建设和发展。涌现如增城区邓村石屋、云水间、禾客精品、幕吉，荔湾区归觅、聚龙村，从化区米舍、湖庐等精品民宿品牌，花都区北迹露营地和从化区北纬23°8森林营地等房车露营地品牌。

加快乡村旅游步伐。继推出乡村富民工程扶持资金等措施后，开展“星级农家乐”等级和文化旅游特色村评定工作，共评定36家星级农家乐和首批6家文化旅游特色村，推出乡村旅游精品线路，促进了广州乡村旅游蓬勃发展。

广州欧竞信息科技有限公司推出的“微景旅游”微信平台，广东银旅通信息网络发展有限公司推出的“景区宝”，广州市香港科大霍英东研究院等研制的智能导览系统等应用项目在广州旅游景区推广应用。岭南印象园、南沙湿地公园打造智能营销系统，掌握景区门票直销、分销、结算主动权。华南植物园、广州动物园实现智能科普应用，提升景区文化内涵。白云山风景名胜区和莲花山旅游区进行智能监控系统建设。广州塔和珠江游搭建智能导览系统，为游客带来全新服务体验。

2015年，开通广州旅游微信、广州旅游APP。广州旅游已形成由广州旅游政务网、广州旅游资讯网、广州旅游官方微博、广州旅游微信、广州旅游APP等共同组成的广州旅游互联网公共信息服务体系。

升级改造旅游业务管理应用系统，实现网上办事大厅与实体政务有机结合。2016年，广州地区507家旅行社、32561名导游、3987名出境旅游领队全面接入市旅游局电子政务平台，覆盖率为100%；50家A级景区已经接入智慧旅游公共数据平台信息采集接口，覆盖率为100%，实现政务服务的全流程电子化。

依托广州旅游政务网，广州市旅游部门积极改造旅游业务管理应用系统，2016年已建成旅游接待数据统计系统、旅行社业务管理系统、酒店业务管理系统、导游人员IC卡管理系统等多个业务管理系统，行业管理数据体系逐步形成。

广州旅游微信订阅号“爱游广州”成功上线，与“广州旅游”微信服务号共拥有粉丝14万。此外，还有300台广州旅游电子触摸屏覆盖了广州地区主要商业区、景区景点、车站、码头、机场、火车站等游客密集处，为游客提供全方位的自助导游导航导览服务。

2016—2018年，南沙区安全靠泊运营国际邮轮320艘次，接待进出港旅客达121万人次，邮轮旅客吞吐量均居全国第三位。

（九）文旅融合发展持续快速推进

2018年底，广州市文化广电旅游局成立，开启文旅融合发展的新篇章。为提升文化事业的可游览性，强化旅游景区的文化特色，广州市加大文旅融合平台的建设，举办文旅融合论坛、推广“夜游经济”等系列活动，景区的互动性、体验性、沉浸性逐步增强，极大地丰富了广州旅游景区的内涵，为广州旅游业长足发展奠定基础。

2019年，广州市文化广电旅游局印发《广州市文化旅游服务质量提升“1+9”计划的通知》，号召全行业加强旅游基础设施建设，提升文化旅游服务品质，加快文化旅游行业高质量发展。

（十）旅游人才和智库建设提速

加强与高校的联动，创新人才培育模式，建设一批旅游培训基地，促进旅游企业和高校的良性互动。积极组织评选金牌导游和举办“金话筒”讲解员大赛，为广州旅游从业人员提供更多晋升平台。

为擦亮“食在广州”金字招牌，广州市推出“粤菜师傅培训室”、粤菜师傅工程“百厨百店”培养计划等，为广州文化和旅游融合发展提供更多人才支撑，丰富旅游综合服务能力。

推进落实《广州市人民政府关于进一步加快旅游业发展的意见》和《广州市国家旅游综合改革试点实施方案（2015—2020年）》，聘请12名旅游界知名专家学者，作为首批广州旅游智库成员，为广州旅游业发展提供智力支持。

（参编人员：李鹏　陈庆华）

第十章

国有经济发展

新中国成立70年来，广州经济社会发展取得辉煌成就。作为国民经济发展的顶梁柱，国有经济发展实现历史性跨越。70年来，广州始终以强烈的历史担当精神，在国有经济的建设发展和改革创新中，开创了诸多可资全国借鉴的先行经验；同时，改革创新推动高质量发展，广州国有经济的竞争力、创新力、控制力、影响力和抗风险能力日益增强，做强做优做大成效显著，为推动经济社会发展作出重要贡献。

一、广州国有经济发展70年历程

新中国成立以来，广州国有经济从无到有，由基础薄弱到初步奠定广州产业体系基础，再到在广州国民经济中占据主导地位。改革开放以来，广州成为我国经济发展最为迅速、经济最为发达的重要中心城市之一，广州国有企业也在市场环境中磨炼壮大、改革创新。国有经济乘着改革开放的春风，踏上快速发展之路。特别是党的十八大以来，广州全面深化国资国企改革，国有经济高质量发展并走在全国前列。

（一）1949—1978年：初步奠定产业体系基础

地处珠江三角洲和南部沿海的广州，自古以来就是我国重要的商埠中心。至新中国成立时，广州仍是典型的商业城市，工业基础薄弱。1949年10月后，在建设成为“工业生产城市”方针指引下，广州国有经济重点发展工业，新建和扩建一批钢铁冶炼、造纸、纺织、化工、制糖等重点骨干企业，逐渐形成门类比较齐全、有一定配套能力的工业生产体系，初步奠定广州产业体系的基础。

1. 逐步确立国有经济主导地位

新中国成立初期，广州市按照政策没收和接管官僚资本、外国资本企业，并改造为全民所有制性质的国营企业，逐步确立社会主义公有制主体地位。1950—1952年，广州经过3年艰苦奋斗，完成国民经济恢复任务。其间，国有经济发展较快，国营工业总产值从2352.6万元增长至6485.2万元，增长175.7%；国营工业占全市工业总产值比重从9.62%增长至15.7%[①]。1953—1957年，我国进入国民经济第一个五年计划建设时期，开始有计划地进行社会主义建设，广州的发展方向由商业城市向工业城市转变，其目标是要建设成为华南地区的工业基地[②]。“一五”计划期间，经过社会主义改造，广州迅速建立起公有制为主体的社会主义经济。同时，广州工业发展较为迅速，初步奠定社会主义工业基础，特别是新（扩）建了一批较大型的国营工业企业，如新建广州钢铁厂、广州金属结构厂、广州造船厂、广州水泥厂、广州缝纫机厂、广州农药厂、广州绢麻纺织厂、广州第二棉纺厂、广州罐头厂、华侨糖厂等；扩（改）建公共汽车公司、广州造纸厂、自来水厂、西村电厂等。同时，不断提高国营企业的管理水平，推行规范化管理，充分释放生产潜力，国有经济在广州经济的主导地位逐步确立。

2. 初步形成国有经济产业布局

1958年后，我国进入“社会主义建设”探索时期。由于受急于求成的“左”的错误思想影响，经济效益大幅下滑，经济结构严重失衡。1960年9月，中共中央提出对国民经济实行“调整、巩固、充实、提高”的八字方针。广州重新调整工业布局，关闭和改造一大批低效低质的企业，加快扭转困难局面的步伐。尽管困难重重、几经挫折，但这段时期，在建立比较完整的国有工业体系方面，广州仍在向前迈进，并初步形成广州工业布局的基本轮廓，国有工业产业已初具规模。其间，在“以钢为纲，全面跃进”的口号下，位于广州白鹤洞钢铁工业区中的广州钢铁厂成为华南第一家钢铁联合企业。1958年7月1日，广州钢铁厂1号高炉建成投产，结束了广东地区无新法冶炼钢铁的历史。1959年，广州油脂化工厂（广州浪奇前身）在成立当年成功推出第一个产品——硬化油，结束了中南地区不能生产硬化油的历史。此外，这段时期形成的国有经济产业还有位于广州员村附近的纺织工业区等。

3. 国有经济在“文化大革命”艰难发展

“文化大革命”期间，国民经济秩序遭到破坏，经济活动主体的积极性受到抑制，不少工厂处于停产、半停产状态，广州经济受到严重打击，国有经济发展放缓。尽管如

① 吴智文，丘传英．广州现代经济史[M].广州：广东人民出版社，2001:53-54.

② 参考中共中央华南分局第一次党代会：《国家五年计划经济建设中华南党的任务》。

此，这期间先后兴建的广州汽车制造厂、广州拖拉机厂、广州第三棉纺厂等骨干大中型企业，为后来广州国民经济的恢复和工业发展发挥了重要作用。

（二）1978—2012年：以经济建设为中心，实现新生

1978年12月，以党的十一届三中全会胜利召开为标志，我国开启改革开放的伟大征程。随着全国政治经济形势的根本好转，广州在中央和广东省的正确领导下，以思想大解放引领大改革大开放，以“敢为天下先”和“杀出一条血路”的先行先试精神，在全国率先展开波澜壮阔的改革开放实践，成为勇于实践、超前试验、抢喝“头啖汤”的领跑者。广州国有企业改革成为广州改革开放实践的重要篇章，广州国有经济也在以市场化为导向的改革中实现新生。

1. 扩大国有企业自主权

广州在市属国营企业中试行恢复奖励、计件工资和企业基金制度，调动企业和广大职工的生产积极性。同时，在国有工交、财贸、基建、物资企业中，实行扩大企业自主权试点，并推广各种形式的经济责任制，包括：企业利润留成，“利改税”[①]，行业利润包干，承包经营责任制，定额亏损补贴等。财政统收统支、“吃大锅饭”的状况开始改变，企业和广大职工的积极性进一步调动。1979年8月，广州绢麻纺织厂等10家企业被选为扩大企业自主权的试点单位。1980年，广州再次选择包括广州自行车工业公司在内的79家企业作为第二批试点单位。同年，广州绢麻纺织厂等3家企业开展“独立核算、以税代利、自负盈亏”的试点[②]。到1983年，绝大部分国营工业企业实行各种形式的经济责任制。1983年和1984年，先后实施第一步和第二步利改税方案[③]。“放权让利”使国有企业生产效益得到有效提升，原来的亏损大户广州钢铁厂两年后变为盈利大户。1984年10月，党的十二届三中全会通过《关于经济体制改革的决定》，标志着经济体制改革的重点从农村转移到城市，国企改革成为经济体制改革的重要环节。广州被列为全国沿海开放城市、计划单列市和经济体制综合改革试点城市。充分利用中央赋予“在改革开放中先行一步”的政策优势，按“大的方面管好，小的方面放活”的原则，以搞活企业为中心，继续沿着“让利放权”的思路，推进简政放权、企业扩权留利，深

① “以税代利、独立核算、自负盈亏”简称“利改税”。

② 徐咏虹，曾伟玉．转型与跨越——广州改革开放四十年（上）[M]．广州：广州出版社，2018:2．

③ 王晓玲．广州解放60年[M]. 北京：红旗出版社，2009:8．

化企业经营体制和领导体制等内部改革，积极探索所有权与经营权分离，推动企业成为相对独立的经济实体和商品生产经营者，逐渐搞活国有企业。广州市政府先后印发《关于国有工业企业放宽财政税收政策，扩大资金使用自主权的通知》《关于工交企业经济体制管理改革，扩大生产经营自主权若干问题的暂行规定》《关于扩大企业劳动人员管理、机构设置权限的通知》等文件，落实计划编制、原材料采购、产品销售、机构设置、中层干部任免等重要经营管理权限下放到企业。调查显示，20 世纪 90 年代初，按有关规定，全市工业企业自主权平均享有水平达 70%①。

2. 建立现代企业制度

早在 1984 年，广州便开始企业股份制改革的探索和实践。1992 年春，邓小平发表南方谈话。广州掀起改革开放和经济建设的新一轮高潮。1993 年 11 月，党的十四届三中全会通过《关于加快建立社会主义市场经济体制若干问题的决定》。广州按照建立社会主义市场经济体制综合配套改革试点城市的要求，以深化国有企业改革、加快建立现代企业制度为中心环节，加快发展国有经济，保障全市经济持续快速发展，制订实施《广州市工业企业转换经营机制，建立现代企业制度综合治理方案》《广州市改组转制企业职工安置管理暂行办法》等，采取分类推进、逐步推广的方法，实行一厂一策，推进企业“解困转制”，开展现代企业制度试点和股份制改革。1993 年起，首批完成股份制改造的广州国有企业成功登陆资本市场。上市的国有企业包括：1992 年，全国第一批成立的综合性房地产开发企业越秀地产登陆香港 H 股；1993 年，珠江实业在上海证券交易所主板挂牌上市，广州浪奇、白云山、东方宾馆等在深圳证券交易所主板挂牌上市；1996 年，广州钢铁股份有限公司成功上市，是全国 58 家地方钢铁骨干企业中第一家上市公司。股份制改造，特别是一批国有企业成功上市，不仅有效助力国企建立“产权清晰、权责明确、政企分开、管理科学”的现代企业制度，而且在全国国有企业改革中，开创利用资本市场先河。

3. 调整国有经济布局结构

1997 年起，广州市加快对国有经济进行战略性调整和重组，抓大放小、扶优扶强，实施大集团战略，提出“5·8·10”工程规划：即到 2005 年，年销售额 100 亿元、50 亿元、30 亿元的企业分别要达 5 个、8 个、10 个②。是年，广州市组建成立广州汽车集

① 黄崧华 . 广州改革开放十年 [M] . 海口：海南人民出版社，1988:24.

② 吴智文、丘传英 . 广州现代经济史 [M]. 广州：广东人民出版社，2001:363-364 .

团，将原来分散在工业、交通、城建等系统的骏威汽车集团、羊城汽车集团、广州客车厂等汽车企业纳入集团，围绕专业化运营，逐步形成轿车、轻型车、大客车和汽车配件四大专业公司。1998年底，广钢、广船、珠啤等一批国有大集团进入全国512家重点扶持的大企业行列[①]，全市确定的58个大企业集团已成为代表广州市参与市场竞争的“集团军”。2000年，广州市决定两年内从财政拨出10亿元作为关闭、破产、转制企业的安置费用，加速国企战略重组步伐。到21世纪初，广州国有大中型企业三年改革和脱困目标基本实现，产权制度改革取得阶段性成效，一批大型国有企业实现资产重组，国有经济逐渐向重要行业、关键领域和优势企业集聚，企业竞争力进一步增强。

4. 健全新型国资监管体制

为贯彻落实中央对进一步深化国有资产管理体制改革的重要精神，2005年2月，广州市成立国资监管专职机构——广州市人民政府国有资产监督管理委员会（以下简称“市国资委”），以深化监管体制改革带动国企改革，构建起走在全国前列的较为市场化的国资监管体制。新的国有资产监督管理组织架构正式建立，实现出资人职能的一体化和集中化，改变原有体制下国企多头管理、无人负责的状况，较为顺畅地实现所有权与经营权分离，国企监管中的“九龙治水”难题逐步破解，从组织上实现“政资分开”，体制上实现“政企分开”。新的国有资产管理体制的建立完善，是国企改革进程中非常关键的一步，随着广州市区两级国资监管机构的成立，国资国企改革进入全面铺开阶段，并不断朝着更高层次迈进。

（三）党的十八大以来，高质量发展走在全国前列

党的十八大开启中国特色社会主义新时代，也正式揭开新一轮国企改革的序幕，广州市全面贯彻落实中央关于全面深化改革的战略部署，此阶段是广州国有经济发展的关键时期。广州国企改革从加强个案推动向更加注重全局谋划转变，国资监管工作也从加强基础管理向更加注重改革创新发展转变。国资国企改革向纵深全面推进，市属国资国企的改革动能和发展后劲进一步释放，广州国有经济高质量发展走在全国前列。

1. 形成广州“大国资”监管新格局

此前，市国资委先后于2005年和2010年分两批接收48家市属国企，按照市政府授权统一履行出资人监管职责，但仍有一部分国有企业由政府其他部门管理，各管理部门

① 广州年鉴编辑委员会．广州年鉴[M]．广州：广州年鉴社，1998:64．

对国企管理的制度、方式方法、执行力度等存在明显差异，国企多头监管、政出多门、“小散乱弱”的状况牵制了国有经济的发展。为解决分散、多头管理形成的弊端，2013年9月，广州将原来分散由20多个部门管理的一般竞争领域和金融、文化及其他领域的130家市属国企全部纳入市国资委统一监管，形成统一出资、规范管理、协同发展的“大国资”监管新格局，在全国率先完成全覆盖的经营性国有资产统一监管。

2. 完善“1+N”国资国企改革政策体系

党的十八大以来，围绕增强国企市场主体地位、激活发展活力的改革目标，并进一步突出市场化导向，广州市委市政府先后多次出台国资国企综合改革文件和一系列配套政策，推动国资国企体制机制持续深化改革，构建适应市场经济要求的“新国资”“新国企”。2015年5月，被主流媒体誉为“最市场化改革文件”——《关于进一步推动国有企业改革与发展的意见》出台。随后，广州市委市政府陆续出台混改实施意见、投资管理办法、分类监管、创新驱动发展、业绩考核、薪酬分配、土地资产处置、物业出租、资本运营公司组建、出清重组“僵尸企业”、企业改制流程指引、完善法人治理结构、依法治企等20余项配套文件，基本形成广州版国资国企改革“1+N”政策体系。

为贯彻落实党的十九大精神，2018年6月，广州市出台《关于促进国资国企改革创新发展的实施意见》，成为新的三年改革纲领性文件，“1+N”政策体系进一步完善。

3. 推进以“管资本”为主的职能转变

党的十八大以来，国资国企改革正式进入“以管资本为主”的新时代。广州加快推动从管企业为主向管资本为主转变，准确把握依法履行出资人职责的定位，科学界定国有资本所有权和经营权边界，制订并优化国资监管清单。2015年，市国资委公布监管权责清单，将市国资委对监管企业的审批（核）事项减少至18项，这是地方国资委审批事项最少的清单之一。此后，制订以管资本为主改革国有资本授权经营体制的实施方案，修订完善国资监管权责清单2.0版。同年，广州组建成立首个国有资本运营公司——广州国资发展控股有限公司。2018年，无线电集团改组为广州市首家国有资本投资公司试点企业，形成国有资本投资公司、运营公司相互支撑、协同运作的资本运作格局，有力促进国有资本在流动中优化布局和保值增值。

4. 打造公众公司深化混合所有制改革

20世纪90年代初，广州已打造一批上市市属国企，成功开创利用资本市场先河。党的十八大以来，广州加快推动国企登陆资本市场步伐，以上市为主要形式发展混合所有制经济。截至2019年9月底，市属国有企业控股上市企业28家（A+H股），上市公司资产总额占竞争性企业的比重近七成。其中，2017年推动广州港股份、广州农商银行、广州酒家、广哈通信等4家企业IPO，募集资金86亿元，创10年来新高；累计挂牌“新三板”企业19家；支持已上市企业开展资本运作，进行“二次混改”。2015—2018年，共完成广汽、白云山、越秀金控等10家上市公司的共计13次“二次混改”，涉及资金600多亿元。支持广汽、无线电、珠江钢琴、广州酒家等上市国企实施管理层和技术骨干持股，并优先支持人力资本和技术要素贡献占比较高的高新技术企业、科技服务型企业及转制科研院所开展员工持股试点。此外，积极引入民资、外资，鼓励国资入股民企，推进双向混改。截至2019年9月底，广州市国资委约1/3直接监管企业实现混改，集团层面混改率属全国同类城市最高；二级及以下混合所有制企业达六成，混合所有制企业成为国有经济发展的主力军。

二、广州国有经济发展70年的显著成就

（一）国有经济质量效益持续提升

1. 国有资本不断做强做优做大

70年来，广州国有经济持续较快发展，除了受“大跃进”“文化大革命”影响，国有经济遭遇挫折、出现短暂徘徊外，其他年份都保持较好增长态势。特别是2005年市国资委成立以来，市属国有企业改革发展取得显著成效。2018年，市属国企实现营业收入7478.7亿元，是2005年的4.3倍；实现利润648.6亿元，是2005年的6.8倍。2005—2018年，市属国企年均国有资产保值增值率达115.9%，其中，2018年国有资产保值增值率达118%。截至2019年9月底，广州市（含区属）国有资产总额达3.96万亿元，是2005年底的7.9倍；净资产突破1万亿元，达1.07万亿元，是2005年底的7.4倍。国有资产规模列京、津、沪、渝直辖市之后，居副省级城市第一位。

2. 国企实力和影响力显著增强

经过70年的发展，广州成功培育一批大型龙头、骨干市属国企。截至2018年底，资产百亿级、千亿级市属国企分别达28家、7家，营收百亿级、千亿级企业分别达19家、1家。2019年，入围世界500强、中国500强、中国制造业500强、中国服务业500强的企业分别达1家、9家、5家、13家。其中，广汽集团2019年连续7年入围世界500强（位居第189位），广汽传祺连续7年获得J.D.Power新车质量报告（IQS）中国品牌第一位，创造中国品牌历史最好成绩。珠江钢琴产销量连续19年

居全球首位，蝉联“中国乐器行业十强企业”第一位，获全国首批“制造业单项冠军示范企业”荣誉。广药集团连续8年荣登全国制药工业百强榜第一位，是全国最大的制药企业集团。无线电集团连续32次跻身中国电子信息百强企业榜单，连续10多年位居中国ATM市场销售占有率第一。海格通信作为国内第一家军工业务整体IPO的企业，军用通信导航设备国内综合排名第一位。越秀集团是内地资产规模最大的地方驻港企业。此外，广州市国资系统享有王老吉、陈李济、潘高寿、浪奇等中国驰名商标31个，广州酒家、皇上皇、陶陶居、致美斋等“中华老字号”32个，白云山、珠江（钢琴）、广州日报等3个“中国500最具价值品牌”，省著名商标67个、省名牌产品83个和市著名商标85个。

（二）国有企业服务支撑保障功能有效彰显

1. 国家重大战略和决策部署深入实施

70年来，广州在国家重大战略中的重要性日益凸显，城市地位不断提升。市属国企作为贯彻落实中央和省市重大决策部署的得力抓手，保障并推动国家和城市发展重大战略的具体落地、深入实施。新中国成立后，广州先后兴建一批国有工业企业，为广州建设成为华南工业基地奠定重要基础。改革开放以来，特别是党的十八大以来，广州国企在推动落实“走出去”“一带一路”倡议实施等重大国家决策上，发挥着不可替代的作用。例如，广州港集装箱吞吐量由1980年的7317标准箱发展到2018年的2192万标准箱，增长近3000倍。截至2018年底，广州港开通集装箱航线209条，其中外贸班轮航线103条。近年来，为发挥好广州作为粤港澳大湾区核心引擎的作用，广州市国资委结合实际提出“1+3+N”行动体系，引导和鼓励市属国企积极参与大湾区建设，充分发挥国资国企的示范带动效应。在全面贯彻中央打赢脱贫攻坚战决策部署上，截至2018年底，市属国企共投入扶贫资金7.9亿元，结对帮扶300多个贫困村；重点承担3个省区（广东、贵州、新疆）5个市州地区（梅州、清远、毕节、黔南、喀什）产业帮扶及181个贫困村（梅州、清远71个，毕节、黔南110个）精准扶贫任务，派出扶贫干部近百人，并积极参与乡村振兴工作。一大批企业和个人获得省、市表彰，涌现了郭建南等一批优秀的驻村干部。其中，在广东省对2016—2018年的扶贫开发考核中，市国资系统的8个驻村工作队、4家企业被评为“广东省脱贫攻坚工作突出贡献集体”，22名驻村干部和1名扶贫干部共计23人被评为“广东省脱贫攻坚工作突出贡献个人”。

2. 城市公共服务供给能力和质量齐升

新中国成立初期的广州，“电灯不明，马路不平，自来水不清”，交通状况落后，城市满目疮痍。国企积极承担城市基础设施投资建设和运营管理，不断提升公共服务供给能力和质量。广州首条公交线路1路车于1952年开通。截至2018年底，广州公交集团拥有公交车辆13655辆，公交线路1246条，助力广州通过国家公交都市验收。自1998年广州地铁一号线开通以来，经过20余年的建设，截至2019年9月，广州地铁运营里程达478公里，覆盖全市11个区，实现区区通地铁，运营里程稳居全国前三位、世界前十位，成为全国第三个高峰日地铁客流破千万人次的城市，地铁运能利用度全球第一位。2018年，广州地铁线网日均客运量达829万人次，全年安全运送乘客30.25亿人次。地铁和公交承担全市约85%公共交通客运量。此外，市属国企承担了广州全市100%的生活垃圾处理、污水处理和自来水供应，并在高快速路、城际铁路等投资建设、运营管理及“菜篮子”供应、粮油储备等方面支撑广州作为重要中心城市的有效运转。

（三）国有经济布局结构日趋优化

1. 广州特色产业板块优势凸显

围绕广州建设国家中心城市战略定位，结合原有的国有经济产业基础，广州持续优化国有经济战略布局与结构调整，打造基础设施和公共服务业、先进制造业、现代服务业、战略性新兴产业、优势传统产业等具有广州特色的五大产业板块。截至2019年9月底，基础设施和公共服务业板块净资产超3800亿元（占比超40%），先进制造业和现代服务业板块实现营收、利润总额占市属国企的比重分别超88%、80%，并形成汽车、金融、装备制造、电子信息、生物医药与大健康等五大核心产业集群。同时，按照资源向关键产业、优势企业和优秀企业家团队“三集中”的原则，2005年以来，先后在汽车、装备制造、医药等领域实施20多批次资源重组整合，推动国有资本集中度持续提高。截至2019年9月底，资产规模前五位的企业占市属国企资产总额提升至80.5%；当年1—9月累计营收规模前五位的企业收入贡献提升至64.6%，利润规模前五位的企业利润贡献提升至74.8%。

2. 国企“走出去”步伐明显加快

紧随国家“走出去”决策加速实施，着眼于充分利用发展资源和开拓市场，市属国企积极探索“走出去”途径，在海外建立生产基地、销售公司等，逐渐加大与海外资源的合力发展，通过海外资本运作实现市属企业全球范围常态化布局。以广汽、越秀、广药、无线电、智能装备等企业为代表，市属国企投资已遍布全国 30 多个省区市。2014 年，越秀集团收购在香港上市的创兴银行 75% 的股权，成为香港近 27 年来首家非银行金融机构收购香港本地银行、国内首宗由地方国企层面完成的境外银行并购以及改革开放以来广州市的最大境外并购。广汽集团海外研发中心落地硅谷、底特律、洛杉矶等。广汽传祺销售网络覆盖 16 个国家。珠江钢琴集团在收购德国高端钢琴制造企业舒密尔的基础上，不断扩大服务区域，建立境外销售服务网点 230 个，全球市场占有率达 28.3% 以上。王老吉凉茶销售遍布五大洲 60 多个国家和地区。

（四）国有企业创新能力不断增强

1. 创新成果硕果累累

70 年的发展历程中，广州市属国企的一系列产品和发展模式在全国、全省开创先河。广钢集团拥有全国第一个棒材连续轧钢工厂、全国第一个薄板坯连铸连轧工厂和华南第一家生产汽车用热镀锌板工厂。万力集团生产出国内第一双胶鞋、第一只避孕套、第一条出口的自行车胎、第一个探空气球，试制出国内第一个 W 级轮胎、第一个超大胎圈规格轮胎、第一个超低宽断面规格轮胎、第一个缺气保用轮胎。广汽集团在国内率先导入“四位一体”特约销售服务模式，率先向合资企业导入车型技术。珠啤股份生产出中国第一瓶纯生啤酒和白啤酒。珠江钢琴开创国内企业收购欧洲最大钢琴制造商的先例。广药集团率先在全国自建销售网络、实行产品“五包”，成立全行业首家研究所，实行全国第一家医药商业公司总代理、总经销制。无线电集团在广州率先开展“混合所有制”改革、实施经营层及骨干员工持股，旗下广电运通成为全球三大掌握全套现金循环处理技术企业中唯一的中国企业。广日牌系列电梯、扶梯产品荣膺“中国电梯十大影响力品牌”。广哈通信是国防、电力领域指挥调度通信产品的主要供应商之一。截至 2018 年底，市属国企荣获各级科技奖励 2800 多项，累计专利申请量 1.6 万件，获专利授权超 10000 项。10 多家企业成为行业标准制定者，累计主编或参编国家、行业标准 600 多项，广汽集团、无线电集团等企业成为行业创新标杆。

2. 创新机制不断健全

广州国资国企始终坚持以创新作为发展的第一动力，着力完善政策体系，增强资金支持，强化人才保障，健全考核激励机制，实现创新发展水平不断提升。党的十八大以来，在全国地方国企中首创“政策＋联盟＋基金”的创新发展模式，推动企业自主创新，提升国企核心竞争力。2017年以来，市属国企研发总投入年均超百亿元，其中，2018年投入超120亿元，14家市属国企投入达“亿元级”，创历史新高。截至2019年9月底，营业收入5亿元规模以上工业企业实现研发机构全覆盖，市属国企建设技术中心、工程中心等研发机构462个。高新技术产品产值占工业总产值的比重提升至55.5%。培育高新技术企业121家，设立博士后工作站22个，创新型及创新型试点企业85家，各类科技人员3.9万人。

（五）国有企业党的建设全面加强

1. 党建工作责任逐级压实

在深化改革过程中始终坚持党的领导不动摇，传承国企党建优良传统，结合实际积极探索创新，将党建工作与经营工作同步谋划、深度融合。市国资委在全省国资监管机构中率先专门设立企业党建处，有效统筹监管企业3500多个基层党组织、7.3万名党员的党建工作。推动企业党建进章程、党委书记董事长一肩挑、党员总经理兼任党委副书记100%落实，专职党委副书记配备率近90%。明确将党建纳入企业负责人年度经营业绩重要考核指标，连续多年开展监管企业党委书记抓基层党建述职评议考核。要求企业党务部门编制全部达到或超过同级部门平均水平、专职党务干部全部按照不少于在岗职工总数1%配备、党组织工作经费全部按照不低于职工工资总额1%保障，推动企业共计配备党务干部7564人（其中专职1307人、占党员总数1.8%），国企系统党建工作经费逐年增加（2017年为2564万元、2018年为5646万元、2019年为6587万元）。推动17家一级企业成立党校（超过监管企业半数），479家企业建设党员活动阵地达1315个。基层党建基础保障明显加强。

2. 国企党建品牌特色明显

截至2018年底，市国资委监管企业全部建立党委。打造了广药、广州地铁、越秀集团等一批全国和省市党建工作先进单位，探索出“六型”（标兵型、学习型、创新型、服务型、规范型、共建型）基层党组织、混合所有制企业党建，异地企业党建双重管理等党建工作新模式。广药集团的广州白云山和记黄埔中药有限公司党委荣获“全国先进基层党组织”称号。广州地铁集团党委、越秀集团党委被评为“广东省先进基层党组织”。广药集团“123”大党建模式和广州地铁“红色羊角”一体化大党建分别获评第一、第二届广州党建十大品牌。110个党支部获评广州市“星级党支部”，占全市的11%。

三、广州国有经济发展 70 年的经验启示

（一）坚持党对国有企业的领导是国有经济发展的根本前提

坚持党的领导、加强党的建设，是国有企业的“根”和“魂”，是国有企业的独特优势。广州国资国企始终准确领会党中央关于坚持中国特色社会主义基本经济制度的基本原则和要求，贯彻落实党中央关于国有企业改革发展的有关精神，坚持党对国有企业的领导，不断发展壮大国有经济，做强做优做大国有资本。改革开放以来，在市场化的竞争环境下，坚持党的领导，加强党的建设，始终保持政治定力和清醒头脑，牢牢把握国有企业改革的正确方向，在改革开放前沿阵地，积极投身市场经济大潮中，通过体制机制改革创新，激发企业的活力、动力和潜力。

（二）坚持市场化改革方向是国有经济发展的必然要求

广州地处我国改革开放的最前沿，一直是市场化程度最高的地区之一。广州国有经济的行业分布，大多处于完全竞争性的领域。广州坚持遵循市场规律办企业和谋发展，坚决将国资国企推向市场，以市场化的思维谋划国资监管与运营，以市场化的管理理念培育企业的主体意识，以市场化的标准衡量和评价改革成效。具体而言，广州积极推动市属企业实现股权多元化和混合所有制改革，推动已经实现上市的企业“二次混改”，借此推进和完善现代企业法人治理结构，明确企业所有者、决策者、管理者定位。推行国有企业市场化选人用人机制，不断增加经理层市场化选聘和职业经理人选聘比例，推进普通员工完全市场化招聘。同时，国资监管机构持续强化自身改革，推进国资委职能转变和机构调整，明确以权责清单为主要手段的授权管理方法，重点管好国有资本布局、规范资本运作、提高资本回报、维护资本安全，推动广州国有经济的高质量发展走在全国前列。

（三）坚持创新驱动是国有经济发展的核心动力

创新是引领发展的第一动力，是提高社会生产力和综合国力的战略支撑。国有企业更应着力增强创新驱动发展新动力，加快形成经济发展新方式，推动经济社会科学发展、率先发展。广州国资国企始终将实施创新驱动发展战略放在工作首位，以现代产业体系创新为核心，同时倡导技术创新、金融创新、商业模式创新、管理创新和体制机制创新五位一体的全面创新。一方面，聚焦新一代信息技术、生物医药、智能装备、新能源汽车等领域，推动形成以创新为引领和支撑的现代产业体系。另一方面，构建科学的

创新容错机制，营造激励创新的公平竞争环境，增强企业的主体创新动力。广州组建国资国企创新战略联盟，首创性地通过“政策＋联盟＋基金”模式，统筹协调推进市属国企协同创新，通过集聚创新资源，推动国有资本向自主创新核心产业集聚。一大批创新能力强、科技含量高、市场空间大、发展后劲足的市属国企，构成广州产业升级和创新发展的主力军，成为代表广州企业含金量的靓丽名片。

（四）坚持完善国资监管体制是国有经济发展的重要保障

实践证明，建立新型国资监管机制，出资人代表可以在优化布局、结构调整、提升企业竞争力的过程中，发挥统筹全局、科学谋划、战略引领的作用，使广州国资国企得以整体发展和持续发展。在坚持发挥国资“一盘棋”优势的同时，不断推进和完善“大国资”监管运营体系。2013年，广州实现全市经营性国有资产统一监管。优化顶层设计，统筹实施兼并重组、关停并转，完善国资产业布局，加快构建门类齐全、相互融合、多业态发展现代产业新体系，提升国资整体服务城市战略发展能力。市国资委直接监管的企业数量，从2005年成立之初的27家，扩大到实施统一监管前的36家、统一监管后的65家，再经一系列优化整合到2019年底的27家，“十三五”期末将整合到20家左右，企业整体实力和发展水平大幅提升。同时，市国资委在夯实管理的基础上，不断规范和完善监督管理，力推分类监管、精准监管、综合监管和阳光监管，多措并举、综合施策，形成纪检监察、国企巡察、产权管理、评估管理、预算管理、投资管理、法律监督等多个监督主体相互协作的综合监督格局，全方位一体化综合监督格局逐步强化，有效促进国有资产保值增值。

参考文献：

1. 黄崧华．广州改革开放十年[M]. 海口：海南人民出版社，1988.
2. 广州年鉴编辑委员会．广州年鉴[M]. 广州：广州年鉴社，1998.
3. 吴智文，丘传英．广州现代经济史[M]. 广州：广东人民出版社，2001.
4. 王晓玲．广州解放60年[M]. 北京：红旗出版社，2009.
5. 徐咏虹，曾伟玉．转型与跨越——广州改革开放四十年[M]. 广州：广州出版社，2018.
6. 中共中央华南分局第一次党代会．国家五年计划经济建设中华南党的任务．

（参编人员：陈江正　童迪　肖芳）

第十一章

民营经济发展

新中国成立以来，广州民营经济的发展，经历了从有到无，又从无到有、从有到优的发展历程，成为推动广州建设的重要力量，为广州经济社会发展作出不可磨灭的贡献。

一、1949—1978年：广州民营经济的曲折发展

早在新民主主义革命时期，以毛泽东为代表的中国共产党人就鲜明地提出要发展多种经济成分。1945年4月，毛泽东在中国共产党第七次全国代表大会上所作的政治报告《论联合政府》中，关于新民主主义经济的论述，首次提出"民营经济"这个概念。新中国成立初期，广州的民营经济一度参与到恢复和稳定刚经历战争创伤的经济建设中，成为迅速恢复国民经济的重要力量。随着政策发生转变，广州的个体户和私营工商业等私营经济[①]业态一度消失。

近代以后，广州就是民营经济较活跃的地区。广州解放后，国有经济（接收官僚资本转为国家所有）只占整个国民经济的10%左右，其余90%都是私有制经济。广州在新中国成立前遗留下来的小商小贩41515家，私营企业24955家，偷税、漏税、囤积居奇、投机倒把等行为经常发生，生产、经营的无监管状态非常突出，加强市场管理是一个特别繁重迫切的任务。新中国成立后，广州市成立工商监管部门，对全市工商业进行登记，掌握工商业的情况，并成立市场管理处，防控投机倒把和违法行为。同时，成立工商业联合会及按行业性质成立同业公会，协助政府进行市场管理，加强了企业和政府的沟通。广州的一些个体手工业和资本主义工商业仍允许存在，并组织

① 本章所述的"民营经济"和"私营经济"概念趋同。

他们走合作化道路。

1950—1952年，广州市全面开展个体商贩登记工作，根据不同情况进行清理整顿。1953年，我国开始对农业、手工业和资本主义工商业实行社会主义改造。1956年1月，广州市组织召开全市批准私营工商业全部公私合营大会，共有6万多人参加。全市私营工业138个自然行业的4000多家和商业、服务业、饮食业、交通运输业等132个自然行业的1.62万多家实行全行业公私合营。当年，广州非公经济社会主义改造基本完成，原有的私营经济不复存在，个体工商户也在“组织改造与清理整顿”中逐步消失。

二、1978—2012年：广州民营经济的新生和发展

党的十一届三中全会后，中央赋予广东特殊政策和灵活措施。广州坚持改革先走一步、走快一些，紧紧围绕社会主义市场经济、促进生产力发展这一根本目标，以改革促发展，大胆地想，大胆地改，大胆地干。在这样的政策背景下，广州民营经济发展被赋予“先行军”的历史使命。1992年，随着我国社会主义市场经济体制的确立，广州的民营经济进入快速健康发展阶段。

（一）重新界定产权，承认民营经济地位（1978—1990年）

整个20世纪80年代，广州成为国内个体经济最为活跃的地区。1979年8月，广州市规定：个体工商户所需的商品和原材料，属国家计划部分的纳入国家计划，价格与国营、集体一视同仁；对粮、油、煤等紧缺商品，也安排一定数量供应给个体工商户，扶持其发展。广州市委市政府从解决就业难题、解决人民群众生活困难入手，鼓励群众自谋职业、自主创业，同时消除地区封锁，让10万农民进城开业办店。采取简化发照手续、放宽对经营地点的限制、允许跨行业跨区域经营等举措，极大地调动了广大人民群众发展个体私营经济的积极性。

1980年，广州市率先发布《关于积极支持发展集体和个体经济的通知》，支持个体经济发展，这是全国第一个支持个体私营经济发展的地方政策法规文件。1980年，广州的个体工商户数量、从业人员和注册资金数量均居全国大城市第一位。

1982年1月，广州市根据《国务院关于城镇非农业个体经济若干政策规定》的精神，颁布《广州市城镇个体工商业管理试行办法》，为恢复和发展城乡个体工商业提供政策依据。该试行办法规定：在城镇凡是有户口的待业青年和无业人员，都

可以申请从事个体经营；退休职工如能带徒传艺的，允许其开业；停薪留职人员从事个体工商业，可以发给营业执照。不仅使个体经济在广州的大街小巷迅速活跃，更促进了个体经济行业结构的调整和经营水平向社会经济生活的多层次、多方位发展。

在政策支持下，广州的个体经济在全国恢复得最早最快。1985 年，广州个体工商户增加到 74215 家，比 1979 年增加 13.7 倍，年均增长速度达到 56.65%，远远高于同期全国年均递增 25% 的速度，从业人数、注册资金也比 1979 年分别增长 23.2 倍、271.2 倍。发端于 20 世纪 80 年代初期的广州所有制改革，不仅从宏观上改变所有制的整体结构，彻底颠覆“一大二公”的单一模式，促进了各种经济关系的调整，也促进了劳动者与生产资料的有机结合。

1986—1990 年，广州市个体经济进入相对平稳的快速增长阶段。这一时期，广州为个体私营经济创造了良好政策环境，主要体现在几个方面：

放开经营场地限定。1987 年，广州鼓励个体工商户向农村、城市边缘区、新工矿区、新居民区发展。加强金融政策支持。1984—1987 年，政府规定凡属计划外的商品，都可以随行就市、自行定价。加强税收优惠。1989 年，政府规定对新成立的私营企业在开办初期纳税有困难的，可给予一定时间的减免税照顾，自营出口产品获得退回的产品税、增值税，可不并入企业利润征所得税。一系列政策措施，进一步推动了全社会发展个体私营的积极性。据广州市税务部门统计，从 1980—1992 年，全市个体工商户、私营企业向国家上缴税金超 12 亿元。放宽经营范围限定。1989 年，广州提出，一个投资者可以办多家私营企业，除军工、金融业和国家禁止经营的行业、产品外，其他行业的项目均允许经营。

1990 年，广州的个体户达 95265 家，从业人员 151159 人，注册资金 41164 万元，全年实现总产值 4.7 亿元；私营企业增加到 2905 家，从业人员 38463 人，注册资金 4077 万元，全年实现总产值 3.93 亿元。这一时期，广州的个体私营经济主要集中在第三产业尤其是商业零售和餐饮服务业两大行业，约占全部个体私营经济总数的 80%。

（二）加大政策力度，促进民营经济上新台阶（1990—2000 年）

1992 年，邓小平发表南方谈话。广州市在政策措施上进一步加大支持力度，促进个体私营经济的大发展。广州民营经济发展进入黄金阶段。

1992年，广州市工商局放宽个体私营的经营范围和经营方式：凡允许街道、乡镇、“三资”企业生产经营的项目和品种，都允许个体工商户和私营企业生产经营；允许符合条件的外地待业人员直接来穗经商办厂；解决了个体大户、私营企业与外商合资、合作，承接“三来一补”业务，到海外考察及设立经营网点的审批权限问题，给个体私营经济的发展创造了良好的外部环境。

1993年、1995年、1998年和2000年，广州市委市政府先后召开四次全市个体私营经济工作会议。

1993年，广州市委市政府召开全市第一次个体私营经济工作会议，发布《关于加快个体、私营经济发展的决定》。这是全国较早支持个体私营经济发展的地方性政策文件，从14个方面对个体私营经济进一步放宽政策、放开经营，要求对个体私营经济“政治上放宽政策，资金上给予支持，技术上给予指导，合法的给予保护，高技术产品给予优惠”，以促进个体私营经济的发展。

1995年，广州市委市政府召开全市第二次个体私营经济工作会议。当年，广州市工商局积极采取措施，进一步放宽个体工商户和私营企业的经营范围和经营方式，为个体工商户和私营企业参与市场公平竞争创造条件。首次组织开展私营企业评价工作，评出50家综合实力较强的企业作为扶持发展的重点，并推荐10家企业参加全国500家大型私营企业评价，其中有8家企业入选。

1997年，党的十五大在确定“公有制为主体、多种所有制经济共同发展”为我国基本经济制度的同时，明确非公有制经济是中国社会主义市场经济的重要组成部分。1997年9月22日，广东省第八届人大常委会第三十一次会议审议通过《广州市私营企业权益保护条例》，于同年10月8日起正式施行。这是我国第一部专门保护私营企业合法权益的地方性法规，在国内引起较大反响。

1998年5月，广州市委市政府召开全市第三次个体私营经济工作会议，颁布《关于进一步促进个体、私营经济发展的补充规定》。至1998年底，个体私营经济从业人员在全市职工人数所占比重也由1990年的4.68%上升到当年的14.2%。

1999年，随着国有企业深化改革，广州市工商局积极实施“再就业工程”，帮助下岗职工再就业。一是放宽下岗职工申办股份合作制企业及私营企业在从业人员、经营范围、注册资金、经营方式方面的限制。二是采取设立咨询服务窗口、举办招聘洽谈会、支持街道利用闲置场地通过开办各类市场等形式安置下岗、失业人员。三是落实减免从事个体、私营企业经营的下岗人员工商管理费和市场管理费的政策，减轻下岗人员转营个体私营经济初期的负担。至1999年底，个体、私营企业等安置下岗职工4.5万人。

2000年8月，广州市委市政府召开全市第四次个体私营经济工作会议暨先进个体工商户、私营企业表彰大会。会议提出，发展个体私营经济要做到“三个一视同仁”（前置审批手续要一视同仁，资源配置要一视同仁，入户和出国出境要一视同仁）和“三个不限”（不限发展速度，不限经营规模，不限发展比例）。会议进一步增强了广大个体工商户和私营企业主搞好生产经营的信心，明确往后的发展方向；表彰了守法经营、乐于奉献、为广州两个文明建设作出积极贡献的先进个体工商户92家、私营企业54家。会后，广州市委市政府颁布《关于加强个体、私营经济工作的若干意见》，为促进全市个体私营经济快速健康发展提出指导性意见，为改善全市个体私营经济的投资环境进一步提供政策保障支持。

在一系列强有力政策措施的推动下，广州市个体私营经济快速成长起来。增长最快的是1994年，增长率达27.2%。从1996年开始，原有的一些个体工商户已发展壮大并转变为私营企业，广州的民营企业进入稳定发展期。1992—2002年，广州民营企业的发展路径形成了显著特色，具体如下：

分布区域趋于平衡，热点地区相继出现。1991—1993年，原本较为薄弱的县级市、城乡接合部的个体经济迅速发展起来。在1991年的新增个体工商户中，番禺、花都、增城、从化等4个县级市占49.6%。1993年的新增个体工商户中，白云、天河两区占32.6%。

投资的行业向第三产业倾斜，热点行业不断涌现。从事第三产业经营的个体工商户占个体工商户总数的90%以上。1992年，从事粮油产品经营的个体工商户增长最快，达1917家，比上年增长一倍多。1993年，发展速度最快的是交通运输业和广告业，分别为1992年的6.37倍、5.97倍。1994年，增幅最大的仍为交通运输业，增幅达3.99倍。

经营地域相对集中，逐步向专业化、集约化方向发展。原来只作为国有企业、集体企业拾遗补阙的个体工商户，改变了点小分散的状况，开始走上专业化道路。据1999年统计，广州市闻名全国的十大专业市场中，经营者有90%左右是个体工商户。其中，远近闻名的狮岭皮具市场聚集了3000多家经营店铺，90%以上是个体工商户；华林玉器街聚集了2000多家个体工商户。

与个体工商户相比，私营企业在10年间的发展更为迅猛，企业数量的年均增长率达 32.26%。1993 年更是增长达 71.1%。在《中华人民共和国公司法》和《公司登记管理条例》颁布施行后的 1994 年和 1995 年，私营企业数量分别增长 44.8%、51.3%，远远超过国民经济的增长速度，形成了鲜明的广州发展特色。

投资第二产业的比例逐步下降，第三产业的比重逐年上升，并占据主要地位。1991 年，投资制造业的私营企业占总数的 49.2%，1992 年下降为 45.8%。1993 年，从事商业经营的私营企业与 1991 年相比增长 92%，数量首次超过从事工业生产的私营企业。至 2000 年，从事第三产业的私营企业已达 41759 家，占私营企业总数的 85%。

企业制度趋于合理，整体实力不断增强。私营企业的户均注册资金逐年增加，2000 年私营企业户均注册资金达 91.3 万元，为 1990 年的 6.5 倍。注册资金超 1 亿元的大型私营企业从 1995 年开始出现，到 2000 年发展到 11 家。有限责任公司在私营企业中的比例从 1993 年开始逐年增加，到 2000 年已占私营企业所有组织形式的 83%。

投资领域不断扩大，热点行业不断涌现。私营企业的投资领域从传统行业不断向新兴行业发展。1992 年，从事房地产咨询服务、房地产开发的私营企业从无到有，当年新增 12 家；从事广告业的私营企业当年增长 3 倍多，发展到 36 家。1993 年，私营广告企业发展到 179 家，为上年的 3.97 倍。1994 年开始，私营企业的投资领域进一步扩大，一些私营企业开始涉足房地产开发业、金融业或投资开办市场。1996 年，从事第一产业的私营企业从原有的 48 家猛增到 159 家。到 2000 年，从事第一产业的私营企业已达 180 家。

外向型私营企业逐年增多，出口创汇额逐年增加。1991 年起，广州市与外商合资的私营企业逐年增加，1991 年为 5 家，1992 年增至 13 家，1993 年又增至 36 家。1993 年有近百家私营企业的产品进入国际市场，出口创汇额达 5000 万元。1994 年，私营企业出口创汇额达 1 亿元，并出现首个享有自营进出口权的企业。到 2000 年，出口创汇的私营企业 1000 多家，出口创汇额 7000 多万美元，享有自营进出口权的企业已有 6 家。

科技型私营企业大量出现，成为高新技术产业的生力军。1991 年开始，科技型的私营企业蓬勃发展，当年已有 163 家，经营者中有 67% 是科技人员，科研成果 300 多项，全年营业收入 9373 万元。1992 年，科技型私营企业增至 206 家，同比增长 27%，全年收入 1.97 亿元。至 2000 年，科技型私营企业超 2000 家，经认定的高新技术企业有 223 家，占高新技术企业总数的 80%。更有不少私营高新技术企业被列入国家级火炬计划、国家级星火计划、国家级环保计划、国家级科技开发计划。

（三）强化服务保障，优化民营经济发展环境（2000—2012年）

2002年11月，党的十六大提出“两个毫不动摇”，肯定了非公经济人士作为中国特色社会主义建设者的作用。2007年10月，党的十七大进一步提出各种经济享有平等物权、平等参与竞争，再次为广州的民营经济快速发展提供基本保障。

2001—2005年，广州市个体工商户和民营企业数量大增，规模不断壮大，实力不断增强，组织形式也越来越先进。从2001年开始，广州市工商局大力支持一些民营或混合所有制企业改组和上市，优先办理有关注册登记手续。2001年登记的跨地域、跨行业的大型民营企业广州富力地产股份有限公司，注册资本达5.5亿元。2002年，在登记工作中继续支持、鼓励具备条件的民营企业组建企业集团，登记了广州粤泰企业集团、广州豪进企业集团等多个新兴的民营企业集团。

2003年3月，广州市及区（县级市）15个民营企业投诉中心在广州市工商局及所属分局同时挂牌成立，这是广东省首次成立市级民营企业投诉中心。广州市辖区内的私营企业和个体工商户认为合法权益被公权力侵占和损害的，都可以向民营企业投诉中心投诉。当年，共接待上访38宗、132人次，接到投诉或咨询电话6487个，受理案件110宗，结案95宗，结案率达86.40%。

2003年，广州市工商局与广州市民营企业协会密切配合，先后举办以“发展、合作、创新”为主题的“百家民营企业与银行融资推介会”“外地民企看广州”和“中国（广州）民营企业名优产品博览会”等活动。15家银行与民营企业签订总金额27.8亿元人民币的信贷合同及合作协议，4家担保公司与民营企业签下1亿多元的信贷担保合同；15个省份的200多家知名民营企业参观考察广州的投资创业环境。广州立白、好迪、蓝月亮、迪森股份、恒大集团等500多家民营企业和全国各地100多家民营企业的名优产品参展，提高了广州市民营企业及其产品的知名度。

2003年，广州市工商局积极贯彻落实广东省委省政府《关于加快民营经济发展的决定》和广州市委市政府《关于促进个体私营经济上新水平的若干意见》，拟订《关于进一步放宽市场准入条件加快经济发展若干规定》，对企业注册资本、出资形式、专项审批、集团有限公司和连锁经营、办理证照、年审项目、企业登记事项、部分企业设立条件、民营信用担保公司登记条件、市场开办登记及企业动产抵押登记等10个方面放宽限制。

2004年，按照CEPA协议的规定和要求，广州市开展港澳居民中的中国公民在广州设立个体工商户的登记工作。1月1日，越秀工商分局仅用15分钟，就发出广州市第一张港澳人士个体工商户营业执照。截至 2004 年 12 月底，全市发出港澳人士个体工商户营业执照 612 张，资金数额达到 1594.64 万元。

2005 年 1 月，广州市召开民营经济工作会议暨百强民营企业表彰大会，进一步推出一系列强化服务民营企业的举措，具体如下：

加快中小企业信用担保体系建设。从 2005 年起，市融资担保中心通过与业务协作银行合作，按照“政策性资金、法人化管理、市场化运作”的要求，为中小企业贷款提供担保，解决中小企业的融资难问题。

支持民营企业实施品牌战略，增强竞争力。引导、鼓励和帮助民营企业争创驰名、著名商标，加大民营企业商标专用权保护力度，严厉打击侵犯民营企业知识产权违法行为。

进一步改善政府服务，营造良好的民营企业创业环境。以《中华人民共和国行政许可法》的施行为契机，清理以行业管理名义设置的行政性审批。整顿年检、年审、培训等收费项目，减轻企业负担。确定一批重点扶持的民营企业，作为政府部门的直接服务对象，发挥其示范带动作用。加快电子政务建设，实现网上办公、网上查询、网上申报、网上审批，进一步改善民营经济发展的软环境。

表彰百强民营企业。首次评选出 100 家在经营、管理、社会影响等方面表现突出的民营企业进行表彰。百强民营企业的年均营业额为 5.43 亿元，年均利润额为 4600 万元，年均纳税额为 2396 万元。

此外，2005 年广州市下岗失业人员持优惠证申办个体工商户有 6201 人，免收各类费用 618 万元。至 2005 年底，广州市下岗失业人员从事个体工商户经营有 32214 人，吸纳 16978 名下岗失业人员就业；投资兴办私营企业共有 141 人，吸纳 12115 名下岗失业人员就业。

2006—2012 年，广州市加大优化民营经济发展环境的工作力度。这一时期的民营经济在拉动经济快速增长方面作用显著，成为广州国民经济发展的重要支柱。2006 年 10 月，广州市召开第七次民营经济工作会议，会议进一步明确以下内容：

进一步壮大民营经济总体实力。加强对引导广州市民营经济发展的战略研究，努力培育民营经济的新生力量，继续鼓励民营企业参与国企改革，积极扶持骨干民营企业加快发展、培育具有较强带动作用的龙头企业。

解决影响民营经济发展的融资难和用地难问题。分步构建市、区两级中小企业信用担保机构的担保体系，开展政策性担保工作。建立健全信用担保机构风险管理机制。

在规划、审批等关键环节，切实为民营企业的发展解决好用地问题。

促进民营企业提高自主创新能力。不断完善科技孵化器、科技园区等中小企业孵化体系，精心培育一批创新能力强、发展前景好的中小型企业。建设面向民营企业的开放式科技创新平台，提供技术开发服务，努力解决民营企业科技创新条件不足、创新资源短缺的问题。支持民营企业不断增强研发实力。

2007年，广州市个体民营经济与全市国民经济保持同步发展的趋势。至2007年底，广州市民营企业140001家，比上年增长7.38%；投资者人数482858人，增长12.61%；雇工人数727000人，增长3.46%；注册资本17775442万元，增长14.64%。个体工商户417392家，从业人员633235人，注册资金70.14亿元。其中，注册资金超1亿元的民营企业75家，民营企业集团74家。在批发市场、餐饮业、零售业和传统服务业等领域，个体民营企业占业户总数的90%以上。

2009年，个体民营经济实力进一步增强。新登记民营企业34018家，比上年增长19.56%；新开业民营企业注册资本(金)总额2522452万元，比上年增长38.33%，远高于新登记数量的增长率；新登记个体工商户129011家，比上年增长8.45%；新登记农民专业合作社186家，是2008年的22.25倍。截至2009年12月底，全市实有私营企业175245家，比上年增长10.57%；个体工商户552031家，比上年增长17.67%；农民专业合作社281家，比上年增长189.69%。

2010年，广州市进一步放宽市场准入条件。当年10月25日，广州市委市政府召开民营经济工作会议，出台《关于加快发展民营经济的实施意见》及10个配套文件。广州市工商局提出10个方面放宽企业准入条件：试行主体资格与经营资格登记分离；放宽名称核准登记条件，支持企业升级；充分利用场地资源，降低企业准入门槛；降低企业资金准入成本，支持自主创业；放宽经营范围核定标准，促进新兴产业发展；继续支持创业带动就业；鼓励企业集团和总部经济发展，促进企业做大做强；积极支持股权投资机构和新型金融性经济组织发展，促进培育资本市场；支持一切民间主体参与国有企业改制；深化市场准入服务促发展，等等。

2011年，广州市个体私营企业户数总量和规模不断增大，呈现平稳较快增长趋势。截至2011年12月，全市实有民营经济市场主体（包括私营企业和个体工商户）共计905512家，占内资市场主体户数总量的96.19%，注册资本（金）总额38759596万元，占内资市场主体出资总额的48.93%。民营经济市场主体在实有户数总量和资金总额方面，与上年相比分别增长13.05%、43.23%。

三、党的十八大以来，广州民营经济的转型与跨越

党的十八大提出，全面深化国有企业改革，实现公有制的多种实现形式。党的十八届三中全会提出，鼓励民营经济在内的非公经济参与混合所有制改革。党的十九大提出，“必须坚持和完善我国社会主义基本经济制度和分配制度，毫不动摇巩固和发展公有制经济，毫不动摇鼓励、支持、引导非公有制经济发展”。站在新时代的高度，广州的民营经济与国有经济通过混合所有制改革实现互动，进入新的发展阶段。

（一）全面满足民营经济平等参与市场竞争需求（2012—2016 年）

2012 年，广州民营经济继续保持平稳健康可持续发展的趋势，实有登记民营经济主体 933283 家，注册资本总额 38951244 万元，与 2011 年底实有总量相比，分别增长 3.07%、0.49%。广州市工商局认真落实《个体工商户条例》有关精神，积极服务产业结构调整，鼓励和引导经济条件成熟的个体工商户采用现代企业制度转型升级为企业，全年支持 115 家个体工商户升级为企业，涉及注册资本 5.4 亿元。

2013 年，广州市进一步加大对民营经济政策帮扶力度，出台《关于进一步加快发展民营经济的实施意见》。广州市工商局制定《关于进一步放宽市场准入政策的实施意见》，内容涵盖 11 项具体措施，包括试行主体资格与经营资格登记分离、支持创业带动就业、支持企业转型升级、促进培育资本市场、拓宽企业融资渠道等。截至 2013 年 12 月底，全市实有登记私营企业 296020 家，注册资本（金）达到 4812.21 亿元，同比分别增长 13.89%、27.66%；个体工商户 716711 家，资金总额为 143.41 亿元，同比分别增长 6.44%、14.16%。

2014 年 1 月 1 日，广州在全市范围内开展商事制度改革，成为全国首个全面实施此项改革的国家中心城市。截至 2014 年 12 月，全市实有登记民营经济主体 1104707 家，注册资本总额达 78021928 万元，与 2013 年底实有总量相比，分别增长 9.08%、57.44%，全市民营经济继续保持平稳健康可持续发展。

截至 2015 年底，全市实有登记民营经济主体 1255089 家，注册资本总额达 128591052 万元，与 2014 年底相比，分别增长 13.61%、64.81%，全市民营经济继续保持平稳健康可持续发展。

2016 年，广州市进一步深化商事制度改革，推进简政放权、优化服务，发挥大众创业、万众创新“先锋官”和“助推器”的作用，聚焦市场准入环节持续发力，多措并

举释放市场活力和创造力，具体如下：

持续降低准入门槛。进一步压减商事登记前置审批事项。不断深化“先照后证”改革，整体压减比例超90%，比国家工商部门保留的37项工商登记前置审批事项精简71%。进一步放宽经营场所条件。推动出台《关于进一步放宽商事主体住所经营场所条件的意见》，放宽“一址多照”“一照多址”条件，释放住所资源，简化场地登记要求以及统一规范全市住所、经营场所提交材料要求推动政策迅速落地。

全面实施“五证合一、一照一码”登记制度改革。企业登记申请由原来工商（市场监管）、税务、人社、统计等五个部门分别核发不同证照，改为一次申请、由工商（市场监管）部门核发加载法人和其他组织统一社会信用代码的营业执照的登记制度。办理时间由改革前20个工作日内缩短至3个工作日内。

南沙自贸片区试点推行“八证合一”和“十二证三章”联办，开展证照分离改革试点并取得阶段性成效，形成总体方案加创新审批服务方式、深化商事登记便利化、加强事中事后监管3个配套实施方案的“1+3”改革模式。截至2016年底，60项区本级事权事项率先落地实施，其中取消审批7项，改备案、实行告知承诺制37项，加强准入管理16项，企业“办证难”“准入不准营”现象得到有效缓解。

大幅下放企业登记审批和名称核准权限，增大各区市场监管局登记权限，方便企业就近办理注册登记业务。

推行电子营业执照。从2016年7月1日起，广州在全市范围内推行符合国家工商部门技术标准的公示版电子营业执照，实现公示版电子营业执照的全流程自动化发放及公示，推动电子营业执照接入广州市统一身份认证平台，在全国率先实现电子营业执照与省、市数字证书体系的绑定和深度集成，探索出电子营业执照“一照通行”和“一照多用”的新路子。

银行网点无偿代办。实行工商注册登记银行网点无偿代办便民服务。2016年10月10日起，工商银行、农业银行、中国银行等6家银行的268家营业网点，可以为申请人无偿代办所在区的内资公司和分公司名称预先核准及设立登记业务。既延伸了工商注册登记业务办理网点，又方便企业和群众就近办理商事登记业务，降低了申请人预约和轮候的时间成本。

（二）全面改善优化民营经济发展的市场环境（2017年以来）

2017年9月，广州召开促进民营经济发展大会，发布《关于促进民营经济发展的若干措施》（简称“民营经济 20 条”），助推市场主体发展和民营经济优化升级。

降低市场准入门槛，支持企业做大做强。广州市在全国率先推出“人工智能 + 机器人”全程电子化商事登记模式，创新使用人脸识别签名、智能地址比对、智能推荐经营范围等先进技术，做到申报、签名、审核、发照、归档、公示全程电子化，实现开办企业免预约、零见面、全天候、无纸化即时办理，为企业提供 ATM 式一体化自助办照服务，在全国引起较大反响。

深化“多证合一”改革，系统推进商事登记便利化。广州市的企业和农民专业合作社实行“十一证合一”，个体工商户实行“四证整合”，实现“一照一码”全覆盖。拓展“银商通”服务，将登记窗口延伸至全市 852 个银行网点。试行“容缺登记”，所有登记审批全流程 3 个工作日内完成，开办企业设立登记 1 个工作日内完成审批，换照、备案等 8 项简易登记事项做到当场审批，审批时效提速 88%。实现公示版电子营业执照全流程自动化发放及公示，发放电子营业执照 93.6 万个。设立重点项目服务组，为 58 个重点项目提供“绿色通道”服务。发挥南沙自贸片区商事制度改革试验田作用，连续出台 3 份支持文件，在南沙自贸片区试行“证照分离”改革，推行商事服务“港澳通”“异地通”等一系列创新举措。

2017 年，全省各市开办企业便利度评估中，广州市排名第二位，比 2016 年提升 15 个名次。截至 2017 年底，广州市新登记市场主体 32.8 万家，其中新登记企业 20.7 万家，同比分别增长 33.9%、45.8%。日均新登记市场主体 898 家，其中日均新登记企业 566 家，同比分别增长 33.8%、45.8%。市场主体快速发展，夯实经济持续增长的微观基础。新登记企业在三大产业的占比为 0.5 : 10 : 89.5，结构性效应愈加突出。每千人拥有企业 58 家，超过发达国家每千人拥有企业 50 家的水平。130 多个国家和地区的投资者在广州投资兴业。个体私营经济创造就业岗位 174.2 万个，同比增长 38.1%，有效支撑了就业。截至 2017 年底，全市实有各类市场主体 175.1 万家，注册资本额 58890 亿元，同比分别增长 15.4%、57%，其中内资企业（含私营企业）79.1 万家、外商投资企业（含分支机构）2.5 万家、个体工商户 93.4 万家、农民专业合作社 0.13 万家。

2018 年，广州市深入落实新修订的《中华人民共和国中小企业促进法》、广东省“民营经济高质量发展十条”和市“民营经济 20 条”等法规政策，重点推动各项政策点落地，出台 18 项配套实施细则，搭建跨部门涉企政策“一站式”发布平台，在全市范围内推广广州开发区政策兑现“一门式”办理，打通政策落地“最后一公里”。支持引导民营中小企业围绕新兴主导产业优化布局，借助粤港澳大湾区建设机遇，增强自主创新能力，通过建设十大价值创新园区和低效园区提质增效，推动民营中小企业集聚发展，打造若干个千亿级产业集群。重点扶持骨干工业企业、“两高四新”企业、“小升规”企业等“三个一批”企业发展。拓展广州市中小微企业信用信息和融资对接平台信息目录，推进政务网、金融城域网与互联网的信息交互，提高银行审贷效率。综合利用工业转型升级基金、中小企业发展基金，引导社会资本对新兴产业领域中小企业的投资力度。完善中小微企业融资再担保体系，降低民营中小企业融资门槛。截至2018年底，广州民营企业贷款余额7772.32亿元，同比增长19.4%，增速比上年同期提高2.2个百分点。全年新增民营企业贷款1571.65亿元，增量占全部企业贷款增量的55.6%，同比增加615.75亿元。

2018年，广州市不断完善民营经济发展政策体系，大力提升国际化营商环境，广州市民营经济呈现增长稳、质量好、活力强的特点。全年民营经济增加值9139.47亿元，同比增长6.7%；新登记私营企业25.57万家，同比增长36.2%，353家省级以上企业技术中心的70%以上是民营企业。

新时代新气象新作为。学习贯彻习近平新时代中国特色社会主义思想，推动高质量发展，成为广州市在新的历史条件下经济工作的全新实践。广州的民营企业作为广州创业就业的主要领域、技术创新的重要主体、国家税收的重要来源，将为广州实现市场经济发展、政府职能转变、农村富余劳动力转移和国际市场开拓等发挥更重要作用。

参考文献：

1. 广州经济年鉴编纂委员会．广州经济年鉴[M].1983—1984.

2. 广州年鉴编纂委员会．广州年鉴[M].1985—2018.

3. 广州市工商行政管理局历史沿革资料．

4. 广州市工商行政管理局历年工商志资料年报．

5. 广州市工商行政管理局历年地方志资料年报．

（参编人员：朱少勇）

第十二章

城市规划与建设

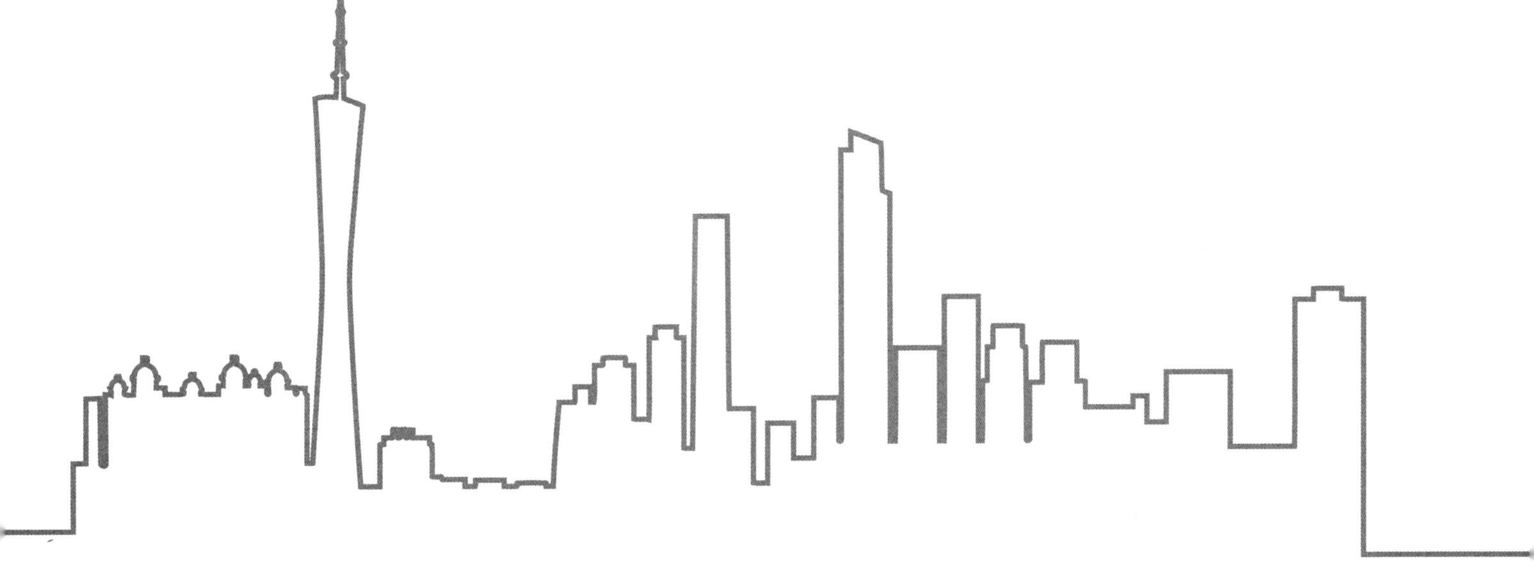

新中国成立70年来，广州市城市规划与建设经历不同发展阶段，城市面貌日新月异，向全世界展示着千年商都的魅力。

一、1949—1978年：广州城市单中心形成与修复建设时期

新中国成立后至改革开放前，广州市先后编制十三个城市总体规划方案，初步形成单中心、组团式的城市空间格局，广州城市建设进入修复时期。为统一管理全市的城市建设，1953年5月，广州市城市建设委员会成立。1956年，制定《广州市城市建设管理暂行条例》，作为城市规划建设管理的依据。1977年8月，广州市城市规划局成立，这是广州市第一个专门从事城市规划管理的行政机构。

（一）优化调整空间策略，服务城市生产需要

1949年，党的七届二中全会明确城市工作的中心任务是迅速恢复和发展城市生产。这一时期，广州市展开城市修复建设工作，重建海珠桥、西堤、黄沙等三大区域。1954—1957年，广州市先后编制九个城市总体规划方案。第一至四方案，城市规模定得较大。第五至八方案，以压缩城市规模为指导思想进行编制。在第九方案中，大城市思想又占主导，扩大城市规模，在规划布局方面，打破了历次方案强调的几何中心的局限，以原市中心为规划区的中心，并确定在三元里以南的走马岗新建铁路客运站。

1959年，广州市以“建设成为华南的工业基地”为指导思想，编制城市总体规划第十方案，提出组团式的城市空间布局结构，建立员村、黄埔、庙头3个新区，并在第九方案的基础上，继续扩大城市规模，增加工业和港区生产用地的指标。1961年起，按照中

共中央提出的“调整、巩固、充实、提高”的方针，广州市编制城市总体规划第十一方案，压缩城市规模，城市性质由“华南工业基地”改为“具有一定重工业基础，以轻工业为主的生产城市”，确定城市空间布局结构为“四团二线”（“四团”指老城区、员村地区、黄埔地区、芳村地区四大组团；“二线”指广花公路、广从公路）。

1966年后，广州市城市规划工作一度停顿，后于1971年有所恢复。并在前十一个城市总体规划方案的基础上，重新编制第十二方案。通过分析研究城市现状及新中国成立后历次方案的发展变化，确定城市性质、规模及布局，提出“建设成为一个具有一定重工业基础、以轻工业为主、对外贸易占一定比重的现代化的社会主义生产城市”的目标。为配合《广州市国民经济和社会发展十年规划》的编制，广州市开展工业、道路、港区、仓区、生活配套、绿化和农田保护等6个专项规划，并以此为基础于1976年编制城市总体规划第十三方案，进一步明确广州的城市性质为“以轻、重工业相协调的综合性城市和对外贸易、港口城市”。

新中国成立后，广州市城市规划总体反映当时经济社会发展需要，突出生产职能，布局大量的工业区，奠定广州市工业区布局的基本框架。为适应广州城市发展定位需要，工业区及其配套设施建设成为城市建设的主要任务，先后建设南石头、赤岗、员村、鹤洞、黄埔等工业区，房屋建设、市政设施建设和公用设施建设也基本是以工业为中心。

（二）规划建设工业区与居住区，支撑工业基地发展

1. 加强厂区建设，服务工业发展

1953—1957年，在城区边缘及郊区，先后兴建一批骨干企业，如广州冶炼厂、广州第一造船厂、广州渔轮厂、华侨糖厂、广东罐头厂、广东麻袋厂、广州玻璃厂、广州第二棉纺厂等，为后期各工业区的形成打下基础。

1958 年，广州市新建广州钢铁厂、夏茅钢铁厂、石井钢铁厂、南岗钢铁厂等 7 个钢铁厂。1958—1960 年，在城区外围开辟了鹤洞（钢铁、造船）、员村（纺织）、车陂（化工）、吉山（机械）、庙头（冶炼、造船）、南岗（化工）、赤岗、鹭江（综合）、夏茅（钢铁）、石井（钢铁）、江村等工业区（点），形成广州工业区布局的基本轮廓。

2. 以工业为中心，统一规划建设成片居住区

1953—1957年，为配合工厂建设及旧城改造，广州市编制了工厂生活区、华侨新

村及海珠广场、刘王殿等重点建设地区的详细规划，城市性质开始由商业城市向生产城市过渡。

1954—1958年，编制了罐头厂、苎麻厂、华侨糖厂等多个工人住宅区规划。住宅区规划综合考虑肉菜市场、医疗站、托儿所、运动场等公共设施等配套建设，形成功能完备的生活居住区。为配合南石头、赤岗、员村、鹤洞、黄埔等工业区的建设，先后建成集住宅、商店、煤店、酒楼、医院、学校、市场、银行、邮局、书店、派出所、消防队及配套绿化为一体的“员村一条街”以及南石头纸厂生活区、西村电厂及水泥厂生活区，孖鱼岗建设新村、小港邮电新村、船厂住宅区等工人新村。

1961年，为加快老城区、员村地区、黄埔地区、芳村地区的形成和发展，广州市政府将各分散的工厂生活区进行统一规划，规划建设了珠江大桥、工业大道等交通干道串联各分散的工厂生活区。

（三）完善城市多元功能，改善城市环境

1. 城市功能逐渐多元

新中国成立初期，广州市政府将观音山体育场改建项目作为恢复城市功能的第一个建设项目。1950年，广州市政府在此举办体育竞技与表演等庆祝活动，同年10月项目完工，正式命名为越秀山体育场。

随后的十几年，广州市通过土地划拨主导城市功能完善和空间拓展。城市南部，逐步形成河南工业区、芳村重工业区。城市东部，暨南大学落户石牌，扩大五山高校群组的范围，形成以食品加工和纺织行业为主的员村工业区，并完善了中山一院、省人民医院、省体育场、烈士陵园等公共场所环境。城市西部，确定中国出口商品交易会的选址。城市北部，规划建设中苏友好大厦、广州体育馆、流花客运站。

广州大力发展公共交通，公共交通工具和营运能力逐步改善。重点开辟通往工业区的干道，兴建工业大道、江南大道。打通东风路，新建和扩建芳村东路、黄埔大道、环市路、中山路、滨江路。完成珠江北堤岸改造整治和南堤岸的构筑，并相继修建珠江大桥、人民大桥、大北立交、德坭路立交。

2. 居住环境日益改善

1958年，广州市逐步关注城市居住环境的改善，在城市东、南、西、北四个角落建设流花湖、麓湖、东山湖和荔湾湖公园，还根据华侨众多的实际情况建成淘金坑华侨新村。为配合工业区建设，广州市还新建白鹤洞水厂、员村水厂、河南水厂、黄埔

水厂、车陂水厂，修建自来水供水管网，并开展下水道建设和河涌整治，使城市排水渠道更加畅通。园林绿化建设得到重视，搞好园林绿化、改善城市环境被作为发展生产和改善生活的大事来抓。在1965年，全市绿化覆盖率跃居全国大城市第二位。

1964年编制的广州市城市总体规划第十一方案中，首次提到旧城改造的问题。针对旧城高密度、低质量的生活空间，提出“维持、利用和有重点逐步改造”的方针，并重点对流花湖地区和海珠广场地区开展整治：把中苏友好大厦改造成为中国出口商品交易会展馆。建成规模宏大的广州火车站，完成东方宾馆扩建和流花宾馆、白云宾馆建设。电报电话大楼、邮政大楼、民航售票大楼等公共建筑也相继建成。以火车站为中心，新辟环市路、人民北路、站前路等城市主干道呈放射状通向市中心区。通过整治，流花地区建设成为对外交通和对外贸易的中心。

二、1978—2012年：广州城市多中心拓展与高速建设时期

党的十一届三中全会后，广州市作为国家改革开放综合试验区中心城市，城市建设指导思想、工作方针和管理体制都发生重大变化，城市建设速度和水平明显提高。1984年9月，《广州市城市总体规划（1981—2000年）》经国务院正式批复，广州市进入按照城市总体规划进行城市建设的新时期。2000年番禺、花都撤市设区，广州市从空间上突破“云山珠水”的自然格局、单一中心的城市结构和行政区划等方面的制约，中心城区得以发展壮大，城市空间得以拓展，实现从单一中心走向跨越式发展，城市建设步入新的发展轨道。

（一）拉开城市空间架构，从“云山珠水”走向“山城田海”

1. 城市格局从“云山”走向“珠水”

《广州市城市总体规划（1981—2000年）》提出广州市总体发展策略为“控制旧市区人口，积极发展远近郊卫星城镇”，城市结构由“以旧城为基础的单中心扩展”转变为“带状组团格局”，沿珠江北岸向东发展，形成“旧城组团、天河组团、黄埔组团”的空间结构，引导城市格局逐步脱离“云山”，沿“珠水”往东发展。

按照城市总体规划要求，广州市首先调整城市布局。1984 年 12 月，广州市中心区范围由 54.4 平方公里扩大至 92.7 平方公里，随后成立天河、芳村、白云 3 个新区，并调整确定市属 8 个行政区（东山区、越秀区、荔湾区、海珠区、天河区、

芳村区、白云区、黄埔区）的界线，使城市行政分区与城市总体规划设想趋向一致。1986—1990年，重点开发建设天河、芳村两个新区，兴建体育中心三大主体工程——体育场、体育馆、游泳馆及广州铁路第二客运站（即广州东站）等大型建设项目以支持第六届全国运动会，并划出5.2平方公里范围同步进行综合开发。1987年，体育中心及铁路客运站相继建成投入使用，并以之为中心开发建设居住区，使该地区逐步发展成为以体育、交通、旅游、贸易为中心的综合新城区。为加快芳村区建设，1988年，广州市政府公开招标开发建设用地为1.02平方公里的花地湾居住区，并动工兴建黄沙至芳村过江隧道。同时，加快广州经济技术开发区及市桥、新华等卫星城镇的建设。

1992年，邓小平发表南方谈话，为广州发展带来新的契机。广州制定《广州市十五年基本实现现代化总体方案》，提出力争用15年左右的时间赶上亚洲“四小龙”，基本实现现代化，把广州建设成为现代化国际大都市的奋斗目标。城市基础设施建设投资不断突破历史纪录，广州大桥、海印桥、鹤洞大桥、江湾大桥、解放大桥、华南大桥和猎德污水处理厂等一批重大市政基础设施陆续投资建设。

2. “南拓、北优、东进、西联”战略拉开城市发展框架

2000年6月，番禺、花都撤市设区，广州市区面积从1443.6平方公里跃升至3718.5平方公里，城市发展空间拓宽，为广州市进一步调整优化城市规划布局提供条件。为适应城市行政区域扩大的客观要求，同年，广州市在国内首开先河编制《广州城市建设总体战略概念规划纲要》（简称“2000年战略规划”），及时调整城市发展布局，提出“以山、城、田、海的自然格局为基础，沿珠江水系发展的多中心组团式网络型城市结构”以及“南拓、北优、东进、西联”的空间发展战略，为未来城市发展提供较为清晰的空间布局。

在2000年战略规划的指引下，2001—2006年，广州市开展不同空间尺度、涉及近中远期不同时段的规划，将宏观发展战略转变为城市近中期发展研究和可操作的实施行动计划。为实施“东进”发展战略，以广州经济技术开发区、广州高新技术产业开发区、广州出口加工区、广州保税区4个国家级经济功能区为核心，通过用地调整改变广州开发区以前“一区多园”的分散用地布局，整合东部密集的产业发展带，基本形成广州现代化制造业基地。南拓方面，利用广州港外迁的历史机遇，依托广州港南沙港区建设，大力发展南部南沙临港产业区，积极发展现代物流业和临港工业。北优方面，依托北部新白云国际机场，发展航空物流业、高科技制造业等临港产业。同时，

针对战略规划确定的重点地区开展相关深化规划，包括广州滨水地区概念规划、科学城总体规划、大学城概念规划和发展规划、官洲生物岛规划等。2005年12月，国务院正式批复《广州市城市总体规划（2001—2010年）》。

“2000年战略规划”以后，广州市沿着珠江水系的脉络拉开城市空间格局，逐步形成多中心组团式的网络型城市框架。

3. 城市格局从“拓展”走向“优化与提升”

成功申办亚运会为广州城市发展带来新一轮的机遇与挑战。2004年，广州市组织编制《亚运城市——广州：面向2010年亚运会的城市规划建设纲要》，统筹重点建设项目，并提出亚运城市行动计划。考虑亚运建设对城市空间的诸多需求和可能产生的影响，广州市于2007年组织开展“广州2020：城市总体发展战略规划咨询”。该轮战略规划中，城乡空间布局的基本取向在“南拓、北优、东进、西联”的基础上，增加“中调”战略：通过深化旧城区综合改造，抓好城市中心区、副中心和各组团功能定位配套设施建设，促进城市整体功能优化，促进多中心网络型空间结构从“拓展”走向“优化与提升”。

（二）注重历史与自然，优化城市环境

1. “一年一小变，三年一中变，2010年一大变”

1998 年 7 月 31 日，广东省委省政府在广州市召开城市建设现场会，提出“一年一小变，三年一中变，2010 年一大变”的城市建设目标要求，广州开启城市建设管理的新里程。

1999 年，广州完成火车东站广场等 43 个建设工程项目，强化市容卫生管理，大力整治城市脏乱，清拆违章建筑，完成 175.3 亿元城建投资计划，顺利实现“一年一小变”工作目标。1998—2001 年，累计投入 605.19 亿元，先后完成 160 多个重大市政工程项目建设。建成珠江两岸景观带、机场高速、内环路、广园快速路等一批城市快速路和城市主干道及猎德污水处理厂一期工程，新建广州体育馆等 5 个新的比赛场馆、改造天河体育中心等 15 个旧场馆，配套完善 21 个比赛场馆周边的交通道路及基础设施。以“一区三边”和珠江标志性建筑物为重点，深入整治城市环境，完善珠江两岸、环市东路、天河体育中心和商业步行街区等重要地段的灯饰景观建设，实现城市面貌的明显改观，顺利实现城市环境面貌“三年一中变”目标，为第九届全国运动会的举办营造优美的城市环境。

2001年12月，广州市被评为“国际花园城市”，同年获建设部颁发的“中国人居环境范例奖”，2002年5月获“联合国改善人居环境最佳范例（迪拜）奖”。

2003年初，广东省委进一步明确提出：“要精心打造经济中心、文化名城、山水之都，进一步把广州建设成为带动全省、辐射华南、影响东南亚的现代化大都市”。广州市开始实施“青山绿地、蓝天碧水”工程，着力开展环境整治工作，重点推进治山、治水、治乱、治小区工作。2005年，顺利完成“青山绿地，蓝天碧水”一期工程，同时启动二期工程。2008年，广州市成为迄今面积最大、人口最多的国家卫生城市。2010年，城市面貌发生根本变化，基本实现“大变”目标。相继建设广州塔、花城广场、广东省博物馆、广州歌剧院、广州市第二少年宫、广州图书馆、海心沙等大型公共项目，珠江新城核心区逐步成型。

2. 历史保护促进城市文脉得以继承

广州于1982年被评为第一批国家历史文化名城。次年，广州市组织编制《广州市历史文化名城保护与城市景观保护规划》，重点保护各级文物保护单位、城市传统轴线、骑楼街、城市道路景观线以及传统民居保护区和城市园林绿化建设区。该保护规划还被纳入《广州市城市总体规划（1981—2000年）》上报国务院，并作为城市总体规划的专项规划认真组织实施。

在2002年国家提出“历史文化街区”概念之前，广州市政府于2000年12月首次公布沙面、新河浦、大小马站—流水井等16个历史文化保护区，人民南、北京路、昌华大街等21个内部控制历史文化保护区。37个历史文化保护区的提出，充实了历史文化名城保护的内容，使保护工作从对文物单体的保护扩大到对城市街区的保护。此外，围绕历史文化名城名镇名村、历史文化街区（历史文化保护区）、历史风貌区，广州市组织编制各层次保护规划，并依法对其进行保护与管理。

3. 生态保护促进城市可持续发展

“2000年战略规划”首次明确“建设山水型生态城市”的目标，并提出以“山、城、田、海”的自然特征为基础构筑生态廊道，建设多层次、多功能、立体化、复合型和网络式的生态结构体系，奠定了广州市生态城市建设的主要指导思想。此后，广州市先后编制一系列绿色生态相关规划，包括《广州市生态城市规划纲要》《广州市生态区划政策指引和番禺片区生态廊道控制性规划》等。结合广东省提出的全面建设“宜居城乡”和建设珠三角绿道网的要求，2009年，广州市率先启动编制规划方案，并于2010年完成《广州市绿道网建设规划》，促进了生态资源的保护与利用。

（三）以机场、港口、铁路为龙头，构建“双快”交通体系

1976 年以后，广州市政府首先着眼于交通环境整治。在《广州市城市总体规划（1981—2000 年）》中有开展城市对外交通的专项规划。

铁路方面，明确广州东站的选址，提出建设京广线、广深线复线的要求，增改设多处编组站。机场方面，明确不再扩建白云机场，另辟机场新址。公路方面，在改造已有 6 条干线的同时，增加广清线、广番线、广佛线以及广深、广珠高速公路等 4 个对外出口。将广州市打造为全省、华南地区乃至全国的交通枢纽，建立城乡一体、四通八达、海陆空畅通的交通网。

1996 年 8 月，市委市政府对“建设国际化大都市”的目标进行阶段性调整，重点突出建设区域性中心城市的目标，加大以道路交通为重点的城市基础设施建设和规划，建设以内、外环和放射性道路为依托的主骨架路网和轨道交通。1996 年开展了广州市中心区交通改善实施方案，1997 年在全国首次开展城市轨道交通线网规划，1998—2001 年，对城市道路网络进行深化调整。1998 年 6 月 28 日，广州地铁一号线试验段开通运营，广州人民多年的地铁梦想实现。

随后，按照“2000 年战略规划”，广州市积极构建以空港、海港、铁路枢纽为龙头，以“双快”交通体系为骨干的高效便捷、安全可靠的交通运输网络，引导未来城市空间拓展和城市发展。2003 年开展的“广州市域高等级路网规划”，把市域范围内城市道路和公路统一纳入系统中考虑，构筑以广州市为核心的全省高速公路网络。

为实现城市与交通的协调可持续发展，确立以公交为导向的土地利用模式，2003—2004 年开展“广州市轨道交通线网规划”，引入 TOD 发展理念，突破行政体制，推进国铁、珠三角区域城际轨道与市内轨道交通一体化研究。2003 年 10 月，广州市将轨道交通线网 14 条地铁线路、3 条城际轨道交通线和 1 条市郊轨道线路一起报国家发改委立项，分期分批逐年实施。2004 年 8 月，广州白云国际机场投入使用，当年旅客吞吐量突破 2000 万人次，成为国内三大枢纽机场之一。通过建立安全可靠、高效快捷的交通运输网，广州市强化了作为交通枢纽、物流、客流中心的地位，充分发挥了华南经济中心、国际商贸中心的作用。至 2010 年底，广州市建成含广佛线、APM 线在内的地铁线路共 8 条，客运里程总计 235.7 公里；高速公路总里程 537 公里；机场旅客吞吐量突破 4000 万人次，跻身世界前十五名；港口货物吞吐量、集装箱吞吐量分别突破 4 亿吨和 1200 万标准箱，均居世界前六位。广州市在更大区域范围的辐射和影响力进一步提升，区域地位得到强化。

三、党的十八大以来，广州城市网络空间建构与品质化建设

新时代，广州持续调整城市空间布局，实现从单中心城市空间结构向多中心转变，城市综合服务功能和国际影响力不断增强。作为国家重要中心城市，广州市城市建设更讲究精细化、品质化管理，城市建设、城市管理水平不断提高。以品质化引领城市的发展，广州“新时代国际大都市”的形象雏形初现。

（一）构建网络化空间格局，推动综合城市功能出新出彩

新时代，广州对标国际一流城市，把自身放到全球资源配置体系中谋划和建设，不断增强城市影响力、辐射力和显示度，主动融入省“一核一带一区”建设，切实发挥广州市作为粤港澳大湾区区域核心发展引擎的作用，建设粤港澳全面合作示范区，积极实施“枢纽+”战略。

2014年，经国务院批准，萝岗区、黄埔区合并为新的黄埔区，从化、增城两个县级市撤市设区。区域调整后，广州市市辖区面积由3718.5平方公里扩大到7434.4平方公里，为广州市从“战略拓展”转变到“战略聚焦”提供平台和可能。

广州市重点围绕“一江两岸三带”和“三中心一体系”规划建设，多措并举：一是聚焦国际金融城、琶洲互联网创新集聚区、中新（广州）知识城等高端要素平台。二是聚焦航空、航运、科技创新三大战略枢纽。三是聚焦国家级新区、自贸试验区、自主创新示范区“多区”叠加的南沙副中心，打造多点支撑、互联互通的枢纽型网络城市。重点推进国际航空枢纽8个工程项目建设，白云国际机场第二航站楼主体结构完成。完成广州铁路枢纽总图规划，推进11条地铁项目建设，地铁六号线二期、七号线一期建成通车。广州大桥新桥建成通车，完成怡新路改造、广深公路—开创大道立交等10条道路和11条示范路建设。广州于2018年实现区区通地铁。截至2019年9月，地铁线网里程达478公里，居中国内地第三位、世界前十位。3个十公里精品珠江，加快推进市政道路建设、桥梁景观提升、景观照明、绿化景观、堤岸改造等工程建成完工。

（二）构建“多规合一”框架，实施生态城乡建设

为解决广州市国民经济和社会发展规划、城乡规划、土地利用总体规划不协调带来的项目选址难、行政审批效率低、建设用地利用粗放等问题，2012年，广州市在全国特大城市中率先开展“三规合一”工作，规划首次在市域范围内准确划定生态控制线和城

市开发边界，保护水源保护区、自然保护区、森林公园、水库、湿地等重要生态用地，有效引导城市“精明增长”。在“三规合一、构筑边界、多规融合、功能优化”的思路指导下，广州市进一步建立生态用地和建设用地的“边线管控”体系，构建“多规合一”的空间规划框架和全市“一张图”的成果内容和管理平台。

2017年，广州市以城市总体规划和土地利用总体规划编制试点城市为契机，编制新一轮广州市城市总体规划和土地利用总体规划。2018年11月，广州市在全国先行先试开展市级国土空间规划试点，进一步统筹全域要素配置，整体谋划新时代国土空间开发保护格局。国土空间总体规划强化国土空间底线管控思维，规划在“三调”基础上理清森林、水、湿地等重要资源数量和分布，并从生态功能、农业功能、城镇功能三方面，开展全域国土空间开发适宜性评价，统筹划定生态保护红线、永久基本农田和城镇开发边界三条控制底线，明确森林、水、耕地、湿地、海域等重要资源的核心指标、空间布局、管控保护内容。

2013年，广州确定并实施生态城市建设规划，新建成300公里绿道和90公里景观林带，4个岭南花园和帽峰山森林公园对外开放；新建绿色建筑约700万平方米，荣获全国“十大绿色建筑标杆城市”。广州从2011年开始，以分类指导、因地制宜的方式推进美丽乡村、名镇名村建设，开展村庄公共空间的规划、乡村的绿化美化及基础设施建设工作，如“三站四公五网”（即服务站、文化站、卫生站，公园、公厕、公交、公栏，路网、电网、水网、光网、消防网）建设等，着力打造都市农业型、生态田园型、乡村旅游型美丽乡村，使农村人居环境、生产条件得到明显改善，农村居民幸福指数显著提升。截至2019年9月，广州创建市级美丽乡村305个、名镇7个，名村131个。

（三）用“绣花”功夫织补城市，老城市焕发新活力

为落实市委市政府《关于进一步加强城市规划建设管理工作的实施意见》，广州市城市规划开始强调品质化、精细化，用“绣花”功夫织补城市。宏观层面，编制完成《广州总体城市设计》，重点保护城市山水基底，沿珠江水系开展城市设计。中观层面，推进广州南站、珠江国际慢岛、广船地块等设计深化工作，重点开展沿珠江水系城市设计，形成珠江景观带重点区段（3个十公里）城市设计与景观详细规划导则，推进珠江两岸贯通。微观层面，有步骤、有层次地开展道路、建筑、街道、市政、公园等一系列全要素设计工作，形成《广州市城市设计导则》，从街道到街区渗透式提升城市品质。

按照“一区一示范路”理念，广州市建成各具风格特色的阅江路、东风路、天河路、海滨路、番禺大道等示范路；开展南粤古驿道广州段保护与利用工作，策划7条“最广州”历史文化步径；完成新河浦历史街区等路段的微提升精品工程，推进沿江路、西提、长堤街等小转弯半径品质化微改造。

建设枢纽型网络城市，有序推进城市更新是重要一招。为实现广州老城市新活力和“四个出新出彩”的规划设计，持续提升城市品质和形象，广州市认真贯彻习近平总书记视察广东重要讲话精神，深入落实《广东省人民政府关于深化改革加快推动“三旧”改造促进高质量发展的指导意见》，以“三旧”改造为抓手，为城市发展释放更大新空间、提供更多新动能。2017年，广州作为一线城市的唯一代表，入选住建部全国15个开展老旧小区改造试点城市。2018年，选取越秀区五羊小区、旧南海县小区、梅花路小区，荔湾区泮塘五约小区，天河区德欣小区等5个项目作为老旧小区改造国家级试点项目。形成城市更新的“广州模式”。

截至2019年9月，广州市区村级改造拆除违法建设超120万平方米，绿地率从5%提高到35%以上，建筑密度由65%以上降低到30%，平均节地率达48%；建设村民安置房1540万平方米，配建公共服务设施（场所）1772个，建筑面积250万平方米；旧厂改造关停搬迁产能落后企业310家，引入创新型企业4600家，建成科技孵化器5个；落实金融城、广钢新城、科教城等一批重点功能区和发展平台的成片连片土地储备和开发；吸引广钢、广晟有色、万力集团、唯品会等一批企业总部基地的落户；推动华南国际港航服务中心、万科黄埔跨境电子商务园区、TIT纺织产业园等一批园区产业的转型升级；老旧小区微改造项目完工172个，正在实施220个，正在开展前期工作293个，累计拆除违章搭建4.03万平方米；规整“三线”1008公里，整治雨污分流124公里，增设无障碍通道24公里，完善消防设施16108个，加装电梯3495台。

（四）引领城市建设高质量发展，实现宜居宜业宜游

1. 加强住房保障力度，不断改善民生

自1986年实施住房解困工作以来，广州市建立以公共租赁住房为主的住房保障制度，住房保障范围已覆盖至户籍中等偏下收入住房困难家庭、新就业无房职工和符合条件的来穗务工人员。截至2019年9月底，全市共建设筹集各类保障性安居工程住房32.2万套，已交付使用的保障房小区逾30个；累计向27.18万户家庭实施住房保障，惠及人口82.63万人。

2. 深化审批制度改革，优化营商环境

2018 年，广州市被列为国家和广东省工程建设项目审批制度改革“双试点”城市，大力推进了广州市工程建设项目审批制度改革。《广州市工程建设项目审批制度改革试点实施方案》出台，将社会投资和政府投资项目审批时间分别压缩至 50 个、90 个工作日内。至 2018 年底，广州市已出台 72 项改革配套文件，构建起工程建设项目全流程全覆盖、完整配套的“五个一”审批体系，实现“一张蓝图”统筹项目实施、“一个系统”实施统一管理、“一个窗口”提供综合服务、“一张表单”整合申报材料、“一套机制”规范审批运行。2019 年，制定《广州市进一步深化工程建设项目审批制度改革实施方案》，通过考核实际项目运行情况，全面检验改革成效，针对市场主体反映的问题进一步深化改革。

3. 连续成功举办灯光节，打造城市新名片

广州国际灯光节与法国里昂灯光节、悉尼灯光节并称为“世界三大灯光节”，从 2011 年起至 2019 年 9 月，已连续成功举办 8 届，受到广大市民的欢迎，得到全国照明行业的高度关注以及国内外游客的良好赞誉，2015 年被选为联合国教科文组织“国际光年”的特别推荐活动。

经过多年探索和积累，广州国际灯光节已成为一场集灯光艺术、照明设计、创新科技、人文传承等于一体的节日盛会。在带给广大民众艺术享受与创意体验的同时，不仅成为照明行业国际化的交流平台，更引领照明科技和节能技术的发展方向。成为广州文化和旅游产业发展的新品牌，广州夜间消费和夜游经济的新增长点，广州城市建设和城市形象的一张新名片。

迈向发展新阶段，广州已站在全球一线城市的新坐标上，未来发展的综合优势突出，潜力较大。广州将以“美丽宜居花城、活力全球城市”为目标愿景，着力推动综合城市功能、城市文化综合实力、现代服务业、现代化国际化营商环境出新出彩，实现老城市新活力。2035 年，广州市将建成更高水平、更高质量的现代化国际大都市，成为具有更加重要和广泛影响力的国际商贸中心、综合交通枢纽、科技教育文化中心。城市经济实力、科技实力、宜居环境、智慧城市建设将达到国际一流城市水平，成为粤港澳大湾区作为世界级城市群的核心引擎。

参考文献：

1. 广州城市规划发展回顾编纂委员会 . 广州城市规划发展回顾（1949—2005 年）[M]. 广州 : 广东科技出版社，2006.

2. 袁奇峰 . 改革开放的空间响应——广东城市发展 30 年 [M]. 广州 : 广东人民出版社，2008.

3. 潘安，郭惠华，许滢，孙永生 . 羊城春秋广州城市历史研究手记 [M]. 北京 : 中国建筑工业出版社，2017.

4. 彭高峰 . 枢纽型网络城市——广州建设国家中心城市的规划探索与实践 [J]. 北京规划建设，2017.

5. 张其学，陈小钢，王宏伟 . 广州蓝皮书：中国广州城市建设与管理发展报告（2018）[M]. 北京：社会科学文献出版社 .

6. 刘名瑞，黄鼎曦 . 从拓展到优化与提升——广州“中调”战略内涵解读 [J]. 城市，2011（8）.

7. 韩文超，刘云亚，刘松龄 . 广州市城市总体规划发展回顾与展望 [J]. 城市观察，2018（1）.

（参编人员：吴丽娟　陈筱玲　谭敦海）

第十三章
科技事业发展

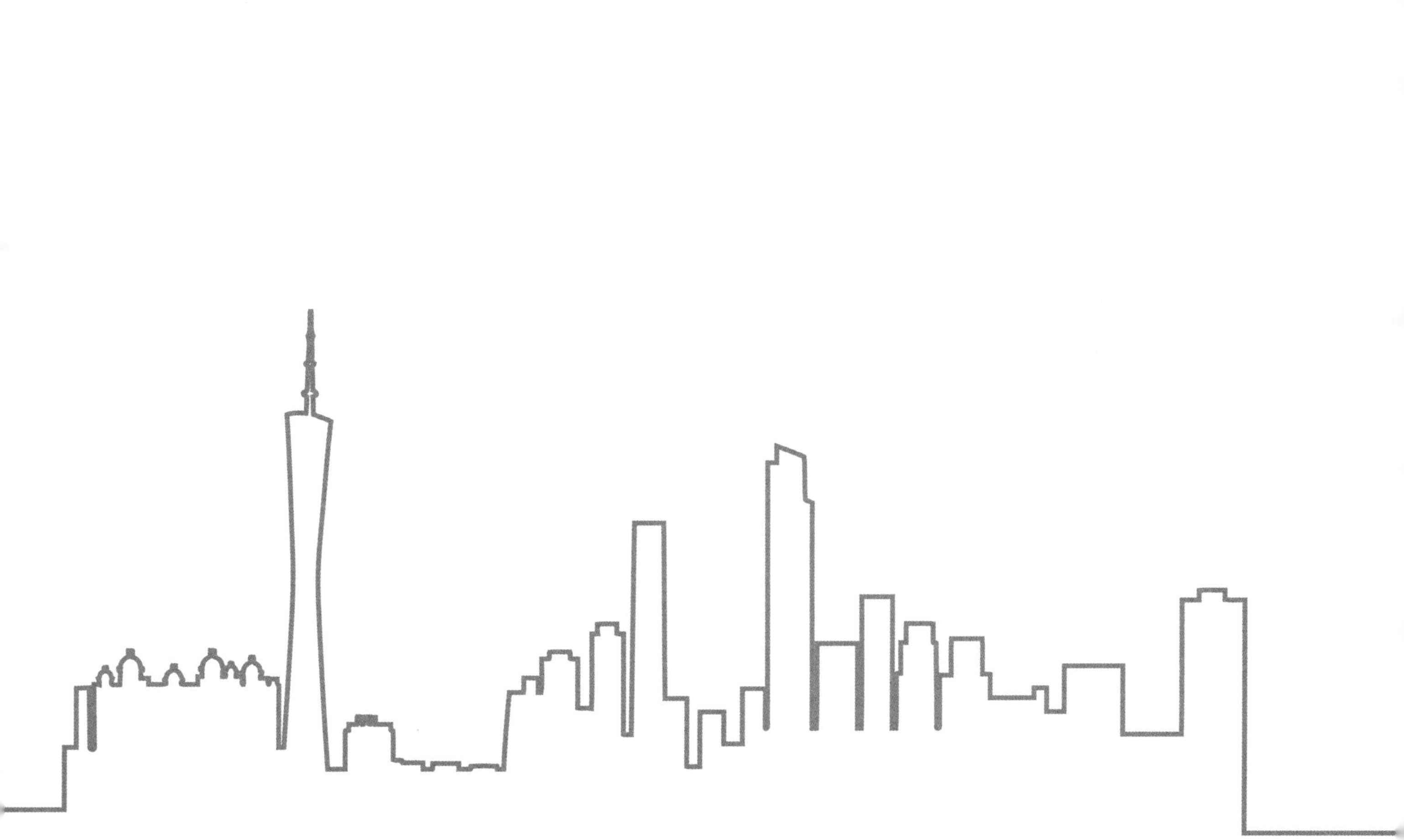

新中国成立以来，在党的坚强领导下，广州市委市政府始终将科技事业放在重要的战略位置，抓住每个关键时期，部署一系列重大战略、实施一系列重大举措。70年来，广州科技事业持续砥砺奋进、改革创新，多项工作走在全国前列。

一、1949—1978年：广州科技事业奠定雄厚基础

新中国成立后，科技事业迎来发展契机，广州市跟随国家科技事业发展步伐，陆续设立各类科研机构，构建科技管理体系，制定科技发展规划，实施科技计划项目，推动经济社会发展。

（一）新中国成立初期，百废待兴，科技事业蹒跚起步（1949—1958年）

随着新中国的成立，广州的科技事业开始逐步发展，市属科研机构陆续建立。1955年，市政府组织专门小组，根据国务院科学工作委员会制定的十二年发展规划和广州地区的经济条件、自然资源及气候特点，编制《1955—1967年广州科技远景规划》，提出十个方面的问题，确立78个重大科技项目，开始了广州市科技计划管理工作。

1953年，广州市开始筹建广州地震台，并于1956年7月1日投入使用。广州地震台位于石榴岗，是中国南方最早列入国家基准台网的综合性地震台，承担地球物理基本场的观测任务，为监视、研究地震活动提供观测数据，并交换、汇编国内外资料及提供各种报告。

1958年，广东省科学技术委员会和中国科学院广州分院在广州成立。同年，广州市先后成立冶金工业研究所、化学工业研究所、纺织工业研究所、轻工研究所、粮食科研所、计量测试所、工艺美术研究所等7家科研机构，广州地区的科研技术开发机

构发展到 42 个，自然科学技术人员由 1952 年的 685 人增长至 1957 年的 7278 人。这一时期，科技计划、科学研究、科技人才、科技情报等一系列科技事业工作均获起色并有序发展。

（二）发展与调整时期，科技事业曲折发展（1959—1978 年）

1959年3月，中共广州市委、广州市人民委员会发出《关于建立科学技术工作组织机构的通知》。当年6月，广州市科学技术委员会（简称“市科委”）正式成立，随后各区、县政府和各部门也相继设立科技工作的管理机构，形成以市科委为综合口的科技管理体系（这一科技管理体系在“文化大革命”前期基本瘫痪，1973年才逐步恢复）。随着全市科技管理体系的建立，广州市科技事业开始全面发展。

1960 年，市科委根据国家科委提出的关于科学技术发展规划要求，制订《1960—1964 年科学技术发展纲要》，对广州地区的工业、农业、综合利用、发展尖端技术、医疗卫生、基础理论等六个方面进行规划。1965 年，市科委制订《“三五”科学技术发展规划纲要》，提出要把广州建设成为一个有较高机械化程度、较高现代生产技术水平、有一定重工业基础、以轻化工业为主的先进工业生产城市，并为科学技术进一步向高、精、尖发展创造更好的条件。但这个纲要因“文化大革命”的发动，基本没能实施。到 1971 年，市科委按照战备需要，结合本地国民经济发展第四个五年计划要求，针对生产关键问题、科学技术薄弱环节，制订《“四五”科学技术发展规划纲要》，在工业、农业、医药卫生、科研机构等四个方面提出发展目标。

科技事业除在“文化大革命”前期因受冲击而中断外，市科委成立后每年都编制科技计划，下达科研经费。1959—1977 年（其中 1967—1971 年中断），累计安排各类科技计划项目 1497 项，有力推动广州市工业、农业、畜牧业、医药卫生、基础科学等科学技术的发展和推广应用，取得大批重要科研成果。

二、1978—2012 年：广州科技事业蓬勃发展

实施改革开放，我国迎来科学技术发展的春天，广州的科学技术事业也进入一个全新发展阶段。恢复市科委，重建新建一批科研机构及省、市科学技术协会和各种专门学会，探索启动一系列科技体制改革并不断深化，推动广州科技事业蓬勃发展。

1978 年 3 月召开的全国科学大会，邓小平指出，“四个现代化”的关键是科学技术

现代化，强调“科学技术是第一生产力”，并向全社会发出“树雄心，立大志，向科学技术现代化进军”的号召，开启科学之春的新篇章。广州科学技术工作也焕发出勃勃生机。

1. 迎来科学的春天，科技事业开启工作新局面（1978—1991年）

重启科学技术发展规划，确立科技发展重要地位。改革开放以来，市委市政府十分重视科学技术的发展，将科学技术置于社会主义现代化建设的优先发展地位。制订《1978—1985年科学技术发展规划纲要》，提出全面提高广州市国民经济各部门的科学技术水平，建立健全与实现“四个现代化”相适应的科学管理机构和专业研究机构。

1987年，市人大常委会通过《1986—2000年科学技术发展战略纲要》，提出贯彻“经济建设必须依靠科学技术，科学技术必须面向经济建设”的方针，把广州的经济社会发展真正建立在科学技术进步的基础上，使广州逐步成为对当代先进科学技术具有吸收力和内外辐射功能的中心城市。并根据该战略纲要制定《“七五”科技发展计划纲要》，部署电子计算机技术、生物工程技术、新材料技术等新型技术产业发展。

实施重大科技计划，为经济产业发展注入强劲动力。在实施年度科技计划的基础上，广州市根据中央“关于对国民经济影响重大的技术难题集中力量进行攻关”的精神，设立科技攻关计划，并积极与国家科技计划相衔接。至1990年，广州已经形成由科技攻关计划、重点科技计划、引进消化吸收计划、星火计划、火炬计划、软科学研究计划等六大计划构成的科技计划体系，成为全市国民经济和社会发展计划的重要组成部分。

“七五”期间，广州市实施重点科技项目302个，产生一批具有国际先进水平的研究成果；实施消化创新项目86个，发展一批在国内外具有竞争力的新产品；一批重点火炬计划项目列入国家级计划。广州市医药、机电、电子、化工、新材料等领域生产技术大幅提高，产业结构得到优化提升。

推进“两个放活”，探索启动科技体制改革。党的十一届三中全会后，全社会科技创新活力得到激发，科技事业各方面工作发展很快，但科技与经济“两张皮”的问题日益显现，科技体制改革势在必行。1985年3月，中共中央颁布《中共中央关于科学技术体制改革的决定》。广州积极响应，迅速推进落实，先后出台《广州市扩大科研单位自主权的暂行规定》《关于放活科技人员的若干政策规定》，放活科研机构，放活科技人员，实行所长负责制和所长任期目标责任制或承包经营责任制，在组织机构和人事管理上解决科技与经济相脱节的问题。

广州在“两个放活”中坚持“凡是有利于科技与经济结合，凡是有利于调动科技人员积极性的改革，不论什么形式，都给予支持”的精神，逐步形成以科研为主，以生产和经营为两翼的“一体两翼”开放型自我发展的科研机构发展模式。从 1986 年起，推进科研单位与企业组成各种形式的科研生产联合体，并采取课题招标、技术入股、课题承包及科研机构进入企业等方式，加快科技与企业的结合。1987 年，广州被列为全国五个科技体制改革试点城市之一。

率先改革科技经费管理，科技金融发展已具雏形。长期以来，广州一直是科技经费无偿拨款，科技成果无偿转让。为有效运用经济杠杆和市场调节机制，使科技成果商品化，推进科技与经济结合，广州从 1981 年开始探索对技术开发项目或可预期经济效益的科技项目经费实行有偿使用。1984 年，出台《关于有偿使用科技三项经费暂行管理办法的通知》，并与中国工商银行广州分行合作制定科技贷款暂行办法，采取“存一贷二”的方式，扩大科技项目有偿使用的资金范围，基本解决项目经费回收难的问题。

为进一步拓宽科技经费筹措渠道，1987 年，市政府投入资金 1300 万元筹建广州科技投资公司，至 1990 年公司总资产达 5065 万元，投贷总发生额 1.02 亿元；对星火计划、火炬计划、重点科技计划、消化创新计划等 20 多个重大项目给予投资支持，10 个项目分别获国家有关部委和广州市科技进步奖，有力促进科技成果转化为生产力。同期广州市与工商银行、农业银行、建设银行合作开办科技贷款业务，累计发放科技贷款达 1.07 亿元，支持 338 个项目发展；其中，23 个达国内先进水平，19 个填补国内空白，29 个创国优、部优，新增产值 43815 万元。在全国首届科技贷款成果展览会上，广州市获奖数量在全国 43 个展团中居首位。

搞活科技成果交流，建立多层次的技术交易市场。1981 年，举办广州地区首届科技成果交流会，省内外 85 家高校和科研单位、1200 多项成果参展，成交额达 42 万元。这是广州市科技市场发展活跃的重要标志，科技成果转让、技术服务、科技咨询、人才交流等科技贸易活动在全市兴起。1985 年出台的《广州市技术市场管理的暂行规定》，进一步规范、指导技术市场健康持续发展。1988 年，国家科委批准在广州设立全国新技术新产品展销中心。1989 年，由国家科委和广州市政府联合主办全国首届新技术新产品博览会，全国 583 个单位组成的 60 个展团，以及来自 13 个国家和地区的 150 多名海外客商参展，成交额达3.015亿元。此后全国新技术新产品博览会发展迅速，至1999年，累计成交额98亿元，占当时全国技术市场成交额的三分之一。

抓住高新技术产业发展机遇期，积极建设高新区。高新技术产业一直是科技进步推动经济发展的最前沿，1985年以前，广州只有19家经认定的高新技术企业，生产38种经认定的高新技术产品。1990年，国务院决定继北京中关村高新技术产业开发区之后，在全国再批准建设一批高新技术产业开发区，享受相应政策优惠。广州抓紧对高新区机构设置、管理权限、发展格局等问题开展研究，积极向国家科委争取政策措施落地。1991年，国务院正式批复天河高新技术产业开发区为国家级高新技术产业开发区。市政府制定《关于加快广州天河高新技术产业开发区建设的实施办法》《广州天河高新技术产业开发区若干政策的暂行规定》《广州天河高新技术产业开发区高新技术企业认定条件和办法的实施细则》等一系列优惠政策措施，全面打造适合高新技术发展的环境。天河高新技术产业开发区的建设，抓住高新技术产业蓬勃发展的机遇，仅1992年高新区新增企业300多家，投资额达7.2亿元，科工贸总收入翻一番，达75亿元，为广州高新技术产业布局和发展奠定良好的开端。

多方努力建立渠道，开启科技对外交流合作窗口。1981年，在市科委直属单位广州市科学技术交流馆设立广州市对外科技交流中心，在探索中开展国内外科技培训、研讨、交流，组织日本医疗设备技术交流会、联邦德国叶氏牙科器材技术研讨会、国外电力设备技术交流会、科技管理国际学术研讨会等一系列活动。1988年，市科委与香港越秀企业集团合资成立香港越秀科技发展有限公司，首次在香港设立“窗口”，拓展科技对外合作交流通道。

2. 加快发展步伐，科技事业进入改革开放深水区（1992—2012年）

1992年初，邓小平发表南方谈话，提出“要抓紧有利时机，加快改革开放步伐，力争国民经济更好地上一个新台阶”。这为我国稳步走上有中国特色社会主义市场经济发展道路奠定思想基础，掀起新一轮改革开放的热潮。

制定科技兴市规划，全面实施“科教兴国”战略。20世纪80年代末，广州市委市政府提出“科技兴市”构想，成立“科技兴市”研究规划小组。经过大量研讨、考察、征求意见，于1992年发布实施的《广州科技兴市规划（1990—2005年）》，提出大力发展国家级技术进步企业，发展高技术、高附加值产品，提出利用15年的时间，即到2005年赶上亚洲“四小龙”当时的科技水平。

1995年，中共中央印发《关于加速科学技术进步的决定》，提出实施科教兴国的重大战略，把经济建设重心转移到依靠科技进步和提高劳动者素质的轨道上来。广州市委市政府召开全市科技大会，明确全面落实“科学技术是第一生产力”思想，再次强调实施科教兴市战略，依靠科技进步提升广州经济建设、社会发展、城市管理和市民素质水平，加快现代化建设步伐。

自“科技兴市”战略实施以来，广州连续五次被科学技术部评为“全国科教兴市先进城市”“全国科技进步先进城市”。至2005年，全市科技进步对工业经济增长的贡献达50.8%，工业高新技术产品产值占工业总产值达25.3%。

构建区域创新体系，率先建设创新型城市。2006年，中共中央、国务院召开全国科学技术大会，部署实施《国家中长期科学和技术发展规划纲要（2006—2020年）》，明确提出到2020年使我国的自主创新能力显著增强，进入创新型国家行列。广州随即召开全市建设创新型城市工作会议，对创新型城市建设作出总体部署，提出到2015年在国内率先建成创新型城市。

市委市政府高度重视科学技术对经济社会发展的支撑地位，《广州市国民经济和社会发展第十一个五年规划纲要》由科技、发改部门牵头编制并颁布实施，提出促进科学技术和高新技术产业发展的自主创新战略和协调发展战略，建成比较完整的适应市场经济体制和科技发展自身规律的区域创新体系，使广州成为全国重要的科技创新基地和高新技术产业化基地。

经过“十一五”时期的系统规划和建设，至2010年，已建成广州中科院工业技术研究院、中科院广州生物医药与健康研究院等高水平创新平台；拥有国家级工程技术研究开发中心12家、企业的技术中心17家，国家重点实验室11家、工程实验室4家，省市级工程技术研究开发中心188家。初步形成以企业为主体，国家级创新平台为龙头，省市级创新平台为支撑的区域技术创新体系，获批“国家创新型城市建设试点”。

聚焦提升自主创新能力，高新技术产业迅猛发展。高新区是高新技术产业发展的集聚区和龙头抓手。1997年，市政府对广州高新区管理体制进行调整，形成由广州科学城、天河科技园、黄花岗科技园、民营科技园和南沙资讯科技园组成的“一区多园”“五区合一”的新格局。同时以软件产业和生物医药产业作为发展高新技术产业的两大突破口，先后实施“电子信息”“装备工程”“电子商务”等一系列重大科技专项计划，以CEPA签署和粤港澳区域经济整合、大珠三角经济的整合为契机，设立科技示范企业“扶优扶强”专项资金。

2004年，广州召开加快高新技术产业发展大会，提出加快完善区域创新体系，加快高新技术产业集群化发展。2008年，市委市政府印发《关于大力推进自主创新加快高新技术产业发展的决定》，明确提出将推进自主创新、加快发展高新技术产业作为主导广州全局和长远发展的优先战略，连续三年每年投入10亿元以上用于推进自主创新和加快高新技术产业发展。2010年出台的《广州市创新型企业建设工作方案》，在市财政科技经费中设立“创新型企业”专项资金。至2011年，全市拥有高新技术企业1254家，软件企业946家，技术先进型服务企业54家，创新型（试点）企业240家，全市工业高新技术产品产值超6300亿元，接近2001年的11倍，占当年工业总产值的比重达40.26%。

完善政策法规体系，持续推进科技体制改革。为加强技术创新，吸引各类科技资源汇聚，广州在全国首创科技三项经费使用上实行的“三个不分”（“不分所有制、不分地域、不分隶属关系”）原则，并于1998年颁布实施《广州市科学技术经费投入与管理条例》，从法律上对科技投入予以保障。

2000年颁布实施的《广州市促进科技成果转化条例》，对成果转让办法、转让收益、人员激励等进行规范，进一步激发科研人员推动科技成果向市场化应用转化的积极性。颁布实施《广州市科学技术普及条例》，加强科普场所和科普队伍建设，鼓励和支持社会力量兴办各类科普基地，积极开展形式多样的科普活动。出台《广州市科学技术普及基地认定办法》，在全国较早开展科普基地认定工作。2002年出台的《广州市科技计划管理调整与改革若干意见》，构建符合政府职能转变要求的新型科技计划管理体制，设置重大科技专项计划，体现“有限目标、突出重点”的原则，进一步发挥财政科技资金较强的导向性。

积极探索多元化投入机制，打通科技成果转化关卡。1992年成立的广州市科技进步基金会，是国内第一个科技进步基金会。1992—2000年，共筹集来自港澳地区李嘉诚、李兆基、何鸿燊等企业家及企业集团的捐赠资金1亿多元，支持重大科技活动、科技项目、科技奖励近4800万元，选派84批次共1634人赴德国、英国、美国、日本、韩国、中国香港等国家及地区培训，进一步拓宽科技对外合作交流通道。1996年，国务院《关于“九五”期间科技体制改革的决定》提出“积极探索科技发展风险投资机制，促进科技成果转化”，1998年的《关于加快发展我国风险投资事业》提案被全国政协列为“一号提案”。1999年，市政府首期出资3亿元成立广州科技风险投资有限公司，代表广州市探索以风险投资模式支持科技产业快速发展。后经过三次增资，到2004年11月，公司注册资本增至8亿元，立足服务广州实体经济，坚持科技创新驱动发展，已搭建成集天使投资、VC[1]、PE[2]、并购、定向增发、公募基金等于一身的全金融产业链投融资服务平台。在2002年、2003年连续名列中国本土十大创业投资机构，曾获中国创业投资公司（基金）历史综合排名50强等荣誉，有力促成广州市在2011年获批成为全国首批16个科技和金融结合试点城市之一。

2001年，广州科技风险投资有限公司等七家企业共同发起设立广州技术产权交易所股份有限公司，于2011年合并成立广州交易所集团，全面覆盖各类国有资产交易，深入挖掘绿色产业、高新技术成果转化与普惠金融相结合的产融服务。2017年，发起共建华南技术转移中心，打造国家级技术交易平台。

2010 年，市委市政府制定出台《关于加快吸引培养高层次人才的意见》及 10 个配套实施办法，设立高层次人才专项扶持资金，启动实施“羊城学者”特聘岗位计划、121 人才梯队工程[3]、创新创业领军人才百人计划、珠江科技新星专项计划。科技创新人才政策由单一引进发展到针对产业发展需求重点引进，外部高层次人才引进与本地优秀青年骨干科技人才和学科技术带头人培养相结合，形成多层次、全方位吸引培养高层次人才的工作机制，有效促进高端人才集聚。至 2011 年，广州拥有两院院士 35 人，珠江新星 100 人，博士后工作站 55 家，为高新技术产业特别是战略性新兴产业发展提供人才保障。

三、党的十八大以来，广州加快建设科技创新强市

党的十八大以来，以习近平同志为核心的党中央对科技创新进行顶层设计和系统部

① VC（Venture Capital）又称“创业投资”，是指由职业金融家投入到新兴的、迅速发展的、有巨大竞争力的企业中的一种权益资本，是以高科技与知识为基础，生产与经营技术密集的创新产品或服务的投资。

② PE（Private Equity）私募股权投资是通过私募形式对非上市企业进行的权益性投资，在交易实施过程中附带考虑了将来的退出机制，即通过上市、并购或管理层回购等方式，出售持股获利。

③ 121 人才梯队工程指争取用 5 年时间，培养出 10 名站在国际科技前沿的中国科学院、中国工程院院士后备人才（第一梯队），20 名具有国内领先水平的“新世纪百千万人才工程”国家级后备人才（第二梯队），100 名在学科专业领域起骨干带头作用的、享受政府特殊津贴的后备人才。

署，提出实施创新驱动发展战略，强调科技创新是提高社会生产力和综合国力的战略支撑。广州市强化创新第一动力，遵循“科学发现、技术发明、产业发展、生态优化、人才支撑”全链条的创新发展规律，打造国际科技创新枢纽，积极共建粤港澳大湾区国际科技创新中心，加快建设科技创新强市，推动科技创新赋能老城市新活力，全市科技创新工作开创新局面。根据《全球创新指数报告》，广州在全球创新集群百强排名由2017年的第六十三位、2018年的第三十二位提升至2019年的第二十一位。入选《自然》杂志全球科研城市50强，居第二十五位，在入选中国城市中，排名从2015年的第九位上升到第五位。

（一）提升原始创新供给能力，科学发现取得新成效

基础研究布局取得重大突破。联合中科院建设广州南沙科学城和中科院明珠科学园，打造重大科技基础设施、前沿交叉学科平台、成果转化中试应用、科教融合等四大功能区，明珠科学园已于2019年9月26日启动建设，拟推进入驻项目15个。深入贯彻《中共中央国务院关于支持深圳建设中国特色社会主义先行示范区的意见》，共建广深港澳科技创新走廊，争取国家以广州南沙科学城、深圳光明科学城、东莞中子科学城、深港特别合作区为主要承载区，建设粤港澳大湾区综合性国家科学中心。再生医学与健康、南方海洋科学与工程、人工智能与数字经济、岭南现代农业科学与技术等4家省实验室先后启动建设。

重大科技基础设施建设快速推进。瞄准国际科学前沿和战略必争领域，系统性布局重大科技基础设施，市、区计划投入资金约150亿元，建设冷泉生态系统、动态宽域飞行器试验装置、人类细胞谱系、极端海洋环境综合科考系统等重大科技基础设施，力争为前沿科学技术和经济社会重大需求问题研究提供长期的、关键的科学技术支撑。已启动建设新型地球物理考察船、天然气水合物钻采船（大洋钻探船）等项目，冷泉生态系统、人类细胞谱系等重大科技基础设施进入预研阶段，正积极筹划动态宽域飞行器试验装置预研项目。其中，动态宽域飞行器试验装置建成后将带动粤港澳大湾区基础科研与空天高科技产业的发展，助力我国成为空天往返、临近空间技术领域的领跑者。冷泉生态系统大科学装置将为绿色开发可燃冰资源、安全、生物医药、生物育种、深海装备制造等交叉前沿领域提供研究平台。人类细胞谱系大科学研究设施将打造国家人类细胞谱系资源库，为大湾区生物医药产业发展奠定坚实的科技基础。

基础和应用基础研究体系不断完善。制定出台《广州市加强基础与应用基础研究

实施方案》，构建以高水平实验室为龙头，以重大科技基础设施和创新平台为支撑的基础科学研究支持体系。与广东省科技厅共同设立广东省基础与应用基础研究基金广州市联合基金，每年投入 8000 万元，支持粤港澳地区基础和应用基础研究。21 项成果获评 2018 年度国家科学技术奖，占全省获奖项目总数的 47%。李立浧院士主持完成的“特高压 ±800kV 直流输电工程”荣获国家科技进步奖特等奖，实现省市牵头完成特等奖项目零的突破。中国地质调查局广州海洋地质调查局承担的我国“首次海域天然气水合物试开采”入选 2017 年度中国十大科技进展。由中国科学院广州地球化学研究所“将人类生活在黄土高原的历史推前至距今 212 万年”研究成果入选 2018 年度中国科学十大进展。省市共同出资设立自然科学基金“广东省—广州市联合基金”。

（二）加强关键核心技术攻关，技术发明迈上新台阶

支持关键核心技术研发。围绕产业链部署创新链，重点支持新一代信息技术、人工智能、生物医药、新能源、新材料等领域 14 项共性关键技术攻关，瞄准 AR/VR（增强现实技术／虚拟现实技术）、物联网、新型精准诊断和治疗、量子传感与量子通信、区块链等 9 个未来产业关键技术领域研发攻关。制订出台《广州市重点领域研发计划实施方案》，重点支持新一代信息技术、人工智能、生物医药、新能源、新材料、海洋等领域的关键核心技术攻关，着力攻克一批“卡脖子”关键技术。首批已启动脑科学与类脑研究、新材料、人工智能应用场景示范 4 个重大科技专项。2018 年，全年发明专利申请量 5.0169 万件，同比增长 35.8%，成为首批国家知识产权强市创建市。成功制造全球首款石墨烯彩色电子纸、全球首款载人无人驾驶飞机，研制成功世界首台全自动干细胞诱导培养设备。钟南山院士领衔的广州市健康医疗协同创新重大专项四年来成效显著，获得国家级奖励 13 项、省部级奖励 24 项，注册新产品 75 项。

加强创新平台体系建设。聚焦 IAB 和 NEM 产业，布局建设中国科学院自动化研究所人工智能与先进计算研究院等 6 家广东省高水平创新研究院，并被直接认定为省级新型研发机构，数量位居全省第一。全市共有新型研发机构 50 家，数量居全省第一。支持在广州地区的高校、科研院所建设重点实验室，2018 年，全市共有国家重点实验室 20 家、占全省 69%，省重点实验室 233 家、占全省 66%，市重点实验室 165 家。科技企业孵化器、众创空间总量分别达 306 家、214 家，共有 32 家孵化器、29 家众创空间获得 A 类评价，两项数量均位居全省第一。

实施促进科技成果转移转化行动。开展高校、科研机构科技成果转移转化试点，推进中山大学、华南理工大学和大学城周边的开放式科技成果转化基地建设，促进高校和科研院所的科技成果在穗转化落地，探索出一批卓有成效的经验。根据广州日报社发布的《在穗主要高校和科研院所支撑地方经济社会发展评价报告（2019）》显示：2018年，在穗主要高校拥有各类高层次人才2161人，其中九成全职在广州工作；拥有国家级重点实验室和工程中心60个，其中57个在广州；拥有省级重点实验室和工程中心644个，其中576个在广州，三项比例均约为九成；主要高校、科研院所孵化参股/控股企业198家，其中133家在广州，占比达67%。高校技术力量及技术成果在穗转化比例高。加快建设华南（广州）技术转移中心，线上总平台"华转网"正式上线运营，完善技术交易市场服务体系。全市技术合同交易呈现突飞猛进的势头，2018年，广州技术合同成交额719.02亿元，在2017年的基础上翻了一番，近年来首次居全省第一；2019年广州技术合同成交额继续大幅提升，突破1000亿元。

（三）发挥科技企业支撑作用，产业发展积蓄新动能

实施分层分类服务科技创新企业做优做强做大行动，持续抓好高新技术企业培育。2015年，广州市出台《广州市科技创新小巨人企业及高新技术企业培育行动方案》，加大财政投入，强化高新技术企业培育。2018年，广州市在全国率先出台《广州市高新技术企业树标提质行动方案（2018—2020年）》，更加注重企业发展质量，推动高新技术企业做强做优做大，从知识产权创造、高新技术产品出口、企业所得税优惠、企业技术改造、国企转型升级、高企从业人员积分制服务、申请公租房政策和科技中小企业融资等方面对企业提升创新能力提供支持。

2016—2018年，广州高新技术企业数量年均增长率为57.39%，年均增速在国内主要城市中位居第一，创造连续三年快速增长、年均增长超3000家的"广州速度"。2019年，全市高新技术企业数量超1.2万家，继续保持在全国各大城市中的领先优势。习近平总书记视察广州期间，接见的明珞装备、禾信仪器、洁特生物等12家民营中小企业均为广州高新技术企业。在国家科技型中小企业备案入库企业9283家，连续两年居全国第一。在由科技日报社、中国科技网主办的"创新中国·2018年度评选"中，广州42家高新技术企业入选，占全国总数近七分之一。广汽集团、唯品会、网易入选《财富》未来全球企业50强榜单。9家企业入选《2019胡润全球独角兽榜》。134家企业进入广东企业创新能力500强，总数位居全省第一。德勤"2019广州高科技高成长20强"企

业近三年平均营收增速为13.8倍，其中，有6家企业入围“2019德勤高科技高成长中国50强”。

突出中小企业能办大事。中小科技企业逐渐从“小而多”到“精而强”蜕变，在部分行业细分领域的技术处于“领跑”“并跑”地位，培育形成一批“隐形冠军”和“单打冠军”。明珞装备研发的全球首台自动钻孔机器人在南非、北美投入使用。亿航智能推出全球首款载人无人机。奥翼电子推出全球首款石墨烯电子纸。聚华显示推出全球首款量子点喷墨打印显示样机。金发科技成功研发亚洲唯一完全生物降解塑料。小马智行上路全国首支无人驾驶车队。佳都科技在生物识别、智能视频分析等人工智能领域掌握自主核心技术，多项技术达到国际先进水平。云从科技刷新3项世界纪录，获得中国智能科技最高奖“吴文俊人工智能科学技术奖”。

企业创新能力不断提升。联合税务部门落实企业研发费用加计扣除等政策，引导企业加大研发投入，支持企业设立研发机构。2018年广州市经税务部门核定的企业申报享受税前加计扣除的研发经费为412亿元，较上年增长72.22%。规模以上工业企业建立研发机构的比例提高至44.35%，5亿元以上大型工业企业研发机构实现全覆盖。形成国家先进高分子材料产业创新中心、国家印刷及柔性显示创新中心、省智能网联汽车创新中心、省机器人创新中心等一批企业牵头建设的国家级、省级研发中心。广汽集团、万孚生物等龙头企业在境外设立研发中心20余家。2018年，企业专利授权数较上一年增长63.15%，达6.95万件；企业拥有注册商标数较上年增长38.08%，达95万个。

高质量发展作用不断强化。广州共建有信息、软件、生物、新材料、高技术服务业、综合性高技术产业等6大国家级高技术产业基地，获得国家电子商务示范城市等6个国家级示范城市称号。微信月活跃账户数达9.38亿，用户覆盖200多个国家和地区。UC浏览器是全球最大的第三方移动浏览器，用户总数超5亿户，遍及全球150个国家和地区。基因检测领域拥有4家上市企业，数量为全国最多。无人机领域企业有30多家，年产值超10亿元，占全国无人机产业产值的20%。富士康超视堺、乐金、聚华、创维等为代表的新型显示产业规模突破千亿级。2019年前三季度，全市高新技术产品产值占规模以上工业总产值的48.8%。

2019年，成立以市政府主要领导为组长的广州市科技金融工作领导小组，出台《广州市促进科技金融发展行动方案（2018—2020年）》，完善“创、投、贷、融”科技金融服务生态圈。出台《广州市鼓励创业投资促进创新创业发展的若干政策规定》，给予符合条件的在穗创业投资管理机构最高达800万元奖励支持，吸引风投创投落户广州。设立广州市科技成果产业化引导基金，引导天使投资、创业投资、跨境风投进入广州科技创新领域，已完成第一期申报。2019年设立5只子基金，带动社会资本超50亿元，其中将设立10亿元规模的港澳青年创新创业基金，主要投资港澳青年创业项目。科技信贷风险补偿资金池共为全市1470家企业提供贷款授信累计超200亿元，累计发放贷款超140亿元，撬动杠杆超35倍。全市共有10家企业申报上交所科创板并获受理，累计5家企业通过科创板上市审核，方邦股份、中国电研成功在科创板上市。

（四）营造创新创业良好环境，生态优化焕发新活力

推动科技创新立法，构建"1+9"科技创新政策体系。2013年4月，广州市人大常委会公布《广州市科技创新促进条例》，自2013年7月1日起施行。这是广州市第一部促进科技创新的综合性地方法规，标志着广州进一步实现创新发展规范化、科技投入法制化、科技计划制度化、科技管理服务科学化，全社会形成加速推进科技创新、建设国家创新型城市的共识。2015年，市委市政府推出"1+9"科技创新系列政策，其中"1"为《中共广州市委广州市人民政府关于加快实施创新驱动发展战略的决定》，是实施创新驱动发展战略的纲领性文件；"9"为9份对纲领性文件进一步细化落实的配套政策文件，主要内容包括增强企业创新能力、完善科技创新平台、促进科技金融发展、吸引科技创新人才等，形成以一个纲领性文件加若干配套政策的创新政策体系。在"1+9"科技创新政策框架下，持续推出一系列细化落地的政策措施，包括科技创新小巨人企业和高新技术企业培育、实施科技创新券、支持企业设立研发机构、发展众创空间、推进科技成果处置权收益权改革等，并根据政策实施情况适时组织评估，及时修订完善，为全市科技创新工作提供源源不断的政策活力。

持续优化政策环境。认真贯彻"省科创12条"创新政策，出台《广州市进一步加快促进科技创新的政策措施》，提出减轻境外人才税负、向港澳开放科技计划、建设保障型人才住房、提升服务科技企业能力和加强科研用地保障等政策。制定《广州市建设科技创新强市三年行动计划（2019—2021年）》，提出广州建设科技创新强市三步走的目标，形成八大重点行动、强化四大保障，明确全市科技创新工作今后一段时间的思路和方向。推进科技创新领域简政放权，探索建立既符合科技创新规律又适合市场规律的科技创新政策体系，激发创新活力。出台《广州市合作共建新型研发机构经费使用"负

面清单”（2019 年版）》和《广州市服务科研院所建设发展的若干措施》政策，赋予科研院所更大自主权，放宽科技经费使用门槛，鼓励科研院所加大基础研究和应用基础研究力度。这项工作走在全国前列。

施行简政放权，力推科技体制机制改革。针对广州科技创新领域各项管理工作中存在的流程复杂、手续繁琐、监管力度不足等问题，为进一步深化改革创新，推进形成充满活力的科技管理和运行机制，2016 年印发的《广州市科技创新领域简政放权改革方案》，提出一系列政策突破力度大、在国内具有领先示范意义的改革措施。广州在科技创新领域的简政放权改革，按照科技创新发展的重点领域和关键方向，优化并重构科技计划体系。简化管理流程，奖励类普惠性项目不再纳入立项管理，推行“申报审核一张表”，精简项目申报和评审材料。在全国率先开展项目立项决策权和管理权下放试点，赋予项目承担单位更大的自主权，2018 年试点下放项目 550 项，支持经费达 1.15 亿元。广州深化科技体制改革，推进科技创新领域简政放权的做法受到国家、省相关部门以及媒体的广泛关注，如国务院办公厅《信息专报》刊登的《广州市加大简政放权力度，破解困扰科技创新的沉疴积弊》。2019 年，推行体制机制改革，合并市外国专家局，成立广州市科学技术局（挂广州市外国专家局牌子）。实施“以赛代评”，将中国创新创业大赛与广州市科技型中小企业技术创新专题深度融合，采用市场化评选方式，按广州赛区决赛成绩优选一批优质科技型中小微企业予以奖励性后补助支持。广州企业在第八届中国创新创业大赛全国总决赛斩获佳绩，其中获得 2 项全国一等奖，占广东省赛区参赛企业获奖数（7 项）的 71%，获大赛广东省赛区一等奖 10 项，占总数（12 项）的 83%，创历史最好成绩。

深化穗港澳协同创新。推进穗港澳三地科技创新规则对接，广州市科技计划项目向港澳开放申报，加快各科技要素在大湾区自由流通。2019 年 8 月 1 日，南方海洋科学与工程省实验室向香港科技大学成功拨付香港分部 2019 年建设经费 3000 万元和港澳科研开放基金 800 万元，首次实现广州市科研资金成功跨境。成立推进高新技术企业赴港上市工作小组，推动成立大湾区科技创新服务中心，与香港理工大学和中银香港分别签订合作备忘，助力广州市中小企业与香港金融机构建立合作机制。与香港大学、香港理工大学、香港科技大学、澳门大学、澳门科技大学等港澳高校深化交流合作，建成对港澳科技合作平台 33 个。与香港科技创新署、香港应科院、香港科技园、澳门高教局科技厅、澳门国际科技产业发展协会等机构建立工作联系机制，推动穗港澳三地在更宽领域、更大范围、更深层次开展合作。

（五）集聚全球高端智力资源，人才支撑实现新突破

人才“虹吸”效应明显。深入实施“广聚英才”计划，依托市产业领军人才集聚工程、“红棉计划”和省珠江人才计划、特支计划等重大人才项目，吸引优秀高层次人才来穗，颁发人才绿卡6000多张。高级职称专业技术人才数量突破20万人，较上一年增加1.9万人。2018年，广州市R&D人员20.36万人，较2012年的12.87万人增长58.19%，每万名从业人员中从事R&D研究人员数为149.70人年/万人，较上一年增加12.85人年/万人。

领军人才不断积聚。充分发挥在广州的高水平院校和国家级研究机构众多、科技创新支持力度大等优势，先后引进16位基础研究顶尖科学家及其团队以及34个高水平科研团队。在穗工作的“两院”院士98人，国家级人才工程入选者598人。5位专家入选2019年度中国政府友谊奖，入选人数创历史新高，占全省入选人数的71%。

搭建引才聚才平台。办好中国海外人才交流大会暨第21届中国留学人员广州科技交流会、小蛮腰科技大会、《财富》全球科技论坛、中国创新创业大赛（广州赛区）、第二届粤港澳大湾区创投50人论坛等高端创新活动，进一步汇聚全球智力资源，打造国际化人才高地和人才首选地。

引才引智环境不断优化。外国人来华工作许可制度以“两个率先”走在全国前列：在全国率先实现外国人工作许可及居留许可“一窗受理、并行办理”；率先将外国人工作许可办结时间从20个工作日内压缩到7个工作日内，在全国主要城市中排名第一位。持有效工作许可在穗长期工作的外国人1.62万人，人数排名全国第四位，较上一年增长20%。持A类工作许可在穗长期工作的外国人3265人，较上一年增长49%。认定为外国及港澳台高层次人才54人（外籍42人、港澳12人），占全省的72%，为上一年的3.9倍，深圳的5倍。截至2019年底，在穗工作的诺贝尔奖获得者8人，外籍院士超20人，国家海外高层次人才引进计划特聘专家389人。率先出台粤港澳大湾区范围内个人所得税优惠措施的具体实施文件，完成首批享受个税高端人才资格认定。

按照市委市政府的部署，广州市科技局将瞄准共建粤港澳大湾区具有全球影响力的国际科技创新中心这一核心任务，携手港澳加强国际科技创新合作，建设科技创新强市，支撑广州国际化大都市建设，推动广州发展出新出彩，实现老城市新活力。一是聚焦科学发现。加快南沙科学城、明珠科学园建设，进一步集聚中科院现有在穗资源和今后拟入驻资源，引进更多国际一流的重大科技基础设施和重大创新平台，培育国家实验室“预备队”。二是抓好技术发明。创建粤港澳大湾区新兴产业国家技术创

新中心，实施重点领域研发计划，突破一批“卡脖子”关键核心技术，增强国际科技竞争话语权。三是突出产业发展。持续实施分层分类服务科技创新企业做优做强做大行动、高新技术企业树标提质行动，加大研发费用加计扣除、高新技术企业税收优惠等政策落实力度，打造一批具有核心竞争力的龙头企业和独角兽企业。四是优化创新生态。深化“放管服”改革，开展高校、科研机构科技成果转移转化试点，发挥广州市科技成果产业化引导基金作用，加快推进科技创新企业在境内外上市，利用多层次资本市场发展壮大。

参考文献：

1. 广州科学技术志编纂委员会 . 广州科学技术志 .

2. 广州市地方志编纂委员会 . 广州市志：卷十四 [M]. 广州：广州出版社，1999.

3. 广州市社会科学院 . 广州蓝皮书：广州创新型城市发展报告（2019）[M]. 北京：社会科学文献出版社，2019.

4. 改革开放 40 周年广州科技发展成就 . 市科技局内部资料，2018.

（参编人员：雷进　陈发传　丁禹　董淑婷　张静娜）

第十四章

教育事业发展

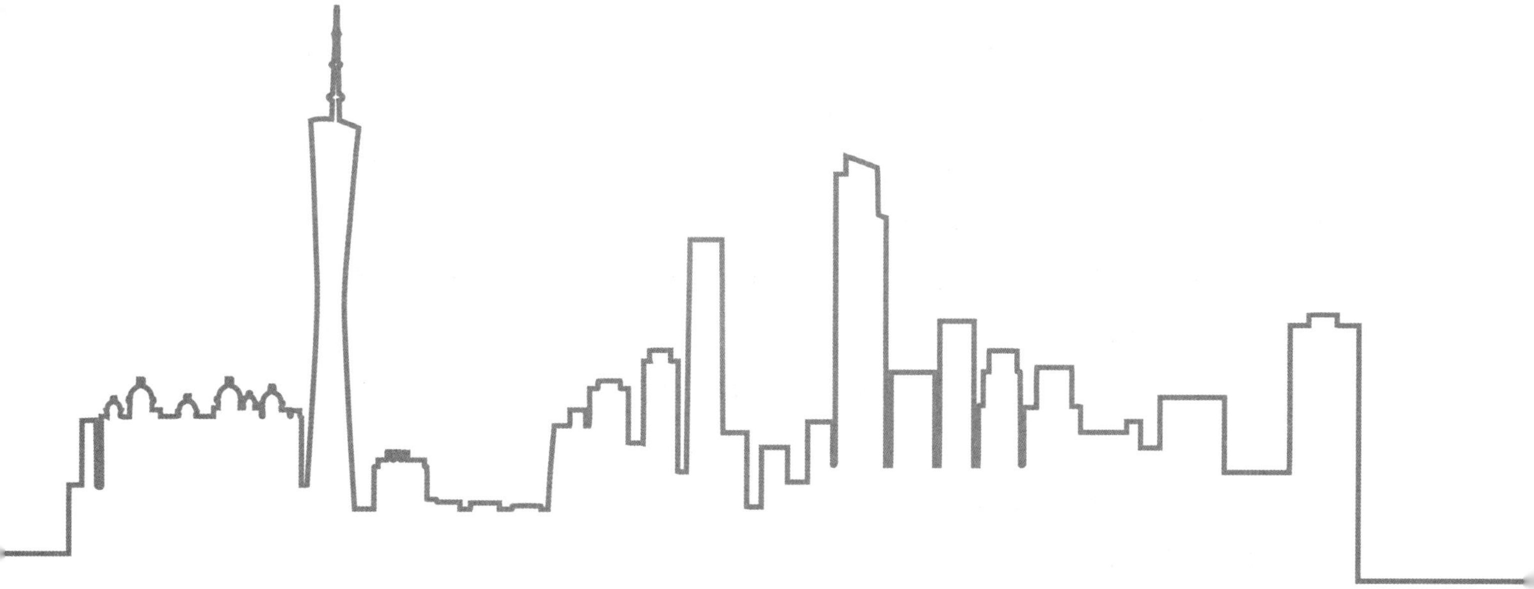

广州文脉长兴、教育绵长，具有尊师重教的厚重底蕴和乐教兴教的良好风尚。新中国成立后，广州教育持续发展。尤其是改革开放以来，广州坚持优先发展教育，深化教育改革创新，促进均衡优质发展，推动广州教育质量稳步提升，逐步形成现代教育体系。

一、1949—1978 年：广州教育砥砺前行

1949—1978 年，广州教育从最初的维持现状，逐步改造到“文化大革命”后的恢复发展等阶段，几经波折，最终走上了健康发展的道路。

1949 年 10 月 14 日，广州解放。10 月 28 日，广州市人民政府正式成立。人民政府把人民利益放在首位，制定《广州市农民业余教育实施方法》，开展扫除文盲，建立初、中等业余教育的工作。为解决干部资源不足问题，于 1950 年 1 月 1 日成立南方大学专门用于培训革命干部。1952 年，南方大学并入华南师范学院。

按照“维持现状、逐步改造”的方针，1951 年，市政府对私立学校采取扶持政策，要求教会学校不再接受外国津贴，改组国民大学、岭南大学、广州大学、文化大学、珠海大学、广州法学院、南方商科学校，并将这 7 所学校合并为华南联合大学。从 1953—1956 年，有步骤地将 214 所私立中小学和 16 所教会办中小学改为公办学校。

1956 年，新办广东教育学院、广州中医学院、广东民族学院、广州师范专科学校等高校。至 1957 年，广州市中、初等教育投入为 2.15 亿元，建筑校舍面积 39 万平方米，新增中小学学位 16.56 万个。1957—1966 年，广州教育事业迎来一个发展高峰期。这一时期培养的学生，很多都成为建设新中国的领军人物和栋梁之材。1957 年，在广东省委第一书记陶铸的主导下，诞生于南京、迁徙于上海、流落于福建的暨南大学，在广州得以复办，陶铸担任复办后第一任校长。

1958 年，新增 7 所大学和 16 所中等专科学校。当时，普通中小学基本由国家包办。1964 年下半年，广州地区试行半工（农）半读教育。到 1966 年初，广州地区的中专学校已恢复发展 48 所，在校生 1.77 万人。20 世纪 50 年代末，在干部中全部扫除文盲，职工和城市居民中的扫盲任务也于 60 年代后期全部完成。至 1965 年，从扫盲班到大专的各类职工业余学校均已齐备，质量较好，职工教育体系形成。在农村，随着农业合作化的进程，扫除文盲工作持之以恒地开展。1964 年，为适应国际交往需要，又创办了广州外国语学院。至 1965 年，广州高校共 14 所，在校学生 5239 人，教职工 4834 人，其中专任教师 4580 人。

“文化大革命”期间，大学停止招生 4 年，中小学停课达两年半之久，教师队伍遭到严重摧残，校舍、设备受到严重破坏，教学质量严重下滑。1970 年，暨南大学被撤销，广州医学院改为中级卫生学校。1972 年，颁布《广州市中小学教师工作的基本要求》以及学校以教学为中心的五项规章制度，广州市着手整顿学校，恢复正常教学秩序。不久，又受“反复辟”“反回潮”的冲击，学校秩序再度陷入混乱。教育投资缩减，1971—1976 年，平均每个中学生占有全年教育经费 43.8 元，还不到 1965 年（114 元）的 40%。

1977 年，高考制度恢复，振奋人心，这成为广州高等教育发展的里程碑。当年广东省共有 530279 人报考，仅仅 8752 人被录取，录取率仅为 1.7%，仍远远低于全国 29：1 的平均录取率。1978 年，复办暨南大学、广州师范学院。同时，中等学校恢复招生考试制度，撤销中小学农村分校，使用全国统编的新教材，恢复重点中小学设置。

种种“拨乱反正”举措，使得广州教育事业得到恢复发展，逐步走上蓬勃发展的轨道。

二、1978—2012 年：广州教育奋力崛起

改革开放伊始，党中央对教育工作作出一系列新论断和新决策，对于正处在恢复发展关键阶段的广州教育而言，如同注入发展的“强心剂”。广州市根据“调整、改革、整顿、提高”的方针，要求各级学校把工作重点转移到教学上来。自此，杏坛回春，羊城教育开始复苏。

（一）教育改革，蓬勃发展（1979—1990年）

1979—1990年，广州教育经历从“恢复发展”到“改革提高”两个阶段。1981年起，广州拉开“改革提高”的序幕。全市当时有重点中学14所、重点小学24所。市区

14所完全中学被改为初级中学，市内4区及市属6县共246所小学不再附设初中班，6县筹办了初级中学15所。改革学制，省、市重点高中改为3年制，小学恢复6年制。中等教育结构单一化状态开始扭转，教育质量逐步改善。1981年，经教育部核定，中山大学、华南工学院、中山医学院、华南农学院为全国重点大学。

1984年，广州全地区实现普及小学教育，普及率98.28%。1985年，广州市教育委员会成立，负责统筹、协调、指导各类教育，管理市属高校。同年5月，《中共中央关于教育体制改革的决定》发布，广州市根据“基础教育由地方负责、分级管理的原则”，采取措施充分调动区（县）、乡（镇）、村办学的积极性，并在中小学积极推行人事制度等各项改革。当年，各类中等职业技术学校（班）招生数与普通高中招生数比例已经接近5：5。1990年，全地区96.6%的小学毕业生升入初中，全市普及九年义务教育和高标准扫除青壮年文盲。1991年，通过“普九”复查验收，老城区初中毕业生升学率达95.33%。

1988年，为推进农村教育改革发展，国家教委正式部署实施“燎原计划”。1989年，广州市确定从化为“燎原计划”实验县，番禺、花县（现花都区）、增城和白云的20个镇为示范镇。从化被定为全国115个农村教育综合改革实验县之一。“燎原计划”的核心为改革农村教育体制，调整教育结构，深化农村教育综合改革，开展对农民的文化科学技术教育培训。为此，全市组建县、镇、村三级成人文化技术学校，为广大农民和乡镇企业干部职工提供教育培训服务。1991年，“燎原计划”实验县扩展到花县、番禺，示范镇也增加到38个。在20世纪90年代，广州市农村参加各类实用技术培训的农民达720多万人次，每年递增10万人次左右。1998—2000年，每年参加各种教育培训的农民和乡镇企业职工都超过80万人次，相当于20世纪90年代初期的3倍。1992年，广州市继续推广“县办校、镇办班”的办学方式，巩固和发展农村三级成人教育网络。1997年，全市所有镇都已实施“燎原计划”，有26个镇达到省规定的标准。1999年，省级示范性乡镇成人文化学校已增加到13所。

“燎原计划”的实施，使广州的农村教育得到极大改善，并探索出一条由农业、科技、教育相结合的路子。

（二）巩固普及，快速发展（1991—2000年）

1991—2000年是广州教育快速发展阶段。广州市在继续巩固普及九年义务教育成果的同时，积极采取措施普及高中阶段教育。

1993年，为实现到2000年全市初中毕业生升学率达85%、中等职业教育（含职业高中、中专、技工学校）的在校学生占高中阶段在校生总数比例60%左右的目标，广州市多渠道筹措资金，首先以区、县级市政府投入为主渠道，并通过专项征收、干群集资、港澳侨胞捐资等多种渠道保证“普高”的投入。如花都、番禺就有香港同胞捐资建成邝维煜纪念中学和岭东职业中专；从化、增城、番禺的干部及群众自愿集资办学；天河区的天河职业中学向世界银行贷款30万元建设楼宇电气化专业，由区政府承担还贷任务。

广州市政府共投入“普高”经费达14亿元，各区、县[①]（县级市）政府自筹约17.2亿元，落实“普高”基建项目79个，教学设备投入1.66亿元，大力兴建校舍、增加学位。至1998年，广州地区高中阶段各类型学校提供学位28万多个。在充实教师队伍方面，至1999年，广州地区新增高中教师共5000人，有1800名中学教师进修本科，1175名教师参加了硕士研究生班或研究生课程的进修。高中和职业高中教师学历达标率为80.5%，比1993年提高21.9个百分点。另外，为适应农村地区的实际需要，各区、县级市通过学校布局调整、高初中部分离、重点学校与薄弱学校联合办学，实现办学模式多样化。

1993年，广州市普通高中分为重点高中（即省、市一级中学）与综合高中（即附普通初中的职业高中）。“普高”工程实施后，至1999年，广州地区初中毕业生的升学率达87.05%（《广州市普及高中阶段教育方案》中相应指标为85%），普通高中与中等职业教育的结构比例为38.6：61.4，广州市提前一年达到“普高”的目标。

2000年，全市初中毕业生的升学率提高到90.66%，比1999年提高3.61个百分点。普通高中与中等职业教育的结构比例为47.8：52.2。

长期以来，受经济、政治、文化发展不平衡的影响，广州市也存在一批办学条件比较困难、办学质量比较差的中小学。为了改变此状况，广州市从1987年启动“薄弱学校改造工程”（以下简称“改薄”工程）。“改薄”工程首先从老城区原市属26所薄弱中学开始，采取加强领导班子、充实教师队伍、试行工资包干、设置特殊补贴、解决住房困难、增加办学经费、充实教学设备、改造扩充校舍场地、改善生源素质、薄弱学校与重点学校建立挂钩互助关系等强有力的政策措施。各薄弱学校也以此为契机，调动

① 至1993年，广州的县已全部“撤县设市”（即县级市）。

内部积极因素，开拓进取，奋力拼搏。1987—1993年，经过艰苦努力，“改薄”工程成效显著，老城区市属25所薄弱中学软硬件建设发生巨变。

1997年，“改薄”工作推进到各区和县级市175所薄弱中小学。到2000年底，全市共投入改薄资金近8.8亿元，仅番禺区就投入2.2亿元，用于改造41所薄弱学校；增城市每年按每平方米120元的标准，补助给有关镇进行“改薄”校舍建设；芳村区则采取区政府投入2/3、镇村投入1/3的资金筹措方法，保证“改薄”所需资金。至2000年底，全市共调整撤并中小学82所，仅从化市就调整了35所。

2002年，广州市12个区、县级市已全面完成“改薄”任务，并分别通过了督导验收。

（三）调整布局，优质发展（2001—2005年）

2001年，广州市启动以改造老城区中小学“用地特困学校”、调整中小学布局、创建国家级示范性普通高中为内容的教育综合改造工程，成效显著。

2000年，广州市政府提出改造老城区用地特困学校（俗称“麻雀学校”）和创建立7所示范性普通高中的规划，全面启动教育综合改造工程。当时，4个老城区共有用地特困学校96所（中学19所，小学77所）。2001—2004年，市、区（县级市）两级政府专项投入共计12.95亿元。2005年3月，“用地特困学校”改造工程通过验收。原有的96所用地特困学校已改造调整为61所（其中中学15所，小学46所）。学校的用地面积共增加159974平方米，学校的建筑面积从原来的257668平方米增加到479471平方米，生均建筑面积新增4.50平方米。

创建国家示范性高中取得阶段性成绩。为满足人民群众对普通高中不断增长的入学需求，从2001年开始，经过近5年的建设，全市25所创建示范性普通高中学校的建设工作基本完成。到2005年，这25所学校学生高考成绩优异，平均录取率达91.76%。至2007年，这25所创建国家级示范性普通高中全部通过省级初期验收。同时，增加萝岗区玉岩中学等5所学校为第三批省国家级示范性普通高中建设学校，使广州市创建国家级示范性普通高中学校达30所，所提供的优质学位占全市普通高中学位总数的41.13%。

广州市自2001年底起，全面推进中小学校布局调整工作。2003—2007年9月，全市共撤销办学规模小、教育质量相对低下的中学44所，小学558所，新增用地面积570.7万平方米，新增建筑面积236.9万平方米；新建校舍428幢，新增200米以上环形跑道运动场143个。2007学年，小学校均规模为826人，比2002年增加306人，中学校均规模为1241人，比2002年增加107人。

2006—2007年，广州市原来由各部门或行业管理、由市财政核拨经费的41所中等职业学校被调整合并为19所，其中，13所划归广州市教育局管理，6所划归广州市劳动和社会保障局管理。此举进一步整合了广州市中等职业教育的资源，为广州市中等职业教育做大做强奠定了坚实的基础。

市属高校原来存在学校数量偏多、部分学校层次偏低、成人高校数量过多、大部分学校规模偏小、部分专业设置重复、教学设施和师资力量分散等问题。为解决这些问题，广州市对学校进行学科、专业调整重组，优化配置资源。

2000年，广州师范学院、华南建设学院（西院）、广州大学、广州高等师范专科学校进行实质性合并，组建一所综合性本科大学——新的广州大学。2005年，撤销广州业余大学、广州市经济管理干部学院、广州市财贸管理干部学院、广州市乡镇企业管理干部学院建制，合并组建广州城市职业学院。

广州高等教育格局面貌一新：广州大学、广州医学院（现广州医科大学）以发展本科教育为主，广州城市职业学院以职业教育、社区教育为主，广州番禺职业技术学院、广州工程技术职业学院及广州铁路职业技术学院以高职教育为主，广州市广播电视大学以远程教育为主。广州高等教育实现办学资源的优化配置，办学实力的整合提升。

广州大学城是广东的骄傲，是全国高等教育的亮点。1999年，全国高校扩招，广东省扩招1.6万人，广州高校教育用地告急。2000年，市委市政府提出兴建广州大学城，获得省政府的支持。2001年，确定在番禺区新造小谷围岛及其南岸地区建设广州大学城。该岛四面环珠江，面积约43.3平方公里，具有天然独立的办学环境。该项目总投资300亿元，2004年7月，一期工程竣工；同年9月，38000多名学生顺利入驻，10所高校如期实现开学；2005年9月，二期工程如期竣工，可满足20万个优质学位，当年师生总数达12万。基本实现“建设全国一流大学城”的目标。

（四）创强升级，跨越发展（2006—2012年）

从2002年开始，广州市全面推进创教育创强工作。全市的教育经费总支出从2001年的56.00亿元上升到2004年的124.48亿元，五年内增长122.3%。教育投入增加带来教育基础的进一步夯实。2002—2005年，荔湾区（含原荔湾区、原芳村区）、越秀区

（含原越秀区、原东山区）、海珠区、天河区、黄埔区、番禺区相继成为广东省教育强区。从2005年开始，广州市教育“创强”的重心开始从中心城区向农村地区，从中心镇向一般镇迅速推进。2005—2007年，市、区（县级市）两级财政共筹集资金近50亿元，加速发展农村教育，全面改善农村学校办学条件。2009年5月，全市36个镇都成为广东省教育强镇。2010年，广州市在12个区（县级市）全部成为广东省教育强区（包括县级市）的基础上，顺利通过了创建广东省教育强市的督导验收，以优异的成绩实现创建教育强市的目标。

广州的民办教育从20世纪80年代再度兴起，经历了恢复、发展、规范、提高阶段。其间，广州市积极导入市场经济的理念和机制，逐步建立培训市场，积极拓展办学的覆盖面，在坚持以职业教育、成人教育为主的同时，积极兴办基础教育和高等教育，创办了一批民办普通高校、中等职业技术学校、职业专修学院、普通中小学校、幼儿园等。从办学形式上看，广州市民办教育有国有民办、民办公助、党派团体办学、事业团体办学、私人办学等多种形式。

广州市按照“积极鼓励、大力支持、正确引导、依法管理”的原则，加大对民办教育鼓励扶持、规范管理的力度。至2007年底，广州市共有各级各类民办学校和教育机构1917所，有4所民办学校被国家授予“自律诚信先进单位”称号，8所民办学校（学院）被评为广东省先进民办学校。

随着全球信息化的高速发展，2004年10月22日，广州市启动“教育e时代”工程，在国内开创先河。至2007年，全市中小学学生专用电脑达16.5万台，全市中小学校共拥有多媒体教学平台2.3万套。其中，农村学校学生专用电脑达7.7万台、拥有多媒体教学平台6352套。构建学校—家庭—社区三位一体的绿色教育宽带网。广州市教育科研网的光纤总长度为1488公里，直接接入单位近800家，并通过ADSL等网络逐步延伸到家庭和社区。

在“教育e时代”工程的实施过程中，广州市实现招生考试管理和服务信息化，创新教学模式，变革学习方式，建设了在国内领先的教师继续教育网、教师教学资源库、网络教研系统。2004年，广州市教育局、广州远程教育中心被评为广东省信息化示范单位。广州市招生考试系统被评为2005年广州市科技进步一等奖，2007年获广东省科技进步三等奖；2005年，“教育e时代”工程被信息产业部评为“全国首批信息技术应用示范工程”，广州市被教育部授予“教育管理信息化标准应用示范区”称号。2006年，“教育e时代”工程荣获广州市精神文明创新奖。

三、党的十八大以来，广州教育追梦创新、全面发展

广州市已形成比较完善的学前教育、义务教育、普通高中教育、中等职业技术教育、成人教育、高等教育相结合的现代教育体系。学前教育基本普及，义务教育均衡化水平进一步提升，普通高中教育优质发展成效显著，现代职业教育体系基本构建，高等教育内涵发展已见成效，成人教育与培训普及开展，学习型城市建设深入推进。教育投入持续增加，办学条件显著改善，教育体系更加完善，教育开放逐步扩大，教育活力不断增强，教育质量明显提高，教育公平惠及民众，社会困难群体受教育权利得到关注和保障。教育事业的发展为推动广州科学发展、促进社会和谐、提升市民素质作出了积极贡献。

（一）广州教育实现全面发展

学前教育普惠发展。广州市在园幼儿人数逐年上升，学前教育规模持续扩大。2013年，学前教育第一期三年行动计划完成，公办幼儿园占比达30%以上，规范化幼儿园达75%以上，专任教师大专及以上学历达60%以上，专任教师70%以上具备相应的从业资格。2017年，学前教育第二期三年行动计划完成。普惠性民办幼儿园增至1430所，占比79.5%；规范化幼儿园增至1688所，占比93.9%，3周岁以上幼儿毛入园率117.5%。2018年，学前教育第三期三年行动计划继续实施，稳步推进普及化、规范化、优质化“三部曲”的伟大征程。

义务教育均衡发展。2012年，全市规范化学校931所，覆盖率达92.45%。中小学校舍安全工程扎实推进，总投资28.30亿元、总建筑面积142.22万平方米的632个项目全面完成，2009—2011年，规划任务实现开工率和竣工率两个100%。顺利完成多期“百校扶”行动计划。2017年，认定义务教育标准化学校41所，义务教育学校标准化覆盖率达94.97%，公办学校覆盖率达100%。2016—2018年，实施中小学校三年提升计划，基础教育设施提升项目和校园功能微改造项目总开工率97.5%，完工率83%，新增公办中小学学位13.79万个。开展义务教育学校校长教师交流轮岗，扩大优质教育资源覆盖面，推动城乡义务教育一体化发展。

普通高中优质特色发展。全市有示范性高中62所，其中国家级示范性高中43所。大力推进集团化办学，全市组建教育集团39个（含市属教育集团10个），优质学位供给更加充裕，实现每个外围城区均有市属教育集团进驻办学，市属优质教育资源在全市

均衡配置。

职业教育融合发展。大力培育“劳模精神”和“工匠精神”，建立10个职教集团和15个专业指导委员会，启动建设“广州市产教融合示范区”，市属4所高职进入部级现代学徒制试点。狠抓技能竞赛，广州市建筑工程职业学校梁智滨同学获得世界技能大赛砌筑项目冠军；广州学生在全国职业院校技能大赛中获一等奖14个、二等奖18个，教师获教学能力大赛一等奖3个、二等奖3个，9名学生入选第45届世界技能大赛集训队。市属高职院校每年约80个专业点开展中高职三二分段试点。

高等教育内涵发展。广州医学院更名为广州医科大学，和广州大学相继实现“一本”招生。2017—2018年是加快高等教育内涵发展、推进高水平大学建设的时期。广州加快华南理工大学广州国际校区建设，支持广州大学、广州医科大学引进各类高层次人才800人，引进北京大学经济学院华南分院、中国科学院大学广州学院，筹设广州交通大学、广州幼儿师范专科学校，积极推进香港科技大学来穗办学。广州大学、广州医科大学共有7个学科群纳入广东省高等教育“冲一流、补短板、强特色”提升计划高水平大学重点学科建设项目。新增广州大学、广州医科大学博士学位授权点6个和硕士学位授权点12个，广州大学工程学科首次进入ESI（基本科学指标数据库）全球排名前1%行列。广州番禺职业技术学院、广州铁路职业技术学院被认定为国家优质专科高等职业院校。

民办教育规范发展。2017—2018年，筹建2所外籍人员子女学校；对民办义务教育非高收费学校教师实施从教补贴，全市义务教育标准化民办学校占82%，新增民办中学8所，小学7所。开展校外培训机构专项治理，促进培训机构依法、规范、诚信经营。

特殊教育融合发展。以融合发展为导向，以普通学校为特殊教育发展主阵地，不断深化“特殊教育学校—特教班—随班就读—送教上门”四级网络。2018年，共有19所特殊教育学校，普通学校共建资源教室183间，开展随班就读的学校有756所，开展随班就读的幼儿园共有122个；设立特教班的学校有25所，共设37个特教班；开设10个专业22个中职启能班，全面实施特殊学生15年免费教育，构建政府、学校、家庭、社会四位一体的特殊教育服务支撑机制。

终身教育扩大惠及。2018年，增城区社区教育学院被评为首批“全国城乡社区教育特色学校”，省级实验区实现100%覆盖。全市共有老年大学56所、老年学校83所、老年教学点244个。

素质教育不断深化。全面加强思想政治理论课建设，积极构建市、区、校三级心理危机干预体系，组织科普教育活动800余场，参加全国青少年航空航天、车模、纸飞机赛成绩优异，金牌和奖牌总数均位列全国第一。开展阳光体育运动，着力推进校园足球发展，让学生有时间、有兴趣、有场地、有机会、有教师指导参加体育锻炼，全面提升学生体质体能。全面普及大课间体育活动，抓好重大体育竞赛活动，全面提升学生法治素养，举办全市中小学生宪法演讲比赛。

体制机制创新突破。2014年，取消公办普通高中“择校生”的招生计划；实施“异地中考”政策，保障符合条件的随迁子女的升学权益。到2018年，深化“放管服”改革，规范行政权力运行，编制全市基础教育设施布点规划、全市特色中小学全要素设计标准；实施中小学教师“区管校聘”改革工作；推动“互联网+教育督导”工作模式，设立“广州督学远程网络学习平台”；进一步放宽来穗人员随迁子女报考公办普通高中的条件。

科研引领作用凸显。“十二五”期间，广州教育课题立项805项。其中重大课题10项，全国教育课题26项，获2014年教育部基础教育国家级教学成果二等奖6项。仅2018年就获国家级教学成果奖28项，获奖等次及数量位列全省第一；获基础教育教学成果19项，取得历年最好成绩。

教育信息化全国领先。近年来，广州市积极打造学习环境，教育科研网光纤超4万公里，建成全国规模最大的教育城域网；推进优质教育资源共享，建设广州智慧教育公共服务平台，网络学习空间开通率100%，存量资源达到120TB，实现优质教育资源的对象全覆盖、学科全覆盖、服务全覆盖。广州市大力开展信息技术与教育教学融合应用，深入推进智慧教学、智慧阅读、智慧教研，在全市建设71所智慧校园实验校、95所省信息化中心学校；首批启动110所智慧阅读试点学校，评出人工智能教育实验区3个，实验学校147所；广州市被教育部确定为新课标高中信息技术基地。广州市应用信息技术提升教育治理能力，率先建立中小学生学籍管理的信息化系统。借助学生体质体能大数据，向学生推送个性化膳食处方。建设全市校园安全视频联网监控系统和全市校车动态监管系统，实现校车许可联网审批和校园安全、校车安全全程实时监控管理。其中，“校车使用许可平台”是我国首个校车使用许可信息化平台，也是广州市首个跨部门、跨级别、跨区域的行政审批信息化平台。广州市成为教育部数字教育资源公共服务体系建设与应用首批试点单位。17个项目获立省融合创新示范推广项目，3所学校被教育部评为基础教育信息化应用典型案例单位。2019年5月，广州市入选全国“智慧教育示范区”创建区域。

教育合作交流成效显著。实施“一带一路”教育行动，促进沿线国家民心相通，与“一带一路”多个沿线国家开展学科及项目合作。鼓励沿线国家学者来穗开展或合作开展课题研究，增进沿线各国对中国文化、广州发展模式等各方面的理解。通过“汉语桥”、友好省州、国际友好城市等平台，有效拓展国际合作交流渠道，多个中小学与国际友好学校交往密切。牵头成立国际友城大学联盟，成功举办了亚洲校长论坛、中俄人文合作委员会第十八次会议、穗台校长论坛、中芬职业教育研讨会、“三城经济联盟2017广州峰会”教育圆桌会议、中南人文交流智库论坛等国际会议。截至2019年9月底，建立孔子学院3所，缔结穗港澳台姊妹学校（幼儿园）超240对。姊妹学校间开展涵盖校长、教师、学生和家长等多层次、多领域、多形式的交流互访，友好交往密切，每年教育交流活动超200次，师生累计交流超4万人次。

（二）广州教育奋进之笔，描绘美好明天

广州教育坚持以习近平新时代中国特色社会主义思想为指导，全面贯彻全国教育大会精神，按照市委市政府决策部署，紧紧围绕“世界前列、全国一流、广州特色、示范引领”的现代化教育目标任务，加强党对教育工作的全面领导，深化教育体制机制改革，加快教育现代化，办好人民满意的广州教育。推动广州教育高质量发展，提高教育发展平衡性和协调性；推动广州教育全面上水平、走在全国前列，助力广州实现老城市新活力；推动国家中心城市建设全面上水平，着力建设国际化大都市，在全省实现“四个走在全国前列”、当好“两个重要窗口”中勇当排头兵贡献力量。

加强党对教育工作的全面领导。推进习近平新时代中国特色社会主义思想进教材、进课堂、进学生头脑、进网络、进社区，进一步落实立德树人根本任务，培育践行社会主义核心价值观，坚定培养社会主义合格建设者和接班人。坚定正确政治方向，教育引导全体党员干部、教师职工牢固树立“四个意识”，坚定“四个自信”，践行“两个坚决维护”。严明政治纪律和政治规矩，严格落实《广州市加强和规范党内政治生活三年行动计划（2018—2020年）》。深化中小学校领导体制改革，进一步提高民办学校党建“两个覆盖”水平，选优配强各单位领导班子和党组织书记，推进党支部书记“双带头人”培育工程，推进党组织书记、校长“一肩挑”。坚持不懈抓好党风廉政建设和反腐败斗争，锲而不舍落实中央八项规定精神，深化基层正风反腐专项治理，深入做好内部审计工作，加大监督执纪问责力度，深化运用监督执纪“四种形态”，坚决查处发生在教育领域的违纪违法行为。

推动基础教育优质均衡发展。推进实施学前教育第三期行动计划，“一区一策”推动各区落实解决学前教育学位需求，鼓励多元办园，多渠道增加公办幼儿园资源，积极扶持普惠性民办幼儿园发展。推进特殊教育第二期提升计划，推进融合教育实验幼儿园、资源教室、特教班建设。建立健全集团化办学管理机制，推进普通高中新课程改革和新高考改革工作，继续开展拔尖创新人才培养工作，落实普通高中学生综合素质评价工作，提升学生核心素养。推进基础教育设施规划和建设，加快实施校园功能微改造。

加快构建现代职业教育体系。推进中高职院校整合发展，优化职业教育结构和布局，打造“中高职一体化”的人才培养模式。深入推进产教融合、校企合作，实现产教精准对接、精准育人。扎实做好职业技能大赛工作，积极创办省级、国家级职能技术竞赛集训基地，力争再创国赛佳绩。

建设高水平大学和一流高职院校。不断完善高等教育发展机制，支持广州大学、广州医科大学高水平大学建设工作，力争在学科专业建设、师资队伍建设、人才培养质量等方面有新突破。支持广州番禺职业技术学院和广州铁路职业技术学院创建“中国特色高水平高职院校”和“中国特色高水平专业”。加快推动广州幼儿师范专科学校、广州国际旅游学院（暂定名）建成，推进广州交通大学项目、华南理工大学广州国际校区二期工程建设，协调推动中国科学院大学广州学院、北京大学经济学院华南分院建设，巩固和扩大与港澳高校合作成果，拓展高等教育对外交流合作领域。

支持和规范民办教育发展。认真贯彻落实国家和省关于民办教育的新法新政，进一步完善公共财政对民办教育的扶持机制，鼓励和吸引更多的社会资源进入教育领域，推进民办教育健康有序发展。

大力发展学生素质教育。深入实施德育效能提升计划，积极构建以社会主义核心价值观为引领的大中小幼一体化德育体系。强化德育及心理健康教育队伍建设，推动班主任队伍专业化发展。推进家校融合，提升社会实践育人质量。开展阳光体育运动和学生近视防控工作，全面普及发展校园足球，构建现代化学校美育发展体系和体育发展格局，全面推进学生劳动教育。

深化高素质专业化创新型教师队伍建设。深化教师队伍建设改革，推进中小学教师“区管校聘”管理改革，落实、完善正高级职称教师“放管服”等相关政策。完善中小学教师资格考试制度和定期注册制度改革。研究制定广州市教育高层次人才激励办法，使人才进得来、留得住、用得好。推进基础教育和中等职业学校“百千万人才培养工程”、卓越园长促进工程，推进广东省创建“国家教师教育创新试验区”工作。

深入推进智慧教育创新发展。推动信息技术与教育教学融合创新，以教育信息化引领和支撑教育现代化，创建全国“智慧教育示范区”。建设覆盖全市150万中小学生的智慧阅读系统。深化教育大数据建设，基本建成教育大数据中心和教育大数据展示区；建设教育督导评估、体质健康监测、职业教育监测等一批教育大数据示范应用。开展人工智能教育，推动人工智能教育进课堂，大力推进STEM与创客教育，提高学生科学素养。

推动打造粤港澳大湾区国际教育示范区。与中国教育科学研究院合作共建教育改革综合实验区，依托粤港澳大湾区教育研究中心，开展具有前瞻性、示范性、战略性的区域教育发展研究。力促港澳优质高校来穗开展合作，加快推进香港科技大学（广州）建设。通过双一流大学建设、高端科研平台共建共享，推动科技成果转化与产业促进、旅游人才培养等方面的深度合作。支持大湾区跨境办学，促进港澳居民随迁子女在穗就学便利化。推进穗港澳三地开展教育战略规划和教育政策研究、教育教学研究、教师专业培训、校长教师交流交换等领域的合作和交流。鼓励幼儿园、中小学、中等职业学校参与大湾区姊妹学校（幼儿园）缔结计划；举办多形式多层次的青少年体育节、艺术节、美术作品展等活动，推动教育交流多平台建设。

提升教育国际化水平。深入推进“一带一路”教育行动，促进学生流动、学历学位互认。建立健全“留学广州”相关的配套措施，增强“留学广州”吸引力。鼓励有条件的职业院校在海外建设“鲁班工坊”。健全对外教育援助机制。提升外籍人员子女学校管理服务和基础教育国际化水平。

加强平安校园建设。建立经常性安全教育制度，定期开展应急演练，全覆盖开通“广州市安全教育平台”。开展中小学幼儿园“护校安园”专项工作，加强校车安全管理，做好学生常见病防治和季节性传染病防控，确保校园和师生安全。积极构建安全防控体系，夯实学校防护基础，完善长效管理机制，积极开展“平安校园”创建活动，做到“平安学校”的创建工作100%达标。

（参编人员：何宇鸿　涂运鸿）

第十五章

文化事业建设和发展

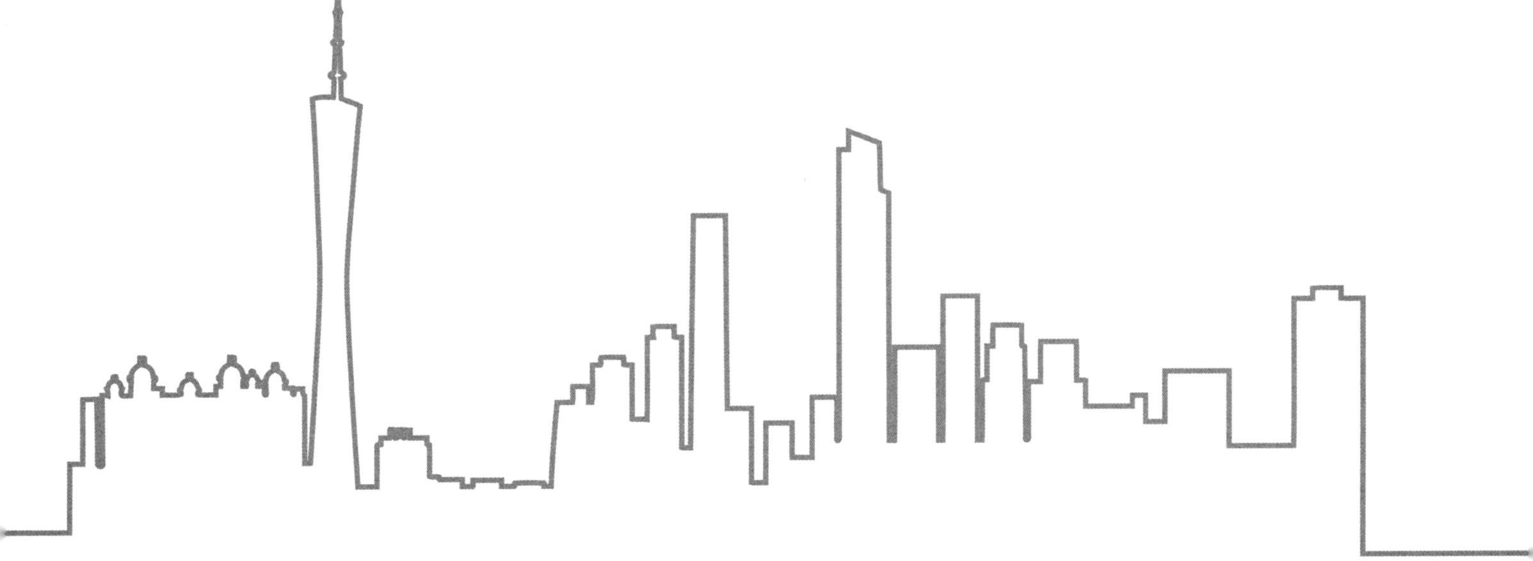

广州是一座古老的城市，拥有悠久的历史文化。古代广州在商业、对外贸易发达的社会背景下繁荣，在近现代西学东渐及民主革命的影响下实现创新和发展。中华人民共和国成立后，广州文化在继承和改革传统的基础上开拓创新，在政府的统一规划下建设发展，更在改革开放与经济繁荣的形势下进入蓬勃发展的新时期。在这漫长的岁月中，广州是岭南政治、经济、文化中心，广州文化随着历史发展的步伐，在长期的社会生活中积淀，并与外来文化不断相互交流、融会，逐渐形成自己的特性。

改革开放以来，广州高度重视文化建设和发展，始终坚持物质文明建设和精神文明建设“两手抓，两手都要硬”的基本方针，通过大力实施文化强市战略，推动文化建设和发展不断迈向新台阶、不断展现新风采。尤其是党的十八大以来，广州在全面推进“五位一体”总体布局、协调推进“四个全面”战略布局的创新实践当中，进一步对文化建设进行新布局，以新的文化功能、文化形象和文化魅力，开启广州文化发展的新征程，书写着“文化广州”走向世界的新篇章。

一、1949—1978年：广州的社会主义文化事业框架基本形成

中华人民共和国成立后，广州文化在社会主义道路上朝着建设现代都市文化的目标发展。

1949年后，文化事业由人民政府文化行政部门统一领导和管理。国家提出文艺“为工农兵服务”“为政治服务”的方向（20世纪80年代改提“为人民服务，为社会主义服务”），制定“百花齐放，推陈出新”“百花齐放，百家争鸣”“古为今用，洋为中用”以及“普及与提高相结合”等发展和繁荣文化事业的方针。广州的文化建设，开始

了新的发展时期。

早在广州解放前夕，周钢鸣、华嘉、杜埃、黄宁婴等一大批文艺工作者已从香港进入东江游击区，准备接管广州文化工作。1949 年 10 月，广州解放。欧阳山随军南下，回广州主持接管文教工作。广东文艺工作者从香港、两广及东江游击区、北方解放区各地再度会师广州，成为广州文化建设的中坚力量。1950 年，广州市人民政府文教局成立，社会文化团体广州市文学艺术界联合会筹备会亦已组成。1952 年底，广州市人民政府决定成立广州市文化局，主管广州文化事业。市政府在改造旧有的文化事业的同时，致力于文化事业的新发展。经过有计划的文化建设，广州已形成一支老、中、青相结合的较为宏大的文化队伍，一个门类比较齐全、布局基本合理、具有一定规模和水平的现代都市文化事业的框架已形成。

（一）文学及表演艺术繁荣发展

广州解放后，在中共中央华南分局和广州市委领导下，华南文联、广州市文联相继成立。文学队伍最初主要由原来在解放区、国统区和港澳的文艺工作者组成。他们在深入生活的过程中创作了许多优秀作品，发展了面向现实、情真意远、刚健雄迈、绮丽多姿的文学风格，不断涌现出一批中青年作家，形成具有岭南特色的作家群，且队伍不断壮大。1954 年春，中国作家协会广东分会成立初期，包括广西的作家在内只有会员 50 人，到 1990 年会员总数已达 873 人（其中全国会员 171 人，常驻广州工作的有 622 人）。仅从广州市属文联作家队伍看，1979 年广州文学会成立时有会员 60 人，由广州市专业和业余文学工作者共同组成，其中 1/3 为广东省作家协会会员。1988 年，广州市作家协会成立时，有会员 196 人，其中省作协会员 119 人，中国作协会员 15 人。1990 年，参加广东省作家协会的会员已达 143 人。

广州市的文学工作者坚持文艺为人民服务、为社会主义服务的方向，贯彻“百花齐放、百家争鸣”的方针，文学创作和理论批评经历许多曲折和斗争，呈现出起伏交错但仍不断发展的局面。

人民政府十分重视粤剧事业。广州解放后，10 月 17 日即恢复粤剧演出，环球乐剧团在天星戏院公演《夜出虎狼关》等剧目。当年 12 月，胜利剧团在广州军事管制委员会文艺处帮助下，首演了陈卓莹改编的反封建题材的粤剧《九件衣》，当时评论界誉之为“粤剧革命的第一声号炮”。翌年，胜寿年剧团首演粤剧《白毛女》，这是 1949 年后广州粤剧舞台的第一出现代戏，评论界认为是“粤剧史上的大革命”。从 1950 年起，在中共中央华南分局宣传部领导下，广东省、广州市文化部门和华南文学艺术界联合会（简称“华南文联”）着手进行粤剧“改戏、改人、改制”工作。在改戏方面，提出“好看有益”的要求，鼓励剧团上演内容健康的新剧目，与艺人共同修改旧剧目，取精去糟。同时废除旧戏班不合理的规章制度，帮助剧团从班主制改为共和制（即民营剧团），试验组织民营公助剧团；在帮助艺人树立为人民服务思想，提高艺人的社会地位，帮助失业艺人组成剧队参加农村土地改革、城市民主改革的宣传工作，解决艺人就业问题等方面都做了大量工作。广州的粤剧事业走上新的变革历程。

中华人民共和国成立后，曲艺事业欣欣向荣，广州市人民政府文化主管部门贯彻“百花齐放、百家争鸣、推陈出新”的方针，为繁荣曲艺事业采取了一系列措施：成立广州曲艺大队、广州曲艺学会、广州说书学会；举办广州市首届曲艺会演，奖励一批优秀演员和优秀曲目；政府拨出专款改善演出条件，对生活有困难的老艺人给予定期生活补贴等。

在1958年的“大跃进”中，由于过于强调“写中心、唱中心、演中心”和创作放“卫星”，曲艺事业受挫折。在“文化大革命”中，专业和业余曲艺活动一律停止，各区属曲艺队全部解散，艺人被安排转业，珍贵资料被大量销毁。“文化大革命”结束后，曲艺进入新的恢复和发展时期。

中华人民共和国成立后，由于我国的国际地位日益提高，中国的舞蹈艺术也越来越为世界所重视，友好国家先后派出以歌舞为主的文化艺术团体前来北京、广州、天津、上海等地进行友好演出和艺术交流。至20世纪60年代前期，有20多个国家的歌舞艺术团来广州演出。《荷花舞》《狮子舞》《红绸舞》等曾获世界级奖项的舞蹈节目也先后在广州公演，使广州舞蹈活动进入“黄金时期”。

广州的舞蹈事业发展的道路并不平坦。1958年开始，“大跃进”、浮夸风也影响到广州文艺界，当时提出“要把广州变成人人唱歌、人人跳舞的城市”等口号，受三年困难的影响，舞蹈事业出现倒退。之后总结经验教训，才逐步恢复生机，60年代中期出现排演大型歌舞的热潮。“文化大革命”中，专业歌舞团体只排少数几个“舞蹈节目”。“文化大革命”后期，专业舞蹈创作才有所恢复。

话剧艺术事业在中华人民共和国成立后蓬勃发展，话剧舞台丰富多彩，涌现出一批思想性与艺术性融合得比较好的优秀剧目以及深受群众欢迎的话剧演员。50年代，广州先后建立华南话剧团、广东话剧团、广州话剧团、战士话剧团等专业话剧团体，又有由青年工人、学生、机关干部分别组成的数以百计的业余话剧团体，演出活动十分活跃。60 年代前期，广州地区的专业话剧团体创作演出一批优秀剧目。如广东话剧团工业题材的《百炼千锤》，战士话剧团军事题材的《南海长城》《英雄工兵》，羊城话剧团的反映越南统一祖国战争题材的《南方来信》等。有关阶级教育、革命传统教育、共产主义道德教育的剧目大量上演，青年话剧演员也因大量艺术实践而茁壮成长。同时产生一批富有地方特色的粤语方言话剧。“文化大革命”期间，话剧艺术遭到严重摧残，羊城话剧团解散，艺人转业。直到“文化大革命”结束后，广州话剧才获得新生。

（二）绘画、书法、雕塑等艺术形式百花齐放

1949 年后，广州绘画进入新的历史阶段。大批旅居港澳和国外的画家回归，和广州的美术界人士一起为新中国工作，先后成立华南文学艺术界联合会美术部、广东省美术工作室、中国美术家协会广州分会（1957 年，改为中国美术家协会广东分会）。他们负责组织美术创作和举办美展、开展国内外美术家的联络交流活动、辅导工农业余美术作者等。但是，由于当时文艺政策的偏颇，除了革命现实主义的绘画、配合中心任务题材的美术事业得以蓬勃发展外，其他流派基本处于自流状态。“文化大革命”期间，绘画界受到严重影响。除了宣传画，所有绘画活动都被禁止或停顿。“文化大革命”结束后，广州绘画事业逐步恢复并得到蓬勃的发展。

至 1955 年，广州尚未建立专业雕塑机构，当时创作人员也为数不多，从事雕塑创作的条件还比较困难。1956—1965 年，广州的雕塑艺术事业初步发展。1956 年，广州市文化局在所属广州人民美术社成立由尹积昌任组长的雕塑组。1959 年，建造有专业设施的工作场地，并袭用苏联同类性质单位的称呼，改名广州雕塑工厂。1961 年，进一步改为市文化局直属单位，命名广州雕塑工作室。并同时建成具备创作室、放大车间、制作工场、资料室、办公室等功能的专业艺术生产场地。当时，全国只有北京和上海有这样的专业机构。1958 年，中南美专从武汉迁来广州，成立广州美术学院。在这 10 年间，广州雕塑艺术工作者开展了卓有成效的创作活动，先后创作 13 座大中型城市纪念雕塑和园林雕塑。“文化大革命”开始后，许多雕塑家及其作品受到批判，一些城市雕塑作品遭到破坏。20 世纪 80 年代，广州的雕塑艺术事业随着改革开放推进和经济建设的突飞猛进而获得长足发展。

1949 年后，书法艺术成为文艺百花园中的一朵奇葩。广州的老一辈名家继续精研书艺，努力创作，取得丰硕的成果。一些书法家为使书艺薪火相传，收徒教学，逐渐形成

几个流派，每一流派从学的人甚多，掀起群众学书的热潮。“文化大革命”初期，因各单位写标语、语录的需要，客观上使不少青年爱上书法，为后来的群众性书法活动打下基础。70年代中期，中青年书法家层出不穷，推动广州书艺的发展。“文化大革命”结束后，各种类型的书法艺术团体如雨后春笋般涌现，形成80年代群众文化中的“书法热”。

（三）报业、出版业及广播电视方兴未艾

新中国成立后，广州的出版事业开启了新的篇章。广州刚解放，市军事接管委员会就在文教接管委员会下设新闻出版处，负责接管国民党时期的报社、印刷厂、书店。1949年11月7日，广州市新华书店成立，这是广东省第一家人民出版发行机构。同月，国营南方印刷厂与新华印刷厂成立，广州有了专业书刊印刷厂。1950年7月，广州市新华书店改名为新华书店华南总分店，下设编审出版部，开始编印出版书籍。1951年4月，编审出版部改为华南人民出版社，这是1949年后广东省第一家专业出版机构，也是第一家国营专业书刊出版机构。

至1957年，广州的新闻出版管理集中在三个方面：一是接收国民党时期的报社、印刷厂、书店；二是对公私合营、私营出版印刷业进行社会主义改造；三是扫除封建的、荒诞的、反动的出版物。

1962年，在贯彻执行中央“调整、巩固、充实、提高”的方针中，广州的出版工作者认识到编辑出版工作必须克服某些认知片面性，不应把图书的功能与报纸等同起来，而应发挥一般新闻报道难以起到的深远作用。“文化大革命”期间，广州的出版业遭到严重破坏，市新华书店中大批书籍被封存、报废。“文化大革命”结束后，广州出版事业恢复生机。

广州解放后取缔了反动政权和帝国主义在广州的新闻机构，广州报业从此进入新的历史时期。报纸作为党的喉舌，成为党团结教育群众、推动各项工作的有力武器。在中国共产党的领导下，广州报业在国民经济恢复和后来的社会主义改造与社会主义建设中，发挥了积极的作用。

1949年10月17日，广州广播电台被广州市军管会接收，成立广州人民广播电台；1950年6月16日，被划分为广东人民广播电台和广州人民广播电台，均为省属电台。广东人民广播电台于1989年11月15日改为以编播新闻为主的综合电台（即新闻台），后来又分出调频立体声台和珠江经济台。广州人民广播电台于1957年后又分出工商台、

教育台。

广州的有线广播在1949年10月前已有萌芽，中华人民共和国成立后获得发展契机。从县区到乡镇、村直至入户，逐步形成一个农村有线广播网络。随着国家政策形势变化和宣传工作的需要，广州农村有线广播有过几次发展高峰，后因无线广播和电视的普及发展以及其他原因，在80年代以后其发展呈下降趋势。

广州的电视事业始于1959年8月15日成立的“广州电视台”（1979年后改称“广东电视台”），属广东省管辖。广东电视台分为岭南台和珠江台，分别用普通话和粤语播出，是国内开办较早、规模较大、设备较先进、自制节目较多和播出时间较长的几家地方电视台之一。

“文化大革命”对广播电视事业冲击很大。这一时期，广东人民广播电台与广东电视台节目内容单一，文艺节目多以“革命样板戏”为主，新闻多播出全国统一发布的电讯和新闻简报。全省广播电视发展陷于停滞，“文化大革命”结束后才开始迅速发展。

（四）大众文化传播不断完善

1949年后，广州先后开办一批革命旧址纪念馆和历史名人纪念馆，主要有广州农民运动讲习所旧址纪念馆（1953年）、孙中山纪念馆（1956年）、“三二九”起义指挥部旧址纪念馆（1958年）等。随着博物馆数量的增加，政府进一步注重业务建设。至1965年，博物馆的藏品逐步增加，展览内容日益丰富，各馆除办有常设性的基本陈列展览和辅助陈列展览外，还先后举办近40个临时性专题展览。

广州解放前夕，全市公共图书馆有广东省立图书馆、广州市立中山图书馆共2个，大、中学校图书馆仅存7个，藏书共有29.77万册。20世纪50年代至“文化大革命”前，广州地区公共图书馆事业进行了调整和新的建设。1950年，广东省立图书馆改名为广东省立人民图书馆，杜定友任馆长。1953年“土改”刚刚结束，广东省立人民图书馆在粤东、粤中、粤北30多个县征集到图书58.68万册。1955年，原由市文化局管辖的广州市立中山图书馆与广东省立人民图书馆合并，改名为“广东省中山图书馆”，由省文化局管辖，工作人员有106人。“文化大革命”期间，所有图书馆的大部分书籍被封存，有些图书在混乱中散失。广东省中山图书馆实行军管，仅有部分报刊、著作配合运动开展一些宣传、展览活动。“文化大革命”结束后，特别是80年代以来，广州地区图书馆事业迅速恢复和发展，公共图书馆、高等学校图书馆和机关团体图书馆的数量大幅度增加。

二、1978—2012年：广州的社会主义文化事业发展实现跨越式发展

改革开放以来，广州的文化建设与推动经济社会发展先行先试一道，逐步探索出一条由不自觉到自觉、由不明确到明确、由不系统到系统的文化建设和发展之路，让历史文化名城焕发出充满创新活力的文化光彩。广州作为现代意义的文化都市，以崭新的姿态和强大的实力迈向世界，融入国际城市发展体系。

（一）思想解放，探索改革文化建设

广东得改革开放的风气之先，广州作为广东的省会城市，历史性地参与这场声势浩大、带动全国、影响世界的伟大实践。广州不仅见证这场伟大实践不断发展的历史过程及不断取得的伟大成就，还作为改革开放的“剧作者”和“剧中人”上演一场场开拓创新、精彩纷呈的历史“活剧”。然而，广州靠什么智慧和力量能够在改革开放中发挥“排头兵”和“先行者”的作用？以率先解放思想为核心的文化因素是不可或缺的一个原因。

1. 真理标准大讨论与改革意识觉醒

1978年5月11日，《光明日报》发表特约评论员文章《实践是检验真理的唯一标准》，引发了一场关于真理标准问题的大讨论。1978年5月12日，《广州日报》转载《实践是检验真理的唯一标准》，对推动广州开展真理标准问题的大讨论起到及时的引导和促进作用。这也意味着在解放思想与“两个凡是”的交锋中，广州敏锐地走在最前列。广东省委第一书记习仲勋在广东党政领导人中最先公开表示支持和赞成真理标准观，并在广州领导和组织了全省开展真理标准问题的大讨论。当时，广州开展关于真理标准问题的大讨论，不仅在党政机关搞，而且在基层也搞；不仅要求在思想理论上澄清模糊认识问题，而且要求在实际工作中鼓励大家大胆去干、去实践。这场轰轰烈烈的大讨论，让广州的干部和群众都受到了一次马克思主义基本理论的再教育。拉开广州这座城市思想解放、拨乱反正的历史大幕，萌生了率先走向改革开放的激情。这场大讨论，像珠江潮涌一般把僵化死板的思维激活，把因循守旧的思路打开，有了开拓创新的觉醒与共识。

2. 率先思想解放与先行一步的探索

以党的十一届三中全会胜利召开为标志，中国进入改革开放和社会主义现代化建设

的历史新时期。给毗邻港澳、华侨众多的广东带来可以先行一步的难得机遇。以此为契机，广州作为广东的省会城市，在“摸着石头过河”的实践探索中，率先迈出改革开放的新步伐：从放开物价、取消票证到开放市场、搞活流通，从发展“三来一补”的加工贸易到设立经济开发区、大规模引进外资、引进技术设备，从实行农村家庭联产承包责任制到实施厂长（经理）承包经营责任制，从走出科研院所为企业提供服务的“星期六工程师”到纷纷停薪留职的“下海潮”等，改革开放的许多新做法、新尝试不断涌现出来。在先行一步的实践探索当中，广州人展示出思想解放、求真务实的处事心态和行为作风，不仅有理念超前、善于变通、灵活应对的经营头脑，而且有敢为人先、奋发有为、舍我其谁的精神风貌。

3. 观念更新与“广式文化潮”兴起

随着在改革开放中的先行先试，广州的经济发展水平迅速提升，市民可支配收入也不断增加，市民家庭的消费需求逐步从20世纪70年代的“老三件”（手表、自行车、缝纫机）过渡到80年代的“新三件”（电视机、冰箱、洗衣机）。但是，人们购买电视机之后却发现电视频道少，没有多少可看的节目。对此，广东省委第一书记任仲夷明确指示：要千方百计办好自己的广播电视节目，丰富群众的文娱生活。随后，丰富多彩的群众性文化娱乐活动在广州悄然兴起：东方宾馆开设全国第一家营利性的“音乐茶座”，广州电视台策划的“美在花城”广告新星大赛成为在大型综艺节目领域的广州品牌，报刊档遍布街头巷尾，买报读报、关心时事成为广州人日常生活的重要内容和市井习惯，以广州改革开放实践为题材创作的电影《雅马哈鱼档》和电视连续剧《情满珠江》《公关小姐》《商界》《外来妹》等成为影响广泛的影视剧。以粤语传唱的流行歌曲，成为卡带式录音机翻录的首选，旋律优美、通俗易唱的粤语歌在城市和乡间随处可闻。各式各样的咖啡馆、保龄球馆、歌舞厅如雨后春笋般遍布广州。所有这些，一度成为快速流行、影响全国的“广式文化潮”。

（二）全面布局，系统推进文化建设

21 世纪以来，广州文化建设进入全面布局和系统推进的发展新阶段。为迎接第 16 届亚运会和首届亚残运会在广州召开，也为了向世界展示广州的城市面貌，广州的文化建设在城市发展整体布局中得到前所未有的加强。在“迎接亚运会，创造新生活”的过程中，全民参与的城市治理取得前所未有的新变化、新突破，广州的城市文化形象也有

了整体提升。

1. 指导思想的与时俱进和文化建设的新视域

要做到文化建设适应城市发展的时代要求，使思想文化成为推动城市发展的引领力量。广州文化建设同学习领会“三个代表”重要思想和科学发展观的思想内涵及其实践要求紧密联系在一起。这也是广州推进文化建设必须把握的基本遵循。

2. 从城市发展总体布局上制定文化发展规划

历经15年的艰苦谈判，2001年12月11日，中国终于正式加入世界贸易组织（WTO）。加入世界贸易组织将使中国的国内市场变成全方位开放的国际市场，这是经济社会发展的重要机遇，但也面临着如何适应国际化发展的严峻挑战。广州处于改革开放的前沿，城市建设和发展面临的国际挑战更是前所未有。为了抓住机遇、应对挑战，广州把城市发展定位为国际主要大都会，并从融入世界城市体系的战略考虑来制定城市发展规划，文化建设也开始按照国际化发展的要求来布局。2001年，在《广州市国民经济和社会发展第十个五年计划纲要》中，明确提出“十五”期间是广州率先基本实现现代化最为关键的时期，因而要“大力加强文化建设，增强文化中心功能，发展中外优秀文化兼容并蓄、传统特色与现代风格和谐融合的文化体系，把广州建设成为华南地区的文化艺术中心和国际文化交流中心”。2006年，在《广州市国民经济和社会发展第十一个五年规划纲要》中，进一步提出要把广州打造为“带动全省、辐射华南、影响东南亚的现代化大都市”。2011年1月，制定《广州建设文化强市培育世界文化名城规划纲要（2011—2020年）》，提出要把广州培育建设成为广东具有高度文化认同的“首善之区”，文化产业跨越发展的“创意之都”，传统与现代相融汇、在国际上具有重要影响的“文化之城”，尊重创造、鼓励创新、人才辈出、人尽其才的优秀文化人才“汇聚之地”。

（三）深化认识，多方展开文化建设

在改革开放的进程中，广州作为先行一步的“探路者”，在不断推进经济体制改革，为全国学习国外先进经验，引进资金、装备和技术积累经验提供参照的同时，也将文化建设视为广州推动经济社会发展不可或缺的重要抓手。在这一历史背景下，广州的文化建设也步入了进一步重视和加强的发展新阶段。

1. 城市文化品位日益提高

广州紧紧抓住影响大、层次高的文化项目，借全国之力，努力占据文化建设的制高点。先后成功举办全国第十一届“群星奖”，金狮奖第二届全国木偶皮影比赛，金狮奖第六届全国杂技比赛，第四届羊城国际粤剧节，第三至六届中国音乐金钟奖，国家舞台艺术精品广州展演，每年一届的广州国际艺术博览会，第九届中国艺术节，中国（广州）星海国际合唱锦标赛等多项活动。

2. 艺术创作和展演精品层出不穷

经济社会发展增强了广州文化艺术表演团体的活力，使其创作和演出了一大批既反映时代精神又具有鲜明民族特点和地方特色的文艺作品。其中，话剧《十字街三重奏》《情结》《男儿有泪》《南越王》、粤剧《白燕迎春》《中英街传奇》《土缘》《刑场上的婚礼》、杂技剧《西游记》、芭蕾舞剧《风雪夜归人》等文艺作品在全国获得好评。推出了粤剧电视艺术片《红线女心路之桥》，编撰出版了《粤剧大辞典》。

2009 年，市艺术院团由事业单位正式改制为企业，为文艺院团的发展注入新的活力，艺术精品创作成绩斐然。2010 年，在第九届中国艺术节上，广州市创作排演的芭蕾舞剧《风雪夜归人》荣获文华大奖，粤剧《刑场上的婚礼》荣获文华奖特别奖，话剧《春雪润之》荣获文华奖优秀剧目奖。

3. 公共文化服务多维度、多层面蓬勃展开

改革开放以来，广州地区图书馆事业得到迅速恢复和发展，公共图书馆、高等学校图书馆和机关团体内部图书馆大幅增加。随着省立中山图书馆新馆、广州图书馆新馆和各区、县级市图书馆相继建成，广州的图书馆事业蓬勃发展。

文化活动常年不断。全市各级文化部门坚持开展“假日文化周”“广州之夜”等系列文化活动；“都市热浪”广场文化活动、“羊城之夏”青少年暑期文化活动、公益文化春风行、艺术家社区行、农村文化集市等活动深入基层，深受群众欢迎。穗港澳粤剧日、羊城粤剧大联展、中小学艺术展演、百歌颂中华群众歌咏比赛、广州民俗文化节——波罗诞庙会、广州水乡艺术节、农村文化欢乐节、乞巧文化节、三月三洋塘仁威庙会、绚丽天河群众文化艺术节系列活动、“农信社杯”首届花都文化欢乐节等活动内容丰富、影响广泛。

文化设施建设不断推进。广州歌剧院、广州图书馆新馆、广州文学艺术创作中心、广州文化中心等一批标志性文化设施落成，蓓蕾剧院、东山剧院等一批原有的文化设施得以改造。

广州地区博物馆事业获得新的发展，馆舍建设、陈列展览逐步走向现代化、科学化、规范化。先后依托旧址成立廖仲恺何香凝纪念馆（1982年）、黄埔军校旧址纪念

馆（1984年）、广州起义纪念馆（1987年）、孙中山大元帅府纪念馆（2001年）；建成西汉南越王博物馆（1988年）、广州艺术博物院（2000年）、中共三大旧址纪念馆（2006年）、辛亥革命纪念馆（2011年）、南越王宫博物馆（2011年）。

文物保护和利用工作迈上新台阶。1982 年恢复市文物管理委员会，同年，根据中共中央开展全国文物普查的要求，广州市开展文物普查。1994 年，广州在全国较早地公布实施《广州市文物保护管理规定》。率先开展第四次文物普查，在普查中被发现的广裕祠，于 2003 年获得联合国教科文组织亚太地区文化遗产保护奖杰出项目奖第一名。2006 年，南汉二陵、六榕寺、粤海关、广东咨议局旧址、广裕祠 5 处文物被列为第六批全国重点文物保护单位。继粤剧、牙雕、广东音乐、粤绣和醒狮 5 个项目入选首批国家级非物质文化遗产保护名录之后，广东音乐、沙坑醒狮、黄阁麒麟舞、粤剧、广绣、广彩、广州牙雕、沙湾飘色、凉茶 9 个项目入选广东省第一批省级非物质文化遗产。南越国遗迹继 2004 年列入国家大遗址保护项目之后，又被列入我国申报世界文化遗产预备名单。

三、党的十八大以来，广州的社会主义文化事业蓬勃发展

2010 年，广州通过成功举办第 16 届亚运会，向世界展示了作为率先改革开放城市所发生的历史性巨变，充满活力的城市品格得到广泛认同，广州的文化影响力也显著增强。举办亚运会之后，特别是 2012 年开始，广州的文化建设在习近平新时代中国特色社会主义思想指引下迈出新的步伐，进入充分彰显文化自信和文化软实力的功能提升期。

（一）大力推进落实文化强市战略

2012年，广州市委十届三次全会通过《中共广州市委、广州市人民政府关于培育世界文化名城的实施意见》，提出广州市培育世界文化名城的重点任务和思路举措，明确彰显“千年商都”、建设“文化创意之都”“国际重大活动举办地”“世界旅游目的地”四个主攻方向，强调要以人为主体、以城为舞台、以文化为引领、以生活为依归，全面推动文化繁荣发展。为进一步提升广州城市文明，广州还制定《广州市2012—2014年深化文明城市建设工作规划纲要》《广州市全国城市文明程度指数测评达标责任分解表》《广州市市民素质提升工程工作方案（征求意见稿）》等文件，让

落实文化强市战略、推动广州文化建设更有章可循、更能促进广州文化建设取得成效。2017年11月14日，中央文明办公布的第五届全国文明城市名单和复查确认保留荣誉称号的全国文明城市名单中，广州榜上有名。这是自2011年以来，广州连续3届荣膺“全国文明城市”。

（二）健全完善公共文化服务体系

1. 城市文化品位进一步提升

党的十八大以来，广州连续举办第二十七、第二十八届中国戏剧梅花奖，中国音乐金钟奖自 2003 年永久落户广州以来已连续举办 9 届，羊城国际粤剧节每 4 年一次，已举办 7 届。同时，每年一届的中国国际漫画节、中国（广州）国际纪录片节、广州国际艺术节及从 2017 年开始永久落户广州的中国国际儿童电影节等大型文化活动，在广州轮番上演，呈现出勃勃生机。广州努力打造文化品牌，有效提升城市文化品位，在全国产生了较大的影响。

2. 艺术创作和展演走在时代前列

广州身处新时期，艺术创作与展演也呈现出新特点。其中话剧《春雪润之》、粤剧《花月影》、音乐剧《西关小姐》、木偶剧《哪吒》等在全国获得好评。粤剧名人名曲抢救工程取得阶段性成果。

2014 年，音乐剧《西关小姐》获中宣部第十三届精神文明建设“五个一工程”优秀作品奖。广州粤剧院欧凯明、黎骏声等 5 人获得 6 次“中国戏剧梅花奖”，获得 3 项“白玉兰奖”。木偶剧《哪吒》在 2015 年获“全国木偶皮影优秀剧目展演最佳剧目奖”和三项单项大奖。2017 年，杂技《竹韵——升降软钢丝》在第十届中国杂技金菊奖全国杂技比赛上获“金菊奖”。

3. 公共文化服务进一步延伸和扩展

这一时期，广州地区图书馆事业快速发展。2015年5月1日《广州市公共图书馆条例》颁布实施，同年，市政府印发《广州市“图书馆之城”建设规划》，提出“图书馆之城”的建设目标，全市的图书馆事业驶入快车道。

近年来，广州继续办好迎春花市、波罗诞、乞巧节、广府庙会、广州读书月等群众文化艺术节系列活动，反响热烈。以“羊城之夏”2017广州市民文化节为主线，为市民提供了丰富多彩的文化服务。举办百姓舞台耀羊城、精彩大赛炫羊城、岭南文化荟羊城、时尚经典潮羊城、书画展览悦羊城等五大主题近千项文化活动，受到广大市民的积极参与和热烈好评。

党的十八大以来，广州一批标志性设施建成开放。“十二五”时期，全市共建成广州图书馆新馆、广州少年儿童图书馆新馆、南越王宫博物馆、辛亥革命纪念馆、粤剧艺术博物馆、广州国际媒体港等多项重点文化设施，还改造和修建一批历史文化设施和文艺演出场馆。“十三五”时期，市、区两级重点建设项目共计 41 个，总投资约 127 亿元，总建设面积约 112 万平方米，主要包括广州文化馆、广州美术馆、南汉二陵博物馆、广州粤剧院等。

这一时期，博物馆事业与文物的保护与利用也得到快速发展。除已有的博物馆外，粤剧艺术博物馆（2016年）、十三行博物馆（2016年）已建成。同时调动社会力量积极参与博物馆建设，一批行业、非国有企业和私人办的博物馆，大大丰富全市博物馆的门类，健全和完善了全市博物馆的体系，使广州博物馆事业逐步呈现多元化发展的局面。

2013年5月1日正式实施《广州市文物保护规定》。2014年起，市政府依法设立文物保护专项资金，首次明确从地方立法和财政资金投入方面，对非国有文物保养修缮给予补助。

2013—2015年，广州市开展为期三年的文化遗产普查。经过室外调查8691条线索，经专家审核认定新发现不可移动文物线索67处、历史建筑线索793处、传统风貌建筑线索3087处；非物质文化遗产确认有效的普查线索868条，重点线索139条；在全国文物数据统一平台登录可移动文物176381件（套）。普查门类之广，范围之大，属全国首创，基本摸清全市现有“家底”。

目前，广州历史城区面积为20.39平方公里，共有历史文化街区26个、历史风貌区19个；全市共有不可移动文物3839处，地下文物埋藏区16个，涉及面积约200平方公里；已公布的历史建筑共721处，中国历史文化名镇1个，历史文化名村6个，传统村落91个，建立起较完善的文化遗产资源保护体系。

4. 海上丝绸之路申遗稳步推进

海上丝绸之路广州史迹是广州的重要文化遗产。从 20 世纪 90 年代起，广州市已开始着手编制海上丝绸之路申遗的有关材料。2007 年起，广州向国家文物局报送海上丝绸之路申遗报告，正式启动申遗工作。2012 年 9 月，国家文物局公布的《中国世界文化遗产预备名单》，广州市六处史迹入选（包括西汉南越王墓、南越国宫署遗址、光孝寺、怀圣寺与光塔、清真先贤古墓、南海神庙及明清古码头遗址）。2013 年，市政府成立申报工作小组。2014 年 3 月，正式启动申报的第二阶段工作，制定保护和申遗工作方案。2015 年 12 月，广州市政府专门成立推进 21 世纪海上丝绸之路建设工作领导小组，市政府主要领导任组长，加快推进广州海上丝绸之路申遗工作。2016 年 3 月，在北京召开的海上丝绸之路保护和申遗工作会议，正式拉开申遗序幕。2017 年 4 月，国家文物局在广州召开海上丝绸之路保护和申遗工作会议，与会城市代表一致推举广州为海上丝绸之路保护和申遗的牵头城市。2018 年 1 月，在广州召开海上丝绸之路保护和申遗城市联盟第一次联席会议预备会议，4 月在广州召开海上丝绸之路保护和申遗城市联盟第一次联席会议，24 个城市代表共同签署了联盟章程，标志着海上丝绸之路保护和申遗联盟正式成立。

（三）以市场为导向推动文化产业发展

文化产业与信息产业并称为21世纪的两大新兴支柱产业。广州把发展文化产业作为转变经济发展方式、培育新兴产业的重要内容和抓手，将发展文化产业列为战略性支柱性产业进行谋划和布局，逐步形成行业门类齐全的文化产业体系。

2014年，广州高新区文化与科技融合示范区被中宣部、科技部、文化部、新闻出版广电总局认定为第二批国家级文化和科技融合示范基地。广州国际媒体港经国家工商总局批准成为国家级广告产业园核心区。越秀区被授予“国家版权贸易基地”称号。中国（广州）国际漫画节已成为国内娱乐、商贸、互动氛围最浓厚的大型动漫展会，更是国家“十二五”时期动漫产业发展规划重点扶持的三个动漫节展之一，在国内外享有较高的知名度。2015年11月，广东省新闻出版广电局、广州市文化广电新闻出版局、广州市越秀区人民政府在越秀区东方文德广场国家版权贸易基地联合举行国家版权贸易基地（越秀）交易平台上线及中国版权保护中心华南版权登记大厅签约活动，开创中国版权交易线上服务的先河。2016年，出台《广州市加快推进传统媒体和新兴媒体融合发展行动方案》，协调安排5000万元专项资金用于扶持传统媒体和新媒体的融合发展。

（四）融合文化与旅游，实现共同繁荣

旅游是文化之“体”，是承载文化内涵的重要载体，也是文化传播的重要渠道。广州坚持积极推动文化与旅游在更大范围、更广领域、更高层次上深度融合。旅游竞争力是广州城市文化软实力的重要组成部分，充分体现广州的国家中心城市地位。广州旅游

综合竞争力位居全国城市第三、副省级城市第一。世界旅游业理事会（WTTC）发布的《2018年城市旅游和旅游业影响》报告显示，广州入选“2007—2017年全球旅游增长最快的十大城市”，居第五位。2018年，全市旅游接待总人次2.23亿人次，同比增长9.2%，旅游业总收入4008.19亿元，同比增长10.9%。

丰富的文化旅游活动成为广州的亮点。“广州过年·花城看花”成为广州旅游享誉世界的亮丽名片。广州国际旅游展览会（GITF）是国内首个成功市场化运作的旅游展会典范，已连续举办27届，逐步成为国际旅游展览的风向标。广州市定期开展穗港澳文化旅游部门交流，成功举办“穗港澳青少年文化交流季”活动，成功推出16条粤港澳大湾区文化遗产游径，有序推进大湾区北部生态旅游合作区建设，共同培育打造粤港澳大湾区文化旅游高质量发展示范区、文化休闲与康养健身的国际旅游目的地。广州全面实施外国人过境广州144小时免签政策，连续4届当选亚太城市旅游振兴机构（TPO）会长城市。2018年成功与米其林签约，每年发布广州米其林美食指南，成为大陆继上海之后第二个拥有米其林评鉴的城市。在全国率先推出集交通、景区、酒店、购物优惠于一体的“广州城市旅游云卡”，旅游公共服务质量和水平日益提高，广州旅游的知名度和影响力不断提升。

（参编人员：李鹏　陈庆华）

第十六章
卫生健康事业发展

新中国成立70年来，广州市卫生健康事业日新月异，取得令人瞩目的成就。随着广州逐步建设成为华南地区医疗卫生中心，卫生健康事业为广州经济社会发展做出重要贡献。

一、1949—1978年：广州卫生健康事业起步发展

新中国成立前，我国医疗卫生事业十分落后，广州也不例外，医疗卫生设施缺乏，防治手段落后，人民健康水平低下。1948年，广州市区人口死亡率和婴儿死亡率高达15.3‰、103.9‰，人均期望寿命只有35岁。至1949年，广州仅有医院37家，病床3641张，卫生技术人员2371人。

新中国成立后至改革开放前，广州卫生健康工作坚持预防为主、以农村为重点、中西医结合等一系列路线方针，初步建立农村和城市医疗卫生服务网络。

到20世纪70年代末，广州市区居民人均期望寿命从新中国成立前的35岁提高到1978年的72.41岁，孕妇死亡率从1949年的1500/10万降低到1979年的33.20/10万，婴儿死亡率大幅下降。

（一）城乡卫生保健网络逐步形成，卫生机构建设有序推进

1952年开始，广州先后建立公费医疗制度、劳保医疗制度，为城镇人口提供医疗保障。1955年，建立农村合作医疗制度。到20世纪70年代末，广州农村合作医疗覆盖率达到98%，高于全国覆盖率，为保障农村居民健康发挥了巨大作用。

新中国成立后，广州城乡各级基层卫生组织逐步建立。到1965年，建成纵有市级、区级医院、街道（公社）卫生院和工厂企业卫生所（站），横有综合医院、教学医院、

专科医院、企业职工医院和疗养院的医疗网，并实行划区分级分工医疗。其间，为响应毛泽东“把医疗卫生工作的重点放到农村去”[①]的号召，城市医务人员纷纷深入农村，到田间地头为农民提供防病治病服务，一定程度加快农村各级医疗卫生机构的建设。

（二）传统医学走上健康发展轨道，中西医诊疗技术均有提高

新中国成立之初，作为中国传统医学的中医药治疗结合了现代医学的知识和方法，在防治传染病、内科、外科、妇儿治疗保健方面发挥独到且重要的作用。1953 年开始，广州吸收中医人士参加公立医院工作，一大批骨干专家积极探索中西医结合治疗技术，取得较好临床效果。

同时，广州各医院西医临床分科逐渐细分。心血管、泌尿等内科检查在国内、省内率先采用先进技术及设备，大大提高诊断准确性和治疗效果。外科技术同样进展迅速，手术范围从腹部扩展至心胸血管、颅脑等“禁区”，并开展断肢（指、趾）再植、器官移植等手术。

伴随 1952 年公费（劳保）医疗在广州的推行，群众多到西医医疗机构就诊，中医药诊疗对象多为慢性病及一般常见病、多发病。

（三）防治疾病工作按计划开展，爱国卫生运动初见成效

新中国成立之初，广州卫生部门积极贯彻“预防为主”的方针，集中力量消灭和基本消灭严重危害人民健康的烈性传染病，降低各种传染病、地方病的发病率。这一时期，广州未发生霍乱、鼠疫、天花病例，基本消灭恙虫病，控制了伤寒、痢疾、白喉、小儿脊髓灰质炎、乙型脑炎的发生和流行。

1952 年 7 月，广州市成立爱国卫生运动委员会及其办公室，将卫生工作与群众运动相结合，开展以“除四害[②]，讲卫生，消灭疾病”为内容的爱国卫生运动。1952 年底，广州市金花街道被评为全国乙等卫生模范单位。1958 年，广大群众义务劳动，填泽平沟，将蚊蝇滋生地建成群众休憩游乐的公园。20 世纪 60 年代前后，农村开展卫生村建设，31 个大队接近或达到卫生村标准。

---

① 1965 年 6 月 26 日，在同医务人员谈话时，毛泽东发表“六二六”指示：“把医疗卫生的重点放到农村去”。同年 9 月 21 日，中央批转了卫生部党委关于把卫生工作重点放到农村的报告。

② 四害是指老鼠、苍蝇、蚊子、麻雀（麻雀先后改为臭虫、蟑螂）。

（四）妇幼保健工作不断加强，普及新法接生、推广预防接种等取得重大进展

新中国成立之初，广州妇幼保健机构尚未建立。卫生部门发动市内产科执业人员（或部门）协助政府推行妇幼卫生工作，抓紧普及新法接生工作。1950年9月，订立妇幼卫生实施办法（包括免费接生）。1953年，开始逐步推行妇幼保健地段负责制，重点加强孕产妇和儿童预防接种等管理和指导工作。1963年，广州成立市妇幼保健院。至1974年，全市建起农村产院189家，市区保健站（包括卫生院）17家。

广州大力开展儿童计划免疫工作。自20世纪60年代起，逐步开展儿童麻疹、白喉疫苗、三联混合制剂（百日咳、白喉、破伤风）、乙脑疫苗接种，流行病发病率显著下降。

1956年，中共中央提出："在一切人口稠密的地方，宣传和推广节制生育，提倡有计划地生育子女"[①]，广州开始在各大医院设立避孕门诊，开展节育指导。1962年，广州市计划生育指导委员会成立，实行"宣传提倡，坚持自愿"的方针，有组织有领导地开展计划生育工作。

（五）加强卫生人才队伍建设，努力发展医学科学研究

1949年，广州每千人口卫生人员仅为1.75人。之后，广州市卫生学校、广州中医学院、中山医学院相继成立，卫生医学人才培养走上正轨。同时，市政府动员各方面人才参加医疗卫生建设，一批在国外工作学习进修的专家、学者、医生相继回国参加各级医药卫生机构的指导、领导工作，或直接负责学科建设工作，为广州医疗卫生事业的发展做出重要贡献。至1978年，全市卫生技术人员达31547人，其中医生12014人，护师（士）8110人。

1952年起，广州先后成立市恙虫脑炎病研究组、市中医中药研究所、市医学科学研究所。之后在此基础上成立市医药卫生研究所，作为开展医疗普及、科学研究工作的基地，有效促进医疗技术的发展。1960年，市第一人民医院罗秉相研发的眼球异物定位器荣获卫生部金质奖章。1972年，中山医科大学附属第一医院开展广州首例肾移植成功。中医学、胃肠、眼科、断肢再植、心脏血管等方面疾病诊疗水平均达国内先进水平。

---

① 1956年初，中央公布的《1956—1967年全国农业发展纲要》（修正草案）中提出。

二、1978—2012年：广州卫生健康事业加快发展

党的十一届三中全会后，我国卫生健康事业迎来新的发展机遇。这一时期，广州卫生健康工作积极探索符合广州实际的发展道路，依照“规划总量、调整存量、优化增量、提高质量”原则，引导富余医疗资源向社区卫生服务和卫生资源薄弱地区转移。基础设施不断完善，卫生资源总量大幅持续增加，农村卫生和城市社区卫生快速发展，疾病预防控制成效显著，中医事业稳步推进，卫生监管不断加强，人才队伍建设和医学科技水平显著提高，多层次医疗保障制度框架逐步形成，医疗卫生服务体系不断健全，服务保障能力得到较大提升。

至2012年，广州地区有卫生机构3511家，病床70649张，卫生技术人员106708人。孕产妇死亡率从1979年的33.20/10万降低到15.17/10万，婴儿死亡率降低到3.46‰，人均期望寿命从1978年的72.41岁提高到79.41岁，这三项综合反映健康水平的重要指标位居发展中国家前列。

（一）医药卫生体制改革全面启动，基层卫生发展活力逐步释放

20世纪70年代末至80年代初，广州卫生事业改革发展的重点是抓住医疗服务供不应求的主要矛盾，打破“平均主义”和“大锅饭”的分配方式，增强医疗卫生机构活力，提高卫生服务供给能力。

20世纪80年代中期，广州实行“多渠道办医”和“简政放权”政策，鼓励医疗机构经营和自我发展，调动医疗机构和医务人员积极性，缓解群众“看病难、住院难、手术难”等突出矛盾。

党的十四届三中全会后，广州积极响应新时期卫生工作方针，“以农村为重点，预防为主，中西医并重，依靠科技与教育，动员全社会参与，为人民健康服务，为社会主义现代化建设服务”[①]。在区域卫生规划、医疗机构分类管理、农村卫生服务体系建设等方面进行一系列探索和改革。

2007年，广州全面铺开新医改工作，公立医院改革迈出“政事分开、管办分开、

---

① 1996年，第一次全国卫生工作会议明确了新时期卫生工作方针为“以农村为重点，预防为主，中西医并重，依靠科技与教育，动员全社会参与，为人民健康服务，为社会主义现代化建设服务”。

医药分开、营利性和非营利性分开”[①]第一步。政府办基层医疗卫生机构按公益一类事业单位进行改革，初步建立公益性管理体制、竞争性用人机制、激励性分配机制、多渠道补偿机制等新的运行机制。开展居民电子健康档案和电子病历信息系统建设，数字化医院建设取得新成效，成为广东省卫生信息化示范城市试点。

截至2012年，新医改取得显著成效，政府办基层医疗卫生机构全部实施国家基本药物制度，村级卫生站和社会办基层医疗卫生机构实施基本药物制度工作逐步推进，全市基层医疗卫生机构人均门诊药品费用同比下降8.9%，每床住院日均药品费用同比下降12.8%。

（二）医疗卫生体系日趋完善，服务保障能力稳步提升

随着改革开放的逐步深入，广州相继引进和应用一些国外的先进临床检查、诊断技术和设备，西医诊疗技术水平与国外的差距日益缩短，部分诊疗技术已达到或接近国外先进水平。1989年12月，市急救医疗指挥中心成立，120急救医疗救护电话开通。1993年，航空救护站、海上救护站成立，广州院前急救服务能力迅速提高。

1986年，广州将农村和城市初级卫生保健工作纳入政府工作目标和社会经济发展规划。1991—1998年，完成农村基层卫生“三项建设”（县防疫站、县妇幼保健院和卫生院建设）和“一无三配套”（无危房，人员、业务用房、设备三配套）工作，农村医疗卫生机构业务用房和农村居民就医环境大为改善。到1995年，全市各县（县级市）提前5年实现“2000年人人享有初级卫生保健”[②]目标。

广州社区卫生服务网络建设让居民就近得到基本医疗卫生服务。从1997年社区建立卫生服务站开始，至2012年，建立起766个网格化团队，设置社区卫生服务中心138所，服务站152个，覆盖99%的社区居民。至2012年，年均基本公共卫生服务投入逐步增长至40元／人，服务项目增加到11大项37小项，服务逐步提质扩面。

妇幼保健网络不断完善。1994年，广州颁布国内第一个有关妇幼卫生工作的政府

① 党的十七大报告提出“政事分开、管办分开、医药分开、营利性和非营利性分开”。

② 1978年，国际初级卫生保健会议（简称阿拉木图会议）发表的《阿拉木图宣言》中明确指出：推行初级卫生保健（primary health care，简称PHC）是实现“2000年人人享有卫生保健”的战略目标的关键和基本途径。1990年，卫生部、国家计划委员会、农业部、国家环境保护局、全国爱国卫生运动委员会联合颁布《关于我国农村实现“2000年人人享有卫生保健”的规划目标》。

规章《广州市妇幼卫生管理办法》。至2012年，广州有14家妇幼保健机构，覆盖全市每个行政区域，全市户籍孕产妇管理率为97.84%，户籍住院分娩率为99.94%。进一步推进妇幼重大公共卫生项目实施，逐步实施农村妇女“两癌”检查项目、农村地区增补叶酸预防神经管畸形项目、农村孕产妇住院分娩项目以及预防艾滋病、梅毒和乙肝母婴传播项目。加强出生缺陷综合防控体系建设，逐步开展免费婚前医学检查、免费孕前优生健康检查和三大重点病种（地中海贫血、唐氏综合征、明显组织结构畸形）产前筛查。

计划生育管理服务网络全面覆盖。1979年后，计划生育政策是提倡晚婚、晚育、少生、优生，提倡一对夫妇只生一个孩子。1982年，广州市委决定：“在普遍提倡一对夫妇只生育一个子女的同时，农村部分对象可安排生二胎。”1983年，设立市计划生育宣传技术指导所，各区、县和镇、街道随后建立计划生育服务站（所），形成计生技术管理服务网络。1992年开始，实行计划生育“一票否决制”①，夯实地区、部门、单位和个人的责任。同时，积极实施计划生育优待措施。

20世纪70年代起，卫生监督与管理工作逐步规范并向专业化发展。2001年，卫生监督机构组建以后，承担起医疗卫生、放射卫生、公共场所、饮用水卫生以及学校卫生监督等综合卫生监督执法任务。持续开展控烟执法行动、食品卫生整治等专项行动，加大职业病防治监督执法力度，严厉打击非法行医，有力保障了群众的健康权益。

我国1978年建立义务献血制度，1998年10月开始实行无偿献血制度。2004年，广州无偿献血达21.89万人次，在全国率先实现临床用血100%来自本市自愿无偿献血。

（三）重大疾病防治成效显著，卫生应急体系逐步形成

进入21世纪，严重威胁群众健康的重大传染病、地方病得到有效控制。先后消灭血吸虫病、百日咳、白喉等传染病，基本消灭麻风病，控制手足口病、登革热、流感等

① 计划生育“一票否决制”，即根据《中华人民共和国人口与计划生育法》和各省、市、自治区相关条例，各级党委、政府，各部门、各单位必须予以认真贯彻执行的实施办法。如违反其中之一条，其主要负责人、分管人口和计划生育工作的负责人、党员干部及其他有关人员即受到相应惩处。

传染病疫情。实施预防与控制艾滋病中长期规划，落实艾滋病“四免一关怀”[①]政策。实施结核病控制项目，落实免费治疗政策，传染性肺结核患病率呈下降趋势。分子生物学检测技术获得广泛应用，基因测序技术为传染病现场判断和监测提供详实、准确的科学依据，达到国家一流水平。2011年，广州适龄儿童计划免疫疫苗达11种，可预防12种疾病，接种覆盖率在95%以上，建立起儿童免疫屏障。

2003年春天，广州遭遇“非典”疫情突然袭击。作为抗击“非典”主战场和主力军，广州总结出早发现、早报告、早隔离、早治疗，探索出合理使用激素、合理使用呼吸机、合理治疗并发症的有效治疗方法（即“四早三合理”），取得全国乃至全世界抗击“非典”最高治愈率和最低病死率的优异成绩。其间，以钟南山院士为代表的医疗卫生专家实事求是、科学防控，探索出科学合理的防治方法；广大医务人员众志成城，勇于牺牲，全力抗击非典，部分专家还被派往国内其他地区支援，为夺取“抗非”全面胜利作出贡献。

抗击“非典”后，广州市委市政府更加重视公共卫生体系建设，2003年，实施《广州市加强疾病预防控制网络体系建设计划》。2005年1月，广州设立突发公共卫生事件应急处理办公室，实施《广州市突发公共卫生事件应急预案》，突发公共卫生事件应急处置能力不断提高，有效应对2008年春运冰雪灾害、四川汶川特大地震、三聚氰胺奶粉事件、苏丹红和人感染禽流感等突发重特大事件。

（四）中医药事业传承发展，中医药专科建设持续发力

20世纪90年代初，广州实现各区、县（县级市）设中医医院，其他各级综合医院、

① “四免一关怀”中的“四免”分别是：农村居民和城镇未参加基本医疗保险等医疗保障制度的经济困难人员中的艾滋病患者，可到当地卫生部门指定的传染病医院或设有传染病区（科）的综合医院服用免费的抗病毒药物，接受抗病毒治疗；所有自愿接受艾滋病咨询和病毒检测的人员，都可在各级疾病预防控制中心和各级卫生行政部门指定的医疗机构得到免费咨询和艾滋病病毒抗体初筛检测；对已感染艾滋病病毒的孕妇，由当地承担艾滋病抗病毒治疗任务的医院提供健康咨询、产前指导和分娩服务，及时免费提供母婴阻断药物和婴儿检测试剂；地方各级人民政府要通过多种途径筹集经费，开展艾滋病遗孤的心理康复，为其提供免费义务教育。“一关怀”指国家对艾滋病病毒感染者和患者提供救治关怀，各级政府将经济困难的艾滋病患者及其家属，纳入政府补助范围，按有关社会救济政策的规定给予生活补助；扶助有生产能力的艾滋病病毒感染者和患者从事力所能及的生产活动，增加其收入。

专科医院均设立中医科。经过长期努力，中医药在公共卫生、重大疾病防治和基本医疗服务中发挥越来越重要的作用。

为推进中医药事业全面、协调、可持续发展，广州提出加强中医专科专病建设，创建农村中医工作先进市（区）和推进中医药进社区工作，加强中医药人才培养等中医药事业发展规划。2006年，广州启动中医药强市建设项目，实施“三名、三进”（培养名医、创造名科、建设名院，中医药进农村、进社区、进家庭）策略，开展中医“治未病”试点工作。2011年，实现所有镇卫生院、社区卫生服务中心设有规范化中医科、中药房，并逐步扩大中医“治未病”健康工作。

三、党的十八大以来，广州卫生健康事业蓬勃发展

党的十八大以来，广州卫生健康工作以习近平新时代中国特色社会主义思想为指导，深入贯彻实施健康中国战略，推动卫生健康工作由“以治病为中心”向“以人民健康为中心”转变，持续深化体制机制改革，改善医疗服务，为人民群众提供全方位全周期健康服务。至2018年底，广州地区有医疗卫生机构4598家，专业卫生技术人员15.65万人，床位数9.51万张；孕产妇死亡率为3.67/10万，婴儿死亡率为2.50‰，居民平均期望寿命达到82.28岁。居民健康水平综合指标已接近发达国家水平。

（一）机构改革顺利实施，卫生强市建设持续推进

1. 顺利实施卫生计生机构改革

2014年，按照国家和省的统一部署，广州市撤并市卫生局、市人口和计划生育局，组建广州市卫生和计划生育委员会。市爱卫办、医改办划入市卫生计生委，实现“职能统一，资源整合，队伍融合”的改革目标。2018年，设立市卫生健康委员会，在原有卫生计生职能基础上增加原安监局的职业卫生健康和市民政局的老年健康工作职能，开始实施“生命全周期、健康全方位”管理服务。

2. 不断完善医疗卫生政策体系

坚持规划先行、政策引领。先后制定实施《广州市卫生与健康“十三五”规划》《广州区域卫生规划（2016—2020年）》《“健康广州2030”规划》《广州市医疗卫生设施布局规划（2011—2020年）》。2017年，市委市政府印发《中共广州市委广州市人民政府关于建设卫生强市的实施意见》和《广州市构建医疗卫生高地行动计划（2016—

2018年）》《广州市医疗卫生强基创优行动计划（2016—2018年）》《广州市提升妇幼健康服务能力行动计划（2016—2018年）》《广州市加强精神卫生体系建设行动计划（2016—2018年）》等4个三年行动计划配套文件，对当前和今后一段时间的医疗卫生工作发展作出全局性的规划和制度性的安排。

3. 打造粤港澳大湾区广州医疗高地

充分发挥地区医疗资源聚集优势，推进医疗卫生高质量发展。2018年，广东省政府实施高水平医院建设“登峰计划”，广州医科大学附属第一医院、市第一人民医院、市妇女儿童医疗中心成功入选，将在发展前沿技术、建设高水平临床科研平台、聚集拔尖人才、打造一流医学学科等方面发力。从2018年开始，广州计划5年内投资27亿元支持市第一人民医院建设成为高水平现代化研究型综合医院。开展市医学重点学科建设，确保学科技术水平达到国内先进或省内领先水平。支持和引导有实力的医院加强与港澳高校和医疗机构的全方位合作，学习港澳先进管理理念，推动穗港澳医疗卫生深度融合发展。加强医疗卫生基础设施建设，市中医医院同德分院、市第八人民医院新址二期第一批工程等已建成并投入使用，广州呼吸中心和市妇女儿童医疗中心南沙、增城分院等一批新建、改扩建项目全面铺开。

4. 大力提升基层医疗和公共卫生服务能力

按照“保基本、强基层、建机制”的原则，稳步推进基层医疗卫生机构（镇卫生院、社区卫生服务中心和村卫生站）业务用房标准化建设和基本医疗设备更新工作，实施基层医疗卫生机构提档升级工程和全科医生人才培养系统工程，落实基层医疗卫生机构公益一类财政供给、公益二类事业单位管理机制，基层医疗卫生服务能力显著增强。

截至2018年，年均基本公共卫生服务投入逐步增长至60元/人，服务项目增加至14类55项；镇卫生院全部加入市、区120急救网络，实现农村地区院前急救网络全覆盖；基层医疗卫生机构业务用房建设达标率为98.37%，全市有9个“全国百强社区卫生服务中心”，2个“全国百佳乡镇卫生院”，19个“全国优质服务示范社区卫生服务中心”，29个获国家卫生部门命名的“群众满意的乡镇卫生院”。

2014年以来，全市疾病预防控制体系日趋完善，传染病联防联控工作机制、风险评估制度、专业队伍建设更加健全，疾病监测、传染病预测、预警能力和卫生应急处置能力进一步提高，有效应对了登革热、人感染禽流感、中东呼吸综合征（MERS）、埃博拉出血热等新发或突发传染病疫情。

5. 加强妇幼健康和计划生育服务能力建设

自 2012 年开始，广州每 4 年实施一轮母婴安康行动计划，产儿科服务能力得到显著提升。随着新生儿疾病免费筛查项目启动，结合已开展的婚前、孕前、产前免费医学检查项目，全市出生缺陷三级综合防控体系已基本建立。2017 年起，市、区两级财政每年新增投入近 1 亿元用于儿科发展建设。全市现有国家级、省级妇幼健康优质服务示范区各 3 个，7 个区完成"一站式"婚育服务中心建设。

为应对人口老龄化，广州自 2014 年起实施"单独两孩"政策，2016 年起实施"全面二孩"政策。新时代计划生育工作，以家庭为中心，以群众需求为导向，以优生优育、计划生育生殖健康为重点展开。同时，将全市各项普惠制度与对计生家庭的特惠制度结合起来，致力于打造覆盖不同人群、涉及多方面、长短期结合、奖惩并举的多层次、全方位利益导向政策体系，保障计划生育家庭合法权益，提升家庭发展能力。

6. 大力推动中医药事业的传承与发展

广州鼓励发展中医特色康复服务，支持中医医院康复科和中医特色康复医院建设，在社区康复机构推广中医康复技术，提升社区康复服务能力和水平。发挥中医药"治未病"养生保健的优势，推动中医药与养老结合，开展中医药健康服务，健全覆盖城乡的中医预防保健服务体系。实施"名院、名科、名医、名中医工作室"系列工程，全面推广中医药适宜技术。全市 100% 的社区卫生服务中心、乡镇卫生院能够提供中医药服务。

截至 2018 年，全市有 12 家综合医院获全国综合医院中医药工作示范单位，并有 10 个基层医疗单位成功创建全国基层中医药工作先进单位（区）。同一年，广州市成功创建市级全国基层中医药工作先进单位。

7. 建设卫生信息化和智慧医疗体系

2013 年，广州市卫生信息网络平台初步形成，实现医疗卫生机构到卫生信息数据中心的数据采集。2016 年，"互联网 +"移动医疗服务品牌——"广州健康通"预约挂号支付平台入围人民日报社发布的"2016 年移动政务影响力榜单"，荣获"移动服务十佳"称号。2015 年，广州市全民健康信息平台助力广州成为首家通过国家区域卫生信息互联互通标准化成熟度测评的超大型城市。建成全市区域影像和检验中心系统、预约挂号系统、诊疗费用支付系统和家庭医生签约系统，移动医疗、远程医疗、互联网健康管理等"互联网 + 医疗健康"应用相继上线。2018 年，广东省第二人民医院将人工智能全面应用到医疗服务中，成为广州市首家智慧医院；市妇女儿童医疗中心跻身世界顶级信息化医院，成为全国首家通过 HIMSS EMRAM[①]7 级（全国仅有 4 家）的集团医院。

（二）医药卫生体制改革持续深化，创新动力不断增强

1. 启动公立医院改革

2017 年 7 月，《广州地区公立医院综合改革实施方案》出台。明确政府投入责任，坚持公立医院公益性的基本定位，重点是通过医疗价格和收费项目调整，推进利益机制转变，构建公益性导向更加明确的运行新机制，技术劳务价值得到更好体现。7 月 15 日，广州市所有公立医疗机构全部取消药品（中药饮片除外）加成。2018 年 12 月 29 日，全面实施取消医用耗材加成。医疗服务价格调整、财政补偿和医保报销等配套政策陆续出台。至 2018 年底，纳入医改监测的公立医院门诊、住院药占比、次均住院药费明显下降，“以药养医”格局基本破除。

2. 推动分级诊疗制度建设

2016年，根据《广州市加快推进分级诊疗制度建设实施方案》，广州以医疗联合体建设为抓手，以家庭医生签约服务为切入点，以常见病、多发病、慢性病分级诊疗为突破口，不断完善服务网络、运行机制和激励机制，建立符合广州实际的基层首诊、双向转诊、急慢分治、上下联动的分级诊疗就医新秩序。至2018年底，广州共组建医联体144个，覆盖各级各类医疗机构435个。“花都探索基层医改新路径”入选2018年全国“推进医改，服务百姓健康十大新举措”榜单。100%社区卫生服务中心和镇卫生院开展了家庭医生签约服务，做实做细家庭医生签约服务，针对居民健康需求，丰富服务内涵，个性化服务包设计深受市民青睐。至2018年底，已签约居民450.68万人，签约率33.38%；签约重点人群220.03万人，签约率71.14%。广州打造高品质家庭医生服务的典型经验做法获国家卫生健康委2018年基层医改新闻发布会推广。

3. 建立现代医院管理制度

2018 年，印发《广州市建立现代医院管理制度实施方案》《广州市公立医疗卫生机构绩效评价办法》，就落实政府对公立医院的举办职能、加强政府对医院的监管职能、落实公立医院经营管理自主权、加强党建工作等 19 个项目做了明确规定。推进公立医

① HIMSS 全称 Healthcare Information and Management Systems Society（美国医疗信息与管理系统学会），始建于 1961 年，总部位于美国芝加哥，是一家全球性的、以健康理念为基础的非营利性组织，旨在通过健康信息技术提高医疗水平。2018 年 1 月 1 日正式生效的新版《HIMSS EMRAM（住院急诊）标准》按照 0-7 级，8 个级别划分。

院总会计师制度落实，推动公立医院绩效评价结果与财政补助、医保支付、薪酬水平、医院等级、院长选聘等挂钩。巩固“取消药品、医用耗材加成”改革成果，动态调整医疗服务价格，加强对补偿情况的监测评估和风险控制，新增医疗服务项目677项，实现公立医院运行、患者反应、社会舆情三平稳。

4. 深化医保、医药制度改革

医保制度改革方面，广州优先将基层医疗机构纳入医保定点范围，全面推进按病种付费和按病种分值付费改革，医保总额控制指标向基层医疗机构适当倾斜，制定与医联体建设发展相适应的医保支付结算办法，发挥医保促进医联体建设和发展的引导作用。医药制度改革方面，2013年，通过政府补助和医保补偿等方式，继续推进村卫生站、非政府办基层医疗卫生机构和公立医院实施基本药物制度，基本药物制度实施范围逐步扩大。2018年10月，广州GPO（药品集团采购）平台上线试运行。

5. 强化综合监管

2014年，广州在综合监管方面，积极转变政府职能，推进依法行政，开展编制行政职权清单、清理公共服务事项、居民办证事项和规范性文件等专项工作。完成市属医疗机构行业作风专项整治和医疗收费专项检查，严肃查处医药购销领域和医疗服务的不正之风。2018年，全面落实国务院办公厅就医疗卫生行业综合监管的7个重点领域提出“一优化、六加强”[①]的具体要求。

（三）卫生健康服务体系不断扩大，医疗卫生服务环境持续改善

1. 逐步健全老年健康服务体系

广州近年推行养老“9064”模式，即90%的老人居家养老，6%在社区养老，4%入住养老机构养老。至2018年底，广州有85%的养老机构能够以不同形式为老人提供医疗服务。大力推进医养结合的养老服务，开展长期护理保险制度试点，推动专业护理。积极推进国家级医养结合试点，鼓励和引导社会力量在社区建设以提供上门护理服

① “一优化”即优化医疗卫生服务要素准入，加快推进医药卫生领域行政审批制度改革。“六加强”即加强医疗服务质量和安全监管，严格落实医疗质量和安全管理核心制度；加强医疗卫生机构运行监管，严格执行非营利性和营利性医疗机构分类管理要求；加强公共卫生服务监管；加强医疗卫生从业人员监管，严肃查处违法违规和违反医德医风的执业行为；加强医疗卫生服务行业秩序监管；加强健康产业监管，建立健全覆盖健康产业全链条、全流程的包容、审慎、有效监管机制。

务为主的护理站，现已建成护理站68家。

2. 持续开展爱国卫生运动

2015年，广州顺利通过第一次国家卫生城市复审。2016年，广州顺利通过国家卫生城市再次复审，以优异的成绩名列全国同期国家卫生城市前茅。至2018年底，全市共有国家卫生镇19个、省卫生镇15个、省卫生村806个，卫生厕所普及率为99.89%。

3. 持续开展改善医疗服务行动

制定《广州市改善医疗服务行动实施方案》，提出优化诊区设施布局、推进预约诊疗服务、合理调配诊疗资源等10方面35项具体工作任务。推广临床路径，探索临床路径“医、护、患”一体化管理，鼓励有条件的医院将药学服务纳入临床路径管理，扩大临床路径种类，优化临床路径病种，规范临床诊疗行为。强化院感管理，检视完善新生儿科、产科、重症医学科、急诊科、手术室等重点部门院感管理制度和责任追究制度，提高院感防控专业技术能力。逐步建成高标准、规范化的急危重症救治体系，进一步完善院前急救体系。全面取消互助献血。“平安医院”建设卓有成效，医患关系总体和谐。出台《广州市鼓励社会资本举办医疗机构奖励补助经费管理办法》，满足群众多元化就医需求，扶持社会办医。

广州卫生健康系统正以习近平新时代中国特色社会主义思想为指导，聚焦人民群众对美好生活的向往、对健康生活的期盼，继续深化医药卫生体制改革，推动卫生健康事业深度融合发展。大力加强医疗卫生高地建设，提升区域医疗中心辐射力。系统优化医疗卫生资源配置，提高医疗服务的公平性可及性；充分运用新技术新应用，实现卫生健康工作创新发展，高质量推动健康广州建设。

（参编人员：蔡李强）

第十七章

劳动就业发展

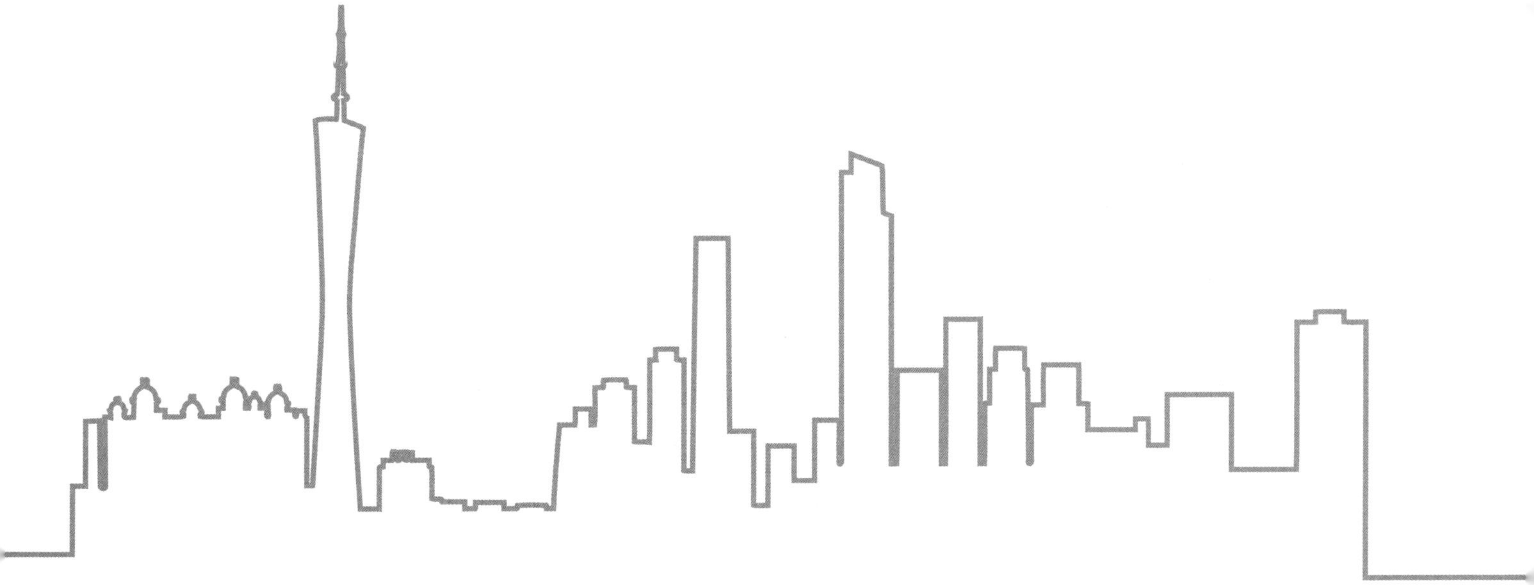

就业是民生之本。新中国成立70年以来。广州市始终把劳动就业列为重要工作，把促进就业放在经济社会发展的优先位置，并不断进行实践探索，积累了许多宝贵经验，获得诸多经验启示，为新时代创造性解决就业问题提供了借鉴。

一、1949—1978年：广州劳动就业发展概况

1949—1978年，政府对劳动就业领域实行全面的计划管理，逐步建立各项劳动就业制度，以保障劳动者的切身利益和社会主义建设的顺利进行。

（一）1949—1956年的稳定就业政策

新中国成立初期，广州市的工商业未能迅速恢复，加上社会改革和经济改组，一些不适于国计民生的行业被淘汰，由此产生部分新的失业人员，导致当时失业问题十分明显。广州市政府于1950年开始对国有企业实行劳动行政管理，先后成立失业个人救济处、劳动介绍所和劳动就业委员会，采取以下一系列政策和措施：（1）对国民党政府遗留下来的公职人员和官僚资本企业的职工，采取全部“包下来”的政策，给予工作和生活出路；（2）对私营企业实行扶持政策，防止因企业因倒闭而解雇职工；（3）规定公私营企业安排好多余人员，不得任意解雇；（4）以工代赈，组织失业工人参加市政工程建设；（5）组织生产自救，兴办各类合作社；（6）动员失业人员回乡参加农业生产；（7）抽调部分人员到国家工业重点区参加生产建设；（8）部分无劳动能力或一时没找到合适工作的人员，组织其回乡定居或参加农业生产。通过实施各种政策措施，到1953年基本上解决1949年以后大批失业人员的就业问题，为新中国成立初期社会稳定做出了重大贡献。

（二）1956—1978 年的统包统配就业政策

随着 1956 年社会主义三大改造完成，1957 年后，劳动管理全面实施“统包统配”计划管理制度。其间，劳动计划管理曾两度出现失控：一是“大跃进”（1958—1960 年）时期，生产盲目发展，大量农村劳动力流入城市；二是“文化大革命”（1966—1976 年）时期，劳动管理处于半瘫痪的停滞状态，大量新生劳动力滞留社会。针对以上两种情况，政府采取清理、精简农村进城新增劳动力的措施和动员 40 多万知识青年“上山下乡”等办法，缓和就业矛盾。从 1960—1963 年，广州地区共精简职工 24.6 万人。1966—1977 年，全市累计“上山下乡”约 40 万人，其间由于招工、征兵、照顾回城和其他原因离开农村的约 13 万人。

二、1979—2012 年：广州劳动就业发展概况

改革开放以来，广州市就业体制的改革发展历经打破“统包统配”的完全计划配置模式和“政府为主导、市场来引导”的二元配置模式两个阶段后，逐步走向政府调控、市场导向和调节劳动资源配置机制，从管理城镇劳动力就业到推进城乡劳动力统筹就业。

（一）积极实施多渠道就业，改革就业“统包统配”制度开始起步

在高度集中统一的计划经济时代，我国劳动力资源，由政府实行统包统配。“吃饭不用愁，工作自然有”“要工作，找政府”成为城镇劳动力固有的普遍心态。作为改革开放前沿阵地的广州市，当时肩负着 15 万名毕业学生和待业青年、16 万名历年“上山下乡”仍在农村的知识青年的重新安置和就业的重担。市委市政府按照中共中央、国务院《关于广开门路，搞活经济，解决城镇就业问题的若干决定》，解放思想，采取了广开就业门路，大力发展集体经济和多种类型、自负盈亏的合作经济，1979—1981 年，就使 41.2 万人实现就业。既化解了“文化大革命”以来积累的就业压力和社会矛盾，又为突破“统包统配”就业制度、推进用工制度改革先行一步，为发展个体等非公经济作了尝试。

同时，就业管理的改革随之拉开序幕：一是大力发展劳动就业服务机构。1979 年，市、区和当时市属所在县的劳动服务公司相继宣告成立。到 1982 年，全市发展各行各业不同类型的劳动就业服务公司 132 家，兴办大小劳动服务企业 800 多个，当年通过劳

动服务公司安置待业人员就业2万多人。二是组织开展就业前培训，增强待业人员就业能力。劳动服务公司成立后的短短3年内，全市各级劳动服务公司举办各类就业前培训班2700多期，参加培训的待业人员达10多万人次。三是引导待业人员从事集体经济和个体经济，鼓励他们自愿组织起来创业或自谋职业，仅1982年全市就安置7万多人就业，改变由“政府包揽、国企安置”为唯一就业途径的做法，为就业制度的进一步改革打下思想基础。

（二）推进用工制度改革，就业管理在改革中求“变”

随着改革开放的推进，国务院1980年颁布《中外合资经营企业劳动管理规定》，规定中外合营企业用工实行劳动合同制，赋予中外合营企业用工和管理自主权；1983年，颁布《国营工业企业暂行条例》，赋予企业一定的用工和劳动管理自主权。1983年，中国大酒店、广州钢铁厂、友谊商店率先在广州市开展劳动合同制试点，实行“公开招收、严格考核，择优录用”的招工制度。1984年4月，广州市政府制定《广州市劳动合同制若干问题的试行规定》。至1985年，全市试行劳动合同制的企业已达2384家、合同制职工有5万多名。

面对中外合营企业用工新形式、国企试行劳动合同制、大批待业青年自谋职业和创建劳动服务公司的新形势，沿用多年的就业管理制度的改革势在必行。1985年7月，市政府颁布《关于扩大企业人事劳动管理机构设置权限的通知》，同年11月批转市劳动局关于《广州市改革招工制度，实行“先培训、后就业”的若干规定》，标志着广州市就业管理制度改革的起步。

1986年，国务院颁布《国营企业招用工人暂行规定》等4个关于改革劳动制度的规定，标志着包括就业管理制度在内的用工制度改革正式开始。1988年，市政府颁布《广州市搞活固定工制度试行方案》。至1989年，全市参与改革的国营企业达360家，参与职工26万多人。同年，市政府还制定《广州市关于国营企业富余人员若干问题的暂行规定》，优化组合后，约1.5万人得到妥善安置。

随后，广州市人民政府加大用工制度改革的力度。1992年，颁布《广州市劳动合同管理暂行办法》，下发《关于国营企业继续推行优化劳动组合若干问题的通和》，在国营企业继续推行优化劳动组合的用工方式。1994年，又下发《关于全面实行全员劳动合同制的通知》和《广州市企业实行全员劳动合同制若干规定》，全面启动全员劳动合同制，彻底打破传统的固定工制度。

（三）创新就业管理介绍机制，职业介绍由政府包揽向市场导向转型

为更好适应市场经济发展的要求，发挥企业用人与劳动者就业自主选择的积极性，逐步实现市场调节劳动力供求的目标，广州市在全面推行全员劳动合同制的同时，积极探索市场导向和调节劳动力资源的就业管理机制，并大胆实践。

1987 年 4 月 20 日，越秀区成功举办全国第一个劳务集市，当时有 240 家用人单位进场招工，9.36 万人进场登记求职。是年，全市先后组织劳务集市 20 场，有 601 家用人单位进场招工，有 16 万人进场求职，现场办理招工手续的有 5000 多人。为实行劳动力的市场调节作了成功尝试。

1988 年，市、区（县）先后设置了常年性劳务市场服务部或职业介绍所。当年 9 月，广州市劳务市场服务部（后改称广州市职业介绍服务中心）挂牌成立。1989—1990 年，全市劳务市场克服人力、物力不足等困难，为用人单位觅才、为求职者介绍就业，使 9.09 万多名求职者实现就业或再就业，占全市安置就业人数的 52.85%。

1995 年，市政府颁布《广州市社会职业中介服务管理规定》。从 1995—1998 年上半年，经市级和县级劳动就业管理机构发放职业介绍许可证的各类社会职业中介机构达 149 家，其中，国有企事业单位举办的 15 家，集体企业举办的 69 家，私营企业和个人办的 65 家；职业中介从业人员达 662 人。标志着广州市劳动力市场的基本形成。

1997 年，广州市通过向世界银行贷款和自筹资金，开始建立广州市劳动力市场信息网，并于 1998 年正式建成和投入使用，实现市、区（县）信息联网和共享，为劳动力市场建设注入了现代化管理手段。

2000 年后，广州市以公益性为主导的劳动力市场建设得到迅速发展，城区人力资源市场相继挂牌投入使用，并向街（镇）和社区延伸，标志着广州市以劳动力市场为载体的市场就业机制基本确立。

（四）坚持以人为本理念，着力推进城乡平等就业

广州市于 2003 年 9 月在增城市召开“推进农村富余劳动力转移大会”，2006 年 7 月在天河区召开“农转居人员就业”现场会。按照“两统一平等”（统一城乡就业、统一城乡劳动力市场、促进城乡劳动者平等就业）的思路，先于全省拉开构建城乡平等就业机制的序幕：先后出台《广州市城乡统筹促进农村劳动力转移就业的意见》《广州市促进农村劳动力转移就业服务管理办法》等规范文件，按照“公平对待、合理引导、规范管理、完善服务”的原则，较全面系统的对统筹本市城乡就业，特别是促进农村富余

劳动力培训转移就业的指导思想、目标任务、就业登记、职业指导、职业介绍、职业技能培训等服务管理提出了明确要求和标准；将就业专项资金补贴项目和标准，扩大到全市农村，逐步与现行城镇下岗失业人员就业补贴项目和标准“并轨”。既促进农村劳动力转移就业，提高农村居民收入，又体现对城乡居民的就业和再就业资助一视同仁，城乡均等。

（五）坚持公平对待和合理引导，做好流动人员就业服务

改革开放以来，广州市经济社会高速发展，逐步输入大量流动就业人员。在流动就业人员的管理上，经历20世纪80年代严格限制，90年代按“先本地后外地，先城镇后农村，先省内后省外”进行计划审批，到90年代末至今以“公平对待、合理引导、完善管理、搞好服务”为原则，做好对流动就业人员的平等服务。

（六）构建市场调节的就业机制，建立适应社会主义市场经济发展要求的劳动力市场体系

率先探索并推行招用工制度的改革。1983年，广州市在部分用工单位试行劳动合同制，1986年在国营企业新招职工中全面实行劳动合同制，废止“子女顶替”和内部招工等制度，用人单位通过社会媒体发布招聘广告，向社会公开招工指标，实行自愿报名，公开考试，择优录取的办法，开启用人单位自主用人、劳动者自主择业之门，使招工用人走向公开、公平、公正。

率先开办劳务集市，探索劳动力市场创建之路。1987年4月，越秀区成功举办全国第一个劳务集市，用人单位通过劳务集市现场招用人才，劳动者进入劳务集市选择职业。同年8月，市劳动部门又举办为期5天的全市性首届大型劳务集市，240多家单位到场设点公开招工，93600多人次踊跃前往求职。至1990年，先后由市、区组织举办专业性或综合性劳务集市20多场次，进场的求职人数达35万多人次，为2245家招工单位提供招聘服务，推荐9万多人次就业，占全市安置就业人数的52.8%。与此同时，市、区组建常设服务机构，标志着广州有形的劳动力市场开始形成。

按照劳动力市场“科学化、规范化和现代化”的要求，建设劳动力市场服务体系。2000年，广州市率先出台《广州市劳动力市场管理条例》，先后制定《广州市劳动力市场“三化”建设两年方案》《广州市劳动力市场“三化”建设指引》《广州市劳动力市场服务流程规范》《广州市流动人员市场就业管理办法》等法规，使劳动力

市场服务体系有法可依、有章可循。

（七）构建就业目标责任机制，保持就业形势稳定，促进经济社会发展

1996 年，广州市开始实施就业和再就业工程目标责任制，将就业目标列入国民经济发展计划，把落实就业和再就业目标责任制作为“一把手工程”，列入各级党委政府的日常工作。2003 年 3 月，市委市政府根据中央和省的要求，再次修订下发《关于〈实施再就业工作目标责任制〉的通知》，把就业和再就业工作纳入各级党政一把手政绩考核的重要内容。

（八）构建城乡统筹就业机制，推进城乡劳动力平等就业

随着广州市的经济发展和城市化进程加快，农村劳动力，特别是失地农民和农村富余劳动力的转移就业，成为各级政府面临的新课题。广州市在扎实做好城镇失业人员再就业工作的同时，较早进行城乡统筹就业的探索。为促进全市农村劳动力向第二、第三产业转移就业，广州市于 2003 年提出建立“两统一平等”为主要内容的城乡统筹就业思路，力争每年全市转移农村富余劳动力 5 万人次，培训农村劳动力 5 万人次。先后研究制定城乡统筹促进农村富余劳动力转移就业服务、培训和补贴的办法，在全省率先全面启动有序转移农村劳动力的系统工程和形成较完整配套的政策措施，农村劳动力享受与城镇失业人员同等的免费公共就业服务。

（九）健全完善就业援助制度，使就业援助达到公平、公正、公开

一是不断完善再就业优惠政策制度，每年全市对符合规定的失业人员发放再就业优惠证，作为享受各项再就业扶持政策凭证。二是制定《广州市特困失业人员就业服务办法》，从制度上对就业难群体提供统一且规范化的服务。三是制定《广州市“农转居”人员就业援助办法》和《广州市农村劳动力转移就业服务管理暂行办法》，从就业服务设施建设、开展培训促就业、积极举行招聘会等方面把该群体就业服务逐步走向制度化和规范化。四是建立高校毕业生就业工作制度，各级就业服务机构专门设立高校毕业生就业服务窗口，开通“绿色”就业服务通道，帮助有需要的毕业生尽快走上工作岗位。五是率先创出帮助“零就业家庭”实现再就业做法，并在推广实行中形成制度。2004 年，广州市在总结原东山区劳动保障局做法经验的基础上，出台《广州市“零就业家庭”就业援助办法》，在全国率先实施“零就业家庭”就业援助服务。该项制度内容在 2007

年不仅被写进《中华人民共和国就业促进法》的法条，而且被载入党的十七大报告，为许多困难家庭带来了实实在在的帮助。

三、党的十八大以来，广州劳动就业发展概况

党的十八大以来，广州市坚持以习近平新时代中国特色社会主义思想为指导，按照中央和省关于“稳就业”的决策部署，以贯彻落实《就业促进法》为抓手，坚持就业是最大的民生，千方百计、多措并举，着力实现更高质量和更充分的就业。

（一）坚持就业优先战略，实施积极就业政策

党的十八大以来，广州市就业规模持续扩大，每年城镇新增就业人数超27万人，城镇失业人员再就业人数超13万人，就业困难人员再就业人数超10万人，其间城镇登记失业率始终控制在2.5%以下，在副省级城市中处于较好水平，4个社区被评为国家级充分就业示范社区，广州生源的应届高校毕业生就业率每年均超额完成90%的目标。

以规划引导就业，认真组织实施“十二五”“十三五”规划，将促进就业纳入国民经济和社会发展规划以及每年市政府十件民生实事当中。以经济发展带动就业，加强产业政策指导和投资引导对解决就业问题的促进作用，将经济发展和促进就业紧密结合，统筹兼顾。在进行基本建设项目审批备案时，对项目创造就业岗位能力进行评析，对直接创造就业岗位或相对创造较多就业岗位的项目予以资源倾斜。在投资项目审批备案中，对有利于增加就业岗位的项目优先办理。以加大资金投入促进就业，就业专项资金和失业保险基金用于就业补贴的投入，从2013年的6.89亿元增长到2018年的14.08亿元，增幅达104.35%，充分发挥就业创业资金作用。在全国率先开展用人单位失业保险浮动费率试点，失业保险费率由3%降至1%，2013—2018年共为企业减负80.77亿元。2018年降低各种收费95.29亿元，2019年预计可降低125.52亿元，同时预安排33.82亿元用于支持就业创业和扶持重点群体就业。发放稳岗、技能提升补贴以稳定就业，落实《广州市失业保险支持企业稳定岗位实施办法》，2014年以来，累计向6.3万家企业发放稳岗补贴24.4亿元。

党的十八大以来，广州市出台以政策扶持就业、服务促进就业、培训提升就业、创业带动就业、权益保护稳就业等一系列政策，具有“广州特色”的积极就业政策体系不断完善。特别是《广州市人民政府关于进一步促进就业的实施意见》和《广州市

人力资源和社会保障局、广州市财政局关于印发〈广州市就业补助资金使用管理办法〉的通知》，与以往政策相比，覆盖面更广、标准更高、服务措施更精细、促进就业的力度更大。

建立促进就业工作协调机制。合并市创建和谐劳动关系示范区工程联席会议和市就业工作联席会议，成立包括40个成员单位的市就业和劳动关系工作联席会议，统筹创建和谐劳动关系示范区工作的计划、指标任务和工作安排，分析创建和谐劳动关系工作中的新情况、新问题，研究制订全市就业工作重大政策措施。研究确定年度工作重点和阶段性工作计划，协调解决政策落实和工作中的难点问题，督促检查政策落实情况和任务完成情况。

印发《广州市就业工作目标责任制考核办法》，将就业优先战略落实、就业专项资金使用管理以及就业目标、扶持创业、强化就业服务完成情况列入政府考核内容。每年组织对责任单位进行考核，并以市政府名义通报考核结果，有效压实各级政府、相关部门促进就业工作责任。

（二）增强创业扶持力度，促进创业带动就业

自 2012 年广州市被评为“全国创业先进城市”以来，每年扶持成功创业的人数均超 2.25 万人。“赢在广州”大学生创业大赛品牌覆盖港澳台地区，前 7 届共评选出 654 个优秀创业项目，其中 458 个已注册实体企业，23 个年销售额超千万元，5 个年销售额超亿元。

优化创业环境。完善鼓励创业政策体系，加强创业担保贷款管理办法，加大创业带动就业补贴力度，扩大政策覆盖范围，增加补贴项目，提高贷款和补贴标准。优化融资机制，筹集工业和信息化发展基金、中小企业发展基金共 45.46 亿元，为民营企业和中小微企业提供融资补助。深入推进“放管服”改革，优化营商环境，高质量完成国家级试点改革任务压缩企业开办时间，在黄埔、南沙、越秀、海珠 4 个区推行开办企业“立等可取”“一口受理”“3+1（照、章、税 + 银）一天联办”“微信办照”，积极探索打造开办企业便捷化智能化的“广州样本”。其中，“越秀区实现企业开办最快一天”作为国务院第五次大督查抽查中发现的典型经验做法，获国务院办公厅通报表扬。

推进创业孵化基地建设，通过“政府引导、社会参与”方式，大力推进各级创业带动就业孵化基地建设，搭建多元化创业带动就业孵化平台。积极整合各类资源，为入驻企业提供创业指导、创业实训、办公场地、工商注册、专利申请、投融资等一体

化服务。聚焦粤港澳大湾区建设，重点面向港澳青年打造创新创业基地，认定暨南大学创业基地、粤港澳（国际）青年创新工场、广州“创汇谷”粤港澳文创社区3个单位为“穗港澳青年创业孵化示范基地”。积极对接增城“侨梦苑”华侨华人创新产业集聚区等基地，进一步完善创新创业支撑体系，优化双创配套服务，鼓励更多港澳青年进驻基地。截至2018年底，全市共有各级人社部门认定的创业孵化基地312家（其中国家级1家、省级7家），进驻企业1.77万家、带动就业14.71万人。

依托公共就业人才服务机构，为创业者提供政策咨询、项目推介、开业指导、融资服务、补贴发放等“一站式”服务。积极发挥“赢在广州”大学生创业大赛、“青创杯”广州青年创新创业大赛和中国创新创业大赛（广州赛区）等创业大赛作用，举办创业沙龙、创业大讲堂、创业训练营等活动，以赛事为纽带有机连接创新创业基地、项目、人才及资本。以“基地+项目”的创新形式进行创业项目推介展示活动，依托创业（孵化）基地、高职院校等创业载体，搭建推介创业项目、展示创业成果、宣传创业政策的服务平台，大力推动创业成果转化。

（三）聚焦服务重点群体，多措并举稳定就业

鼓励高校毕业生多渠道就业。着力提升公共就业服务，完善实名制未就业登记制度，建立与社保等数据定期对接的信息库，开展电话回访、职业指导、推荐就业岗位、就业见习和职业培训，实现对毕业生就业情况的动态跟踪和准确掌握，有效促进毕业生就业。打造“阳光就业”招聘会品牌，结合全国高校毕业生“就业服务月”“就业服务周”和省专项活动，每年举办“阳光就业”校园供需见面会和网络匹配会等综合性大型招聘会，主动为高校毕业生“送政策、送岗位、送指导”，提升招聘质量和效果。组织广州企业赴省内外大专院校开展校园招聘，吸引优质人才到广州就业。以广州高校为阵地，积极开展以大学生创业（孵化）为主的创业基地培育和建设，为大学生科技创业提供良好创业平台。组织“赢在广州”大学生创业大赛，参赛范围覆盖广东全省及港澳台地区高校，海选项目超过 8000 个。举办重点高校毕业生“走进广州”实习活动，组织北京、西安、哈尔滨及港澳台地区等重点高校学生到广州市机关、企事业单位实习，形成“广州企业到北京高校招贤纳才”与“北京学生走进广州实习”的“双走进”模式。

帮扶就业困难群体就业。举办“就业援助月”专项活动，对重点援助对象开展就业援助服务。深化“双到双零”（即就业服务进家到户、就业岗位进街到村；零距离服务、零距离就业）工作，每年举办 300 场以上“零距离”就业招聘会，通过组织各社区

（村）在辖区内举办针对就业困难群体的招聘会，让就业困难群体能够零距离接触和了解用人单位和就业岗位情况，提升人岗对接成功率。做好零就业家庭专项服务工作，建立零就业家庭专门台账，各级公共就业服务机构积极开展零就业家庭动态归零管理工作，有明确的就业援助和跟踪服务制度，推进“一对一”的服务模式，实现零就业家庭动态归零。深化“就业携行计划”，在街道（镇）社工服务站（家庭综合服务中心）开展以社工就业辅导服务为核心、由社会工作服务机构承办、专业社工负责具体实施的就业援助服务模式，主动提供心理辅导、家庭辅导、就业小组活动和在职支援等个性化、专业化的就业服务，帮助重点援助对象实现市场化就业。

组织异地务工人员有序流动。每年以促进异地务工人员就业为重点，通过政府有关部门、群团组织，动员社会各界力量，统筹发动各级人力资源市场，利用线上线下公共就业服务平台，开展就业援助月、春风行动、民营企业招聘周、毕业生就业服务月等专项活动，促进毕业生、农民工、退役军人等重点群体就业。通过春节前慰问留穗务工人员、春运监控、公共招聘服务等途径，利用就业期望调查、专场招聘、劳务对接、精准扶贫、校企合作、派发“春风卡”、政策咨询服务等多种方式，重点做好农民工群体就业工作。

做好就业扶贫工作。主动与对口地区劳务对接，促进就业扶贫，重点推进对口帮扶毕节、黔南就业帮扶工作。

（四）创新就业工作方式，提升服务管理水平

构建市、区、街（镇）、居（村）“三级管理、四级服务”的公共就业服务平台体系，公共就业服务信息网络覆盖各级平台，全市共有服务终端3500个，实现“数据集中、服务下延、全市联网、信息共享”，网办率达85%以上。

推进“互联网＋就业服务”，健全“就业创业证”电子证照制度，实现就业失业登记全流程网上办理。通过升级改造系统，支持用人单位通过市人社网上办事系统为港澳台居民办理就业登记。通过市政府信息共享平台和电子证照库，加快推进跨部门信息共享和交互验证，促进业务协同办理，对各项公共就业服务事项实现办事流程简化，办事材料减免。在华南农业大学、广东工业大学建立“创业就业e站”，分别辐射五山地区和大学城地区高校群。依托中国南方人才市场开设服务e站校园办事窗口，高校毕业生可办理离校未就业登记、毕业生报到、失业登记、临时生活补贴申领、创业补贴申领、创业担保贷款资格认定等业务。

出台《关于加快发展人力资源服务业的意见》，促进广州市人力资源服务业健康快速发展，更好发挥市场在人力资源配置中的决定性作用。制定《广州市人力资源服务行政许可规程》，规范全市人力资源服务许可工作。2018年，广州市获批建设国家级人力资源服务产业园，6家企业被评为全国人力资源服务诚信示范机构。截至2018年底，广州市人力资源服务机构共有1308家，全年营业总收入725亿元，较2015年的414亿元有了大幅度增长。

参考文献：

1. 广州市劳动志编纂委员会.广州市劳动志（部门资料），1996.

2. 广州市劳动部门历年统计数据和工作报告.

（参编人员：丁波平　郑勇　孟繁成）

第十八章

社会保障事业发展

社会保障制度作为与新中国社会、经济、政治发展相伴而生的制度模式，在自身不断完善与发展的同时，对促进国家经济的发展、人民生活水平的提高、社会的稳定都起到至关重要的作用。70年来，广州加大民生保障力度，社会保险、群众基本生活保障、特殊群体帮扶等社会保障、社会救助福利制度发生巨大变化，走出一条具有广州特色的社会保障民生之路。

一、1949—1978年：广州社会保障事业发展情况

在1949年之前，由于连年战乱、民生凋敝，社会经济面临崩溃。新中国成立后，各项国家建设如火如荼，为了鼓舞广大职工的生产热忱、尽快恢复国民经济、保障劳动权益，党和政府高度重视与大力支持健全社会保障制度工作。

（一）初步建立劳动保险制度

新中国成立后，为了保障企业职工的劳动保障权益，鼓舞广大职工的生产热忱、尽快恢复国民经济，政务院于1951年2月26日颁布《中华人民共和国劳动保险条例》，对职工养老、因工伤残、疾病及生育时的待遇做出制度安排。企业按全部职工工资总额的3%提取劳动保险金，其中的30%上缴中华全国总工会，作为劳动保险总基金，70%存于企业工会，作为劳动保险基金，用于支付职工各项劳动保险费用。截至1952年底，全国实行《劳动保险条例》的企业有3861家，职工302万人，连同他们供养的直系亲属在内，约有1000万人，支付劳动保险费用1.7亿元[①]。

① 严忠勤.当代中国的职工工资福利和社会保险[M].北京：中国社会科学出版社，1987.

当时，“报纸立即被抢购一空，职工群众争先阅读”，对比新旧社会，工人们感慨万千，从心底欢呼：“农民有土地，工人有劳保”“社会主义好，生老病死有劳保！”①这一时期的劳动保险制度由企业和国家共同提供保障，为以后社会保险制度的发展奠定了基础。

截至 1957 年底，广州市实行《劳动保险条例》的企业单位 650 家，职工 198310 人，签订劳动保险合同的职工 40000 人，合计 238310 人，约占当年广州全市企业职工总数的 85%。

1966 年，国家颁布《关于国营企业财务工作中几项制度的改革意见（草案）》，取消劳动保险基金，规定国营企业一律停止提取劳动保险金，职工的劳动保险费用由企业营业外列支，由企业自身负责。自此开始，职工的生老病死，都由企业负担费用。劳动保险制度中止实行。

（二）初步建立社会救助福利体系

新中国成立后，围绕国民经济恢复、社会主义改造和建设，中央加大对贫苦人民的钱粮物救济，依靠集体、群众组织生产自救抢救，帮助困难群众发展生产，使各项民政民生事业逐步复苏。

1. 基本确立社会救助制度

广州在新中国成立初期，百业待兴。广州市政府接管由原国民党政权和教会以外资津贴举办的孤老残幼等教养单位，承担了包括灾害救济、对贫苦人民的钱粮物救济和收养孤老残幼等在内社会救济工作。先后拨专粮专款办理贫民临时救济工作，符合条件的，以户为单位发放救济粮，1 人 30 斤，每多 1 人增加 15 斤，每户以 45 斤为限②。1953 年，实施《广州市城市社会救济工作办法》。随后，多次调整救济标准，从 1956 年的每人每月 6 元提高至 1979 年的每人每月 15 元，受助对象从孤老残幼逐步扩大到一般受灾群众和失业人员。在城区救助方面，除进行临时、紧急、冬令等救济外，对长期贫困户也给予定期救济；对农村地区则给予灾害、春夏荒救济、困难户补助，供养“五保户”。

① 胡晓义．我们为什么要搞养老保险 [J]. 中国社会保障，2001.

② 广州市地方志编纂委员会．广州市志：卷十 [M]. 广州：广州出版社，2001．

表18-1 1953—1979年广州市历次定期救济标准调整情况表

执行时间	救济金额（每月）		
	市区		郊区、县城镇
	每户1人	每户2人以上	
1953年	甲级：6万元（旧人民币）	增加1人加发3万元；再增加1人，加发2万元，增加第三人加发1万元，每户总数不超过15万元（旧人民币）	
	乙级：5万元（旧人民币）	总数不超过14万元(旧人民币)，余同甲级	
	丙级：4万元（旧人民币）	总数不超13万元（旧人民币），余同甲级	
1956年11月	一般对象6元	每增加1人加3元	每户1人5元，2人8元，3人11元，4人以上每多1人加2元
	孤老残人士8元	2人14元，3人18元	
	失业高级知识分子12元	2人20元，3人以上每多1人加5元	
1960年6月	孤老残人士10元	每增1人加8元	
1963年11月	10元	2人18元，3人24元，3人29元，4人以上每增1人加5元	
1966年7月	一般10元	2人18元，3人24元，3人以上每增1人加6元	
	孤老残幼人士12元	2人20元	
1973年8月	12元	每增1人加10元	郊区略低于市区，从化、花县（今花都）每人6~8元
1979年	13~15元	原则上按人头金额累计发放	10~12元

2. 社会福利设施不断健全

新中国成立后，广州民政部门先后接管改造民国时期留下的市救济院、天主教会安老院和两广浸信安老院等福利单位，会同区街组织烈军属、贫民、残疾人自救性生产单位，结合开展社会救济、优抚、残疾人事业和收容工作，并逐步新办广州市民政局上水老人院等机构，安置无依无靠无生活来源的孤老残幼人士及精神病人。这一时期，社会福利为结合社会救济、优抚、残疾人事业和收容工作举办自救性生产、残疾人生产、收容安置生产。20 世纪 50 年代，按照“安置与改造相结合”方针，先后办工厂（场）13 家、农场 11 个，分别组织无家可归、生活无着的游民、乞丐等参加工业、小手工业和农业劳动。1966 年 1 月，广州市民政工业公司成立，标志着以安置残疾人为主要目标的社会福利生产体系基本形成。“文化大革命”期间，福利生产体系受到冲击。1968 年 11 月，广州市民政工业公司被撤销；1975 年 5 月复建，直属福利生产单位共 15 个，并逐步恢复生产发展①。

1950 年 5 月，中央人民政府颁布第一部法律《中华人民共和国婚姻法》，实行男女婚姻自由、一夫一妻、男女权利平等、保护妇女和子女合法利益的婚姻制度。同年 11 月，广州市成立执行婚姻法情况检查委员会，废除封建婚姻制度。1958 年起，广州市实行以推行火葬为中心的殡葬改革②。到 20 世纪 70 年代，广州市区逐步抵制迷信祭品，推行丧事简办风尚。

二、1978—2012 年：广州社会保障事业发展情况

党的十一届三中全会胜利召开，全国上下吹响改革开放的号角，整个社会经济结构开始发生巨大变化，原有的社会保障制度已无法与新的市场体制相适应，企业的发展面临着新的形势和压力。经济的快速发展、社会各方面的进步，既为社会保障制度的发展奠定了基础，也对社会保障制度提出新的要求。

广州作为改革开放的前沿，在社会保障制度的改革上一直走在前列。历经多年的发展与改革，从制度的探索建立、改革深化到创新完善，按照兜底线、织密网、建机制的要求，初步建成覆盖全民、城乡统筹、权责清晰、保障适度、可持续的多层次社会保障体系。

---

① 广州市地方志编纂委员会 . 广州市志：卷十 [M]. 广州：广州出版社，2001.

② 广州市地方志编纂委员会 . 广州市志：卷十 [M] . 广州：广州出版社，2001.

（一）养老保险发展历程

自20世纪80年代开始，广州市开始探索创立社会统筹的养老保险制度，尝试建立国家、企业和职工三方分担养老保险缴费责任的长效机制。在建立统筹的基础上，先后在合同制职工、临时工、固定工中进行个人缴费，并建立养老保险待遇计发办法。

1. 企业职工养老保险发展历程

（1）社会统筹阶段（1983—1992年）：建立全民、集体所有制企业职工养老保险社会统筹制度的阶段。

20世纪80年代中期，我国的社会保险事业进入1949年以来最活跃、改革力度最大的时期，广州作为中国改革开放的前沿地，主动先行先试，走在全国前列。

1983年开始，广州在企业开展合同制试点缴纳社会劳动保险费。1984年5月，广州市政府印发《广州市劳动合同制若干问题的试行规定》，开始试行企业合同制，同时在此人群试行新的养老保险制度，规定企业与职工两者分别承担养老保险缴费，由退休基金支付合同制工人的养老待遇，企业无需再承担合同制工人的养老待遇支付。1985年6月，建立全民、集体所有制企业职工养老保险社会统筹制度。1989年10月，将临时工纳入养老保险，待遇参照合同制职工规定执行。

至此，广州市成功将全民所有制单位职工和合同制职工、市属集体所有制职工、三资企业职工、区和县属全民所有职工、区街集体所有制职工、临时工的退休金都纳入社会统筹管理。

（2）个人缴费阶段（1992—1998年）：实行社会统筹和个人缴费相结合的国有、集体企业职工养老保险制度的阶段。

邓小平南方谈话和党的十四大召开，标志着改革开放和现代化建设事业进入一个新的发展阶段。社会各界逐渐认识到单一的社会统筹存在“激励机制不强、平均主义成分过大，对参保人的参保积极性有所抑制”①等的局限性，建立更加科学规范、统一的养老保险制度日趋迫切。

固定实行个人缴费。1992年7月，广州市颁布《关于实施企业固定职工个人缴纳养老保险费的通知》，在原来企业缴费的基础之上，对固定工实行养老保险个人缴费，为日后建立体现公平与效率原则的新型的社会保险制度进行了积极有益的探索。

科学确定计发办法。1993年9月，广州市率先在全国提出实行以职工缴费工资确定

① 刘志峰.深化社会保障体制改革前景光明[J].人民论坛，1995（6）：6-7.

缴费指数，以缴费指数确定基本养老金的做法，解决兼顾效率与公平的问题，实现“缴费跟工资走，待遇跟缴费走”的新的养老保险待遇计发模式。

建立养老金调整机制。1994 年 7 月，按照《广州市企业职工基本养老金计发办法》规定，广州市开始建立养老金调整机制，1994 年 7 月，首次对企业离退休人员基本养老金进行正常调整。自此之后，广州市连续每年对企业离退休人员养老金进行调整，月人均养老金位居全国前列。

统筹工勤人员、个体工商户和私营企业人员。1998 年，广州市把工勤人员、个体工商户和私营企业的业主、员工，乡镇企业的员工，以及非广州市城镇户籍的员工全部纳入社会养老保险的统筹范围。广州自此建立起适应社会主义市场经济体系的，不分户籍、职工身份、企业所有制的开放式的养老保险体系。在全市范围内建立起统一的城镇企业职工基本养老保险制度。

（3）统一制度阶段（1998—2006 年）：实行社会统筹和个人账户相结合的企业职工养老保险制度的阶段。

广州市在养老保险制度基本建立的基础上，开始对制度模式进行改革，从单一的社会统筹向“统账结合”[①]过渡。同时扩大养老保险的覆盖面，既顺应群众需求、将更多群体纳入保障，又增强了养老保险基金的支撑能力，为制度的可持续发展不断注入能量。

建立统一的“社会统筹与个人账户相结合”的模式。1999 年 4 月，广州市建立起统一的“社会统筹”与个人账户相结合的模式，为所有参加养老保险的职工建立养老保险个人账户；明确基本养老金由基础养老金、个人账户养老金、过渡性养老金组成，并统一计算办法。

推行社会化发放及扩面工作。1999 年，广州市各级社会保险经办机构积极响应国家省市改革办法。2000 年，在省会城市中率先实现养老金 100% 的社会化发放。1999 年 3 月，广州市开始扩面增收工作。2000 年，扩面工作取得瞩目的成就，参保人数达到 152 万，取得了历史性突破[②]。

（4）提高统筹层次阶段（2006 年以来）：按照“统账结合”模式逐步提升统筹层次的阶段。

广州市于 2007 年 5 月出台文件，从个账管理、缴费基数、缴费比例、保障范围、

① “统账结合”指的是社会统筹和个人账户相结合的制度模式。

② 数据来源：广州市社保经办机构统计数据。

计发办法等方面进一步细化规定，逐步调整个人账户，优化缴费、计发办法等。

为提高企业职工基本养老保险统筹层次、增强基金调剂能力，2009年6月，广州市印发《广州市社会养老、失业和工伤保险市级统筹的实施意见》，实现广州市养老、失业和工伤保险的市级统筹。从2009年8月起，逐步对番禺区、花都区、增城市、从化市社会保险业务管理信息系统统一管理，并逐步统一业务操作规范。

按照"织密网"的要求，解决改革进程中一系列历史遗留问题。广州市主动作为，出台一系列针对特殊人群的养老保险缴费政策拾遗补阙，有效解决早期离开国有企业人员、早期下乡知青、离开机关事业单位人员、未参保集体企业退休人员和企业未参保人员等制度转轨中遗漏人员的养老保险问题，实现养老保险"从无到有"的制度性安排，将社会保险保障的"安全网"不断"织密"。

从1994年起，开始建立正常的养老金调整机制。针对不同群体的待遇水平进行宏观调控，以适应当时的经济发展水平与物价指数，同时实现公平与效率，着力缩小不同群体间的待遇差距。

2. 城乡居民养老保险发展历程

（1）农转居人员养老保险制度试点和建立（2006年开始）。

伴随着广州的城镇化进程，一些农村户籍人员在土地被征收后，其身份也由农民转变为城镇居民。为解除农转居人员的后顾之忧，保证其安居乐业，2006年6月出台实施《广州市农转居人员基本养老保险办法（试行）》，参照企业职工养老保险的制度模式，采取由村集体和个人共同缴纳养老保险费等办法，将16周岁以上农转居人员纳入养老保障体系。

（2）城镇老年居民养老保险和农村养老保险制度（2008年开始）。

2006年，国务院明确提出"社会保障费用不落实的不得批准征地"的原则要求。2008年4月，广州出台《广州市被征地农民养老保险试行办法》，按照"个人缴费、集体补助和政府扶持相结合"的原则，建立"即征即保"的工作机制，从制度上确保被征地农民"老有所养"。同年9月，颁布实施《广州市城镇老年居民养老保险试行办法》，将年满60周岁的男性、年满55周岁的女性，且拥有广州市户籍满10年，无享受定期养老待遇（含其他相关定期待遇）的城镇老年居民纳入养老保障体系。同年11月，出台《广州市农村社会养老保险试行办法》，为16周岁以上广州市户籍的农村居民提供养老保险制度保障。该办法的实施，标志着广州市覆盖城乡全体居民的养老保险体系得以建立，养老保险制度实现全覆盖。

（3）新型农村社会养老保险制度的建立（2010 年开始）。

2010 年 10 月，根据《国务院关于开展新型农村社会养老保险试点的指导意见》和广东省人民政府《印发〈广东省新型农村社会养老保险试点实施办法〉的通知》规定，广州市将原被征地农民和农村社会养老保险两项制度合二为一，颁布实施《广州市新型农村社会养老保险实施办法》，进一步提高广州市农村居民的养老保障水平，标志着广州市的社会养老保险工作，在统筹城乡发展、逐步实现生活保障和基本公共服务均等化等方面又迈上一个新台阶。

（4）按照“建机制”的要求，建立统一的城乡居民养老保险制度（2012 年开始）。

为完善广州市统筹城乡的社会养老保险制度体系，实现城乡居民老有所养的社会建设目标，广州于 2012 年出台实施《广州市城乡居民社会养老保险试行办法》，标志着广州在社会保障领域进一步打破城乡二元体制障碍，在实现城乡共同发展的道路上迈出可喜的一步。2014 年 12 月，广州进一步对原城乡居民社会养老保险进行修订，出台实施《广州市城乡居民基本养老保险实施办法》，建立健全广州市城乡居民保险缴费激励制度和基础养老金正常调整机制，切实提高城乡居民养老保险水平。同时，按国家和省有关政策要求，实施城乡“居民基本养老保险”与其他社会养老保险正常转移衔接机制。

（二）失业、工伤和生育保险发展历程

改革开放以来，广州掀起新一轮经济社会发展的热潮，社会保险事业也迎来发展良机。广州市政府要求在全市范围内建立五险齐全的社会保险体系。自此，各个险种相继迎来发展的新机遇。

1. 起步阶段（20 世纪 80 年代）：失业保险制度建立

1986 年 7 月，我国开始实行劳动制度改革，出台国营企业实行劳动合同制、招用工人、辞退违纪职工和职工待业保险等 4 个暂行规定。广州于 1986 年 10 月建立国营企业职工待业保险制度，标志着我国失业保险制度初步建立。对国营企业职工实行待业保险基金社会统筹，其保障对象还包括机关、团体、事业单位的劳动合同制工人。

2. 拓展阶段（20 世纪 90 年代）：工伤、生育保险开始实施，失业保险制度进一步发展

1993 年 7 月，广州市劳动局根据省、市规定，印发《广州市企业职工工伤保险实施

细则》，从同年8月1日起在全市建立和实施企业职工工伤保险制度。1994年7月，把失业保险覆盖到全市各种所有制职工。

1996年5月，广东省政府颁布《广东省职工失业保险暂行规定》，规定从1996年7月起扩大失业保险的保障范围，保障范围扩大到所有企业、个体经济组织、企业化管理的事业单位及其职工，以及与国家机关、非企业化管理的事业单位、社会团体建立劳动合同关系的职工。1999年，国务院颁布《失业保险条例》；2002年，广东省人大审议通过《广东省失业保险条例》。标志着我国失业保险制度得到进一步完善。广州市失业保险制度也随着对这些条例的贯彻执行，进入一个新的发展阶段。

1994年，劳动部颁布《企业职工生育保险试行办法》。1995年8月31日，广州市劳动局发布《关于印发〈广州市企业职工生育保险实施细则（试行）〉的通知》，决定从当年7月1日起实施企业职工生育保险制度。

为配合企业改革需要，1998年，广州市社会保险管理局发布《关于关闭、破产企业职工生育保险待遇支付办法的通知》，规定凡关闭及依法破产的企业，列入市政府改组、转制范围，经市政府批准，女职工在企业关闭、破产前已参保并怀孕，在改组转制后分娩的，仍可享受生育保险待遇。

1999年，广州市社会保险管理局发布《关于〈军队转业、复、退人员和机关事业单位转制、调入人员享受生育保险待遇问题〉的通知》，规定军队转业、复、退人员和机关事业单位转制、调入企业人员参保即可享受生育保险待遇，不受参保满1年的限制。

3. 发展提高阶段（21世纪以来）：社会保险体系全面建成

广州市劳动和社会保障局于2002年3月颁布《广州市社会工伤保险实施办法》，建立健全工伤报告和申领待遇制度，明确工伤保险基金的来源和用途，提出更好地落实工伤补偿与工伤预防和工伤康复相结合的工伤保险原则。从2009年7月1日开始实现广州工伤保险市级统筹，统筹层次提高，减轻单位负担，是广州市劳动保障工作的重要里程碑。

广州自工伤保险制度建立以来，放眼长远、科学谋划，闯出一条工伤预防、康复与补偿“三位一体”的有机结合和可持续发展的新路子，形成广州工伤保险制度的明显特色。

广州在全国率先开展工伤康复工作。投资建立全国第一家工伤康复专门机构。2002年7月，印发全国首个工伤康复管理的专门规定《广州市社会工伤保险工伤康复管理试行办法》，并率先建立劳动能力鉴定制度和管理机制。2004年5月，成立广州市劳动能力鉴定中心，由其负责劳动能力鉴定中的具体技术性、事务性的组织管理工作；广州市率先落实工伤预防优先新理念和管理机制。2008 年 8 月，出台《关于〈广州市工伤保险安全生产浮动奖励办法〉的通知》，在全国率先落实“支持预防、监控危害、保障健康”的工伤预防优先新理念和管理机制。

不断推进完善生育保险制度。2000 年，广州市劳动和社会保障局《关于印发〈广州市企业职工生育保险医疗费结算办法〉的通知》指出，从 2001 年 1 月 1 日起，广州市实现将生育保险医疗费与协议医疗机构定额结算。从 2005 年开始，广州市定额支付国家规定的计划生育手术费用。到 2007 年，广州市将非本市城镇常住户籍职工纳入生育保险范围，同时，广州市生育保险的缴费率由职工工资总额的 0.7% 调整为 0.85%，由用人单位负责缴纳。2008 年，广州市扩大由生育保险基金支付参保人严重高危妊娠疾病的病种范围，提高严重高危妊娠参保人的生育医疗保障水平。2009 年，对依法被宣告破产、吊销营业执照、关闭、撤销或经上级批准解散的用人单位，其怀孕职工只要已参加生育保险满 1 年，在用人单位关闭、破产后，由生育保险基金按规定支付本次生育医疗费，使她们享受到生育保险待遇。

广州市印发《广州市生育保险市级统筹实施意见》，从 2010 年 7 月 1 日起，把广州市一体化统筹区以及番禺区、花都区，从化市、增城市五个独立统筹区的生育保险，统一为广州市市级统筹区，即实行统一政策、统一基金管理、统一核算，市、区（县级市）分级支付，并逐步实现统一信息管理系统和统一业务操作规范。同年，广州市参保职工按国家规定分娩后，因实行计划生育需要实施放置（取出）宫内节育器、流产术、引产术、绝育术及复通术所发生的医疗费用，由生育保险基金支付。

2012 年起，根据《关于调整生育保险医疗服务定额结算标准的通知》，调整社会保险经办机构与协议医院结算生育保险医疗服务定额，提高了职工生育医疗待遇水平。

（三）医疗保险发展历程

1. 制度建设

城镇职工基本医疗保险制度建设。广州市2000年启动3万名社会化管理退休职工的医疗保险改革试点。2001年12月，出台《广州市城镇职工基本医疗保险试行办法》，正式实施城镇职工基本医疗保险制度并同步实施重大疾病医疗补助制度。2005年10月，《广州市城镇灵活就业人员医疗保险试行办法》正式施行，将灵活就业人员纳入医疗保险保障范围。2007年1月1日，《广州市补充医疗保险办法》正式施行，为城镇职工基本医疗保险参保人员增设补充医疗保险待遇。2008年9月1日，《广州市城镇职工基本医疗保险试行办法》修订实施。2015年7月，印发实施《广州市社会医疗保险办法》。

城乡居民社会医疗保险制度建设。2005年1月，启动广州市新型农村合作医疗制度。2008年10月，《广州市城镇居民基本医疗保险试行办法》正式施行。2012年8月6日，广州市人力资源和社会保障局接收广州市卫生局的新型农村合作医疗制度管理职能。2014年，广州市整合城镇居民基本医疗保险制度和新型农村合作医疗制度，出台《广州市城乡居民社会医疗保险试行办法》和《广州市城乡居民大病医疗保险试行办法》，并于2015年1月正式实施。2017年底，修订《广州市城乡居民社会医疗保险办法》和《广州市城乡居民大病医疗保险办法》。

多层次医疗保障制度建设。2001年，《广州市城镇职工基本医疗保险试行办法》明确建立重大疾病医疗补助制度和补充医疗保险制度。2006年，出台《广州市补充医疗保险暂行办法》，于2007年1月1日起正式施行。2013年7月，广州市人大常委会通过《广州市社会医疗保险条例》，自2014年1月1日起正式施行。该条例提高社会医疗保险制度的法律层次，进一步打破人群身份限制和城乡二元结构，重构社会医疗保险制度体系，满足不同经济承受能力的社会群体客观存在的多层次医疗保障需求。2015年7月，出台条例配套实施办法《广州市社会医疗保险办法》，明确医保多层次制度框架体系，系统整合和优化完善现行医疗保险政策。2017年7月印发实施的《广州市长期护理保险试行办法》提到，从2017年8月1日起试点长期护理保险制度。至此，广州形成以职工社会医疗保险、城乡居民社会医疗保险为主体，职工重大疾病医疗补助、职工补充医疗保险、城乡居民大病医疗保险、长期护理保险为补充的，多层次的医疗保险制度体系。

2. 医疗保险参保与待遇

医疗保险参保工作。2001年，广州市有2162个单位共41.45万人参加基本医疗保险，昭示改革初步成功。2002年，广州市参加医保的有101.97万人，参保人数在全国省会城市中位居前列；其中，在职人员59.98万，退休人员41.99万，两者的比例为1.43：1，参保人员结构朝合理化方向发展。2003年，番禺区独立统筹区启动医保，30万职工参保。2005年，广州市建立新型农村合作医疗制度，参保人群覆盖广州市农村居民。2006年，广州市所有独立统筹区都参加医疗保险。2008年，广州市建立城镇居民医疗保险制度，将广州市城镇居民纳入参保范围。2014年，新型农村合作医疗与城镇居民医疗保险合并为城乡居民医疗保险。2015年，广州市基本医疗保险参保人数为1052.61万人，其中参加城镇职工基本医疗保险人数为607.62万人，参保率达到98%。2015年以来，广州市基本医疗保险参保人数每年都会增加，参保率也保持在98%以上。

医疗保险参保人待遇。①普通门诊待遇。按照人群和类别划分，职工医保人员划分为在职职工和退休人员；城乡居民医保人员类别划分为在校学生及未成年人，老年居民、非从业及灵活就业人员。就医医院的级别不同，统筹基金支付比例也不同。

表 18-2 职工医保支付部分情况

<table>
<tr><th rowspan="3">职工医保人员类别</th><th colspan="3">统筹基金支付比例</th><th rowspan="3">统筹基金最高支付限额</th></tr>
<tr><th rowspan="2">基层医院</th><th colspan="2">其他医院</th></tr>
<tr><th>经基层转诊</th><th>未经基层转诊</th></tr>
<tr><td>在职职工</td><td rowspan="2">80%</td><td rowspan="2">55%</td><td rowspan="2">45%</td><td rowspan="2">每人每月 300 元。当月有效，不滚存、不累计。</td></tr>
<tr><td>退休人员</td></tr>
</table>

表 18-3 城乡居民医保支付部分情况

<table>
<tr><th rowspan="3">城乡居民医保人员类别</th><th colspan="3">统筹基金支付比例</th><th rowspan="3">统筹基金最高支付限额</th></tr>
<tr><th rowspan="2">基层医院</th><th colspan="2">其他医院</th></tr>
<tr><th>经基层转诊</th><th>未经基层转诊</th></tr>
<tr><td>在校学生及未成年人</td><td>80%</td><td>50%</td><td>40%</td><td>1000 元 / 年</td></tr>
<tr><td>老年居民、非从业及灵活就业人员</td><td>60%</td><td colspan="2">—</td><td>600 元 / 年</td></tr>
</table>

②门诊特定病种待遇。按照《广州市医疗保障局、广州市财政局、广州市卫生健康委员会关于印发〈广州市社会医疗保险统筹基金支付门诊特定病种费用范围及标准〉的通知》的规定，门诊特定病种共 58 个，其中一类门诊特定病种 27 个，二类门诊特定病

种31个。

起付标准：急诊留院观察起付标准按参保病人在三级定点医疗机构住院起付标准确定，每一保险年度计算1次。急诊留院观察后直接转入本院住院治疗的，其医疗费用并入住院医疗费用中，统一按相应的住院标准结算。家庭病床起付标准按参保病人在一级定点医疗机构住院起付标准确定，每90日计算1次。其他门诊特定病种不设起付标准。

统筹基金支付比例：家庭病床起付标准以上基本医疗费用按参保病人相应的一级定点医疗机构住院基本医疗费用的支付比例确定。急诊留院观察起付标准以上基本医疗费用按参保病人相应的住院基本医疗费用的支付比例确定。其他门诊特定病种基本医疗费用按以下比例支付：一类门诊特定病种按指定基层医疗机构85%、其他医疗机构65%的支付比例确定；二类门诊特定病种按参保病人相应的住院基本医疗费用的支付比例确定。

③住院待遇。参保人员每次住院，需按照参保人员类别自行支付基本医疗费用起付标准。参保人员住院起付标准以上的基本医疗费用，根据参保人员类别和定点医疗机构的级别，由统筹基金按比例支付。

表18-4 职工医保起付标准

类别	一级医院	二级医院	三级医院
在职职工	400元	800元	1600元
退休人员	280元	560元	1120元

表18-5 职工医保共付段基金支付比例

类别	一级医院	二级医院	三级医院
在职职工	90%	85%	80%
退休人员	93%	89.5%	86%

表18-6 城乡居民医保住院起付标准

一级医院	二级医院	三级医院
150元	300元	500元

表 18-7 城乡居民医保共付段基金支付比例

<table>
<tr><th>类别</th><th>一级医院</th><th>二级医院</th><th>三级医院</th></tr>
<tr><td>在校学生及未成年人</td><td rowspan="2">90%</td><td>85%</td><td>80%</td></tr>
<tr><td>老年居民、非从业及灵活就业人员</td><td>80%</td><td>70%</td></tr>
</table>

④个人账户待遇。职工医保设置个人账户，按照年龄的不同，月度划入标准为：不满 35 周岁为本年度本人职工社会医疗保险月缴费基数的 2%；满 35 周岁至不满 45 周岁为本年度本人职工社会医疗保险月缴费基数的 3%；满 45 周岁至退休前（含退休延缴人员）为本年度本人职工社会医疗保险月缴费基数的 3.8%；退休人员为上年度本市在岗职工月平均工资的 4.1%。

⑤长期护理保险待遇。正常享受职工社会医疗保险待遇且已在长期护理定点机构办理登记入住或建床手续的参保人员，经长期护理评估通过，在长期护理评估结果有效期内在广州市行政区域可享受相应的长期护理保险待遇。长期护理保险待遇按照机构护理和居家护理类别的不同，支付比例不同。长期护理保险服务项目分为基本生活照料服务和医疗护理服务。

表 18-8 广州市长期护理保险服务项目情况

<table>
<tr><th>待遇类别</th><th>服务项目</th><th>支付标准</th><th>基金支付比例</th><th>个人自付比例</th><th>基金最高支付限额</th></tr>
<tr><td rowspan="2">机构护理</td><td>基本生活照料</td><td>不高于每人每天 120 元（含床位费，床位费不高于每人每年 35 元）</td><td rowspan="2">75%</td><td rowspan="2">25%</td><td>每人每天 90 元</td></tr>
<tr><td>医疗护理</td><td>按医疗护理服务项目价格确定</td><td>每人每月 1000 元</td></tr>
<tr><td rowspan="2">居家护理</td><td>基本生活照料</td><td>不高于每人每天 115 元</td><td rowspan="2">90%</td><td rowspan="2">10%</td><td>每人每天 103.5 元</td></tr>
<tr><td>医疗护理</td><td>按医疗护理服务项目价格确定</td><td>每人每月 1000 元</td></tr>
</table>

3. 基本医疗保险基金运行

广州市社会医疗保险基金实行统一筹划、统一管理、统一核算。医保基金运行管理严格按照“以收定支、收支平衡、略有结余”的原则，确保运行平稳，收支平衡。

2001—2012年，职工医疗保险基金收入从15.69亿元增长到210.51亿元，支出从1.35亿元增长到136.48亿元，累计结余403.89亿元。

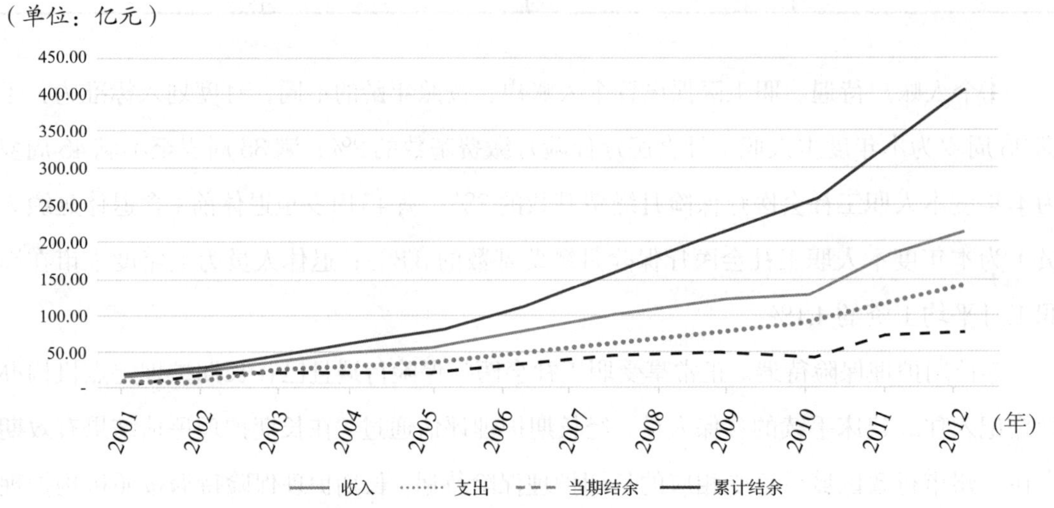

图18-1 2001—2012年职工医保基金收支情况

2008—2012年，居民医疗保险基金收入从1.57亿元增长到15.75亿元，支出从0.08亿元增长到15.21亿元，累计结余6.66亿元。

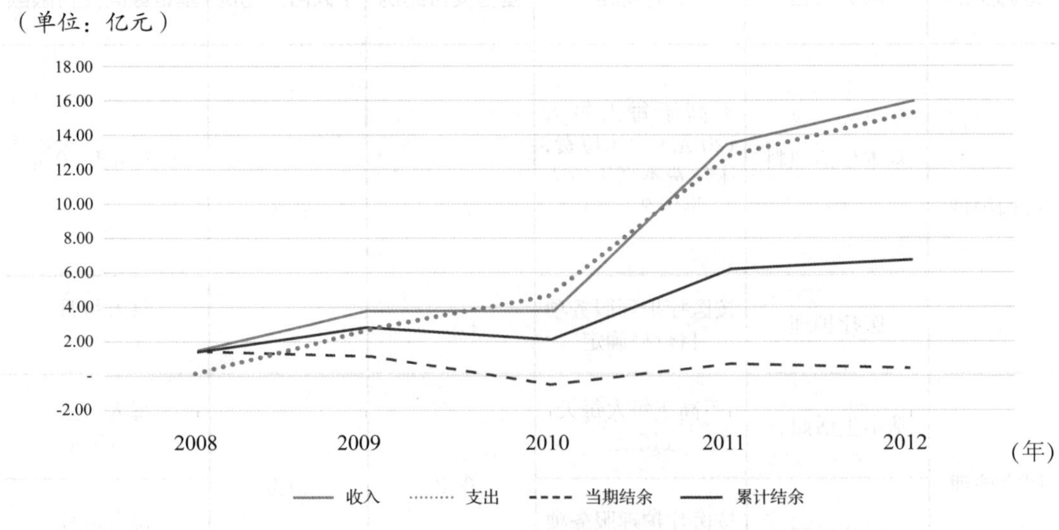

图18-2 2008—2012年居民医保基金收支情况

4. 市级统筹

2002年，广州市劳动和社会保障局出台《关于区、县级市实施城镇职工基本医疗保险制度改革的通知》，明确独立统筹的番禺区、花都区、增城市、从化市应于2002年正式启动本地区城镇职工基本医疗保险制度改革。

2010年，印发《广州市社会医疗保险市级统筹实施意见》，将市本级、花都区、番禺区、从化市、增城市社会医疗保险统筹区统一为广州市社会医疗保险市级统筹区。为保证此项工作的顺利实施，同时出台《广州市社会医疗保险市级统筹实施工作方案》等系列配套文件，并编印《广州市社会医疗保险市级统筹政策主要文件汇编》发放至各独立统筹区。实施社会医疗保险市级统筹，实现广州行政区内参保人“同城同待遇”的目标，从根本上解决医疗保险参保人员在广州市医疗保险独立统筹区域内社会保险定点医药机构异地就医、购药的医药费用直接结算问题。有效解决参保人在广州市行政区域内流动时，社会医疗保险关系的转移、接续和保险年限互认问题。并提高医疗保险工作效率，节约管理成本，提升服务质量和水平。2010年8月1日，广州市市本级统筹区与花都区、番禺区、增城市、从化市独立统筹区之间个人医疗账户跨区域结算工作正式启动。自此广州市市本级统筹区及两区两市的医保卡正式实现广州同城互认。

2011年，广州市全面实施医疗保险市级统筹，实现广州市行政区域内参保人“同城同待遇”的目标。医保经办实行“服务下沉、管理上移”新模式。医疗保险多项经办服务处于全省，乃至全国领先水平。

（四）经办服务发展历程

1. 社保经办服务发展情况

1985年4月，广州市社会劳动保险公司挂牌成立，该公司是归属广州市劳动局管理的事业单位。1997年7月，广州市社会劳动保险公司更名为广州市社会保险基金管理中心。作为经办部门，广州社会保险基金管理中心一直将各项政策的全面落实作为首要工作。

参保登记信息化。1985年，广州市社会保险改革开始破冰之旅，率先建立全民企业退休费社会统筹养老保险制度。1993年7月，第一代业务信息系统正式启用，参保信息登记管理从手工登记、单位统筹管理时代，进入电脑登记、养老保险基金的市区一体化管理时代。随着第一代业务信息系统正式启用，社保经办手段实现从手工操作到计算机管理的转变，经办方式从按企业用工形式划分科室，调整为按行业、系统设置相应的管理部门。

管理模式科学化。1998年，第二代业务信息系统上线，广州市在全国率先实现“四险同征”经办模式，将由原来的各个险种独立进行征、拨，改为四个险种同时征收、同时拨付的经办模式。社会保险服务管理模式进入现代化发展阶段。1998年5月，将社会保险的业务管理改为社会保险的业务管理、同时拨付的经办模式。实施社会保险业务收支两条线的管理模式，由一条线管理改为收、支两条线管理，成为既能使基金的征集与支付相互制约、相互促进，又能提高工作效率的，新的社会保险业务管理的运行机制。

柜员服务一站化。2005年5月，广州市社会保险基金管理中心在全国率先实现“一站式”柜员服务，实行业务办理、审批、复核一站式完成，简化办事程序，减少群众跑腿，提高办事效率。2005年7月起，第三代业务信息系统上线，建立市、区统一业务系统办理的模式。2005年9月起，调整部分复核登记业务，提高办事效率。中心在对各项业务的复核权限设置进行全面系统的审查研究后，适当降低部分数量大、风险等级小的复核等级。这一调整，不仅能简化办理程序，而且可以提高工作效率并方便参保经办人。据测算，调整后的工作效率平均提高63.10%，最高达79.57%。

经办模式标准化。2011年5月，根据市委市政府关于简政强区（县级市）事权改革的工作部署，启动“服务下沉，管理上移”工作，实现社保业务经办“属地化”的便民服务模式大转变。2012年，实现市级、区级业务经办服务一体化。

专项审核现代化。2007年，率先在全省视同缴费年限审核、特殊工种提前退休审批工作中引入现代企业管理理念和服务手段，促使两项工作打开局面、运转顺畅。创新推行目标管理责任制，建立风险防范和危机管理机制，提供上门审核服务，利用网络平台创新受理模式。

内控体系规范化。2007年，广州市在全国领先建立一个规范、科学、合理、严密的内部控制体系。广州社会保险基金管理中心通过专门组织骨干人员对中心经办的所有业务环节深入开展全面调研，完成165项业务内部控制流程图的绘制工作，对业务的操作流程、风险环节、风险点、风险控制措施都进行明确规定。按照业务风险的等级情况来进行分类管理。梳理完善中心48项内部控制制度，规范业务操作，强化内外监督，建立一个规范、科学、合理、严密的内部控制体系，最大程度保护社保基金的完整、安全。

服务形式多样化。2007年，广州社会保险基金管理中心推出上门服务、邮寄服务、通过电子邮箱告知社保信息等创新服务形式，受到群众一致好评。2008年2月，通过邮寄方式为欠费灵活就业人员进行社保信息的告知。通过委托第三方对部分参保人员社会保险信息进行告知，最大限度体现“以人为本”的服务态度。

2. 医保经办服务发展情况

服务对象广泛化。2001年12月，实施《广州市城镇职工基本医疗保险试行办法》，建立城镇职工基本医疗保险及重大疾病医疗补助制度，将全市行政区域内企业、事业单位、国家机关、社会团体、民办非企业单位及其在职职工和退休人员纳入基本医疗保险范围。广州市医疗保险制度正式启动，参保职工人数达41.45万，拥有127家定点医药机构，走在全国大中城市的前列。2003年2月，首批省属驻穗单位社会申办退休人员通过政府资助参加基本医疗保险，其后相继出台政策保障困难企业和社会申办退休人员正常享受医疗保险待遇。2005年12月，《广州市城镇灵活就业人员医疗保险试行办法》出台，将城镇个体经济组织业务及从业人员，自谋职业人员以及用人单位（个体经济组织除外）中与之建立劳动关系的外来就业人员纳入医疗保险范围。2008年6月，《广州市城镇居民基本医疗保险试行办法》出台，将未成年人、非从业居民和无养老待遇的老年居民纳入基本医疗保险范围，医疗保险覆盖面顺利向全民医保迈进。截至2012年底，全市医疗保险登记参保人数达775.22万人，其中职工医保参保人数507.86万人，城镇居民参保人数267.36万人。

经办模式属地化。2010 年 9 月，实施《关于印发〈广州市社会医疗保险市级统筹实施意见〉的通知》，当年实现广州市社会医疗保险市级统筹从化、花都顺利启动及平稳运行。2011 年，顺利实现将增城、番禺纳入市级统筹管理范围，长期困扰广州市参保人的“同城不同待遇”问题成为历史，成为广州市医疗保障发展史上的一个重要里程碑。2012 年底，纳入市级统筹管理范围的两区两县级市参保人员达 181.3 万人，实现统一政策制度、统一基金管理、统一信息系统、统一经办操作，管理模式全国领先，成为广州市医疗保障发展史上的一个重要里程碑，广州市医保经办体系建设实现质的突破。

服务方式便捷化。2001—2012年，广州市医保经办机构建设始终坚持“便民、利民”的原则，全面建设和落实服务承诺制、首问责任制、限时办结制、一次性告知、一站式办结等制度，自觉接受社会的监督，并通过“一站式服务”、开设绿色通道等措施，尽最大可能简化经办业务办理流程，提高办事效率。通过多年的努力，逐渐构建起以现场服务为基础，电话服务、网办服务、延伸服务、上门服务、邮寄交换服务、触摸屏查询服务等为辅的多种服务形式，形成市、区（县级市）、街道（镇）三级管理服务网络，使参保人可以便捷地在家门口办理医疗保险相关业务。

待遇支付实时化。广州市医疗保险从启动起就实现即时结算功能，在全国率先实现医疗保险费用直接在社保定点医药机构即时结算。参保人可以选择在任何一家定点医药机构就医、购买药品和医疗用品，所发生的医疗费用可以即时记账或划扣个人医疗账户资金结算，切实缓解参保人员垫付现金的经济压力，减少来回奔波报销的烦恼。医疗保险个人账户资金每月都按时转入个人专用存折，保证参保人即时享受待遇。

为解决医疗保险参保人异地就医个人垫支负担重、报销周期长、报销手续繁琐、监管困难等难题，广州通过制定科学合理的管理模式和详细清晰的操作流程，建立可持续发展的信息系统模式，实现异地就医人员在就医地发生的住院医疗费用实时记账结算。2009年，与海南省社会保险事业局、成都市医保局签订异地就医合作协议。2010年，大力推进珠三角地区异地就医结算合作，实现广佛、广肇异地就医新经办管理模式。2011—2012年，不断拓展深化省内及泛珠三角区域异地就医经办合作工作，启动并实现与南昌的异地就医即时结算合作，相关做法、成效获中央电视台新闻联播头条报道。

经办管理标准化。从2001年起，广州在医保经办的路上一边探索，一边完善，走出一条具有本地特色的医保经办道路：实现多险种医疗事务的统一经办，将社会保险各险种医疗经办事务统一到医保经办机构管理。在全国省会城市中率先打造以垂直管理为主导的市、区（县级市）两级医保经办机构管理模式。规范各项医保经办业务，建立全市统一的业务经办标准、操作流程和业务信息系统，并加强业务培训，实现业务全城化、标准化办理。2013年，顺利通过国际标准化组织ISO9001质量管理体系认证，成为全国首个全面通过ISO质量体系认证的医保经办机构，标志着广州医疗经办服务在管理质量标准化方面上升到一个新的高度。

业务办理信息化。2005年，医疗保险信息系统（简称“PJ3系统”）顺利上线运行，为社会医疗保险服务管理可持续发展奠定坚实基础。通过不断完善和业务整合，将PJ3系统逐步建设成为一个集医疗保险业务、工伤保险医疗、生育保险医疗等业务的综合信息网络和统一的业务经办、管理、服务平台，形成了优质、高效、快捷的社会保险信息化网络体系，成为广州市社会医疗保险经办工作持久发展坚实有力的基础。

2010—2012年，更加积极推进新医疗保险信息系统建设，经过前期多方协调、全员努力、克服重重困难，智慧社保信息化建设医保板块系统于2013年10月正式上线试运行，切实提升医保经办服务水平和管理效能，为广州社保医疗事业的发展提供了坚强的技术支撑。

（五）社会救助福利发展历程

20世纪70年代末，在改革开放的指引下，广州逐步摆脱计划经济的影响和束缚，探索引导社会力量参与社会救助福利，推动社会救助福利逐步从解决温饱问题转向既保障救济对象生活又注重扶持生产发展，由单纯依靠行政手段逐步过渡到依靠经济手段、社会力量等，社会救助福利不断迈向社会化、规范化、法制化。

1. 完善社会救助体系，推动实现应保尽保

改革开放以来，广州市不断健全完善社会救助制度，积极探索构建以最低生活保障制度为基础，专项救助、临时救助制度为补充的综合性社会救助体系。

建立最低生活保障制度。20 世纪 80 年代起，广州大力开展困难群众走访慰问工作，创新综合救助机制。1995 年，率先建立城镇最低生活保障制度，最低生活保障标准为每人每月 200 元[①]。1997 年，最低生活保障范围覆盖至农村户籍人员。进入 21 世纪，广州积极推进最低生活保障标准法制化建设。2010 年，印发实施《广州市调整最低生活保障标准试行办法》等政策，建立最低生活保障标准自然增长机制、社会救助标准和价格补贴与物价上涨挂钩机制，在保障标准上逐步缩小城乡差距，从 1995 年的每人每月 200 元提高至 2012 年的每人每月 530 元，并于 2012 年实现城镇低保标准统一。

探索低收入居民综合救助机制。20世纪90年代末，广州逐步探索低收入居民综合救助机制。2000年1月1日起，对低收入困难家庭予以减免房租、卫生清洁费、治安联防费等11项消费性收费[②]，逐步建立职工最低工资、下岗基本生活费、失业救济金以及最低生活保障等四道保障线，形成以政府救助为主，社会广泛参与救助的格局。2006年7月起实施的“分类救济”政策[③]，建立以政府为主导，以居民消费价格指数为主要

① 广州市地方志编纂委员会 . 广州市志：1991—2000 [M]. 广州：广州出版社，2010.

② 广州市地方志编纂委员会 . 广州市志：1991—2000 [M]. 广州：广州出版社，2010.

③ 关于对广州特困人员实行分类救济的通知 .2006 年 6 月 30 日 .

依据，以城乡低保户、优抚对象、农村五保户等低收入群众为对象的临时价格补贴联动机制，推动社会救助多层次、多元化发展。

这一时期，广州积极探索居民家庭经济状况核对机制，2009年被民政部确定为“首批城市居民收入核对试点城市”，逐步铺开核对工作。2012年，成立广州市居民家庭经济状况核对中心，开启广州市社会救助精准化服务的新篇章。

2. 养老体系日益完善，质量效应同步提升

改革开放以来，按照社会事业社会办、社会福利社会化的目标，广州多层次、多渠道、多形式兴办社会福利事业，逐步完成从生活救济型到福利型和康复型的社会救助模式转变，较好地满足群众的服务需求。

养老服务实现长足发展。1992年，广州市步入老龄化社会，是中国步入老龄化社会较早、老龄化程度较高的城市之一。为积极应对老龄化，从20世纪90年代起，广州市各街镇相继建起既收养当地孤寡老人，又面向社会养老的敬老院（敬老楼）；1996年出台《广州市民办社会福利事业机构管理办法》，鼓励和扶持社会兴办面向全民的社会福利事业。2001年，实施“社区老年福利服务星光计划”，资助城市社区的老年人福利服务设施、活动场所建设。随后不断深化养老服务改革，推动养老服务从封闭型、救济型、供养型向福利型、适度普惠型、供养康复型转变。2005年，广州启动社区居家养老服务试点工作，在原东山区开展“星光平安钟”试点。2007年，社区居家养老服务在全市铺开；2009年，“平安钟”实现覆盖全市的目标。随后居家养老综合服务平台试点、日间托老机构试点项目陆续推出，并在总结改革经验基础上，于2012年出台《关于加快社会养老服务体系建设的意见》，正式确立广州市养老服务“9064”工作目标，打造以居家为基础、社区为依托、机构为支撑的养老服务体系。2000年和2008年，全国社会福利社会化工作会议、全国养老服务社会化现场会先后在广州召开，充分肯定广州养老服务社会化成绩。

此外，广州积极探索老年优待服务。2001年，出台全国首个以政府令形式发布的政府规章——《广州市老年人优待办法》。2010年8月起，对80周岁以上户籍长者和驻穗部队离退休干部统一发放长寿保健金，标志着广州长者长寿保健金制度正式建立。2011年4月起，长者长寿保健金扩面提标，覆盖70周岁及以上长者。

儿童福利服务水平不断提升。改革开放以来，广州不断深化儿童福利保障，先后探索救济型、补缺型儿童福利机制，服务对象从弃婴逐步拓展到孤残儿童，各类保障也同步扩大。1983年12月，设立广州市儿童福利院，收养生活无依的残疾儿童（含婴儿），同时接受部分自费入院的残疾儿童。随后实行养、治、教相结合的方针，逐步发展康复训练、特殊教育等服务，先后实施“蓝天计划”“明天计划”，并逐步建立分类保障制度和代养领养制度。2012年，建立起孤儿供养标准与城乡低保标准同步提高的自然增长机制，形成具有广州特色的儿童福利保障体系。

3. 培育发展社会慈善，慈善救助发展迅速

改革开放以来，广州市广泛发动社会各界开展捐赠活动，支持和扩大社会保障项目，市民慈善意识与企业社会责任意识不断增强，广州慈善事业经历了由复苏、重建到逐步壮大的发展历程。

广泛动员社会力量。随着经济社会转型，广州市广开门路，破除使慈善事业停滞发展的障碍，调动各方力量参与慈善事业。1988年2月，成立广州市社会福利有奖募捐委员会，通过销售社会福利奖券等形式，筹集社会福利基金，兴办残疾人、老年人、孤儿救助机构等福利事业。1994年，广州市慈善会成立，广州成为全国最早成立慈善会的省会城市之一。在随后的1994—2007年，广州市慈善会每年举办一次“慈善之光”大型文艺晚会筹款。2009年举办的首届广州慈善日启动仪式暨大型慈善募捐晚会，正式拉开“广州慈善日”活动的帷幕。2009年5月，南方日报社创办国内最早的媒体公益周刊《南方公益》。随后广州日报社、信息时报社与广州市慈善会合作设立“广爱慈善基金”与“信息时报爱心慈善金”，新闻媒体成为市民参与慈善的便利平台。

慈善救助机制初步建立。广州紧紧抓住改革开放的重大发展机遇，探索慈善事业在灾害救助、贫困救济、扶老助残等公益事业领域的服务发展机制。1995年11月，广州市慈善会开设第一间慈善门诊。2002年，广州市慈善医院建成并开业。随后，大力开展“慈善医疗进社区”“送医送药下乡”活动，设立“爱蕾行动基金”“童心基金”等专项救助基金，为重大疾病人员提供专项救助。2008年和2010年先后为四川汶川特大地震灾区、青海玉树地震灾区捐款8.01亿元、1.036亿元。积极探索慈善医疗救助，2010年出台的《广州市慈善医疗和慈善应急救助实施办法》，首次将异地务工人员和在穗就读大中专学生纳入应急救助范围。至此广州逐步形成集门诊、专项救助、应急救助、住院治疗于一体的慈善医疗救助体系。

慈善活动领域不断扩大。此阶段，广州的慈善服务既包括扶老、救灾、扶贫、济困等传统慈善领域，同时也出现教育、科技、体育、卫生、文化、艺术、环保等行业与领域的基金会组织，在促进扶贫开发、推动教育发展、改善特殊群体基本生活等方面发挥了积极作用。

4. 民政专项事务稳步发展，管理服务水平持续提升

改革开放以来，广州积极适应经济社会发展需要和城市发展战略，多次调整行政区划，从1978年辖8区8县调整为2012年的10区2市[①]。1980—1983年，完成广州市第一次全国地名普查任务。1993—2009年，完成市、区（县级市）、镇（街道）三级行政区域界线首次勘定工作，并先后被评为全国地名标志设置工作先进城市、全国地名公共服务示范市。1993年起，先后在越秀、东山、海珠、荔湾、天河、黄埔、芳村等7个区，实行以区为单位的集中婚姻登记，一改过去由街道（镇）登记的分散办法。2008年6月，开通婚姻登记网上预约系统，广州市婚姻登记服务步入网上预约时代。在殡葬管理服务方面，广州加大殡葬改革力度，积极倡导丧事新办。1988年、1989年在全国首创骨灰撒海、还林活动。2000年，广州市遗体火化率首次达100%。2010年4月起，对困难群众基本殡葬服务费用实行减免，不断推动殡葬基本公共服务均等化进程。

三、党的十八大以来，广州社会保障事业发展情况

党的十八大以来，各项事业发展进入一个新的时期。社会保障事业同样迎来全新的发展，取得新的改革成果。

（一）养老保险改革成果

1. 实现制度全覆盖

广州市将各种所有制企业、经费自筹事业单位的本市户籍职工以及异地务工人员、个体工商户和灵活就业人员等都纳入企业职工基本养老保险体系，并将制度转轨期间的早期离开国有企业人员、早期下乡知青、离开机关事业单位人员等群体，通过特殊政策纳入养老保险体系，打破户籍、城乡和职业界限，促进不同群体之间的人员流动，实现养老保险制度全覆盖，广州企业职工养老保险进入全新时代。

---

① 8区8县：东山、越秀、荔湾、海珠、黄埔、天河、芳村、白云8个区和龙门、新丰、佛冈、清远、花县、从化、番禺、增城8个县；10区2市：越秀、海珠、荔湾、天河、白云、黄埔、花都、番禺、南沙、萝岗10个区和从化、增城2个县级市。

2012年8月起，全面实施城乡一体化的城乡居民社会养老保险制度，政策覆盖本市户籍城乡非从业居民。2014年12月，出台《广州市城乡居民基本养老保险实施办法》，建立健全广州市城乡居保缴费激励制度和基础养老金正常调整机制，切实提高城乡居民养老保障水平。2019年7月，出台《广州市人民政府办公厅关于农转居参保人员并入城乡居民养老保险的通知》，自2019年8月1日起，广州市原农转居人员基本养老保险参保人员并入广州市城乡居民养老保险，按城乡居民养老保险制度统一管理，基金统收统支。

2015年1月，国务院印发《关于机关事业单位工作人员养老保险制度改革的决定》，2014年10月1日起，改革现行机关事业单位工作人员退休保障制度，逐步建立独立于机关事业单位之外、资金来源多渠道、保障方式多层次、管理服务社会化的养老保险体系。基本养老保险费由单位和个人共同负担。

2017年1月，印发《广州市机关事业单位工作人员养老保险改革启动实施工作方案》，全面启动广州市机关事业单位工作人员养老保险制度改革。至此，结束了企业养老保险和机关事业单位养老制度双轨制的时代。

2. 实现人员广覆盖（以2012—2018年的参保数据对比）

企业职工养老保险参保缴费人数从2012年的510.02万人增长到2018年的558.28万人，离退休人数从2012年的72.46万人增长到2018年的97.28万人。城乡居民养老保险从2012年的122.71万人增长到2018年的124.22万人；其中，领取待遇人数从2012年的38.14万人增长到2018年的43.23万人。机关事业单位养老保险2018年参保人数为21.44万人；领取待遇人数10.83万人。[①]

3. 待遇水平持续提高（以2012—2018年的参保数据对比）

广州市平稳实施养老保险待遇调整的普惠政策，不断提升养老保险待遇水平。从2016年开始，实行机关事业单位退休人员与企业退休人员按统一办法同步调整。企业退休人员月人均养老金水平从2012年的2614元增长至2018年的3513元。城乡居民月人均养老金由2012年的456元增长至2018年的639元。[②]

4. 统筹层次不断提升（省级统筹、中央调剂金制度）

2017年7月1日开始，广东省建立企业职工养老保险省级统筹制度，实行基金统

① 数据来源：广州市社保经办机构统计数据。

② 数据来源：广州市社保经办机构统计数据。

收、统支、统管。2018年，党中央、国务院决策建立企业职工养老保险基金中央调剂制度，为全国统筹迈出了第一步。2018年，广州市上缴省级统筹调剂金、中央调剂金分别为13.64亿元、22.4亿元，为全国、全省养老保险可持续发展做出广州贡献。

5. 多层次、多支柱的养老保险制度初步建立（年金制度）

2015年开始，广州市实现企业年金方案备案全流程网上办理。2018年2月，开始实施新的“企业年金办法”，且省属企业的年金备案下放至广州市，广州市进一步完善企业年金方案网上备案系统，极大方便了申报工作。广州市已成功办理备案企业约1400家[①]，努力构建多层次、多支柱的社会保障体系。

2015年3月，《国务院办公厅关于印发〈机关事业单位职业年金办法〉的通知》明确，从2014年10月1日起，机关事业单位及其工作人员在参加机关事业单位基本养老保险的基础上，建立补充养老保险制度，即职业年金。职业年金所需费用由单位和参保人共同承担。

（二）失业、工伤和生育保险改革成果

1. 失业保险

2016 年 4 月 1 日，广州市启动实施失业保险支持企业稳定岗位稳岗补贴申领工作，对不裁员或少裁员的参保企业，可按该企业及其职工上年度实际缴纳失业保险费总额的 50% 给予稳岗补贴。2019 年，广州市启动实施失业保险技能提升补贴申领工作。这是广州市失业保险预防失业功能的重要体现，也是积极就业政策的有力组成部分。

建立失业保险制度以后，广州市失业保险覆盖范围更加全面，参保人数逐年增多，从 2000 年的 178.86 万人增长至 2018 年的 608.7 万人，共增长 429.84 万人，年均增幅达到 13.35%。

失业保险待遇随广州市最低工资标准的调整不断提高，失业保险金从 2000 年的 395 元 / 月提高到 2018 年的 1890 元 / 月，年均增长率为 22%。从 2018 年 5 月 1 日起，失业保险金标准由原挂钩最低工资水平的 80% 提高到 90%。

企业职工失业保险负担进一步减轻。一是继续实施失业保险降费率和浮动费率政策。广州市继续贯彻落实供给侧结构性改革社保降成本要求，降低失业保险费率和实行失业保险用人单位浮动费率。二是实施失业保险援企稳岗返还和失业保险费返还政策。

---

① 数据来源：广州市企业年金网上备案部门统计数据。

从2019年7月起，正式启动受影响企业失业保险费返还政策。对经认定为受影响企业的，以企业上年度平均参保人数为基数，按6个月广州市失业保险金标准（1890元/月）返还失业保险费。三是实施失业保险技能提升补贴申领工作。对于2017年1月1日后取得国家公布的职业（工种）目录范围内的职业资格证书或职业技能等级证书，且依法参保的广州市企业职工，可申领职业技能提升补贴。

表18-9 失业保险历年参保与享受待遇人数

年度	参保情况		年度	参保情况	
	参保人数/万人	增长率/%		参保人数/万人	增长率/%
2000	178.86	—	2010	336.00	7.66
2001	183.02	2.32	2011	362.48	7.88
2002	186.01	1.63	2012	391.66	8.05
2003	202.27	8.74	2013	413.23	5.51
2004	221.20	9.36	2014	441.73	6.9
2005	234.07	5.82	2015	470.68	6.55
2006	241.82	3.31	2016	502.1	6.68
2007	256.46	6.05	2017	540.8	7.7
2008	282.66	10.22	2018	608.7	12.56
2009	312.10	10.42			

2. 工伤保险

2012年6月，广州市人民政府印发《广州市职工伤病劳动能力鉴定办法》，对广州市职工劳动能力鉴定工作进行规范。2015年，修订《广州市工伤保险若干规定》，进一步完善广州市工伤保险制度体系；印发《广州市工伤保险专项经费管理办法》，规范了工伤保险专项经费的预算、使用、管理和监督工作。2016年，广州市实施工伤保险八档差别基准费率新政策，同时，大幅度调整工伤保险浮动费率和奖励率。

2015年，印发《广州市建筑业职工参加工伤保险实施办法》，于2016年1月1日起正式施行，进一步完善广州市工伤保险制度体系，加强建筑行业职工因工受伤及职业病保障。从2016年1月起，将广铁集团及广铁职工的工伤保险纳入广州市管理。2019年，印发《广州市公务员和参照公务员法管理单位工作人员纳入工伤保险制度统筹管理实施办法》，自当年6月1日起将本市公务员纳入工伤保险制度范围予以保障。

工伤保险待遇进一步提升。逐年按要求做好广州市工伤伤残津贴调整工作，2018年人均伤残津贴为4537元/月，工亡一次性补助金标准为78.502万元。

2014年7月1日起，全市工伤认定业务下放到各区实行属地管理。广州市于2016年7月1日起顺利承接省直工伤认定和劳动能力鉴定业务，确保对省参保单位和职工的服务质量和效率。

继2009年成为全国12个工伤预防试点地区之一后，2016年广州市又成为全国5个工伤预防专项试点地区之一，工伤预防试点工作取得了良好的社会效益和经济效益。

与专业技术机构合作开展工伤预防性职业健康检查与监测工作。通过政府购买服务的方式，请专业机构承办现场互动与持续改善式工伤预防项目。开展工伤预防宣传培训工作，对工伤保险政策法规、安全生产、职业病防治等相关知识进行宣传、培训。

3. 生育保险

2014年，广东省人民政府对《广东省职工生育保险规定》进行了修订。2015年1月1日起，根据新修订《广东省职工生育保险规定》等的要求，原参加省直统筹生育保险的单位职工，移转到参加城镇职工基本医疗保险的属地参加生育保险，其中移交广州市的参保人员约41万人。

广州市于2015年8月印发《广州市职工生育保险实施办法》，将参保男性职工的未就业配偶、领取广州市失业保险金的失业人员、在广州市按月领取养老待遇的退休人员三类人群的生育医疗待遇纳入生育保险保障范畴，并对部分项目进行调整。广州市在2016年将广铁集团职工生育保险纳入广州市属地管理。广州市统筹的生育保险覆盖面越来越广。

截至2018年12月，全市生育保险参保人数为585.29万人。稳慎调整生育保险待遇，符合二孩政策的参保职工，享受与生育一孩同等待遇及保障。

（三）医疗保险改革成果

1. 医疗保险制度体系不断健全

广州市于2013年8月出台地方性法规《广州市社会医疗保险条例》。2012年8月6日，广州市人力资源和社会保障局接收市卫生局新型农村合作医疗制度管理职能后，按照医疗保险城乡统筹的要求，整合并轨广州市城镇居民基本医疗保险制度和广州市新型农村合作医疗制度。2015年1月，建立城乡居民医疗保险制度和城乡居民大病医疗保险制度，实现居民医保城乡统筹，同年7月出台实施《广州市社会医疗保险办法》。2017年8月，试点长期护理保险制度。形成以职工社会医疗保险、城乡居民社会医疗保险为主体，职工重大疾病医疗补助、职工补充医疗保险、城乡居民大病医疗保险、长期护理保险为补充的，多层次的医疗保险制度体系。

2. 医疗保险参保覆盖面不断巩固和扩大

广州市职工社会医疗保险、城乡居民社会医疗保险两大保障制度已将广州市所有户籍居民、与广州市用人单位建立劳动关系的外来从业人员以及具有广州市学籍的在校学生全部纳入医疗保障范围，使医疗保险覆盖范围从启动时的城镇职工扩大到全民。政府全额资助五保户、低保对象、重度残疾人、低收入重病患者参加居民医保。利用失业保险基金为失业人员参加职工医保。经过17年的发展，参保人数从2001年的52万人扩大到1241.1万人，企业参保在职职工与退休人员比例由启动时的0.64：1上升至5.33∶1，参保人结构更趋合理。截至2018年12月，全市医疗保险参保人达1247.70万人，其中职工医保参保人751.95万人，城乡居民医保参保人495.75万人，参保率达到98%。

3. 医疗保险待遇水平进一步提高

广州市医疗保险待遇范围包括住院、指定单病种、门诊特定病种和普通门诊，此外职工医保还建立个人账户和长期护理保险待遇，城乡居民医保还包括生育医疗待遇，形成“既保大病，又保小病”的全面医疗保障。职工社会医疗保险参保人年度最高支付限额（含重大疾病医疗补助）从启动时的23万元提高至100.65万元，城乡居民社会医疗保险（含城乡居民大病医疗保险）从7万元提高到68.67万元；门诊特定病种从启动初期的6个扩大到58个。同时，职工社会医疗保险住院政策范围内医疗费用的总体平均报销比例从启动时的73.2%提高到85.5%，城乡居民社会医疗保险从62%提高到75%左右。医疗保障强度适中，待遇水平位于全国副省级城市前列。

4. 医疗保险付费方式改革进一步深化

2001年，制定《广州市城镇职工医疗保险医疗费用结算办法》。根据本市医疗保险制度改革发展进程，结合医疗保险费用结算管理的实际情况，先后于2003年、2009年、2014年三次修订实施《广州市社会医疗保险医疗费用结算办法》，针对不同医疗费用的特点规定相应的结算方式，形成复合型结算方式。

根据省有关部署，广州市于 2017 年 12 月、2018 年 1 月、2018 年 11 月相继出台《关于开展广州市社会医疗保险住院医疗费用按病种分值付费工作的通知》《关于印发广州市进一步深化社会医疗保险支付方式改革实施方案的通知》《关于印发广州市社会医疗保险按病种分值付费病种分值表及定点医疗机构权重系数确定规则的通知》，将实施按病种分值付费方式作为2018年重点任务推进，自2018年1月1日起对住院医疗费用取消按次均费用定额结算的付费方式，全面实施医保住院医疗费用按病种分值付费，对医保按病种分值付费适用范围、支出总额、分值和权重系数确定方式、结算方式等内容制定明确的规定和要求。同时，基于大数据的分析理念和研究方法，经过大量数据测算分析和多次修改完善，于2018年11月印发《广州市社会医疗保险按病种分值付费病种分值表及定点医疗机构权重系数确定规则》，最终确定12030个病种组分值及定点医疗机构权重系数确定规则。

2018年4月、11月相继出台《关于广州市社会医疗保险医疗联合体医疗费用付费方式的通知》和《关于明确广州市社会医疗保险医疗联合体有关事项的通知》，对与广州市社会医疗保险医疗联合体签订了卫生健康基本医疗服务一体化协议的参保人当年度发生的全部合理门诊及住院医疗总费用，按年度签约人群医疗总费用总额的付费方式进行结算。

创新家庭医生签约服务费医保结算，制定出台《广州市人力资源和社会保障局关于家庭医生签约基本服务包医保费用结算工作的通知》，本市医保基金对家庭医生签约采用购买服务方式，自2017年8月31日起，本市家庭医生签约基本服务包费用由医保基金、公共卫生服务经费、参保群众三方共同分担支付。家庭医生基本服务包中医保基金支付的费用，用于购买家庭医生团队为签约居民提供的基本医疗服务，且服务内容与公共卫生服务项目不重复。签约双方协商确定项目，既有利于基层定点医疗机构找准特色发展方向，又可满足居民自身需求，又体现政府做实签约服务的宗旨，实现三赢。此举在全国范围内属创新举措。截至2018年11月30日，全市医保管理部门已与326家基层医疗机构签订家庭医生基本服务包协议，22.64万广州市社会医疗保险参保群众签约家庭医生基本服务包，医保基金支出约1411万元。

根据国家、省的要求和部署，广州市经过多年探索与实践，逐步形成适合广州实际的“以预算管理为原则，以总额控制为核心，以合理偿付为目标，以多种支付方式为路径，以精细化管理为保障”的复合式付费制度，努力促进医、保、患三方的利益均衡，保证医疗保险事业平稳可持续发展。其中，全面实施按病种付费、对社会医疗保险医疗联合体实施总额付费以及创新家庭医生签约服务费医保结算方式等政策举措走在全国前列，为各地开展医保支付方式改革提供了经验。

5. 医疗保险管理机制不断完善

修订出台《广州市社会医疗保险定点医疗机构协议管理办法》和《广州市社会医疗保险定点零售药店协议管理办法》，全面启动社会保险新增定点医药机构工作。积极探索去行政化背景下协议管理新模式，加强监督管理、智能审核的信息化建设，完善日常巡查、举报核查、专项检查与定点管理、分级管理、年度考核相结合的监督管理模式。

配合国家审计署驻穗办完成经责延伸审计和医疗保险基金专项审计。组织开展广州市社会医疗保险服务协议银行履约情况考核评价，推动医保协议银行医保服务水平的提升。开展异地就医零星报销业务自查工作，对重点案例开展异地现场核查，切实保障基金安全。

及时对广州本地药品代码库进行更新及完成省内异地新版药品代码库的上线工作，做好医疗费年终清算。对定点医疗机构医疗费管理运行情况进行定期分析及调整，科学拟定结算标准。

6. 推进落实国家4+7试点工作，完善药品价格形成机制

根据《国务院办公厅关于印发国家组织药品集中采购和使用试点方案的通知》有关要求，广州市以制定药品带量采购使用政策、深化医保支付方式改革、推进广州医疗机构药品集团采购和加强药品供应保障监管等为抓手，先后出台《关于印发广州地区落实国家组织药品集中采购试点工作方案的通知》《关于广州地区实施国家组织药品集中采购试点工作的通知》《关于全面做好广州地区实施国家组织药品集中采购和使用试点准备工作的通知》等相关政策措施和实施文件，切实保障国家试点各项工作落地实施。

自2019年4月1日起，广州正式实施国家试点工作，广州地区全部公立医疗机构按中选价格销售国家试点中选药品（25个品种32个品规）。

做好实施监测工作，及时回应解决实施过程中遇到的问题并将试点情况报送至国家、省上级单位。截至2019年10月15日，中选药品累计采购量已占约定采购量的104.14%，达到试点使用预期。使用中选药品的患者医疗费用显著下降，试点工作整体运行平稳。广州市通过集中带量采购，25个中选药品价格平均降幅52%，让众多患者直接享受政策红利。

7. 加快完善药品供应保障制度，全面推进药品集团采购（GPO）改革，使群众的获得感进一步提升

贯彻落实广东省医改工作部署，积极推进广州药品集团采购（广州GPO）实施工作。2018年8月，印发《广州医疗机构药品集团采购试行办法》，同时制订目录编制、分层分组操作、谈判操作等配套管理规定，切实防范运行风险。2018年10月23日，广州GPO平台完成首单直接挂网品种采购交易，顺利完成省政府当年下达的目标任务。建立由分管市领导任组长的GPO工作小组会议机制，以医保、卫健等5个主要部门参加的协调会议机制，以医保部门与交易中心人员联合召开的经办例会机制，集体讨论决定各类重大事项，实现以会商机制防范风险。市医疗保障局自2019年1月11日成立之日起，全面推进广州GPO改革工作，在保供应、降药价等方面取得阶段性的成效。

一是药品价格明显降低。与广州市2017年公立医疗机构综合改革之前相比，药品总体降费幅度约为25.22%（深圳为21.99%），同厂同规格药品总体降幅12.18%（深圳为6.6%）。根据本市公立医疗机构历史采购数据（2017年约350亿元）综合测算，预计一年可节约采购费用约42.63亿元，达到预期降价效果。二是较好满足医疗机构用药需求。广州全部公立医疗机构（含部属、省属及市属）和部分民营医疗机构，共477家在广州平台开展药品采购工作。截至2019年10月10日，广州平台签订全年采购合同金额为287.61亿元，已实际采购金额为121.55亿元。三是药品供应得到更好保障。建立监管系统，对交易各方进行全程动态监管，及时发现药品采购供应异常情况，做好对医疗机构的药品调配供应保障。2019年5月24日，副省长张光军到广州平台开展“药品采购平台管理专题调研”，参加调研会的医疗机构和药品生产经营企业代表均对广州GPO工作给予高度肯定。

8. 积极稳妥推进医疗服务价格改革，合理理顺比价关系，体现医务人员劳务价值

根据《中华人民共和国价格法》《广东省定价目录（2018年版）》《广东省人民政府关于将一批省级行政职权事项调整由广州、深圳市实施的决定》等文件规定，广州市依法依规制定广州地区基本医疗服务价格，立项审批新增和特需医疗服务项目。

一是自2017年7月15日起，全市取消药品（不含中药饮片）加成，同时调整基本医疗服务价格项目3567项，总体调价幅度8.28%。二是自2018年5月1日起，对六岁（含）以下儿童的临床诊断中有创活检和探查、临床手术治疗等408项体现儿科医务人员技术劳务特点和价值的基本医疗服务项目实行加收30%费用的价格政策。三是自2018年12月29日起，全面取消医用耗材加成，并同时调整与耗材相关的基本医疗服务项目1986项，总体调价幅度2.94%。四是为确保新增和特需医疗项目立项审批工作“接得住，管得好”，规范广州地区新增和特需医疗服务价格项目的管理方式，广州市按照规范性文件程序规定，发布实施《关于印发广州地区新增和特需医疗服务价格项目管理办法（试行）的通知》。五是立项审批新增医疗服务价格项目677项，满足人民群众日益增长、多样化的医疗服务需求，促进医疗新技术的推广应用。

9. 医疗保险服务手段不断优化

搭建医保系统医院端、网办业务系统、网上预约服务系统，实现参保人医疗待遇审批业务均可在医院端申请、医疗保险办事业务指引均可在网上查询、前台经办业务均可事前网上预约办理。在部分定点医疗机构实施医保移动支付试点，为参保人提供更加高效、便捷的服务。在广州医保微信公众号上线门诊选点、在线挂号、智能回复三项新功能，取得良好社会反响，广州医保微信公众号关注人数已超50万人。

（四）经办服务水平改革成果

1. 社保经办服务水平不断攀升

广州市社会保险基金管理中心按照广州市委市政府“服务下沉、管理上移”要求，构建起“一个平台、两级管理、三级经办、多点服务”的经办服务格局。

广州市社会保险基金管理中心自2012年9月开始全面启动标准化良好行为机构创建工作，于2013年11月成为全国首家AAAA级标准化良好行为①社会保险经办机构。各区社保经办机构“标良”建设也走在全国前列，黄埔、花都、从化、增城、天河、番禺、越秀、荔湾、南沙、白云陆续通过评审，获得“AAAA级标准化良好行为机构”的称号。

广州社会保险基金管理中心坚持为民服务，打通社保经办“最后一公里”。大量个人社保业务实现全城通办，同时业务延伸到社区（村）、银行、大企业等服务网点，逐步完善“一个平台、两级管理、三级经办、多元服务”一体化管理格局，建立立体式服务，助力“放管服”改革。

到2019年，全市170个街（镇）不同程度承接社会保险公共服务，一是“家门口”服务效能逐渐显现。南沙区、越秀区、番禺区、白云区基本实现所有业务下沉，海珠区陆续将部分社保业务下沉街道，天河区打造了“1+21”区街两级多点办理的服务模式，经办服务体系便捷便民。二是社保服务多元延伸。南沙区162个社区（村）承接27

① 即按照国家标准的要求，运用标准化原理和方法，建立健全以技术标准为主，包括管理标准、工作标准在内的标准体系，并有效运行，且各运行环节已实行标准化管理，且取得了良好经济效益和社会效益的机构。

项咨询打印类服务，服务下沉社区（村）网点的覆盖率已达100%；番禺区实现166个社区（村）承接个人参保证明打印、个人缴费历史查询、城乡居保正常增减员录入等5项社保服务。服务下沉社区（村）网点的覆盖率已达89.2%；越秀区在黄花岗街道水荫南社区进行社保服务试点，实现承接个人参保证明打印、个人缴费历史查询等2项社保服务。同时社保银行服务网点试点运行。南沙区实现53个社保银行服务网点试点运行，可向参保对象提供个人参保证明打印、个人缴费历史查询等31项社保服务。通过社保多元服务体系，实现资源共享、管理共享、服务共享。

财会管控服务平台独具创新特色。“广州智慧社保1+N财会管控服务平台”集社保征收、待遇发放、电子记账、资金管控和决策分析等功能为一体，以业务流、信息流与资金流“三流合一”，突显“保发放、管好账，提效能、降成本，控风险、助决策”的强大功能。“广州智慧社保1+N财会管控服务平台”获评2015年度广州市青工“五小”优秀项目、广东省直单位第四届工作技能大赛暨市县机关工作技能邀请赛工作创新类第四名、获得国家版权局软件著作权登记、国家知识产权局授予专利权。

通过省信息资源共享平台、市政府信息共享平台等实现社会保险相关数据对外共享，实现对公安、民政、教育、农业、住建等多个单位的数据共享对接，主动开展数据比对校验工作，及时清洗数据，加强数据的精准化应用，全面启动大数据共享与比对应用，渗透业务管理各个层面。

与此同时，档案一体化建设成果显著。新档案系统集合业务档案一体化、档案数字化、管理智能化和网上数字档案馆等先进的档案管理理念和功能，实现社保业务经办的事中扫描，档案在社保业务经办全程不落地和无纸化流转，并可在网上全文查阅，档案管理流程化、规范化和智能化以及市区街多级分布式部署。

广州市社保经办机构构建事前、事中、事后全流程风险防控机制、建设智能非现场监控系统、开展数据“大体检”工作，进行数据对碰，强化事后监督。加大推进自查工作力度，通过系统抽查互查、实地检查、业务抽查等方式，积极推进全市各区社保风险管理专项行动验收工作。建设社保全流程可视化监控系统，逐步落实对社会保险内控监督实时督办，并全面分析各社保经办机构的经办能力。推进社会保险经办由内部控制向“数据智能监督”转变，实现由准实时监控向实时监控与定期监督相结合、近期预警与远期预测相结合的模式转变。

2. 医保经办服务水平不断提高

跨省异地就医联网结算走在前列。继2015年10月如期连入省平台，正式启动省内异地就医联网结算，人社部2016年启动跨省异地就医直接结算项目，广州市作为广东省唯一试点城市，率先于2017年2月22日0时与人社部社保中心、省社保局的全国异地就医即时结算平台实现联网互通。2018年，实现广州市186家定点医疗机构接入国家异地就医结算平台，广州市参保人可选择9412家异地定点医疗机构进行住院费用直接结算。2018年，实现异地就医直接结算73万人次，涉及医疗费用186亿元，其中医保基金支付104亿元，结算量在全国排名第三位。在国务院大督查中，广州市异地就医工作被省政府作为典型经验上报，受到国务院办公厅的通报表扬，市级主流媒体进行专题报道，高度肯定了这项工作。

推进医疗费用智能审核工作。率先建立起“人工审核+智能审核+专家评审”审核机制，实现多角度的医疗费用审核监控。2013年，被人社部社保中心确立为基本医疗保险服务监控重点联系城市，全面推进智能化的医疗服务监控体系建设，建成基于大数据应用的稽核监控系统，并综合采用现场监督、分级管理、责任医师管理等多种监督管理手段，将定点医药机构监管工作走在全国前列。

深化医保支付方式改革。2018年，在全市定点医疗机构全面实施按病种分值付费，通过大数据分析确定病种组合12030个，涉及疾病诊断1688个，以更精准、更科学的方式引导医院规范医疗行为、控制医疗费用不合理增长；扎实推进医联体建设，落实医联体管理系统上线工作；广州市医保支付方式改革得到国家医保局督察组的充分肯定，工作成效位于全国前列。

推进医保移动支付民生实事项目。截至2018年底，全市已有117家医疗机构接入医保互联网移动支付服务，实现11个行政区全覆盖，约40万人完成移动支付绑定手续，结算医疗费用达5700万元，有效缓解看病缴费排长队的现象。

落实医疗机构药品集团采购。广州作为国家药品集中采购“4+7”试点城市，探索完善药品集中采购体制和以市场为主导的药价形成机制，率先在全国建立医保主导的广州药品集团采购平台（GPO）。进一步规范药品流通秩序，保障药品供应，提升临床合理用药水平，减轻群众用药费用负担。截至2018年12月，已完成6982个品种的采购目录制定工作；与472家公立医保定点医疗机构签订广州医疗机构药品集团采购协议，纳入广州医疗机构药品集团采购；平台吸引2320家药品生产企业，104家药品经营企业，26675个产品在广州注册。

开展长期护理保险制度试点。2017年8月，在省内率先建立起长期护理保险制度，构建起为长期失能人员提供基本生活照料和医疗护理服务的保障体系。截至2018年底，广州市长期护理保险已覆盖751.95万名职工医保参保人员，协议定点服务机构达63家，共8902人次申请鉴定评估，8042人次通过，5780人享受长期护保险待遇；基金累计支付10032.41万元，人均每月支付2334.96元，符合规定的长期护理费用基金支付率为79.36%，总体支付率为70.61%，待遇水平位居全国前列。失能人员以往依靠退休工资和子女赡养作为护理费用来源的状况得到改观，政策设定和实践操作证明确实可行。

（五）社会救助福利改革成果

广州市社会救助福利改革驶入快车道，特别是党的十八届三中全会以来，坚持守好“责任、安全、稳定、廉洁、道德”工作底线，沿着法治化、专业化、智能化、多元化、科技化发展路径，不断夯实“基准、基本、基础、基层、基数”发展基石，力争在“精准、精确、精细、精致、精彩”方面走在全国前列，社会救助福利从“无”到“有”的量的积累阶段迈向从“有”到“优”的质变发展进程。

1. 社会救助体系不断完善，兜底保障稳步提升

广州市不断健全社会救助制度体系，逐步缩小城乡低保标准差距，2015年，城乡低保标准实现一体化。2016年，将全市贫困人口纳入最低生活保障范围，实现低保标准与扶贫开发联动挂钩。2018年，广州最低生活保障标准达每人每月950元，综合保障水平位居全国前列。

广州围绕兜牢底线民生保障，持续加大改革力度。2014年下半年，海珠区和番禺区开展“救急难”试点工作，探索临时救助工作机制。结合试点经验，2016年印发的《广州市临时救助暂行办法》，对因意外事件或突发重大疾病导致生活困难的居民（包括持有广东省居住证的外来人员）实施紧急型临时救助，对因教育、医疗、住房、残疾保障等刚性支出导致生活困难的本市中低收入居民实施支出型临时救助。

2014年，完善低收入居民临时价格补贴和保障标准与价格上涨联动机制①，2015年以后，出台《广州市最低生活保障办法》及其实施细则等一系列政府规章及政策文件，进一步完善最低生活保障标准自然增长机制、社会救助标准和价格补贴与物价上涨挂钩机制，逐渐加强对特殊人群的救助与管理。

① 《广州市物价局等六部门关于完善低收入居民临时价格补贴和保障标准与价格上涨联动机制的通知》。

表 18-10 2012—2018 年广州市城乡居（村）民最低生活保障标准

单位：元

地区	2012 年		2013 年		2014 年		2015 年	2016 年	2017 年	2018 年
	城镇	农村	城镇	农村	城镇	农村	城镇 农村	城镇 农村	城镇 农村	城镇 农村
越秀区	530	—	540	—	600	—	650	840	900	950
海珠区	530	—	540	—	600	—	650	840	900	950
荔湾区	530	—	540	—	600	—	650	840	900	950
天河区	530	—	540	—	600	—	650	840	900	950
白云区	530	420	540	480	600	560	650	840	900	950
黄埔区	530	—	540	—	600	—	650	840	900	950
萝岗区	530	530	540	540	600	600	650	（撤区）	（撤区）	（撤区）
花都区	530	420	540	480	600	560	650	840	900	950
番禺区	530	530	540	540	600	600	650	840	900	950
南沙区	530	530	540	540	600	600	650	840	900	950
从化	530	420	540	480	600	560	650	840	900	950
增城	530	420	540	480	600	560	650	840	900	950

注：2012 年统一城镇低保标准，其中南沙区、番禺区、原萝岗区实现城乡标准一体化；2015 年实现全市低保标准城乡一体化。

2018 年，广州进一步规范特困人员救助供养管理工作，建立特困人员基本生活供养标准与低保标准联动机制[①]，明确特困人员基本生活供养标准在低保标准的 1.6 倍和现行待遇间择高享受，并出台特困供养人员照料护理工作相关文件，明确全自理、半自理、全护理特困人员护理标准分别按广州最低工资标准的 2%、30%、60% 确定，实现物质救助与救助服务双重保障。

2013 年，广州市居民家庭经济状态核对信息系统投入使用，社会救助正式步入信息化。随后出台的《广州市居民家庭经济状况核对办法》及其实施细则，全面规范核对工作。2018 年底，核对信息系统实现 9 个政府部门、31 家商业银行、18 家商业保险机构共 23 类信息的共享，社会救助精准性不断提升。

① 2018 年，《广州市民政局关于进一步规范广州市特困人员救助供养管理工作的通知》。

2. 养老服务全面深化拓展，服务质量更加完善

党的十八大以来，广州积极探索“大城市大养老”模式，推动构建全覆盖、多层次、多支撑、多主体的养老服务体系，养老服务改革红利进一步释放，多项养老服务在全国全省推广，在2017年中央财政支持的居家和社区养老服务改革试点绩效考核中被评为优秀。“转变政府职能，创新资源配置，着力推动养老服务业高质量发展”入选国家发展改革委创新政府资源配置方式10个典型案例。养老服务业综合改革等3个经验做法被广东省委深改委复制推广。“广州市建立‘长者饭堂’提升社区居家养老服务水平”被中央改革办刊发和推广，列入审计署工作组5个正面典型和广东省全面深化改革工作会议10个改革典型案例。广州构建的全覆盖的社会化“大配餐”服务体系项目获得“2017年度中国十大民生决策奖”。

广州养老服务发展呈现强劲态势，2014年被民政部、国家发展改革委确定为全国养老服务业综合改革试点。先后出台60余份政策文件，统筹推进中央财政支持的居家和社区养老服务改革试点和广州市助餐配餐、医养结合、生活照料等“3+X”试点。医养结合试点和长期护理保险制度试点深入推进，“区综合服务体—街镇综合服务体—村居活动站点”三级实体服务平台基本构建完成，独居、空巢、失能等老年人“关爱十条”、56项老年人照顾服务措施，以及为“三无”、低保低收入、计划生育特别扶助人员等八类老人购买居家养老服务等一大批重大利好措施陆续推出，意外伤害综合保险覆盖全市所有老年人，政府资助户籍老年人使用“平安通”智慧养老服务9.7万人次。广州成为全国率先实现“银龄安康行动”全覆盖的省会城市。截至2018年底，广州市有长者饭堂1022个，“市中心城区10—15分钟、外围城区20—25分钟”的养老助餐配餐服务网络基本形成。

这一时期，广州在机构养老方面持续发力。出台《广州市养老服务机构设施布局规划（2013—2020年）》，增加养老服务供给总量。2014年，率先建立全市统一、困难失能老年人优先、公开公平透明的公办养老机构入住评估轮候以及向民办养老机构购买床位制度。全面取消养老服务机构许可，与法国驻广州总领事馆签署《加强养老服务合作备忘录》，首个中法、中日合资合作养老机构项目相继在广州落地，广州养老服务市场发展也更加成熟。广州市的养老床位从2012年底的3.4万张迅速增加至2018年底的6.5万张，并从2016年起每千名老人床位数持续稳定在40张以上，2018年的民办养老机构占比已达73%，护理型床位占比达55%，提前实现国家提出的“2020年全国社会养老床位数达到每千名老年人35—40张”“政府运营床位不超过50%”“护理型床位

占比不低于 30%”的目标。养老机构医养结合服务覆盖率已达 90%。广东省首批五星级养老机构，位于广州的占比达 47% 以上。

3. 社会福利事业创新发展，儿童福利更加殷实

党的十八大以来，广州市紧紧抓住“养、教、康、治”这条主线，持续从软件、硬件两方面用力，不断完善儿童福利保障体系建设，市、区（县级市）、街（镇）、村（居）四级联动服务体系基本建成。2012 年，广州建立起孤儿供养标准与城乡低保标准同步提高的自然增长机制，至 2018 年底，孤儿供养标准为每人每月 2263 元，事实无人抚养儿童生活保障金每月 950 元，社会福利和救助保障水平居全国前列。2016 年，建立事实无人抚养儿童生活保障制度，出台社会福利机构成年孤儿安置暂行办法，促进具有劳动就业能力的成年孤儿融入社会。2018 年出台的加强困境儿童保障实施意见、监护困境儿童安全保护工作指引，建立市、区（县级市）两级农村留守儿童关爱保护和困境儿童保障工作联席会议制度。同年 12 月，广州市救助保护流浪少年儿童中心更名为“广州市未成年人救助保护中心”，承担农村留守儿童关爱保护和困境儿童保障有关工作职责。孤儿、低保低收入家庭儿童、特困儿童等全部纳入重特大疾病医疗救助范围。儿童主任配备覆盖广州市 174 个镇（街）儿童督导员和 2725 个村（居）。

4. 慈善事业改革稳步推进，事业发展迈向新高

广州坚持以“慈善为民”为核心，围绕创建“慈善之城”，大力弘扬慈善文化，广州 2013 年首次被评为全国公益慈善指数最高的七星级城市，2018 年，广州“城市公益慈善指数”排位跃居全国第二，打造了具有广州特色的慈善“湿地”生态。

参与主体日益多元化。广州以慈善组织为中坚的各类慈善力量迅速发展壮大。早在 2012 年出台的《广州市募捐条例》，在全国率先放开慈善类社会组织公募权。2012—2015 年，连续举办 3 届广州市慈善项目推介会，共募集慈善资金超过 12 亿元。2016 年，首次开展“羊城慈善为民”行动，提出“人人慈善为人人”的慈善理念。随后成立广州市创建“慈善之城”组织，深化“慈善之城”创建。2016 年以来的“羊城慈善为民”行动暨广东扶贫济困日活动共募捐资金超 20 亿元，用于扶贫、扶老、助残、助孤等领域，进一步聚集全城善心，城市爱心正能量持续上扬。

打造慈善项目品牌化。2018 年，创新开展迎春花市慈善行、广府庙会之慈善庙会、北京路公益慈善嘉年华、寻找慈善家庭等活动，创新“慈善 + 体育”“慈善 + 实体”“慈善 + 消费”“慈善 + 创投”等模式，打造为爱骑行、为爱奔跑、为爱徒步等“为爱系列”慈善品牌。“珠珠救助”热线、广州慈善信息发布平台、全国慈善组织互联网公开

募捐信息平台“广益联募”相继开通，实现慈善事业线上线下的同向推进、同步发展。

2018年首次将6月设定为广州“慈善为民月”，每年开展40多项重点慈善活动：编印《中小学慈善读本》，在高校开展“慈善沙龙”，在中小学开展“读一本慈善读本、上一堂慈善文化课、做一件慈善事”活动，设计“善城广州”标识、吉祥物，谱写“广州慈善之歌”，让市民零距离感受慈善的魅力。同时，广州积极打造慈善广场、慈善公园、慈善街道、慈善社区等慈善活动基地，让市民零距离参与慈善；不断完善慈善荣誉回馈新机制，设立广州慈善榜，开展慈善家庭评选活动，让“行善光荣得尊重”成为城市导向。截至2018年底，共有656家单位、496人上榜广州慈善榜，10户家庭获“最美慈善家庭”称号、90户家庭获得“优秀慈善家庭”称号。

逐步探索政府部门培育支持、依法监管，社会专业监督、行业自治、社会广泛参与的“四位一体”的广州慈善事业管理体系。2013年，在全国率先成立第三方慈善组织社会专业监督机构——广州市慈善组织社会监督委员会。2016年，《中华人民共和国慈善法》实施后，先后出台《广州市人民政府关于促进慈善事业健康发展的实施意见》等18份配套政策文件。2017年，在全国率先开展“慈善之城·尽善净行”行动，举办慈善公众开放日活动，推动慈善组织“晒账单”，接受社会监督。2018年，发布全国首个区域慈善指数和慈善组织透明度评价体系，进一步推动慈善领域诚信建设，使广州慈善服务更加公开透明。

5. 社会事务创新发展，质量水平同步提升

党的十八大以来，广州大力推进婚姻登记、殡葬改革等服务改革发展，并取得重大突破和进展。2014年1月，国务院批准撤销黄埔区、萝岗区和县级从化市、增城市，设立新的黄埔区、从化区、增城区。2014年7月至2018年6月，完成广州市第二次全国地名普查任务。2015年8月，广州免除婚姻登记证工本费。自2018年1月起，在海珠区、荔湾区和从化区开展“通办全城”试点经验基础上，全面铺开婚姻登记“全城通办”，并将涉外、港澳台、华侨婚姻登记业务调整到区实施并同步纳入试点范围，广州成为继北京市之后全国第二个实现婚姻登记“全城通办”的城市。此外，广州相继推出免除户籍居民、非户籍居民殡葬基本服务费用、节地生态安葬奖补政策，构建覆盖全民的“普惠+特惠”殡葬基本公共服务体系。2017年11月，广州市被民政部确定为全国殡葬综合改革试点地区（单位），并以此为抓手，陆续推出3D打印遗体整容等先进技术服务，每年圆满完成清明安全保障服务工作，遗体火化率自2000年以来连续19年保持100%，绿色生态安葬率目前达83%，位居全国前列。

广州推进建立流浪乞讨人员救助管理长效机制，指定受助人员定点救治医院，建立救治监管机制，制定救助管理机构工作规范指引和救助管理工作评估制度，全面加强街头主动关爱救助服务和站内受助人员寻亲送返工作，推进救助管理工作规范化发展。创新开展流浪乞讨人员社工介入服务项目，加大与公安部门协作，建立了受助人员DNA数据、指纹、人像信息采集和比对结果反馈机制，搭建街面救助视频联网管理平台，创建市、区、街（镇）、居（村）纵向到底和综治、公安、民政等部门协作横向到边的救助管理服务机制，使救助服务网络更加完善，安置率低、滞站率低、周转率高的工作格局持续保持。广州市救助管理站、广州市救助管理站市区分站被国家民政部授予“国家一级救助管理机构”称号。

展望未来，广州将以习近平新时代中国特色社会主义思想为指导，坚持革故鼎新、锐意进取，聚焦脱贫攻坚，聚焦特殊群体，聚焦群众关切，更好履行基本民生保障、基层社会治理、基本社会服务等职责，为全面建成小康社会、全面建设社会主义现代化国家做出新的更大贡献。①

参考文献：

1. 广州市地方志编纂委员会 . 广州市志：卷十 [M]. 广州：广州出版社，2001.

2. 广州市地方志编纂委员会 . 广州市志：1991—2000[M]. 广州：广州出版社，2010.

3. 黄树贤 . 民政改革 40 年 [M]. 北京：中国社会出版社，2018.

4. 2019 年广州市政府工作报告 . 2019 年 1 月 15 日 .

5. 2019 年广州市民政局民政工作报告 . 2019 年 1 月 25 日 .

6. 2018 年广州市民政局民政工作报告 . 2019 年 1 月 26 日 .

7. 广州市人力资源和社会保障局 . 广州市社会医疗保险文件汇编 . 2015.

（参编人员：庄璇琳　谢德莲　张莉）

① 文中未标明出处的数据，均来源于民政部门年度报告或业务统计。

第十九章

社会治安综合治理

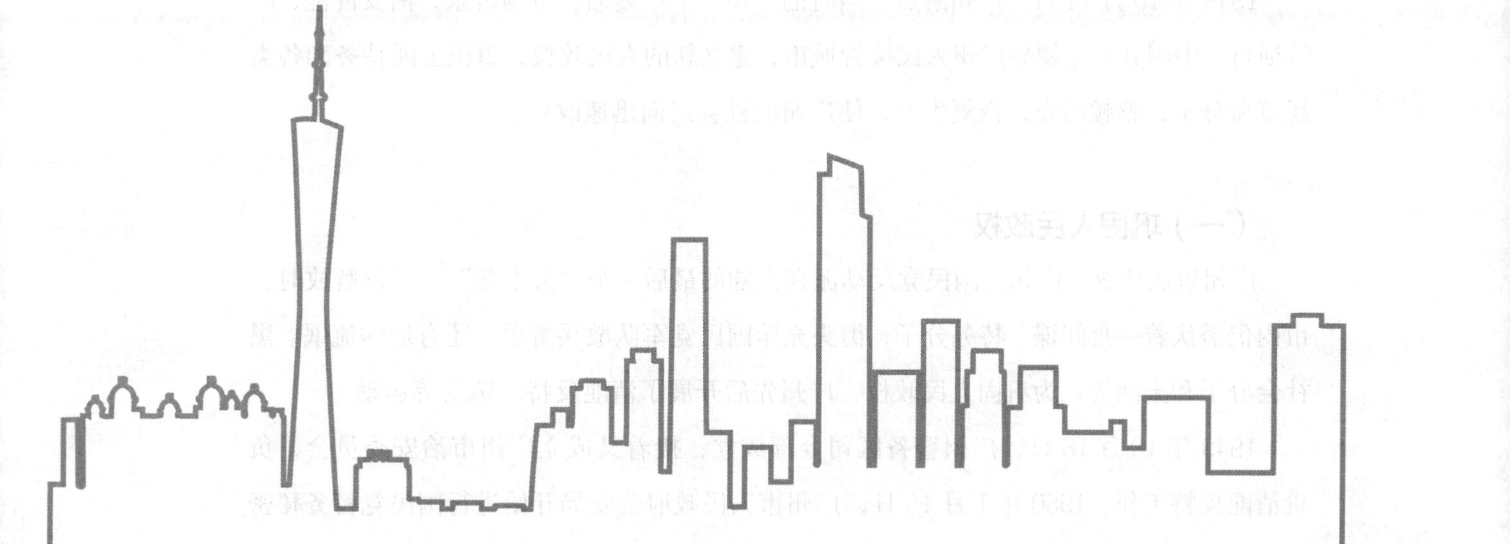

社会治安综合治理是解决影响广州市社会治安深层次问题、提升社会治理能力和水平，营造共建共治共享社会治理格局的重大方略和根本途径。

党的十八大以来，广州政法综治战线牢牢把握推进国家治理体系和治理能力现代化总要求，把专项治理和系统治理、综合治理、依法治理、源头治理结合起来，深入推进社会治安综合治理创新，进一步增强人民群众的安全感和满意度，为巩固人民民主专政，维护社会治安和谐稳定，建设更高水平的平安广州、法治广州，确保广州市各个时期党和政府中心任务的顺利进行发挥积极作用。70年来，广州社会治安综合治理工作有着波澜壮阔的光辉历程，方方面面都取得瞩目成就。

一、1949—1978年：广州社会治安综合治理工作概况

1949年10月14日，广州解放。当时的广州，生产萎缩，市场萧条，治安混乱，匪特横行。中国共产党领导广州人民接管城市，建立新的人民政权，镇压土匪特务和各类反革命分子，整顿治安，恢复生产，使广州的社会局面迅速改观。

（一）巩固人民政权

广州解放前夕，广州是国民党反动派在大陆的最后一个“大本营”。广州解放时，市内仍潜伏着一批间谍、特务分子，街头充斥国民党军队散兵游勇，还有地痞流氓、黑社会分子和土匪等。为巩固人民政权，广州先后开展了清匪反特、镇反等运动。

1949年10月18日，广州警备区司令部成立，接着又成立广州市治安委员会，负责清匪反特工作。1950年1月15日，广州市人民政府公安局开始进行国民党特务秘密自首登记工作。同年1月25日，广州市人民政府颁布《广州市社团登记暂行办法》，

规定各种社团限期登记。至1950年9月，共歼灭“华南反共救国军游击总队”“四老虎”“八大仙”等土匪组织成员5.38万余名；捕获“军统”潜伏组、“中统”行动组、“珠江反共救国纵队”等特务组织成员900余名；收容遣送国民党军队散兵游勇和伤病兵3.8万余名，收缴枪5.7万余支（挺）、炮280门、电台20部。

1950年10月，中央人民政府公布《中华人民共和国镇压反革命条例》。按照中央部署，广州市在清匪反特的基础上继续开展对反动党团和匪特的清查镇压。1951年4月25日，召开各界人民代表控诉反革命分子罪行大会，对一批罪大恶极的反革命分子提起公诉并依法处决。同年7月开始，在市委统一领导下，全市各部门对留用人员、广州解放后新参加工作的人员以及1949年10月前后新发展的共产党员、共青团员进行自上而下的普遍清查，肃清少数反革命分子、巩固机关内部组织管理、纯洁干部队伍。1951年底开始，结合“三反”“五反”运动，打击现行破坏活动，推动城乡治安等工作，同时进行积案的清理工作。1952年冬，开始重点取缔“反动会道门”“圣母军”，并开展水上镇反。到1953年11月，广州市的镇反运动基本结束。在整个运动中，全市先后查出反革命分子8200名，依法处决其中罪大恶极的反革命分子，对其余的反革命分子则根据其罪恶大小和表现分别判以逮捕、管制和释放。

1954年开始，针对镇反运动后敌情的变化情况，着力加强同隐蔽敌人的斗争。1954年9月，广州市针对台湾当局特务机关到香港物色、训练爆破手，妄图破坏广州市越秀山庆祝国庆大会场及一批公共场所的阴谋，部署反爆破行动，30名执行爆炸任务行动的特务全部落网。为打击敌人的嚣张气焰，广州市中级人民法院于1955年3月29日公开宣判，判处妄图爆炸越秀山主犯屈金汉等26名特务分子死刑或无期徒刑。6月2日至7月17日，公安部主办的“美国空投特务罪证展览会”在广州岭南文化宫（现文化公园）举行。1956年9月，台湾当局陆续教唆特务潜入广州，预定在10月10日晚上8时统一行动，在戏院、茶楼、旅店、百货公司、公园、铁路、油库等48处“一齐炸响”，妄图使广州“火光冲天，陈尸街头”，并准备届时散发反动传单，指派专人携带照相机准备拍摄现场，扩大反动宣传。9月8日至10月15日，全市开展38天的反爆破斗争，共破获特务案84宗90人，缴获各种炸弹29枚、反动传单5800多份、照相机1台以及其他爆破器材一批。台湾特务机关阴谋在广州进行大规模爆破的“华南行动计划”彻底破产。

这一时期，广州还废除封建社会遗留下来的保甲制度，推进基层建设。1949年12月，广州市区将30—50户家庭编成一个居民小组，市郊农村建立行政村，土地革命后改设乡、镇人民政府。1954年，将400—500户家庭组成一个居民委员会。1958年，人民公社化运动后，改为生产大队或生产队，起到密切政府和人民群众之间的联系，巩固基层人民政权的作用。1968年，区、街道（公社）、大队成立革命委员会，并行使职权。为保障人民集会结社自由，取缔反革命分子的集会结社，1950年1月，广州颁布《广州市社团登记暂行办法》。截至1951年10月，广州市内所有社团完成重新办理登记备案手续。

（二）恢复社会秩序

广州解放之初，社会治安一度处于混乱状态。1949年10月14日至12月31日，共接到群众报案2574宗，其中抢劫案就有841宗。市军管会立即接管旧警察局、旧法院、旧监狱等，进行治安整顿。1949年10月26日，广州警备区司令部发布治安条例。同年10月27日，广州市人民政府公安局成立，组建人民公安机关和人民警察队伍，全市公安系统建立派出所166个，建立起3602人的人民警察队伍。组织包括工人、学生、市民的人民纠察队，队员6234人。组织7214个治安互助组，开展群众性的防火、防特、防匪、防空袭的"四防"工作。并且依靠人民解放军组织武装巡逻，在车站、码头设卡检查，还进行户口登记检查。仅1个月时间就使抢劫案件发生率降低80%。1949年11月1日，广州市人民法院成立。

随着公安机关相继建立，社会治安好转，生产秩序走上正常轨道，人民纠察队制度逐步撤销。1951年12月，市公安局制定《广州市治安保卫委员会组织细则》。至1953年，市区已建立治保会281个、筹委会62个。治保人员积极参与对违法犯罪和各种灾害事故的斗争，监督改造反动阶级分子，帮助教育违法青少年，为维护社会治安做出重大贡献。

（三）禁赌、禁毒、取缔娼妓

1949年10月之前，广州是帝国主义国家向中国输入烟毒的总口岸，也是华南和西南地区买卖烟毒的总市场，有"烟铺多于米铺"之说。广州解放初期，仍有烟馆1300多个，郊区鸦片（罂粟）种植面积200余亩；同时，赌博风行，全市有赌档2000余个；卖淫嫖娼现象亦非常普遍。

1949年10月30日，市军管会发出严禁赌博的布告。11月3日，市政府决定"严格取缔赌博，如有持械顽抗者必须严厉镇压"。11—12月，在广大市民群众支持下，扫荡赌档 424 宗，拘捕 283 人，基本消灭公开赌博的现象。1952 年 10 月 2 日，市公安局再次发出严禁赌博的布告，当年共破获赌案 363 宗，拘捕 15 人。此后赌案逐步减少，1955 年只发现 12 宗。

广州解放初期，人民解放军协同郊区政府铲除私人种植的部分罂粟。1950 年 9 月 12 日，市政府发布《广州市禁烟禁毒实施办法》，并成立广州市禁烟委员会，29 日再次公告，重申严禁种植鸦片作物。土改后，种植罂粟现象杜绝。在禁止贩毒方面，依法惩处一批顽固的烟贩，并发动群众检举经营贩运烟毒分子，协助政府贯彻禁令。1951 年 6 月 3 日，召开近 2 万人参加的禁烟禁毒大会，当场焚烧鸦片、海洛因、红丸等一批，从此偷贩运烟毒者显著减少。对烟民进行教育，并进行登记，1951 年 1 月 10 日，全市登记烟民 5715 名。1951 年 3 月，设立戒烟所场所，组织力量帮助烟民戒毒，把他们改造为社会主义新人。至当年 10 月止，已根绝烟毒的有 4483 人，占总登记人数的 78.4%。

广州解放后，为取缔卖淫嫖娼，采取严厉打击与教育改造相结合的方针。一方面，于 1951 年 9 月 28 日宣布取缔娼妓，依法严打罪恶极大的鸨母、妓院老板等，1953 年 9 月 14 日，逮捕罪行严重者 13 名。另一方面，于 1951 年设立妇女教养所，对妓女进行收容、教育、改造，至 1957 年，全市先后收容娼妓 1200 多名，为她们治好性病，分别安置就业、遣送回乡生产或自找对象成家，走向新的生活。1957 年 7 月，妇女教养所被撤销，取缔、改造娼妓的历史任务基本完成。

（四）赈济失业

广州解放时，失业工人有 4 万余人。市政府于 1950 年 5 月 12 日成立失业工人救济委员会，对失业人员进行紧急救济，首先发放救济粮解决吃饭问题。至同年 7 月，共登记失业工人、失业文教工作者和其他失业人员 3.39 万人，另外，贫穷的手工业者、散工、独立劳动者和部分贫苦市民等共 6 万多人得到救济。

1950 年 7 月 17 日，市政府成立救济处，从 8 月份开始进行经常性的救济工作。按产业工会系统成立基层救济委员会和登记站，对失业工人重新进行登记，并发放领粮证，进行长期救济。救济处还采用多种形式组织群众生产自救，“以工代赈”就是主要形式之一，如组织失业工人加入合作社，进行集体化生产；帮助停业、歇业的工厂利用原有机器、厂房恢复生产；贷款给个别失业工人，帮助有技术的工人，如建筑工、木工找到相应的工作，开展生产自救。此外，还开展转业培训，介绍失业人员再就业。至 1950 年底，总计获得救济的有 15 万余人。

1952年，因农民进城找工作等原因，广州市流动性的失业工人又有增加。同年7月，广州市成立失业工人回乡生产处理委员会，组织失业工人共计1万人回乡生产；又将工赈队由1.4万人扩展到2万人，负责建筑工人宿舍和市外公路等修建工程；还向广东省人民政府申请拨农田1万亩，组织1000户失业工人前往耕种。至1952年底，广州市共组织4.72万名失业工人就业、转业或回乡生产，安置失业知识分子1861人。

（五）“大跃进”与人民公社化时期的社会治安工作

1956年3月，广州成立市委政法委的前身——市委政法工作部，1957年4月撤销。市委政法工作部在指导全市政法机关开展打击敌人，惩治犯罪，维护社会治安和保卫党的中心任务等重要工作中发挥积极作用。

1958年9月，在全国“大跃进”大办工业的形势下，市委成立市委政法街道工作委员会，下设办公室，属临时机构。其主要职能是：协助市委组织政法部门打击犯罪，维护社会治安、清查户口，整顿街道工业，健全街道管理体制，搞好街道生产。1959年2月撤销。1959年7月，成立市委政法工作委员会。1962年市委政法工作委员会与市政法办公室合署办公。1964年，正式更名为市委政法委员会。

1958年，全市共破获各种政治案件5513宗，破获刑事案件11163宗。市、区（县）法院自1958—1961年上半年，共判处徒刑以上的案件11906宗、13133人；在判决中存在各种问题的案件涉及1379人，占10.64%，其中冤案58人，错案494人（含错杀1人），轻罪重判554人、重罪轻判33人，因冤案、错案死于狱中的22人。造成冤案、错案的主要原因是：在政法战线提出一些过高要求，设立了一些脱离实际、违反科学的高指标，如“大案不过三（天），小案不过一（天）”“一个合议庭，每月结案40—80件”；取消公、检、法三机关的互相制约、互相配合和陪审合议、审判委员会等审判监督制度和法定的办案程序。该时期也取得一定的成绩，主要是社会治安稳定，刑事案件下降，破获大批“蒋特”行动爆破案件，粉碎其破坏阴谋。

（六）开展制止农村人口盲目流入本市工作

1960年3月，政法工作委员会根据市委的指示，开展制止农村人口盲目流入市区的工作。市委成立领导小组，由市委常委任组长，领导小组下设办公室，由市劳动局、市民政局负责日常具体工作。

据市公安局统计资料显示，1959年，“盲流”来广州市的共123890人。其中，露宿街头被收容的92855人，收容后动员回乡或遣送回乡的59547人，逃跑6150人，逮捕109人，拘留102人，死亡14人，由劳动局安排工作24414人。市委决定，凡居本市的“盲流”人口，凡没有正当职业的，一律动员遣返；凡是公社干部或属“五类分子”（地、富、反、坏、右）的，虽已找到职业，也一律动员遣返；对露宿街头的，坚持随收随送。

（七）备战肃反与“东站事件”

1962—1963年，政法工作委员会根据市委的部署，开展备战肃反工作。1962年6月，广州市人民内部矛盾与敌我矛盾并发，尤以敌我矛盾为突出，台湾当局特务与大陆“四类分子”（地、富、反、坏）相互呼应，从事各种破坏活动。人口向港澳地区外流严重，是年6月1—13日，全市外流香港人数达9488人，其中已往港3236人，被香港解回96人，边境截返2119人，下落不明3437人。

广州市发生“东站事件”后，政法工作委员会根据市委的部署，开展备战肃反工作。从1962年6月至当年底，全市开展备战镇压反革命战役行动，拘捕露头破坏的现行反革命分子和破坏分子1688人。

（八）开展“四清”“五反”运动

1964年，当时认为，全国面临着一场尖锐激烈复杂的阶级斗争。政法机关随即开展打击内部的阶级敌人和蜕化变质分子的运动。当年1—9月，共逮捕的105名流氓案犯，其中属强奸妇女和侵害未成年人女性的占75%，并认为这些案件已超出危害社会治安的范畴，成为“反革命的阶级敌人向我进行政治报复”的一个手段，属于搞“和平演变”、搞“反革命两面政权的组成部分”。同时，在政法系统内部开展“五反”“四清”运动。

1967年3月，广州市委政法委员会受“文化大革命”冲击而停止工作。1963年3月至1968年3月，成立广州市军事管制委员会无产阶级专政小组，接管政法工作。1968年3月，成立广州市革委会保卫组，先后取代原市委政法工作委员会的工作，至1968年12月，市革委会保卫组同市公安局、市军管会合并。1973年3月，恢复市委政法工作委员会。

1974年3月下旬，广州市委召开做好在“文化大革命”中非正常死亡人员善后的工作会议。经政法机关摸查，自1966年下半年至1969年4月，全市在“文化大革命”

中非正常死亡3273人。同时，对备战疏散人员进行复查和安置，批准回市安排的1316人，在当地安排工作的200人，作退休处理留在农村的533人。

二、1978—2012年：广州社会治安综合治理工作概况

1978—2012年，广州市为适应改革开放新形势和省情、市情实际需要，主动摸索实践，创造了不少有效的（综治）平安创建、社会创新治理模式，开展诸多专项行动，社会治安状况明显改善，群众安全感和满意度日益增强。

1977年，市委政法委员会根据市委的指示，组织政法各单位，依法清理复查“文化大革命”期间的案件，其范围包括判刑（含判管制）、戴反革命分子帽子列入改造、送劳动教养等。复查工作从1978年10月开始，对全市“文化大革命”期间判处的反革命案件4550宗、4912人进行复查。1978年11月，市委政法工作委员会改称市委政法小组，后于1981年9月恢复称为市委政法委员会。1981年，根据中共中央有关文件精神，对“文化大革命”前，主要是在“文化大革命”期间，对一些当时认为属“敌我矛盾”性质等错误对待的人，进行了“摘帽”工作。1982年3月，市委政法委员会贯彻中共中央有关文件的决定，按照公安部发布《关于释放和安置原国民党县、团以下党政军特人员的方案》，继续宽大释放和就业安置原国民党县、团以下党政军特人员。

（一）打击严重刑事犯罪三个战役

1983年8月至1986年7月，根据中央、省委、市委的决定，广州开展为期三年的三个战役，“严厉打击严重刑事犯罪斗争”（简称“严打”），实行“依法从重从快，一网打尽”的方针，三个战役连续9次开展专项斗争，取得卓著成效。全市共逮捕犯罪分子13067人，判处罪犯10980人（其中依法判处死刑290人）；送劳动教养（含少管）10544人；打掉危害社会治安的犯罪团伙2738个，查处团伙成员11132人；破获刑事案件18591宗，其中大案3296宗；破案率分别达80%和90%（大案）；抓获各类犯罪分子22732人，其中抓获流窜犯5161人，抓获内部犯罪分子4094人。同时，大力整顿各种社会治安问题，开展社会治安综合治理，实行“治标和治本”的方针。查处嫖娼卖淫人员、老鸨、赌头及赌徒，收容盲流乞讨人员，反复整顿一些治安复杂地区和行业。使广州市的社会治安状况有了改变，群众的安全感大为增强。1987—1990年，“严打”斗

争仍然是政法工作的首要任务。

（二）维护国家社会政治稳定

1991—2000年，广州经济社会发展取得举世瞩目的辉煌成就。但影响广州政治稳定的因素仍大量存在：隐蔽战线的斗争更加尖锐复杂，境内外敌对势力互相勾结，从各方面培植亲西方势力和政治反对派。对国家进行政治、思想、文化渗透和间谍活动，把广州作为“分化”和“西化”的重点地区。外国和台湾当局间谍以合法身份作掩护、采取“以商养政”“商政互助”的策略，收集广州地区的政治、军事、经济等情报。境外黑社会势力在广州从事渗透活动、和境内违法犯罪分子互相勾结，进行走私、贩毒、诈骗、引渡、追债、伪造证件等非法活动，犯罪率居高不下。内地各种社会矛盾不断出现，群体性上访事件不断发生，直接影响社会稳定。2001年的美国“9·11”恐怖袭击事件和炭疽菌恐怖事件发生后，为恐怖分子犯罪起到恶劣的示范作用，全市受到爆炸、生物化学武器攻击等恐怖威胁的危险系数上升。广州市成为全国维护政治稳定的重点地区之一。

市委把维稳放在重要位置，并将其作为广州社会综合治理工作的核心。第一，市委以政法委员会为主，会同各相关部门组成维护稳定工作领导小组，由市委分管政法工作的副书记任组长，成员为市政府、市委政法委分管领导、市各有关单位的领导。日常工作由社会治安综合治理委员会办公室负责。各区、县（县级市）也相应成立维护稳定领导小组，局一级有关单位建立国家安全小组，负责维护社会稳定工作。第二，健全维护社会稳定的工作机制。各级党政一把手是维护稳定的第一责任人，实行谁主管谁负责的领导责任制和一票否决制，按照属地管理和归口管理的原则，承担起组织、协调、指导等工作的职责。第三，加强隐蔽战线的斗争，提高防控和及时处置各种突发事件的能力；严厉打击危害国家安全的犯罪活动。第四，采取切实有效措施，化解人民内部矛盾。成立人民内部矛盾调处办公室，全面启动农村“五长”接访和“148”法律咨询援助服务，“148”法律服务逐步形成联网运作。全市各级党委政府高度重视因金融债权、征地拆迁、劳资纠纷、农村民主管理等问题引发的不安定因素苗头，落实责任制，把矛盾化解在基层、解决在萌芽状态。

2001年，广州市为确保第九届全国运动会安全，深入开展“严打”整治斗争，参与整顿和规范市场经济秩序，刑事立案率同比下降15.1%。2003年，建成基本信息分析系统数据库，成功主办全省首次大规模反恐联合演练。2006年，广州市坚持“主动出击、露头就打、先发制敌”的策略，拓展国家安全人民防线建设，被评为全国防范和处理邪教系统先进集体。2007年，成功挫败部分人员插手广州“小谷围征地事件”的图谋。2008年，广州市圆满完成北京奥运各项安保工作，被省综治委推荐为2005—2008年社会治安综合治理工作优秀城市，并通过中央综治委的检查验收。2010年，实现“平安亚运”目标任务，对广州亚运会亚残运会安保工作，中央领导给予充分肯定。反垃圾焚烧、“撑粤语”活动等重大群体性事件均得到妥善化解。

（三）严厉打击严重犯罪活动

1. 开展打击严重刑事犯罪专项斗争

1991年5月开始，全市开展为期三个月的以反入屋盗窃和盗窃“三车”（汽车、摩托车、自行车）为主要内容的反盗窃斗争。1992年第二季度和当年底，先后开展两次大规模的除“七害”（卖淫嫖娼、制贩传播淫秽物品、聚众赌博、利用封建迷信骗财害人、拐卖妇女儿童、黑社会组织渗透和带黑社会性质犯罪）统一行动。1993年，根据全省禁毒工作会议精神，进一步把“双禁”（禁毒、禁赌）工作作为深入除“七害”的一项重要内容来抓，市政府发布《关于严禁吸毒、贩毒和赌博的通告》。1994年7—12月，在全市范围内开展为期半年的扫除黄赌毒统一行动。1997年3—6月，广州开展以破大案、追逃犯、打团伙为主要内容的“严打”整治行动，集中力量，重点打击严重暴力犯罪，包括杀人、“双抢”、入屋盗窃、带黑社会性质犯罪等。在“严打”的同时，4—10月又展开声势浩大的禁毒专项斗争。1998年，在省公安厅的统一指导下，市公、检、法部门参与对张子强特大杀人、抢劫、绑架集团案的侦查、预审和对张子强依法起诉、审判工作。1999年，开展“打双抢”“打黑除恶”“追逃犯”等一系列的“严打”专项斗争，破获番禺“6·7”祈福新邨七尸命案、陈绍榕特大犯罪集团等几起重大案件。2000年，实行“重典治乱”的方针，破获大批刑事案件，破案绝对数同比上升50.5%。开展声势浩大的“两打一扫”严打行动，随后又开展“严打严治”百日行动。2001年4月起，广州市开展以“三打一扫”为重点的“严打”整治斗争。至当年底，“严打”整治斗争取得阶段性成果，社会治安向好的方向发展。

2003年，依法从快审理最高检督办的麦国庆等23人特大黑社会性质团伙犯罪案、影响重大的孙志刚被伤害致死案。当年8月5日，市委市政府召开全市治安工作会议，提出严厉打击犯罪、遏制刑事发案反弹的八项措施。先后成功侦破近年来全国最大的制贩冰毒案——“5·11”案、“9·19”特大持枪抢劫巨款案、“10·16”抢劫巨款案等一批社会影响恶劣的重特大案件。2004—2005年，先后组织开展“严打街头犯罪百日行动”等专项行动，狠抓“两抢一盗”等多发性案件的侦查破案工作。2006年，破获“3·24”新疆籍商人被持枪入屋抢劫200万元案、“4·6”中医药大学女博士被杀案等一批社会影响较大的案件。成功打掉增城市“天林会”和白云区“黑龙会”等黑社会性质团伙。

2007年，市委明确提出“确保刑事发案持续下降，抢夺、抢劫和入屋盗窃、盗窃机动车案件分别两位数下降，确保群众安全感有明显增强”的治安工作目标。市委政法委协调政法机关出台并实施《广州市政法机关关于办理入户盗窃犯罪案件的若干意见》和《广州市政法机关关于刑事证人保护工作的若干意见》。广州强力遏制“两抢”“两盗”、建立社会治安综合治理五大长效机制等经验被中央政法委、新华社刊发。

2008年，突出打击多发性犯罪、黑恶势力犯罪和毒品犯罪。实行政法委书记、公安（分）局长、刑警队长、派出所所长“四长责任制”和政法委、公安机关领导“双线督查”。当年以黎旭为首的湛江籍黑社会性质组织等一批影响较大的黑恶团伙被铲除，侦破“6·14”特大跨国走私可卡因案、“9·13”特大贩卖毒品和走私制毒化学品案等一批重特大案件。广州市三年禁毒人民战争工作通过省的考核验收，被评为禁毒工作优秀市。2010年，社会治安秩序良好。据当年11月的全国公共文明指数测评显示，广州市群众安全感达到97%，创历年新高。2011年，省确定的海珠区和市确定的越秀区矿泉街道等18个重点区域，以及易滋生违法犯罪活动的重点行业得到全面整治。2012年2月至2013年2月，在全市范围内开展以打击欺行霸市、制假售假、商业贿赂为主要内容的“三打”专项行动取得辉煌战果，名列全省全年绩效考核第一。

2. 严厉打击经济领域的严重犯罪

在开展“严打”斗争中，市政法机关始终把打击经济领域的严重犯罪活动作为一项重要内容，根据各个时期的形势发展，不断加大打击力度，保证全市经济领域的健康发展。1991年，以反贪污贿赂为重点，坚持“一要坚决、二要慎重、务必搞准”的方针，依法从重从严惩处严重经济犯罪分子，全年受理经济犯罪案件664宗，立案侦查500人。1994年，积极开展查处经济大案要案。1997年，依法严惩金融、商业和对外经贸活动中的诈骗犯罪，虚开、伪造和非法出售增值税发票、骗取国家出口退税等犯罪行为；打击偷税抗税、走私贩私、生产销售假冒伪劣产品犯罪行为以及在证券、期货和房地产市场交易中的犯罪行为，切实保障社会主义市场经济的健康发展。1999年，全年共查破各类经济犯罪案件621宗，涉案金额5.6亿元。圆满完成“9898”湛江特大走私案的部分案件的侦查、起诉和审判任务。

2001年10月10日，广州地区党政司法机关21家单位召开会议，商讨建立广州地区党政司法机关打击经济犯罪协调机制。会议通过《广州地区有关党政司法机关关于建立广州地区打击经济犯罪协调机制的意见》，在全国首创多层次、宽领域联手打击经济犯罪的工作格局。

2002—2008年，严厉打击走私犯罪活动，连续不断地开展打击地下钱庄非法买卖外汇、制贩假币、制假售假、金融诈骗等影响社会稳定、侵害广大群众利益的经济犯罪活动。2009年，面对国际金融危机给经济发展带来的严重冲击，全市政法机关及时开展异地务工人员就业情况调研，迅速启动企业维稳形势分析研判制度，主动排查化解涉经涉企不稳定因素。及时出台预防和处置企业经营者欠薪逃匿工作意见，既坚决打击侵害企业合法权益的违法犯罪行为，又依法保护当事人合法权益。2012年，开展打击经济犯罪“破案会战”，立案4486宗，破案2602宗，总成绩名列全国前列。

（四）社会治安综合治理

健全领导体制。广州市社会治安综合治理领导小组于1985年成立，1990年正式列入编制。1991年5月14日，市委市政府决定，成立市社会治安综合治理委员会，下设办公室。全市12个区、县和街镇也建立相应的机构；在市属的142个局、总公司、大厂中，有136个成立综合治理委员会。同年，市第九届人大常委会第25次会议通过《广州市社会治安综合治理条例》，经省第七届人大常委会第21次会议批准。于1991年8月15日公布施行。至此，全市社会治安综合治理工作，初步形成工作体系。1996年市编委发文，对市、区（县级市）和街（镇）各级社会治安综合治理办公室进行定级定编。市各大系统工委也于当年8月建立综治委及其属下办公室。

实行目标管理责任制。为加强社会治安综合治理，实行领导责任制和目标管理责任制。根据中央综治委、中纪委、中组部、人事部和监察部《关于实行社会治安综合治理领导责任制的若干规定》，市委办公厅、市政府办公厅于1994年4月25日印发《关于实施广州市社会治安综合治理领导责任制实施办法》，提出定量考核和一票否决的具体条件。1996年，各区（县级市）实行百分考核制度。1998年，市委与各区（县级市）党委、政府和市八大系统工委签订“1998年目标管理责任书”，建立联席会议制度，并对各区、县级市和市八大系统执行责任书情况进行考核。从2000年开始，把外省、市驻穗单位纳入检查考核范围。

改革开放以来，社会治安防范和社会创新治理措施主要包括建立 110 总指挥室、建立和健全巡警制、实行群防群治、开展安全文明小区建设，实行重点地区整治，加强外来人口管理，对违法犯罪青少年实行社会教育、感化、挽救等。同时，持续推进禁毒人民战争，加强打击毒品犯罪，深入推进“无毒社区（村）”创建活动，开展强制隔离戒毒。

完善服务网络，优化提升社区服务。2009 年以来，广州先后学习借鉴香港先进经验，推进街道、社区服务管理改革创新，至 2012 年底，全面完成 132 个街道“一队三中心”建设任务。推行试点探路，社会组织管理改革创新。2006 年 3 月起，广州探索社会组织登记改革试点，取消行业协会业务主管单位，改为直接向登记管理机关申请成立登记。2010 年，在全国率先开展市一级科技类民办非企业单位由民政部门直接登记管理的改革试点，全面实施公益服务类社会组织直接登记。2012 年 1 月，广州探索行业协会、公益慈善类、社会服务类等八类社会组织直接登记制度，为该时期社会组织培育壮大提供优越的政策环境。求索创新志愿服务队伍建设。1987 年，广州市开通全国第一条志愿服务热线电话“中学生心声热线”。2009 年，广州颁布《广州市志愿服务条例》，率先将志愿服务事业纳入广州经济和社会发展规划，逐步构建市、区（县级市）、街道（镇）、社区（村）四级链条式层级管理的志愿服务队伍体系，初步形成各类志愿服务组织多元化发展格局。

三、党的十八大以来，广州社会治安综合治理工作概况

（一）打击危害国家安全犯罪

广州地处改革开放南大门，隐蔽战线斗争仍然尖锐复杂。新时代，全市政法战线始终把维护国家政治安全、维护稳定置于首要位置，切实做好各项维护政治安全、国家安全和社会公共安全稳定工作。

1. 切实加强反渗透工作

坚持总体国家安全观，牢牢掌握对敌斗争主动权，各项工作取得明显成效。2015 年，成功侦破并对外公开宣传“影子兵团”及“全国首宗境外非政府组织插手劳工维权番禺打工族文书处理服务部”案，在维护国家安全领域内起到风向标作用，得到中央和省委领导的高度肯定。

2. 深入开展反恐怖斗争

2014年，在全省率先组建成建制的广州市公安局反恐怖支队，及时妥善处置和侦办广州火车站“5・6”事件，“11・1”故意伤害、袭警案等。2015年，成功处置广州火车站“3・6”砍人事件，及时化解严重危害地铁安全的阴谋。在全省一类地区专项打击总体成效评比中排名第一。2017年，组建广州市反恐指挥中心，实现暴恐袭击零发生。推进地铁实施X光机、安检门措施，广州南站实施围蔽安检和开展“网格化”防控勤务，强化两个重大风险源的管控。

3. 继续深化反邪教工作

2014年，圆满完成专项整治“全能神”邪教组织“百日会战”任务。2015年，全年开展已转化邪教人员“关爱之家”巩固平台建设，其中白云区的经验在全国推广，并被评为“全国防范工作先进集体”。2017年，全市“对邪教说不”网上签名人数达101.3万人，居全国城市首位。2018年，“广州反邪”头条号粉丝达8万多人、进入中央政法委官方新闻网站中国长安网、长安剑联合今日头条独家发布的政法头条号排行榜，最好成绩位列总榜第八、反邪教榜第一。“广州反邪”微信公众号粉丝数超百万，影响力最高时位列全国政法机关政法委类第二，入围“全国政法新媒体优秀账号”评选。

4. 打击暴力犯罪

2013年，在白云区开展为期3个月的治安重点整治专项行动，实现有关地区治安得到好转。2015年，出色完成亚冠、广马、央视春晚广州分会场等重大活动安保任务。平安广州建设方面，据2018年4月18日省委政法委、省综治委相关通报，广州市该项考评得分为91.93分，全省排第三位，为2017年度综治工作（平安建设）考评优秀等次，考评名次比2016年度进步6名，被评为优秀等次，并获通报表扬。从考评情况看，2017年广州市群众安全感得分为85.03（全省排第二位）、政法工作满意度得分为84.06（全省排第一位）、平安创建知晓率38.37%（全省排第五位）。

（二）打击经济犯罪

1. 严厉惩处扰乱市场秩序行为

全市两级法院依法打击走私、非法集资、金融诈骗等破坏市场经济秩序犯罪。依法从严打击生产销售伪劣商品、破坏环境资源、恶意欠薪、网络诈骗、醉酒驾车等危害民生犯罪。2014年，全市公安机关严厉打击涉毒、涉黄赌、涉食药假、涉电信诈骗及银行卡、涉车、涉枪等突出违法犯罪活动，缉捕外逃经济犯罪嫌疑人数位居全国第一。2015

年4月1日，广州市公安局牵头成立反电信诈骗中心，开设反电信诈骗专线，推动公安、金融、通信、宣传等部门建立“点对点”快速联动协作机制建设，实现打击电信诈骗犯罪效能、防范电信诈骗社会效益“双提升”。在维护网络安全方面，依法打击整治黑客攻击破坏、网络灰黑产业链、侵害公民个人信息等网络违法犯罪活动，全年开展安网系列打击行动12次，其中“安网2号、9号”案件分别是全国首例利用非法软件破坏电话卡实名制的特大团伙案和欧洲杯期间全省侦破案值最大的网络赌球团伙案，打击成效排名全省第一。2017年，全市法院审结涉案金额达23亿元的刘志军等人非法吸收公众存款案、谢钦锐等119人电信网络诈骗案。2018年，全市检察院依法办理“礼德财富”集资诈骗案、“云联惠”特大传销案等重大案件。

2. 保护知识产权

全市审判机关依法审理知识产权案件。强化知识产权司法保护，激励自主创新，规范市场竞争，促进创新驱动发展战略的实施。推进知识产权民事、行政和刑事案件“三合一”审判机制改革。2013年，市中院审结广药集团诉加多宝公司虚假宣传案等一批重大案件。2014年8月31日，全国人大常委会通过决定在北京、上海、广州设立知识产权法院。同年12月16日，广州知识产权法院挂牌成立。2015年，广州法院在全国涉外民事审判中率先实施专家陪审和咨询制度，审结涉外涉港澳台民商事纠纷案件2762件，促进市场化法治化国际化营商环境建设。2018年，全市法院加强知识产权刑事司法保护，审结庄松炳特大跨国销售假冒注册商标商品等案件760件。全市检察院深入开展“涉产权刑事申诉案件甄别纠正推进年”活动，复查案件37件，纠正错案1件。

3. 维护食品药品安全

2015年，全市检察机关严厉打击发生在食品药品、环境资源等民生领域的犯罪，批捕343人，起诉479人。依法办理全国最大的“老鼠仓”犯罪——陈志民利用未公开信息交易案等社会影响较大的刑事案件。2018年，市检察院诉李伟来海洋环境公益诉讼案，被评为2018年广州法治化营商环境十大案（事）例。

（三）打击毒品犯罪

禁绝毒品，功在当代、利在千秋。新时代广州市增强做好禁毒工作的政治责任感，坚定不移打赢禁毒人民战争。2014年，市劳动教养工作管理局更名为市戒毒管理局。解决广州市籍强制隔离戒毒人员纳入医保问题，实现在所强制隔离戒毒人员全员免费技能培训。抓好安防基础制度落实和公正文明执法，通过全员尿检和随机抽检实现毒品“零流入”。打造岑村所“常青藤”、赤坭所“一日禅修”、女子所“音乐畅想”等教育戒治特色品牌。至当年底，全市在册强戒人员7916人，强戒人员退回率为3.24%，优于全国及全省平均水平，并实现全面收治后的首个“六无”（无脱逃、无非正常死亡、无毒品流入、无所内发案、无生产安全事故、无重大疫情）目标。

2016年1月，以白云区为主战场，围绕“毒品中转和集散”关键环节，在全市开展首个禁毒整治百日行动，实施“全链条打击”。全市破大案、打团伙、端网络等打击战果保持上升势头；全市和白云区毒情测评分别比上年下降14%、23%，实现“打击上升、毒情下降”的工作预期。白云公安分局总结推广的物流寄递治安管理工作法，在公安部首届改革创新大赛中获银奖。2017年，广州“全民禁毒工程”取得阶段性成效，获全省禁毒综合考评第一名。2018年，广州建立“提前介入—出所衔接—管理教育—社会帮扶”闭环管理机制，全面推动吸毒人员管理服务向智慧化、专业化、社会化转变。全力推进“6·27”青少年毒品预防教育工程，强化禁毒整治，当年国家禁毒委取消了对白云区的挂牌整治。

（四）专项整治

1. “三打两建”（2012年2月—2013年2月）

2013年2月6日，省委省政府召开全省“三打”专项工作总结电视电话会议。当年2月7日，召开广州市“三打”专项行动总结会议。会议通报市“三打”领导小组研究决定，授予越秀区委政法委等100个单位“广州市‘三打’专项行动先进集体”荣誉称号，授予郑东等400名个人“广州市‘三打’专项行动先进个人”荣誉称号。“三打”专项行动的主要成效：自2012年2月至2013年2月，在全市范围内开展以打击欺行霸市、制假售假、商业贿赂为主要内容的“三打”专项行动，取得辉煌战果和名列全省全年绩效考核第一的优异成绩。据省调查测评，广州市“三打”行动群众满意度为93.5%。广州探索“三打”与“两建”（建设社会信用体系、建设市场监管体系）与平安创建和综治工作对接的有效办法和措施，推进长效机制建设，得到了省相关部门的肯定。

2. “两打一扫”和“两反一扫”（2000—2002年）

2000年4—8月，广州市各级公安机关根据省委省政府和省公安厅的统一部署，集中力量，开展以重点打击黑恶势力、打击拐卖妇女儿童犯罪和扫除“黄、赌、毒”为主要内容的“两打一扫”行动。行动中，共破获刑事案件16498宗，抓获各类犯罪嫌疑人员13517名，其中拐卖妇女儿童嫌疑人142名；缴获机动车986辆，其他赃款赃物一批；

解救被拐卖妇女 216 名、儿童 43 名。查处“黄、赌、毒”案件 3987 宗、10917 人，查封违规和无证照的发廊、卡拉 OK 歌舞厅、游戏机室等场所 4000 多个。

2002 年 1—3 月，广州市公安机关根据全省统一部署，组织开展以“两反一扫”（即反“双抢”、反盗抢机动车、扫除“黄赌毒”）为主要内容的“严打”整治集中统一行动。期间连续开展 4 次全市规模的集中清查整治行动，掀起当年第一轮“严打”整治斗争高潮。

3. “三打一扫”（2001 年 4—12 月）

2001 年，广州市深入开展“严打”整治斗争，确保社会治安稳定。重拳出击，严厉打击各种严重刑事犯罪活动。以整治为重点，切实解决突出的治安问题。当年 4 月起，在全市开展以“三打一扫”（打击黑恶势力团伙犯罪、打击涉枪涉爆的暴力性犯罪、打击“双抢”等多发性犯罪，扫除“黄赌毒”）为重点的“严打”整治斗争，全市组织大规模的统一清查和打击行动。结合打击“双抢”，对重点地区、重点部位、重点行业进行有效整治。“双抢”案件数目比上年下降 22.2%，公众安全感明显增强。

2003 年，实行了 50 余年的强制性收容遣送制度正式退出历史舞台，实现城市流浪乞讨人员救助从强制性收容遣送向自愿受助、无偿救助、关爱性救助管理的顺利过渡。当年 6 月 20 日，国务院公布《城市生活无着的流浪乞讨人员救助管理办法》，并于 8 月 1 日起正式施行，1982 年 5 月国务院发布的《城市流浪乞讨人员收容遣送办法》同时废止。广州市陆续出台《流浪乞讨人员救助管理实施细则》等制度，推行全天 24 小时接收，救助管理工作逐步走上规范化、法制化的轨道。

4. “严打严治”百日行动（2000 年 9 月—2003 年 4 月）

为贯彻广东省委“重典治乱”的指示精神，打击刑事犯罪分子的嚣张气焰，确保国庆、元旦和春节的安全，从2000年9月至2001年春节前，组织开展“严打严治”百日行动。

2001年4月至2003年4月，广州市完成为期两年的严打整治斗争任务，全面实现“四个明显”（刑事发案明显下降、重点地区治安面貌明显改观、群众安全感明显增强、政法队伍形象明显改善）的目标，被评为省严打整治工作先进市，白云公安分局被评为全国严打先进集体。2003年3月15日至4月14日，“广州市严打整治斗争成果展览”在广州文化公园展览中心举行，展览面积近7500平方米，以大量的文字、图片、实物及多媒体表现手段，全面展示两年严打整治斗争成效。共计有22万人次参观展览，取得良好社会效果。

5. 九运会安保（2000年12月—2001年“九运会”结束）

广州市围绕“九运会”保卫工作，全力维护社会政治稳定：为确保“九运会”广州赛区的安全，广州公安机关于2000年12月成立由局长朱穗生担任总指挥的“九运会”广州赛区组委会安全保卫指挥部，全面加强场馆和住地的安全检查，严格落实责任制，严密组织警卫工作。广州公安机关装备了警用直升机、排爆机器人、车载扫描仪等一大批先进水平的警用装备。从2001年8月份开始到“九运会”结束，在全市范围内开展“迎九运保安全百日冲刺行动”，组织万人联防队伍在街头2000多个固定义务执勤点执勤，对“九运会”场馆、运动员住地周边地区进行集中清查，为“九运会”创造“一流的环境”，促进社会治安的整体好转，保证“九运会”广州赛区开闭幕式及18个比赛项目的253场比赛顺利进行，确保党和国家领导人和国内外来宾的绝对安全，圆满完成省公安厅既定任务。

6. 亚运会、亚残运会安保（2010—2011年）

广州市围绕“平安亚运”目标任务，全力推进社会矛盾化解、社会管理创新、公正廉洁执法三项重点工作，确保亚运安保万无一失。

一是不断深化整体防控，实现对社会治安大局的有效掌控。“改善治安”排在2009年最受认可的改善民生工作第二位。2010年10月28日，广州举行全市自新中国成立以来最大规模的亚运会社会面整体防控演练。8000多名公安民警、辅警、保安员、机关公务员、出租屋管理员、公交和出租车司机、路面保洁员、治安志愿者参加演练。亚运期间，广州市共有专业力量、辅助力量、社会义务力量83.3万人投入社会面防控，并安装近27万个视频监控摄像头，形成“平安亚运，人人参与”的工作机制。二是精心筹备安保专项工作，为亚运会赛事活动安全打下坚实基础。三是认真谋划交通组织保障工作，为亚运提供良好的交通环境。四是全面落实各项保障措施，如在倒计时100天召开亚运安全保卫誓师大会。亚运期间，全市共投入公安民警、军队、武警、学警、预备役、民兵、群防群治等安保力量868.8万人次。五是结合民生开展安全保卫工作，进一步强化法制保障、民生基础设施安防、应急处突等工作。

2010年8月4日，广东省委书记汪洋为第十六届亚运会安保工作团队授旗。2011年3月30日下午，市委政法委举行广州市“百名亚运维稳安保优秀政法干警”表彰会议，表彰“铁便衣”向迪忠等104名亚运维稳安保优秀政法干警。

7. 扫黑除恶

按照中央决策部署和省委、市委部署要求，广州市着力推进扫黑除恶不断取得新成效。中央扫黑除恶第 8 督导组认为，扫黑除恶工作，广东走在全国前列、广州走在全省前列。广州紧盯重点地区、行业和领域，聚焦重点问题，2018 年打掉涉黑组织、涉恶犯罪集团的成绩均位居全省第一。对中央、省关注的“黄埔区东区街道刘村社区原党委书记刘永添为首的 54 人涉黑案”，以组织、领导、参加黑社会性质组织罪予以依法办理。全国扫黑除恶工作培训会议专门介绍广州市办理该案的工作情况。坚持“扫黑”与“打伞”相结合，全市立案查处公职人员一批。强化基层党组织建设，坚持边打边建边治，对一批基层街镇实行了挂牌治理。以扫黑除恶专项斗争推动“四治”（指治水、治气、治违、治乱）工作开展，推动拆违（治违）、环境治理、“散乱污”整治等工作。

广州市委政法委牵头市直政法部门在全国率先出台证人保护规定，鼓励群众大胆揭发、如实作证，获人民网、中新网等媒体报道，解决涉黑涉恶犯罪关联证人缄口不言、拒绝出庭作证的问题。率先在全省开发微信举报小程序、出台举报奖励制度，对群众举报经核实给予最高 20 万元奖励，并发放全省第一笔举报奖金，有助于进一步加强黑恶线索摸排。做好宣传发动工作，调动和激发人民群众参与扫黑除恶专项斗争的积极性、主动性。2018 年，全市共组织 400 多场宣讲活动，做到“每区都有宣讲队、每周都有宣讲会”。其中，花都“扫黑除恶宣讲进祠堂”活动同步开展网上直播，直接受众超 80 万人次，得到中央扫黑除恶第 8 督导组好评，《人民日报》、人民网进行了专题报道。据调查，群众对扫黑除恶知晓率达 93%，远远超出知晓率 50% 的目标要求。

（五）检察和审判工作

新时代，全市检察机关和审判机关紧扣我国社会主要矛盾变化，忠实履行宪法法律赋予的职责，深入推进司法体制综合配套改革，切实加强信念坚定、执法为民、敢于担当、清正廉洁的政法队伍建设，进一步提高检察、审判工作质量、效率和公信力，努力让人民群众在每一个司法案件中感受到公平正义。

1. 惩处和预防职务犯罪

广州市两级检察院坚定不移贯彻反腐败工作部署，深入推进廉洁广州建设，以营造更加风清气正的政治生态环境。突出查办大案要案和群众身边的“蝇贪”。深化职务犯罪预防工作。广州市两级法院突出打击职务犯罪。加大惩治贪污贿赂犯罪力度，坚持既打“老虎”又拍“苍蝇”，严惩医疗卫生、食品安全等领域的渎职犯罪。

2012—2016 年，广州市两级检察院坚持有腐必反、有贪必肃。突出查办大案要案和不收敛、不收手的腐败分子。立案查办贪污贿赂犯罪 2534 件 2806 人、渎职侵权犯罪

609件722人。成功起诉海南省委原常委、原常务副省长谭力受贿案等一批重大案件。坚持惩防并举同向发力。落实《广州市预防职务犯罪条例》，构建个案预防、行业预防、专项预防相结合的检察环节预防职务犯罪工作体系。突出加强涉农扶贫、换届选举、土地开发、工程建设领域的专项预防工作。2018年，成功起诉刘永添等54人涉黑案和一批受到社会广泛关注的重大案件。坚持“扫黑除恶”与“打伞破网”相结合，批捕涉嫌充当“保护伞”的公职人员19人，排查并向公安和纪委监委移送涉“保护伞”线索67条。结合办案工作积极向党委政府建言献策，促进基层政权建设和社会治理。

2. 侦查和起诉工作

全市检察机关坚持以人民群众平安需求为导向，支持配合公安机关开展专项行动，坚决打击危害国家安全、公共安全和人民群众生命财产安全的刑事犯罪。2012—2016年，批捕各类刑事犯罪77434件106058人、起诉98064件129775人。强化诉讼活动法律监督，促进严格执法公正司法，坚守防止冤假错案底线，推进派驻公安派出所检察官工作室建设和侦查活动监督平台全面有效应用，加强“两法衔接”工作，不断提升立案和侦查活动监督成效。2018年，共办理各类案件77752件，同比上升12.94%，主要办案质效指标保持全省前列，多项工作形成“广州经验”向全省、全国推广。

3. 民事行政检察工作

全市检察机关强化民事行政诉讼监督。2012—2016年，办结民事行政监督案件5138件。突出加强对虚假诉讼和行政违法行为的监督。2015年办理的广州谊利公司等与上海子颖公司买卖合同纠纷抗诉一案，被评为全国民事检察优秀案件。2014年，对220件侵害个人和社会公共利益的民事行政案件，支持受害单位、个人和社会组织提起诉讼。白云区检察院支持中华环保联合会起诉环境污染案，取得良好的法律和社会效果。天河区检察院支持省环境保护基金会起诉的环境污染案，是试点后全国首例检察机关支持起诉类案件，获得法院判决支持和最高检通报表扬。花都区检察院办理广东省首例行政公益诉讼案件。广州市是全国第一个在司法实践中同时办理有民事和行政公益诉讼案件的地区。2017年办理的梁少骞梁倩婷与省农业银行信用卡纠纷案、幸汇商行与黄埔农商银行借款保证合同纠纷案，被评为全国民事行政诉讼监督优秀案例。2018年，以发生在民间借贷、房屋买卖等领域的“假官司”为重点，开展虚假诉讼专项监督，查办案件45件，工作成效和经验得到最高检肯定及推广。全市检察公益诉讼工作在制度机制创新和案件办理等方面一直走在全省乃至全国前列，《人民日报》、新华社等主流媒体作了深度报道。

4. 刑事审判工作

全市审判机关依法开展刑事审判，维护国家安全和社会稳定。依法惩治各类刑事犯罪。2012—2016 年，全市法院受理各类刑事案件 111453 件，审结 108006 件，判处罪犯 98603 人，同比分别上升 37.85%、34.89%、16.31%。加强重大刑事案件审判，依法审结广州火车站广场“5·6”案、邦家公司集资诈骗案和海南省委原常委、原常务副省长谭力受贿案等。市中院刑二庭获评全国法院刑事审判工作先进集体。推进刑事案件速裁程序、认罪认罚从宽制度改革试点和以审判为中心的刑事诉讼制度改革。推进量刑规范化改革，确保量刑公正透明，白云区法院被最高法指定为量刑规范化工作示范联系点和罚金刑量刑规范化试点法院。

2018 年，全市法院突出打击重点领域犯罪。全力保障群众生命财产安全，审结杀人、强奸、抢劫、贩毒、拐卖儿童等严重危害社会治安案件 4818 件，对拐卖 9 名儿童的张维平一审判处死刑。支持国家监察体制改革，审结监察法施行后全省“留置第一案”。深入推进扫黑除恶专项斗争。审结刘永添等 54 人黑社会性质组织犯罪等涉黑涉恶案件 187 件 896 人，严防黑恶势力向基层渗透。依法严惩“保护伞”，审结黄信毅等公职人员充当黑恶势力“保护伞”案件。市中院承办全国部分法院扫黑除恶专项斗争业务座谈会并介绍经验。省委政法委向全省推广黄埔区法院扫黑除恶工作经验。加强人权刑事司法保障。坚守防范冤假错案底线，加强与法律援助机构衔接，除被告人明确拒绝接受辩护外，刑事案件实现律师辩护全覆盖。陈志彪网购气枪缓刑案入选最高法类似案件量刑典型案例。依法适用最高法醉驾案件司法解释，综合考虑被告人醉酒程度、行驶道路、危害结果等情况准确定罪量刑。加强未成年人犯罪惩治预防，判处未成年罪犯 414 人，深化观护基地建设，健全亲情修复等机制。

5. 民商事审判和行政审判工作

全市法院依法开展民商事和行政审判，服务民生和经济社会发展。依法开展民商事审判。2012—2016 年，全市法院受理各类民商事案件 701770 件，审结 644134 件，以维护和睦文明的婚姻家庭关系为目的，审结婚姻家庭案件 46264 件，黄埔区法院获评全国维护妇女儿童权益先进集体。推进家事审判方式改革试点，市中院在全国率先成立少年家事审判庭。加强“三农”权益司法保护，市中院民事庭获评全国农民工工作先进集体。完善医疗纠纷调处机制，实行医疗鉴定人出庭和专家辅助人制度，审结医疗纠纷案件 1318 件，维护医患双方合法权益。审结房屋买卖、房屋租赁、物业服务纠纷等案件 73455 件，维护房地产业健康发展。加强环境资源司法保护，市中院和白云区法院在全省率先成立环境资源审判庭，服务绿色发展，审结全省首例检察机关支持起诉的环境公益诉讼案、首例广东省社会组织提起的环境公益诉讼案。加强涉电商案件审判，市中院成立电子商务合议庭。市中院成立清算与破产审判庭，推动成立全国首个破产管理人自治组织，被最高法指定为破产案件审理方式改革试点法院，审结民安证券、广东国民信托破产案，广州亚钢、广州亚铜和广州汇集破产重整案等重大案件。加强知识产权司法保护，审结知识产权案件40801件，服务创新驱动发展，推动设立广州知识产权法院，天河区法院获评全国知识产权审判基层示范法院。完善涉外商事审判机制，在全国涉外商事审判中率先实施专家陪审和咨询制度，审结涉外涉港澳台民商事纠纷案件12823件，依法服务“一带一路”建设。依法开展行政审判。全市法院受理各类行政案件19909件，审结19802件，同比分别上升28.98%、30.94%。依法保护行政相对人合法权益，妥善审理农村“外嫁女”权益保护等行政诉讼案件。配合行政案件管辖制度改革，做好广州市行政诉讼案件移交广州铁路运输法院集中管辖工作。2017年，市法院制定并实施为广州市建设市场化国际化法治化营商环境提供司法保障的意见，促进营商环境建设。制定实施生态司法保护意见，推进珠三角地区环境民事公益诉讼集中管辖，审结环境资源民事案件618件，服务绿色发展和供给侧结构性改革。坚持平等保护原则，推进产权保护法治化，鼓励更多社会主体投身创新创业。探索破产审判新机制，设立司法处置快速通道，全年集中受理104件国有“僵尸企业”破产及强制清算案件。服务“一带一路”、粤港澳大湾区建设。审结涉外涉港澳台民商事案件3360件，促进更有国际竞争力的投资环境建设。组建全国首个涉“一带一路”案件专业合议庭，深化专家陪审和咨询机制建设，提升“一带一路”建设司法保障和国际公信力。深化南沙自贸片区法院建设，完善涉港澳案件多元调解机制，在全国率先邀请香港大律师主持调解，促进纠纷高效化解。依法审结一批具有社会影响的典型案件。2018年，全国首例共享单车公益诉讼“小鸣单车案”入选2017年度中国十大公益诉讼，“平安保险诉e代驾案”等2件案件入选最高法第一批涉互联网典型案例。审结知识产权民事案件19711件，“金庸诉江南案”入选2018年中国版权十大热点案件。服务决胜三大攻坚战。发挥审判职能，防范化解重大风险，严惩涉众型金融犯罪，审结涉案金额14.9亿元的天泽公司非法集资等刑事案件。南沙自贸片区法院探索建立进出口贸易知识产权司法与行政协同保护、粤港澳大湾区司法资源共享等工作机制。加强民生权益司法保护。深化“广州万事兴”家事司法品牌建设。审结涉食品药品安全案件479件，保障“舌尖上的安全”。推动构建和谐医患关系，审结医疗纠纷案件375件，市中院民事庭获评全国创建“平安医院”活动表现突出集体。审结涉房地产纠纷案件20173件，依法稳妥处理“双合同”等规避房地产调控政策行为，市中院房产庭获评全国法院先进集体。

6. 执行工作

广州市两级法院依法开展执行工作，努力解决执行难问题，维护当事人权益。加强执行实施工作。2012—2016年，全市法院受理执行案件360240件，办结329643件，执结标的626.06亿元，同比分别上升17.35%、10.09%、118.99%。完善执行财产查控机制，深化最高法“总对总”网络查控系统应用，建成广州市“天平”执行查控网，实现房屋、土地、银行存款等财产集中查控。加大失信惩戒力度。完善执行信息公开平台与社会信用体系对接，推进失信被执行人信用监督、警示和惩戒机制建设，公布29428名失信被执行人信息，让失信被执行人“一处失信、处处受限”。天河区法院被评为全国有效实施失信被执行人名单制度示范法院。2017年，建立“广佛同城”执行协作机制，探索“片对片”区域查控新模式。推进“智慧执行”建设，开发全国法院首个“移动执行”手机APP。

2018年，攻坚基本解决执行难，深入推进“送必达、执必果”改革试点工作，试点经验受到最高法肯定并向全国推广。完善执行联动格局。与49家职能部门共享70亿条数据，依托“四标四实”数据库查询被执行人地址信息，发挥各区11000多名网格员人熟、地熟、情况熟优势查找被执行人。上线广州法院全域智慧送达平台，与通信运营商、邮政、互联网公司建立地址协查机制，民事案件首次送达成功率同比提高15.2个百分点。

大力推进智慧法院建设。2018年9月28日，广州互联网法院正式挂牌成立，这是继杭州、北京互联网法院后的全国第三家互联网法院。

（六）社会治安防控体系

新时代全市政法战线坚持以立体化信息化为核心，深化治安防控体系建设。重点推进社会面治安防控网、重点行业防控网、重点人员治安防控网等“六张网”建设。完善“地上地下”联勤防控一体化机制，推广“公安网+盘查”等巡控模式。2013年，社会治安立体化防控体系建设扎实到位。全年全市受理刑事、治安案件类警情比2012年下降8.1%，实现近两年来连续下降。中山大学城市研究中心调查显示，群众安全感为

93.3%，市民对治安满意度为96.9%。广州市连续3届（每4年一届）被中央综治委评为“全国社会治安综合治理优秀地（市）”，获得全国综治工作最高荣誉——长安杯。当年，平安创建初见成效。平安创建群众知晓率达80%。创建平安广州12大工程68个项目全部制订实施方案，2个平安创建示范区、3个项目建设示范点成效初显，20类“平安细胞”创建逐步铺开，制定平安村居、平安学校、平安医院等“平安细胞”创建标准，重点领域“三打”工作扎实推进，共查处案件5000多件。2014年，全市受理刑事、治安案件类警情同比下降8.9%，实现三年来连续下降。创建平安地铁经验在中央召开的深化平安中国建设会议上得到肯定和推广。治安状况受到市民好评。据广州社情民意研究中心公布的“2014年广州城市状况市民评价系列民调”显示，市民对“社会治安”的评价持续向好，当年广州治安满意度在上年首创近10年来新高的基础上，再增加4个百分点。市统计局调查显示，市民对广州治安状况的可接受度达93.1%，为全部统计项目中最高。

2014年5月1日，广州市公安局在全市范围内全面推行立体化治安巡逻防控机制，组建11280人（其中，民警4080人、辅警7200人）的三级专职巡逻防控队伍，每天部署1万多名巡逻力量组成1100多个巡逻组，200多个公安视频监控室安排1300多名监看员值守，全市设置31个治安临时执勤点和350个查车堵口点，对要害重点部位、案件高发部位、治安复杂部位、人流密集部位和交通拥堵部位落实“五个必巡”。当年9月底，与省公安厅建立快速调用直升机的“绿色通道”，组织常态化的飞行巡控，进一步提升社会面震慑力及快速响应的能力。2015年，市公安机关推动完善“情报、指挥、巡逻、视频、卡口、网络”六位一体的立体化社会治安巡逻防控工作机制，并作为广东省平安综治亮点工程进行推广。2017年，建立社会治安综合治理工作情况通报制度，在全国首创“地铁安全日”，打造永不落幕的平安志愿之城。制定《广州市开展寄递物流行业安全综合治理专项行动工作方案》，推进物流寄递管理信息系统建设和应用。2018年，起草制定《“十三五”平安广州建设规划》，全面规划五年平安广州建设。加强命案防控工作，开展“无命案”街镇、“无刑案”社区（村）的创建工作。

（七）重点领域综合治理

1. 重点区域整治

广州外来人口众多，城中村遍布各个角落，社会治安形势复杂。广州市委政法委

（市综治委）高度重视创建平安和综治工作，市综治委、市创建平安广州工作领导小组每年均适时召开全体会议，部署推动阶段性工作。2014 年，部署“红棉剑锋 14”专项行动，对治安重点地区和突出治安问题实行分类分级整治。对被省挂牌整治的越秀区涉毒问题、白云区涉枪涉毒问题，加强指导，督促推动。至 2014 年 12 月底，登峰街道宝汉地区整治区域案件有效总警情同比下降 47.5%，刑事警情同比下降 55.1%，主要侵财类警情同比下降 56.6%，社会治安环境明显改善，石井街道辖内乱摆卖、乱宰杀、乱搭建“三乱”问题得到明显遏制。当年暑期学生溺亡人数同比减少超六成，越秀、海珠、荔湾、天河、白云均为零事故。2017 年，全面梳理地铁安全、校园安全、企业事业单位内部安全、物业小区安全和群防群治、行业协会 6 大重点领域存在问题，采取 51 条综合治理措施。探索建立社会治安重点地区和突出问题动态监测体系。

2018 年，落实中央巡视反馈意见整改要求，着眼于广州市城中村社会治理存在的突出问题，依托“四标四实”开展“城中村”社会治理工作。市委政法委会同市公安局、海珠区打磨洋湾创投小镇、唯品同创汇推进城中村改造，以党建为引领、发动多方参与，坚持重点治理和常态执法相结合、基层党建与基层治理相结合、城市更新与产业升级相结合，改善人居环境、稳控风险隐患、提升资产效益的好做法好经验，组织城中村社会治理观场会。围绕省委政法委对增城区暗访发现的问题，组织专项整改，增城区社会矛盾突出问题挂牌整治顺利通过验收。迅速启动人民南周边地区重点整治工作。制定工作方案，提出 6 大方面 22 项工作措施。

2. 重点场所整治

坚持突出重点、专项治理，有效破解治安难点问题。2014 年，广州消防部门推行消防安全网格化，开展“清剿火患”战役，完成省市挂牌督办的火灾隐患重点地区及村（居）的整治验收工作。2015 年 7 月 29 日，广州市委主要领导专门听取政法工作汇报。从当年 8 月起，广州市对客运公交车站场、火车站、码头和人行天桥、过街隧道等重点场所组织开展为期半年的综合整治专项行动。实行综治统筹、部门牵头、属地负责，全市共摸查登记客运站场 29 个、公交站场 75 个、火车站场 4 个、客运码头 37 个、人行天桥 269 座、过街隧道 182 条，对存在的突出问题进行综合整治。全市组织开展学校及周边地区食品安全综合整治，组织开展学生溺水事故预防工作，加强多发易发地段安全管理。从 2015 年 10 月开始，组织对广州南站和白云机场进行综合整治。经过综合整治，广州南站和白云国际机场道路交通和乘客换乘指引更加清晰，车辆非法营运及乱停放、站场周边秩序混乱等突出问题得到整治。白云国际机场当年 12 月中旬委托第三方独立机构评估，评估结果显示旅客满意率为88.1%。2017年，加强对娱乐场所、寄递物流、民宿、共享汽车、民用无人机等重点场所、重点行业、新业态领域的风险隐患排查治理。统筹开展扫黄打非、安全生产等社会治安综合治理专项行动。2018年，落实中央巡视反馈问题专项整改。对黄赌警情突出的街镇进行季度通报警示。开展枪支爆炸物品违法犯罪突出问题专项整治。整治广交会展位诈骗问题等。

3. 重要节点整治

加大治安打、防、管、控、建等工作力度，加强重点时期整体防控。2014年，强化重要节点检查防控，制定《关于进一步加强广州市人流密集场所社会治安防控工作的意见》。加强校园及周边食品安全及乱摆卖问题整治和交通疏导。针对广州地铁面临大客流冲击和暴恐活动威胁的工作形势，建立安全检查联勤、沿线治安联防、站内防卫联御工作机制，地铁全线形成明查与暗查相结合，“人检”“物检”“犬检”相配合的立体化治安防控体系，中央综治办专程摄制广州地铁治安防控工作经验专题片并在深化平安中国建设会议上播放介绍，其经验得到肯定和推广。2017年，聚焦重点时期，完善社会面治安整体防控等级响应机制。全年共完成党的十九大、广州《财富》全球论坛、省市“两会”、金砖五国运动会、广交会、国际灯光节、从都国际论坛、广州国际马拉松等共计3100场次重大活动安保任务，实现安全、有序、和谐的目标。2018年，广州市圆满完成习近平总书记视察广东重大保卫任务。开展维护政治安全专项行动，防范化解政治风险隐患，守好国家政治安全南大门。广州严厉打击突出违法犯罪，社会治安呈现“两降两升”的良好态势。根据中山大学城市社会研究中心调查数据，当年广州市群众安全感和治安满意度分别高达98.4%、97.8%。

4. 重要行业整治

2014年，制定《关于全面治理“五类车”问题的工作方案》，贯彻“疏、堵、建、管”并举原则，全面开展“五类车”综合整治。开展“住改仓”问题调研，开展城中村消防隐患整治。强化重点案件督查防控。对广州火车站砍人事件等严重危害公共安全、公共秩序、公众权益的重大案件，强化督办，加强舆论引导，防止出现次生灾害和社会恐慌。2016年，深化寄递物流行业清理整顿专项行动，收寄验视率94.6%、实名收寄率90.5%、X光机安检过机率83%。白云区“快递小哥”经验（即五个100%经验：持证经营、实名收寄、开箱验收、技防安检、从业人员登记均达100%）获邀在中央政法工作会议上作书面介绍。“平安学校”创建覆盖率100%，全市中小学生溺水死亡人数比上年下降28.6%。提升医疗机构安全防范能力，开展打击涉医犯罪专项活动。当年

11月28日，广州市公安局整合原便衣侦查支队和地铁分局警力资源，成立公共交通分局（同时保留“广州市公安局便衣侦查支队”和“广州市公安局地铁分局”的牌子），负责维护全市地铁、公交等公共交通正常秩序和社会治安，为广州“公交优先、绿色出行”保驾护航。当年9月20日，广州市公安局反电信诈骗中心升级为广州市反电信网络诈骗中心。2017年，针对共享单车“围城”现状，推动出台《广州市中心城区城市道路自行车停放区设置技术导则》《关于鼓励互联网租赁自行车规范发展的指导意见》系列文件，通过政府、企业、市民三方共同努力，让互联网租赁自行车“最后一公里”成为“最美、最善一公里”。

（八）社会治理创新

1. 社会治理创新改革

2013年，加强各级综治机构建设。市、区（县级市）社会治安综合治理委员会更名为市社会管理综合治理委员会及其办公室，加强内设机构建设。配合市委市政府开展“暖区、暖企、暖项目”活动，持续改善营商环境。第三方抽样调查结果显示，市民群众对公、检、法、司四部门的工作满意率平均达96%。2015年，总结推广登峰街道、石井街道综合整治和长效治理机制经验，以点带面开展“干净整洁平安有序”城市环境创建活动。开展精神障碍患者救治救助，探索“体制机制系统化、排查管控立体化、医院社区一体化”的经验，在全国工作会议推广。出台实施《广州市社会组织管理办法》和“1+4”系列综合监管文件，促进社会组织规范有序发展。推进“平安细胞”创建，社会治理工作亮点纷呈，中央电视台围绕广州市天河商圈人流密集地区治安管理、广州国际马拉松赛安保等，拍摄专题片《大城善治》进行宣传报道。市综治办委托第三方机构开展的调查显示，群众安全感为93.7%，治安满意度为92.4%。2016年，全面构建“党委领导、政府主导、综治牵头、公安负责、部门配合、社会参与”的工作格局。推进社会治安与城市管理智能化视频系统建设，推动“雪亮工程”建设，成功申报全国示范城市。据2017年上半年广东省群众安全感和政法工作满意度调查结果显示，广州市群众安全感得分为81.85分，排全省第三位；政法工作满意度得分为81.90分，位居全省第一；平安创建知晓率41.72%，排全省第二位。

2. 社会治理基层组织建设

夯实基层基础工作，推动基层社会管理体制创新。2013年，市委市政府出台《关于创新社会管理加强社会建设的实施意见》，以点带面，整体推动社会管理工作。完善综治信访维稳三级平台。健全排查、处置、交办、督办、反馈、跟踪等制度。把矛盾纠纷化解在萌芽，把治安隐患防范在未发。下发《关于加强“村改居”社区治安管理工作的实施意见》，全面启动广州市“村改居”社区治安管理改革工作。2015年，推动警辅人员管理立法，草拟《广州市警务辅助人员管理办法》以及有关配套实施意见。完善群众举报违法犯罪奖励工作机制，激发广大市民参与治安防控、维护社会秩序的积极性。广州市公安局以新市派出所为试点，依托“互联网＋电子门禁＋视频监控”模式，打造数字化派出所。该所辖区案件类警情比上年下降3.4%，刑事发案下降23.4%。该所被广东省公安厅选为全省9个信息化应用实战基地之一，人口管理做法得到国务院发展研究中心肯定。

2015年2月10日，经广州市委市政府同意，《关于深入开展一村（社区）一法律顾问工作的实施意见》正式印发。2016年，全面实施镇（街）综治信访维稳中心目标管理，推进“中心＋网格化＋信息化”。将综治网格和社区服务网格合二为一，将防控违法犯罪、化解矛盾纠纷、排除公共安全隐患三项重点工作纳入城市社区网格化服务管理内容，越秀区六榕街道综治网格化工作被确定为省试点，黄埔区长洲街道被确定为市试点。推动基层共治共享。推广天河区车陂街道广氮社区“对对碰”民主协商议事、越秀区六榕街道盘福社区“榕树头”居民自治、增城区石滩镇下围村“村民议事厅”村民商议、黄埔区夏港街道普晖社区“和事佬”矛盾化解、白云区三元里社区大学及“社区共治议事会”等基层治理经验，建立健全城乡社区治理协商工作机制，引导群众通过协商参与社区事务管理、解决矛盾纠纷。越秀区登峰、天河区车陂、白云区石井的治理模式，在全省社会治安综合治理创新工作会议上得到推广。

依法推进基层自治。2017年6月，广州市完成新一轮村居换届选举后，基层民主参选率达97.47%，两委“一肩挑”和“交叉任职”比例均超93.7%，社区居委会直选率达95.1%。到2018年底，广州市建成村居议事厅2725个，实现村居议事厅、村务监督委员会两个100%覆盖，推动解决一批集体资产管理、土地确权、旧楼安装电梯等难题。进一步完善城乡社区服务。2017年，全市121个行政村开展农村社区建设示范点创建，23个社区开展社区综合服务体试点。在荔湾、天河、海珠、白云、南沙等区创新开展社区共建共治共享中心试点，在越秀、白云、南沙等区设立社区基金会试点，全面铺开社区“周五街坊主题服务日”活动，不断丰富精准化、精细化的社区服务供给。

2018年，创新群众组织动员机制，推动“广州街坊”群防共治。2018年5月，广州市委政法委正式发布《广州市深化新时代群防共治工作三年建设方案（2018—2020

年）》，提出全力打造以“广州街坊”为品牌的群防共治队伍，已聚合超过110万“广州街坊”，开展2500多场次的群防共治活动。全市各区涌现出如“白云快递小哥”“荔湾如意平安骑队”“花都秀全大妈”等上百个各具基层特色的社会治理子品牌。据统计，2018年，广州共有200多万人次参与社会面治安防控，提供线索4240条，助力公安部门破案3367宗；参与调解案件纠纷64332件，调解成功63978件。“广州街坊”队伍成为基层治理不可或缺的一支力量。结合岭南文化和风俗习惯，将“广州街坊”暖心故事拍摄为本土收视率最高的情景剧之一《外来媳妇本地郎》，受到市民广泛欢迎。

激发社会组织活力。2014年，广州被民政部确认为全国社会组织建设创新示范区。同年10月，在全国省会以上城市率先出台政府规章，进一步降低社会组织成立登记门槛。自2014年起，广州连续6年举办社会组织公益创投活动，逐渐打造政府、企业、社会组织共创共投、共建共享、协同善治的“1+1+1>3”的公益创投模式，被评为“2014—2015年度广东省政府治理优秀案例”。推动成立172个街（镇）社区社会组织联合会（平安建设促进会），截至2018年底，广州市登记在册社会组织已达7901个，累计评选出27家“广州市品牌社会组织”。社会工作模式更加成熟。2018年，出台全国首部社工领域的地方性法规《广州市社会工作服务条例》。广州市188个社工服务站年服务居民群众超300万人次，年均解决社区问题超3万个。至2018年底，全市持证社工超过1.8万人。

3. 依法做好民政事务，消除社会治安隐患

2012—2016年，广州市共完成2.25万来穗人员积分入户。安全生产形势持续稳定，安全生产责任体系、应急管理体系和防灾减灾救灾体系不断健全，城市环境干净整洁、平安有序。广州成功创建全国版权示范城市；实现全国双拥模范城八连冠；荣获全国少数民族流动人口服务管理示范城市称号。创新“五个一”基层治理模式，市、区、街（镇）、村（居）四级政务服务体系全覆盖，整合41个部门和各区的74条热线，统一设立12345政府服务热线，“一窗办事”“一号受理”“一网服务”做法在全国推广。推进全国养老服务业综合改革试点，每千名老人养老床位40张。实现全国义务教育发展基本均衡区全覆盖，完善来穗人员随迁子女接受义务教育政策。创新社会治理体制，超过55%的社区建成幸福社区。“政府主导、社会协同、项目运作、专业服务”的社工发展模式在全国推广。组织来穗人员融合社区试点，完善立体化、信息化社会治安防控体系。开展“食品安全年”活动，创建国家食品安全城市。38个政法基础设施加紧建设。开展“羊城慈善为民”行动，深化扶贫济困工作。宗教团体和场所规范化管理水平

提升。普法和法律服务、社区矫正、人民调解、监狱和戒毒管理工作进一步加强。连续3次获评全国人民防空先进城市。国防动员、海防打私、打假、仲裁等工作取得新进步。联合国开发计划署发布的人类发展指数中，广州蝉联全国第一。2017年，广州市出台促进民营经济发展20条，市委政法委牵头全市各区、各单位出台优化提升广州市法治化营商环境的“25条工作意见”，增强广州的影响力、显示度。志愿服务广泛深入开展。在全市机关、城区、农村、校园、企业等建立志愿服务队伍，打造“平安联防”“爱心待餐”“长者心声热线”等志愿服务品牌。截至2018年，广州社区志愿者69万余人，参与活动的社区志愿者达400余万人次，服务社区居民超200万人，志愿者服务时数超1300万小时。广州12个先进典型获评全国志愿服务最美“四个100”，涌现出钟南山、赵广军、李森、莫明聪等一批志愿者代表。

4. 人民内部矛盾排查调处

2013年，广州市对全年300多项重大决策事项进行社会稳定风险评估，从源头防范重大不稳定问题的产生。调处化解新中国大厦等矛盾纠纷。加强人民调解组织建设，在180家500人以上规模的大型企业建立调解委员会，在广州总商会、广东电视台分别建立广东省首家商事纠纷调解委员会，建立“广州市医疗纠纷人民调解委员会”等。创新联调工作举措，与佛山、肇庆、清远、韶关建立周边5市边界纠纷人民调解，推动珠三角地区矛盾纠纷联动工作迈上新台阶。2016年，市委办公厅、市政府办公厅印发《广州市重大决策社会稳定风险评估工作规程》，各区、各部门制定社会稳定风险评估工作实施细则，实现稳评工作在市、区、街（镇）的全覆盖。进一步规范重大决策社会稳定风险评估等级备案制度，抓好涉环保、涉城市建设等重点部门、重点领域的社会稳定风险评估工作，涉“邻避”项目的社会稳定风险评估工作经验做法分别被中央、省总结推广。2017年，以市委办公厅、市政府办公厅名义印发《2017年广州市预防化解社会矛盾总体工作方案》。推进涉农涉土、涉劳资纠纷等多个专项治理行动。全年重大矛盾化解率达97.2%。全年未发生因社会稳定风险评估工作不到位而引发的群体性事件。重点领域专项治理工作取得突破性进展，其中涉“邻避”问题得到有效解决，全市有5个资源热力电厂已封炉点火，海珠区2个变电站顺利开建。建立建设领域工人工资制度分账管理制度和实名制平台，推动出台《广州市建筑施工实名制管理办法》《广州市建设领域工人工资支付分账管理实施细则》，劳资纠纷防范化解工作取得明显成效。全面排查和整顿互联网金融领域涉稳隐患，率先成立地方金融风险防控监测中心，对非法集资等犯罪从苗头开始实行精准监测，有效防范化解管控金融风险。2018 年，广州市委政法委推进社会矛盾纠纷多元化解机制，重大矛盾纠纷化解率达 96.4%；创新人民调解工作，建立专职人民调解员队伍，全面铺开信访调解、律师调解、涉外调解和商会协会调解工作，成功率达 99.45%。当年，广州市建设领域重大劳资纠纷同比下降 93%。增城区实行风险分级管控机制，新塘环保工业园一批污染企业停止排污。

5. 做好法律服务

广州市司法行政机关推进法律援助工作，服务保障民生。加大对外来务工人员的维权力度，畅通法律援助绿色通道，以少数民族、残疾人、青少年为重点提供法律援助。开通法律援助群体性案件受理“直通车”。2013 年，广州市“12348”法律服务热线正式接入“12345”政务热线。2014 年，编制《广州市人民检察院、广州市中级人民法院、广州市公安局、广州市司法局关于加强刑事法律援助工作的意见》，建立和完善刑事法律援助工作衔接机制。推动出台《关于全面加强和改进律师工作的意见》，以市委办公厅、市政府办公厅名义印发。鼓励引导律师所开展合伙联营，国信信扬律师所率先与香港麦家荣律师行联营合作，成为全国首批两家联营律师所之一。2015 年，为切实解决案件当事人的特殊困难，维护人民群众的合法权益，对特困当事人给予经济救助，市委政法委联合市财政局及市直政法部门出台《广州市关于建立完善国家司法救助制度的实施细则》。丰富法律援助工作模式。落实国务院、中央军委《进一步加强军人军属法律援助工作的意见》具体要求，市委政法委联合市司法局、广州警备区政治部、市双拥办，结合广州市实际，联签印发《关于进一步加强广州市军人军属法律援助工作的实施意见》，维护军人军属合法权益，促进广州市涉军维权工作的开展。广州市原萝岗区一村（社区）一法律顾问工作经验，被第二届“粤治——治理现代化”广东探索经验交流会评为“政府治理创新类”十大优秀案例奖。2016 年，市法律援助处获评“全国老年法律维权工作先进集体”和“第五届全国法律援助工作先进单位”，被司法部选定为“全国法律援助工作联系点”。

2015 年 9 月 24 日，广州仲裁委牵头携手 100 多个仲裁机构成立中国互联网仲裁联盟。随后广州仲裁委聘请专业团队自主研发仲裁云平台。2016 年 10 月 19 日，云平台 1.0 版本发布，并由国家版权局授予原创著作权，被评为“互联网 + 法律”创新项目之一，入选 2016 年影响中国互联网法治进程 20 大创新项目。

2017 年，升级法律援助便民举措。市司法局与市中院联合出台刑事案件律师辩护全覆盖工作实施细则，是全国第一个刑事案件律师辩护全覆盖城市。全市律师改革工作实现多项首创：在全国率先开展刑事案件律师辩护全覆盖试点工作。与白云区政府合作建成全国首个律师大厦，打造形成全国第一个法律服务聚集区。保障律师执业权利，在全国副省级城市中成立首家“维护律师执业权利中心”。在广州知识产权法院成立全国首家律师驻知识产权法院调解室。公证工作创新改革力度大，成立南沙自贸片区公证处，入选自贸区新一批制度创新案例。新设立2家合作制公证机构，试点机构数量、发起人数、组建时间上都走在全省全国前列。海珠区公证处创设全国首个公证书电子化共享项目。全力打造全国公共法律服务最便捷城市。全市共有676家律师事务所1.2万名执业律师，广州律师工作有15个案例入选全国司法行政案例库。深入推进一村（社区）一法律顾问工作机制，签约村（社区）达2685个。拓展创新公证业务领域，全市有5家公证机构开展公证参与人民法院司法辅助事务试点工作，广州公证处公证参与司法调解案例入选全国首批司法行政案例库，广州公证处、海珠公证处成为全国“综合性公证养老”服务试点公证机构，白云公证处成为全省“最多跑一次”试点公证机构。司法鉴定信息化管理模式得到广泛推广，司法部专门委托广州市司法局制定“全国司法鉴定信息化标准规范”，树立广州司法鉴定新形象。

6. 深入开展创安工作

2013年2月，推进平安广州创建，中共广州市委、广州市人民政府印发《关于全面创建平安广州的实施意见》，市委办公厅、市政府办公厅印发《创建平安广州推进方案（2013—2022年）》，部署开展12大工程68个项目建设。各区（县级市）也分别制订实施意见和推进方案，增加亮点项目，体现地方特色。开展“平安细胞”创建活动。当年7月召开全市推进“平安细胞”建设现场会，10月印发《关于深入推进“平安细胞”建设的意见》，全面推进平安区域、平安场所、平安行业3大类共20个小类“平安细胞”建设。2014年，全市创建87个平安示范点，创建覆盖率达80%以上；群众平安创建知晓率达94.8%。制定《深化军民共建平安广州工程实施方案》，推动军警民治安联防联治，开展“无军警民纠纷区域”活动，深化军民共建平安广州工作。中央综合治理办公室专门派出摄制组到广州拍摄《平安地铁·共建共享》专题片，并在深化平安中国建设（武汉）会议上播放，广州是在会上播放专题片介绍平安建设工作经验的唯一省会城市。2015年，全面完成平安企业示范单位创建工作，平安企业创建达标率达93.3%，在全省平安企业创建工作推进视频会上，还由广州市介绍经验。针对邮件快件寄递安全管理问题，新增一类“平安细胞”即平安快递的创建工作。2017年，印发《广州市加强物业小区治安维护小区平安有序的实施方案》，深化“零发案”物业小区创建工作，通过微治理促进大平安。开辟基层社会治理开放共治路径，制定《广州市组建街镇平安促进会大力发展基层平安志愿者队伍工作方案》，越秀、海珠、荔湾、天河各区作为第一批试点，以基层平安促进会为载体，打造广州“平安志愿之城”。全国首创“地铁安全日”等。

7. 出租屋与流动人口治理

推动来穗人员服务管理创新。2015年，政法委、公安、民政、来穗人员管理等部门坚持“以屋管人”工作思路，在全市部署开展出租屋专项整治暨干净整洁平安有序出租屋创建活动3年行动计划，重点整治“人屋”登记纳管工作漏洞、出租屋内治安消防安全隐患、出租屋管理不够规范等问题。在全市推广出租屋居住证、门禁加视频系统建设，重点是规模管理以上隐患较多的出租屋。加大来穗人员信息采集力度。深化“人屋”全面登记纳管集中行动。全市来穗人员平均抽查登记纳管率由2013年的73%提高至2016年的90%，当年底，全市登记来穗人员888.9万人、出租屋555.5万套。强化来穗人员和出租屋的源头管控。在全国首创来穗人员“融合行动计划”，率先探索破解超大城市大量流动人员服务管理难题。2017年，创新来穗人员和出租屋综合治理，构建来穗人员“大积分体系”。完成全市出租屋三年专项整治行动、出租屋“八查”专项行动，取得明显成效。

新时代，广州推进建立流浪乞讨人员救助管理长效机制，指定受助人员定点救治医院，建立救治监管机制，制定救助管理机构工作规范指引和救助管理工作评估制度，全面加强街头主动关爱救助服务和站内受助人员寻亲送返工作，推进救助管理工作规范化发展。创新开展流浪乞讨人员社工介入服务项目，民政、公安加大部门协作，建立受助人员DNA数据、指纹、人像信息采集和比对结果反馈机制，搭建街面救助视频联网管理平台，创建市、区、街（镇）、居（村）纵向到底和综治、公安、民政等部门协作横向到边的救助管理服务机制。广州市救助管理站、广州市救助管理站市区分站被民政部授予“国家一级救助管理机构”称号。

8. 特殊人群服务管理

广州市各类重点人员基数大、流动性强，管控难度较大，亟须整合全社会资源力量综合管理。新时代，广州政法部门着力协调推进特殊人群服务管理工作：开展流动人口和特殊人群调查研究，推进来穗人员、在穗外国人服务管理，推动建立覆盖全部实有人口的动态服务管理体系；协调推进全市特殊群体社会救助体制机制建设，推动易肇事肇祸精神障碍患者、流浪乞讨人员等特殊群体的帮扶管理工作；推动社区服刑人员、刑满释放人员、特赦人员、社区戒毒人员、流浪乞讨人员等特殊群体的安置帮教和服务管理工作，推动落实排查管控和关怀帮扶措施；协调指导预防和减少青少年违法犯罪工作。

一是刑释解教人员。广州市安置帮教工作按照“帮教社会化、就业市场化、工作职责规范化、管理信息化”的工作目标，预防和减少刑释解教人员重新违法犯罪。2016年，创新对社区服刑人员的监管教育手段，对社区服刑人员实行电子手环定位监管，构筑监管全方位、无死角的“电子围墙”。截至当年11月底，全市累计接收社区服刑人员18786人，解除矫正15075人，在册3711人，社区服刑人员在矫正期间再犯罪率持续保持在较低水平，社区矫正工作先后4次在全国、全省的经验交流会上作经验介绍。2017年，推进刑满释放人员安置帮教工作，建成全省最大规模的过渡性安置基地和社区矫正基地，全市共有过渡性安置基地（点）224个。司法行政机关与公安机关在全省率先联合出台限制社区服刑人员出境的“双报备”防范机制。

二是易肇事肇祸精神障碍患者、流浪乞讨人员。组织开展肇事肇祸精神病人专项排查活动，创新推进救助管理工作。2014年，制定《关于加强严重精神障碍患者救治救助工作坚决防止肇事肇祸事件发生的实施意见》，按照“应治尽治、应管尽管、应收尽收”要求，明确公安、民政、卫生等部门职责，促进程序对接，推动完善严重精神障碍患者救治救助工作机制，防止肇事肇祸事件发生。2016年，广州市出台《关于加强严重精神障碍患者救治救助工作的推进方案》。加强社区戒毒康复人员服务管理，全面落实全国社区戒毒和社区康复五年规划的各项要求，建立推广吸毒人员社会化管控系统，社区戒毒和社区康复执行率89%，全省排名第一。2016年3月，在全国肇事肇祸等严重精神障碍患者救治救助工作会议上，广州市介绍救治救助工作经验。2018年，市委政法委牵头推进“广州市严重精神障碍患者社会化服务系统”研发与应用，形成多部门参与的严重精神障碍患者救治救助工作机制。该系统具备排查、评级、治疗、看护、管控、康复、救助、应急处置等多种功能，已经在全市推广应用。同时，对患者的走访、服药、康复、帮扶工作流程实现网络化、数据化。

三是青少年违法犯罪。广州市扎实做好预防青少年违法犯罪工作，成立预防和减少青少年违法犯罪工作基地，建立青少年法律援助中心，升级改造市青少年普法教育基地，全市学校100%聘任法制副校长、法律顾问。开展“法律进民办中小学”活动，建立广州市“法律进民办中小学”联席会议制度。全市审判机关贯彻“教育、感化、挽救”方针，未成年罪犯非监禁刑适用率达44.25%。推进市中院“全国青少年法律与权益保护研究基地”建设，探索和促进未成年罪犯帮教工作的开展。广州市少年审判工作得到最高法肯定。南沙区检察院未成年人检察综合创新机制，被中央综治办和共青团中央评为“未成年人健康成长法治保障制度优秀创新事例”。推进“羊城金不换”帮教工程，该工程全称是“广州市社会教育、感化、挽救违法犯罪青少年金不换工程”（取意“浪子回头金不换”）。由广州市中级人民法院、共青团广州市委于1992年发起，并联合市司法机关、教育部门、新闻机构、社会团体等11家单位共同创建。完善合适成年人参与刑事诉讼程序和判前司法联席会议制度，市中院“未成年人民事案件社会观护制度”和黄埔区法院“庭审四感模式”分别获评全国未成年人健康成长法治保障制度优秀事例和创新事例。市中院少年庭、黄埔区人民法院少年庭获评全国法院少年法庭工作先进集体。

建立法治宣传教育制度保障，2015年，出台《广州市法制宣传教育实施办法》《关于实行“谁执法谁普法”责任制的意见》以及关于领导干部、青少年、企业经营管理人员普法等的制度性文件。2016年，实施青少年法治教育大纲，在中小学设立法治知识课堂，在小学普及宪法基本知识，在中考增加法治知识内容等。广州市两级检察院开展“未成年人检察工作推进年”活动，两级检察院均设立专门的工作机构，落实专人办理、附条件不起诉、犯罪记录封存等制度，引入听证训诫、心理疏导、司法社工社会调查等工作机制，探索与企业建立“爱心观护基地”，帮助涉罪未成年人改过自新、融入社会。对10件13名未成年人犯罪案件，依法作出附条件不起诉决定。市检察院未成年人犯罪审查起诉科被评为全国“青年文明号”，南沙区检察院被共青团中央命名为“青少年维权岗”。2017年，推进全民禁毒宣传教育工作，驻点大学城，向在校学生开展毒品预防教育。加强预防青少年违法犯罪专项工作，强化“青年地带”站点的服务运营管理，扎实开展12355青少年综合服务平台建设。

四是加强对外国人的服务管理。推进外国人管理工作，逐步深化“大外管”工作机制。以“外国人管理服务工作站”和“和谐家园”为载体，加大涉外宣传服务力度，引导在穗外国人分类集中居住。开展“和谐使命—2013”和外国人综合治理百日专项行动，2013年共查处“三非”（非法入境、非法就业、非法居留）外国人3210名，同比上升0.98%，涉外治安秩序明显好转。2017年，推广“1+6”外国人服务管理模式，树立“全员涉外，等同管理”的理念，将外国人管理服务触角前移到社区。加大“三非”外国人查处力度，与边检、海关、机场、口岸等部门协同联动，与佛山市公安机关签订警务合作协议，堵截清查两地流动的“三非”外国人，全年共查处“三非”外国人1348人，同比增加20.5%。

9. 社区矫正

落实社区矫正监督管理、教育矫正和适应性帮扶三项任务，优化社区矫正工作力量和保障体系，着力提高社区矫正人员的教育矫正质量。

2014年，开展“当前社会治安形势下的社区矫正工作”专题调研，推进社区矫正与基层社会治理平台建设有机结合，与公安局、法院、检察院信息共享和工作衔接。加强司法社工队伍建设，《广州市司法社会工作项目体系建设实施方案》由市政府常务会议审议通过。2016年，打造“监管矫治网”，在全省率先对社区服刑人员实施电子手环定位监管模式，于2016年5月12日在全市全面推开；矫正期在半年以上或者被列入重点管理、特殊管理级别的社区服刑人员强制佩戴电子手环；建设“广州市社区矫正教育学习平台”并于当年8月投入应用，实现对社区服刑人员的远程教育。建立全国首支外语翻译志愿服务队伍，为外籍社区服刑罪犯提供免费翻译服务。全市累计接收社区服刑人员近2万人，当年12月底，在册3000余人，社区服刑人员在矫正期间再犯罪率持续处在较低水平，社区矫正取得良好的法律效果和社会效果。2017年，天河区、增城区司法局率先对接司法部社区矫正远程视频督察系统，实现部省市区街（镇）五级连通。白云、番禺、黄埔、南沙各区选编的社区矫正业务案例入选全国司法行政案例库首批案例。

（九）政法网建设

2000—2018年，随着社会信息化进程加快，加强舆论引导工作显得更为紧迫。广州市的一些治安问题、稳定问题，还有执法办案、信访维稳、反恐处突等工作处在更加开放透明的环境中，越来越成为社会各界和新闻媒体关注的焦点。网上风险与网下风险相交织，网络成为犯罪的重要链条。面对新形势和新挑战，广州市政法机关加大科技防范建设力度，形成全覆盖、全天候的视频监控网络，人防技防互动机制逐步健全。按照“设施一流、技术一流、管理一流”的标准全面推进政法信息网建设，加强信息管理系统建设和运用，提升综治信访维稳三级平台效能。逐步实现以信息化促进管理规范化、现代化的目标，使多部门信息共享、研判和多项惠民便民利民措施落地。在全省率先建立全市涉法涉诉信访工作信息管理系统，并运用大数据不断完善该系统功能。推进“六位一体”社会治安防控体系建设，整合共享政法数据资源，应用云视频、人像识别、拦截防范电信诈骗等新技术，防范和处置一大批重大案事件，提升政法工作水平和执法司法公信力。

根据广东省治安形势和加强政法系统内部建设的需要，2000年11月17日，广东省委常委会议提出关于“将‘省犯罪情报信息网’项目列入省‘十五’计划重大项目”的精神，经省计委报省委办公会议通过，并于2001年2月19日经省九届人大四次会议审议批准。广东政法信息网提出建设全省（省直、地级市、县）统一的政法系统基础通信专用网络平台，在此平台上建设政公检法司安六套纵向业务信息系统，在省公安厅建设省政法信息网信息管理中心，建设政法综合应用平台，为全省政法各部门提供政法信息的交换和共享服务。

2004年，广州政法信息网建设在全省的统一部署下正式启动。“广州政法信息网工程”是广东政法信息网工程的重要组成部分，一期建设时间为2004年10月至2015年12月；2012年，省委政法委要求开展政法信息网二期工程建设；2013年，广州政法信息网二期建设正式启动。

广州政法信息网一期工程围绕“联通、共享、一体化”的建设目标，率先在全省地市建成星环结合的二级骨干传输链路，并领先全省地市建成政法委三级传输链路，建设一个上联到省、覆盖全市的政法各部门的“政法城域通信网络”；率先在政法网上建成覆盖市政法各部门和两级政法委的政法视频会议系统。广州政法信息网二期工程对政法二级、三级网进行升级改造，将基础网络延伸至镇街一级，实现中央、省、市、区（县级市）、镇（街道）政法网络全联通。建设涉密域和涉密通道；推进共享平台升级改造，推动政法各部门信息共享，以刑事诉讼案件业务协同为突破口，推进政法系统跨部门网上办案应用建设，为提高政法工作水平，增强政法队伍作战能力起到推动作用。

1. 社会治安视频监控

根据广东省和广州市政法信息网建设总体规划和设计的指导要求，依照广州市公安信息系统建设未来发展的规划，市公安局于2009年启动广州政法信息网工程公安系统配套信息化建设（一期）项目。2015年、2016年批复广州政法信息网二期工程项目公安局配套建设部分。

2001年，公安系统以新的110指挥中心建设为契机，全力推进“金盾工程”的实施，重点抓信息通信专用光纤网络为突破口的“数字警务”建设。2003年12月28日，广州市110应急联动指挥系统正式开通。2006年，开通政法专网，采用政法视频会议系统，率先在全省建立业务共享机制。治安视频监控系统建设稳步推进。2008年，全市新建视频监控摄像头42238个，累计建成254912个，超额完成三年规划建设任务，基本形成全覆盖、全天候的视频监控网络，人防技防互动机制逐步健全。2014年，全市新建高清视频图像采集点1.7万个，超额完成规划任务，视频系统有力协助了打击犯罪、治安防控以及城市管理等工作。市公安局户政管理部门推进在穗流动人员信息采集和治安复杂地区门禁加视频两大专项行动。

2017年，广州市公安机关运用大数据、云计算、移动互联网、人脸识别等新技术，实现公安信息化换代升级，服务打击破案和行政管理，打造具有羊城特色的“智慧公安”。推进“雪亮工程”建设，新建视频监控点34.9万个，比上年增长60%。开展“互联网+公安服务”融合，围绕出入境、户政、交通、消防、监所会见等业务，推行“标准化、便捷化、国际化”窗口服务模式，深化“放管服”改革，在全省公安机关中率先成立审批管理处，打造公安民生服务“升级版”。城市管理方面，当年广州市公安局统筹协调全市43个有关部门，出台全市专项工作总体方案，下发11个配套子方案，出台《广州市门楼号牌管理规定》并制定配套实施细则。完成“标准作业图”建设，向市各部门提供可调取使用的高精度标准作业图底图。完成“标准建筑物编码”数据清洗上图，对全市440.68万栋建筑物（户）编列唯一标准编码，并全部清洗上图。完成“标准基础网格”工作，优化调整原城区划分网格并覆盖农村地区，划分城乡标准基础网格19430个，其中农村地区网格4773个，全部标注上“标准作业图”。完成“标准地址库”建设，摸查出道路(街巷)169732条，解决道路（街巷）历史遗留问题；升级门楼号牌系统，组织全市开展地址库门牌数据核实工作，门牌核实率，坐标采集率、相片采集率为99%；全市采集标准地址库详细地址数据107万条。

2. 推进全国“雪亮工程”示范城市建设

根据中央综治办关于2016年全国公共安全视频建设联网应用示范城市(即全国“雪亮工程”示范城市)申报工作部署，市综治办会同市视频建设办，成立专项工作小组，协同相关职能部门，结合“十三五规划纲要”，合力推进广州市示范城市申报工作。2016年9月18日，广州市顺利通过中央综治办、国家发改委、公安部联合组织的示范城市评审，获评为全国唯一超大型“雪亮工程”示范城市，获得中央财政扶助资金2000万元。

广州市高标准、快速推进“雪亮工程”建设。一是抓实体化运作，突出统筹规划。二是抓体系化建设，突出整体推进。三是抓程序化指引，突出整合接入。四是抓长效化管控，突出安全可用。五是抓智能化应用，突出服务发展。打造越秀区北京街道和登峰街道、天河区车陂街道、增城区新塘镇及市林业和园林局等一批视频联网应用示范点，中央政法委和中央综治办多次推介广州市经验。

（十）重新组建市委政法委员会机关

为加强和改进市委对政法、综治、维稳、社会建设、法治建设工作的领导，2016年9月11日，市委办公厅发文重新组建市委政法委员会机关。市社会治安综合治理委员会办公室与市委政法委机关合署，市社会工作委员会与市委政法委机关一个机构、两块牌子，市依法治市工作领导小组更名为市委全面依法治市工作领导小组，领导小组办公室设在市委政法委员会机关。上述机构实行一体化运作。

2018年12月30日，经中央编委备案通过、广东省委省政府批复《广州市机构改革方案》。根据该方案，政法口方面，广州市不再设立市社会治安综合治理委员会及其办公室；不再设立市委维护稳定工作领导小组及其办公室，职责交由市委政法委员会承担。市委防范和处理邪教问题领导小组及其办公室职责交由市委政法委员会和市公安局承担。组建市委国家安全委员会，其办公室设在市委办公厅。将市委全面依法治市工作领导小组改为市委全面依法治市委员会，其办公室设在重新组建的市司法局。此外，为加强退役军人服务保障体系建设，组建市退役军人事务局，作为市政府工作部门。

今后，广州市将坚持党对政法工作的绝对领导，坚持以人民为中心的发展思想，坚持问题导向、需求导向、发展导向、目标导向有机结合，按照综治（平安）工作“十三五”规划，将其融入营造共建共治共享社会治理格局和现代化国际化营商环境，为广州建设最安全稳定、最公平公正、法治环境最好的城市建设目标保驾护航。梳理党委领导、政府负责、社会协同、法治保障、化解矛盾、外来人口融合、公共安全、治安防控、基层治理、文明创建、民生保障、城市管理、产权保护13个核心要素，对标北京、上海、深圳等超大城市，结合中央第十二巡视组巡视广东反馈问题和向广州反馈的问题，细化出33个项目和34个主要指标，在巩固提升广州在全省全国处于领先位置的成绩基础上，综合施策、补齐短板，进一步提升社会治理的能力和水平，在营造共建共治共享社会治理格局上率先突破，2018年取得明显成效，2019年整体推进，经过三年努力，使广州社会治理能力和水平在2020年走在全省、全国前列。

参考文献：

1. 广州市地方志编纂委员会．广州市志：1840—1990[M]．广州：广州出版社，2000.
2. 广州市地方志编纂委员会．广州市志：1991—2000[M]．广州：广州出版社，2011.
3. 历年公开出版的广州年鉴、广州大事记．

4. 政法委历史档案、资料和依法治市工作档案、资料中涉及政法部分 .

5. 收集到的公检法司民来穗局等单位年度工作总结、年报、专项报告等 .

6. 每年市人代会上“一府两院”所作的公开工作报告；有关政法单位及涉及平安创建单位历年向市人大常委会所作公开的工作报告 .

7. 中共广州市委政法委员会干部处 . 中共广州市政法委组织史 (1956—1987) ，1992 年 3 月。存于市委政法委综合档案室，1997 年 11 月编制，编号 2.

8. 市民政局为本次书稿撰写两次提供市委政法委的补充参考材料 .

9. 收集到的相关新闻报道、民调报告等 .

（参编人员：林伟珊　刘晨　陈毅恩　李盛祥　谢德莲）

第二十章

体育事业发展

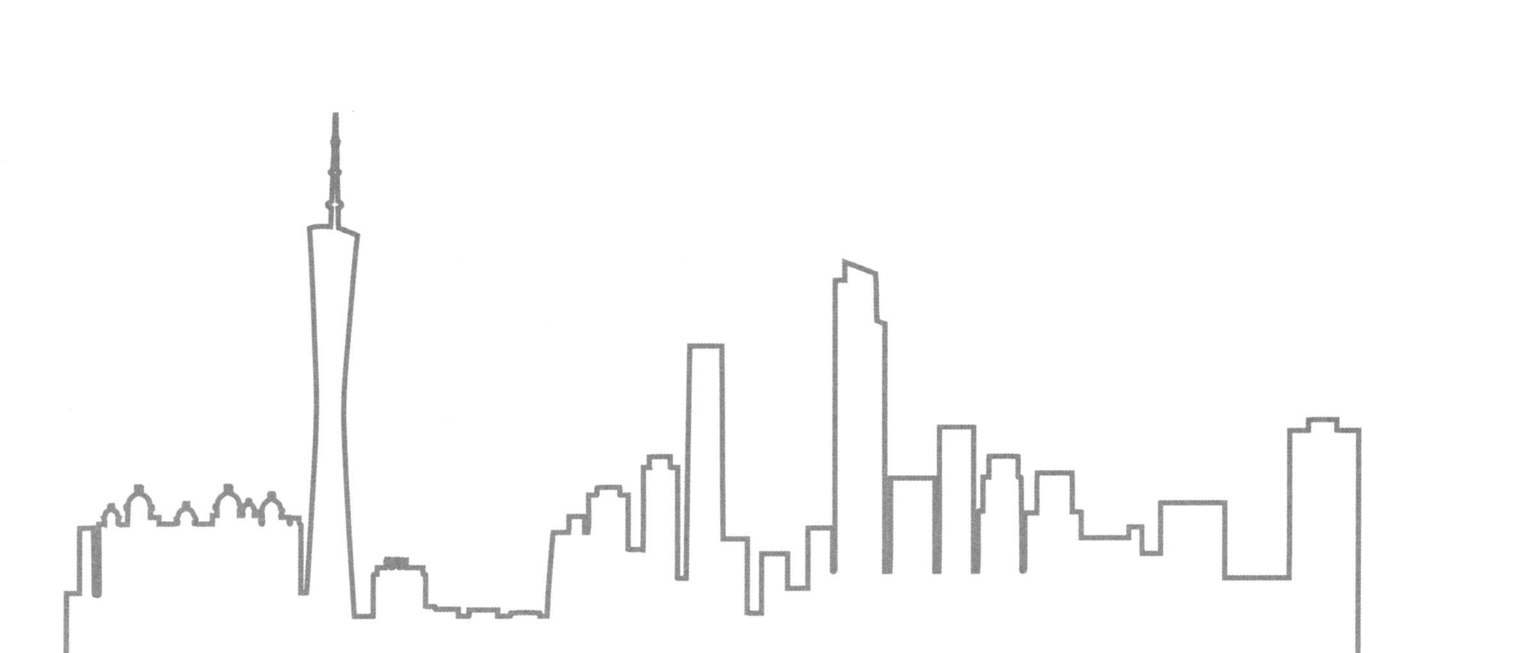

新中国成立以来，广州市体育工作始终把全面提高人民群众的身体素质作为出发点和落脚点，不断解放思想，改革创新，锐意进取，全面推动体育事业发展，取得令人瞩目的发展成就。

近年来，广州公共体育设施建设日益完善，群众体育活动广泛深入开展，国际重大体育赛事接连举行，竞技体育不断实现新的突破，体育产业发展环境更加优化，体育产业规模稳步增长，人民群众在体育中的获得感、幸福感明显增强。

一、1949—1978年：广州体育事业初步发展时期

新中国成立后，在党和国家各项体育方针政策的指导下，广州体育运动起步发展，在曲折中不断前进。广州运动员开创中国体育史上“三个第一”，创造多项世界纪录。

（一）主管全市体育工作机构成立

1950年元旦，共青团广州市工委在观音山（即越秀山）大操场举行广州各界青年元旦体育表演大会，叶剑英、朱光等领导参加。19个单位6200多人表演了20个体育节目，3万名市民观看，标志着广州新体育运动的起点。1950年6月，中华全国体育总会广州市分会成立，主管全市体育工作。1950年10月，广州市第一届人民体育运动大会在越秀山体育场举行，设有8个项目，共150个单位1万多人参赛。

1953年8月21日，广州市人民政府成立广州市体育运动委员会（以下简称市体委）。随后，区、县体育运动委员会、各级群众体育团体、各单项体育协会、业余体育学校相继建立。

（二）迎来两个体育运动高潮

第一个高潮。为迎接 1959 年第一届全国运动会，广州群众体育活动活跃，竞技体育成绩喜人，广州运动员开创中国体育史上“三个第一”：1956 年，陈镜开打破最轻量级挺举世界纪录，成为新中国第一个世界纪录创造者。1957 年，戚烈云创造新中国第一个游泳世界纪录——男子 100 米蛙泳世界纪录。1959 年，容国团获第二十五届世界乒乓球锦标赛男子单打冠军，成为新中国第一个世界冠军。

第二个高潮。20 世纪 60 年代初，为迎接 1965 年第二届全运会，广州市民群众参加体育运动热情高涨，训练和竞赛十分踊跃。1960 年 9 月 1 日，莫国雄在全国游泳、跳水锦标赛中，打破 100 米蛙泳世界纪录。1963 年，以广州运动员为主的广东羽毛球队在全国羽毛球锦标赛中包揽 4 项冠军。同年 11 月，黎纪源在新兴力量运动会上打破最轻量级抓举世界纪录，这是中国运动员首破轻量级抓举世界纪录。1965 年和 1966 年，陈满林 2 次打破最轻量级推举世界纪录，1 次打破轻量级推举世界纪录。1965 年 4 月，以广州运动员梁丽珍为主力队员的中国乒乓球队在捷克斯洛伐克布拉格举行的第二十八届世乒赛中第一次获得女子团体冠军。

（三）体育事业在曲折中发展

受“文化大革命”的影响，1966 年后，体育机构处于瘫痪或半瘫痪状态，广州的优势项目被取消，市属业余体校和业余训练点被迫停办，优秀运动员、教练员被“下放”到工厂、农村，竞技体育运动成绩和技术水平下降。1973 年后，广州运动员体育训练逐步恢复。1973 年 11 月，广州市中心业余体校成立，该校后来向省队、解放军队、国家队输送了一大批优秀运动员。1974 年德黑兰第七届亚运会上，广州运动员获得 2 项金牌。1978 年第一届羽毛球锦标赛上，庾耀东获得男子单打冠军、男子双打冠军。体育经费逐年增加，体育场地建设也有了新的发展，比如越秀山体育场建成灯光铁塔 4 座，为改善草地球场，装置电动喷水保养系统。

二、1978—2012 年：广州体育事业全面快速发展时期

党的十一届三中全会开启改革开放的新篇章，为广州体育的发展创造了良好的经济社会环境。坚持解放思想，不断改革创新，统筹推进群众体育、竞技体育、体育产业，广州体育驶入改革发展的快车道。

（一）广州体育较快发展（1978年12月—1990年）

1981年，广州市体工队成立。1982年，国家体育运动委员会决定第六届全国运动会在广州举行，这对广州体育事业的发展起到有力的促进作用。1986年6月23日，广州市委市政府印发《关于进一步加强广州市体育工作的决定》，为发展广州体育提供政策保障。1987年6月，广州市委书记、市长朱森林提出把广州建设成为体育强市。同年8月18日，广州市人大常委会通过《广州文化发展战略纲要》，广州体育得到较快发展，跨入全国先进行列。

1. 社会体育工作形成网络化

20世纪80年代，群众性体育活动空前活跃，全市形成点、线、面相结合的群众体育工作网络，广州市体育人口[①]已达32.73%，社会办体育热潮兴起。1984年10月，广州白云山制药总厂与市体委合办市足球一队（后改名为白云山足球俱乐部），开创新中国由企业出资与体育部门合办高水平运动队的先河。全市中小学校开展《国家体育锻炼标准》达标活动，1990年合格率为92.67%，优秀率为22.89%，达到全国先进水平。1990年，全市有业余体校28所，市优秀运动队员360人。

2. 体育设施建设有新发展

为迎接第六届全国运动会，广州市于1987年建成占地面积58.8万平方米，由体育场、体育馆、游泳馆等场馆组成的全国第一个大型体育场馆——天河体育中心。同时建成荔湾、海珠、黄埔、增城、番禺、花县（今花都）等6个体育馆，改建或扩建原有13个市属体育馆，总投资相当于新中国成立后30多年全市体育设施建设总投资的14.6倍。1987年11月，第六届全国运动会在广东举行，广州是主赛区，并承担开、闭幕式，这是广州自1949年以来首次承担重要的全国性综合大赛任务。

3. 竞技体育水平迅速提升

1979—1980年，广州运动员有6人10次破、超世界纪录。1981—1990年，广州运动员共破24项世界纪录，获41项世界冠军、1项奥运会冠军（陈伟强 1984年 洛杉矶第二十三届奥运会举重男子60公斤级）。20世纪80年代，广州运动员破、超20项亚洲纪录，第八、第九、第十、第十一届亚运会，广州运动员共夺得28项亚运会冠军。1983年、1987年，广州运动员在第五、第六届全国运动会上先后获得17枚、

① 体育人口，是指在一定时期、一定区域，经常从事体育锻炼、健身娱乐、接受体育教育、参加运动训练的，以及其他与体育事业有密切关系的具有统计意义的一种社会群体。

26 枚金牌，为广东代表团获金牌数、创世界纪录和团体总分 3 项第一名作出了突出贡献。1988 年，广州市体育代表团参加第一届全国城市运动会，获得金牌（29 枚）、奖牌数（77 枚）、总分（790.5 分）3 项第一。广州足球明星容志行，其优良风格被誉为“志行风格”在全国推广，“跳水皇后”陈肖霞于 1981—1985 年先后 5 次获得世界跳水冠军，“全国三八红旗手”、羽毛球运动员关渭贞先后 9 次获得女子单打、双打和团体的世界冠军。

（二）体育事业快速发展（1991—2000 年）

逐步形成“市体委—区、县级市体委—镇、街文化站”三级体育行政管理网络，“管”“办”分离的职能转变逐步推进。1994 年 7 月，群体处与体育总会合署办公，统管全市群体工作。广州体育管理体制和运行机制趋向健全，逐步形成由体育行政部门主管、监督和指导社会各界兴办体育的格局。

1. 群众体育快速发展

1995 年开始，广州市实施全民健身计划，每年举办“全民健身活动月（周）”，逐步兴起全民健身热潮。1996 年，成立广州市全民健身计划工作指导委员会，各区、县级市成立社会体育指导站、全民健身服务站，形成全民健身服务网络。群众体育组织迅速发展，地区（社区）体育协会从 1990 年的 8 个发展到 2000 年的 82 个，行业（系统）体育协会从 1990 年的 37 个发展到 2000 年的 44 个，单项运动协会从 1990 年的 34 个发展到 2000 年的 79 个，逐步形成多层次、多形式的体育组织网络。1996 年 9 月，国内第一条多功能健身路径（又称多功能全民健身路径）在广州天河体育中心建成后，于 2000 年在全市各社区又建成 79 条全民健身路径，为有效开展群众体育工作奠定了良好的组织基础和物质基础。

全市体育人口不断增加。1992 年，全市体育人口占全市人口的 38%。1996—2000 年，全市体育人口一直稳定在 40% 左右，达到中等发达国家水平。市民体质状况稳步提高，2000 年广州市国民体质总评合格率为 78%，高于全省水平。

2. 竞技体育布局日益合理

20 世纪 90 年代，大力实施广州市竞技体育管理体制改革，将过去以训练层次为主的横向式管理改为以项目为单位的纵向式管理，对竞赛制度、奖励制度进行改革，加快体育人才引进，实施重点发展、对口发展、保留发展、自我发展等 4 类训练项目布局，极大提升了广州竞技体育的水平。1991—2000 年，广州市组团参加两届广东省运动会，囊括大会所设的全部奖项桂冠。参加第二、第三和第四届全国城市运动会，金牌总数、奖牌总数、总分均名列前三名。广州运动员在第七、第八届全运会上各获7枚、11枚金牌，在第十二、第十三届亚运会上各获4枚、3枚金牌，在第二十五届奥运会上获1枚银牌（羽毛球女子双打　关渭贞）、2枚铜牌（羽毛球女子双打　林燕芬，男子举重　罗建明），在第二十七届奥运会上获2枚银牌（羽毛球女子双打　杨维、男子花剑团体　董兆致），为广东省乃至国家作出了重大贡献。广州运动员还在羽毛球赛、乒乓球赛、举重、蹼泳、跳水、技巧、航模等项目的世界锦标赛中获得世界冠军64项。体育强市已见雏形。

3. 承办重大国际赛事的能力增强

随着对外交往进一步发展，广州体育实力进一步增强，许多重大的国内外体育赛事在广州举行。通过承办第一届世界女子足球锦标赛（1991年）、第十二届世界杯羽毛球赛（1992年）、第十四届世界杯乒乓球赛（1993年）、第九届女子和第六十七届男子世界举重锦标赛（1995年）、第八届世界杯花样游泳赛（1997年）、世界青年羽毛球锦标赛（2000年）等一系列重大国际赛事，充分展示了广州城市的综合实力和竞技体育水平。

4. 体育设施建设取得较大成就

1991—2000年，全市新建体育场地4223个，占地面积1495万平方米，共投资34.9亿元。其中规模较大的有广东奥林匹克中心体育场、广州体育馆、广州赛马场等大型体育设施15处。2000年，广州已有各类体育场地6666个，数量高于全国和全省平均水平。

5. 体育产业开始起步

1995年，国务院颁布《体育产业发展纲要》，1996年，广东省颁布《广东省体育市场暂行规定》，为广州体育产业发展带来强大动力。体育健身作为一种健康投资，逐步为群众接受。市、区（县级市）属体育场馆在保障赛事活动的前提下，积极对外开放，为市民提供有偿服务。一些团体、个人以及外商开始涉足体育市场，兴办各种经营性的体育俱乐部、健身健美中心等体育经济实体。1997年，广州市、区（县级市）两级体育主管部门分别成立了体育市场管理机构，对体育市场实施引导、管理和监督。至2000年，全市发放体育项目经营许可证944个，总注册资金32.86亿元。1991—2000年，市属体育场馆经营收入为3.2亿元。

（三）广州体育全面发展（2001—2012年）

2001年，广州市贯彻实施《全民健身计划纲要》第二期工程。2003年，广州市委市政府制定《中共广州市委、广州市人民政府关于进一步加强我市新时期体育工作的意见》，提出到2010年，广州市要建成全国一流体育强市的奋斗目标，为广州体育事业的发展开辟更广阔的空间。2005年6月，广州市政府通过《广州市体育竞赛表演市场管理办法》体育规章，并于2006年1月1日起施行。广州市首部地方性体育法规《广州市全民健身条例》于2010年8月8日起正式施行。2011年5月16日《广州亚运场馆赛后利用总体方案》经市政府常务会议审议通过。当年6月28日，正式出台《广州市体育惠民总体方案》。

1. 群众体育蓬勃发展

群众体育组织发展迅速。截至2010年底，社区群众体育组织或健身队伍1.8万多个，初步形成市、区（县级市）、街（镇）、居（村）委会四级全民健身服务网络；市属单项体育协会46个，全市社会体育指导员超1.5万名，人均拥有量位居全国城市前列。全市共有1个国民体质监测中心，2辆监测车，44个监测站，100%的区及40%以上的街镇建有兼职国民体质监测队伍，形成国民体质监测服务网络。

各级各类群体活动丰富多彩、常年不断。万人健步行、体育花会、龙舟竞渡、横渡珠江、健康长跑、万人登山、全民健身节、“市长杯”系列赛成为广州市群众体育品牌活动。2006年，广州市民时隔29年再度参加横渡珠江活动，横渡珠江活动被评为2006年广州市十大社会新闻之一。2006—2010年，举办全市性活动700多次，圆满完成“北京奥运火炬传递（广州站）”“广州国际龙舟邀请赛”等大型体育活动，2010年，广州市荣获“中国传统龙舟名城”称号。

体育人口不断增长。2004年全市广义体育人口比例达58.82%，达到中等发达国家水平，市民体质状况和学生体质健康标准合格率稳步提高；在校学生体质健康标准合格率从1990年的93%提高到2006年的97.38%。2010年，全国第三次国民体质监测抽样检测结果显示广州国民体质整体合格率达96.4%。

2. 竞技体育不断实现新突破

2004年雅典奥运会，广州有11位运动员参加6个大项比赛，取得2枚金牌（羽毛球女子双打　杨维、张洁雯，跳水男子双人10米跳台　杨景辉）、1枚银牌（男子花剑团体　董兆致、吴汉雄），改变了广州在1984年洛杉矶奥运会后未再获奥运金牌的现象。2008年北京奥运会，广州有25名运动员入选中国体育代表团，参加12个大项的比赛，获得1枚金牌（体操女子团体　杨伊琳）、1枚银牌（羽毛球女子单打　谢杏芳）、2枚铜牌（体操女子个人全能、女子高低杠　杨伊琳），实现参赛人数、项目和奖牌新突破，居全省和全国省会城市首位。广州运动员在2002年釜山亚运会获得7枚金牌、7枚银牌、5枚铜牌；在2006年多哈亚运会再创辉煌，获得8枚金牌、2枚银牌、5枚铜牌的好成绩；参加2010年第十六届亚运会获得13枚金牌、5枚银牌、8枚铜牌。广州运动员在2001年第九届、2005年第十届、2009年第十一届全国运动会上，分别为广东省代表团夺得金牌20枚、18枚、18枚，分别占广东省代表团金牌总数的28%、39.13%、40%。

成功举办2001年第九届全国运动会、2002年羽毛球汤尤杯赛、2003—2007年连续5年国际羽联系列大奖赛（中国羽毛球公开赛）、2003年中国—巴西国际足球对抗赛、2006年第二十七届世界摔跤锦标赛、2007年全国少数民族体育运动会、2008年第四十九届世界乒乓球锦标赛以及2009年苏迪曼杯世界羽毛球混合团体锦标赛、英超曼联、切尔西足球俱乐部访问赛、亚洲田径锦标赛等100多项国际赛事和100多项全国赛事，有效提高广州在国内外的知名度。

2004年7月1日，广州成功取得2010年第十六届亚运会主办权，为广州城市发展和体育事业发展带来新的机遇。广州全力以赴支持和参与亚运会的筹办和举办工作，为2010年第十六届亚运会、亚残运会的成功举办作出重大贡献。中国亚运会参赛史上第1000枚金牌就是在广州亚运会上诞生的，在同一个城市同时举办亚运会和亚残运会的先例也是由广州开创的。

3. 体育场馆设施发展迅速

广州形成以天河体育中心为核心，各区、县级市体育中心为重点，健身场地遍及全市的设施网络，建设布局日渐合理。

2001年，承办第九届全运会，新建广东奥林匹克中心体育馆、广东国际划船中心、广东激流回旋赛场、广州体育馆、黄埔区体育中心体育馆、花都区体育中心体育馆、芳村区体育中心网球场、天河体育中心网球场等一大批体育场地。2007年，承办第八届全国大学生运动会、全国第八届少数民族传统体育运动会，在广州大学城建成体育馆9个、体育场18个、游泳馆19个、马术场1个、其他场地506个（片）。全国第五次体育场地普查数据显示，2003年，广州共有各类体育场地10140个（片），占全国的1.19%，全民健身路径接近1300条，全市中小学校场地向社会开放达75%，至2010年全市社区体育设施配置率95%以上，全市98%以上行政村建有标准篮球场。

4. 体育产业不断发展

2002年，广州市体育局在全国率先提出“体育既能为国争光，也可为国增利”的新理念。在“政府管理、协会承办、市场开发”运作模式指导下，门类繁多的体育产业初步形成。2010 年，全市体育产业实现增加值 178.69 亿元，占广州地区生产总值的 1.66%，全市共有体育产业法人单位 24050 个，从业人员 45.12 万人，营业收入 1291.12 亿元。2006—2010 年，广州体育彩票销售额达 62.87 亿元，其中 2010 年广州市体育彩票销售额 20.54 亿元，居全国省会城市和副省级城市第一位。

三、党的十八大以来，广州体育事业续写新辉煌

党的十八大以来，体育强国战略为体育事业的发展激发了新活力。全民健身、健康中国上升为国家战略，更加突出体育在增强人民体质、服务社会民生、助力经济转型升级中的作用。

广州市围绕“建设国际体育名城”的目标，把增强市民体质、促进人的全面发展作为体育发展的出发点和落脚点，推动体育发展方式逐步从行政主导向行政服务和市场推动相结合转变、从政府办体育向扶持引导社会办体育转变、从体育部门主管向多部门联动转变，不断满足市民日益增长的体育需求，体育事业发展迈上新台阶。

（一）群众体育实现新突破

1. 体育便民惠民模式开创全国先河

2012 年制定实施的《广州市体育惠民总体方案》，按照“一场一馆一方案”的要求，市、区（县级市）两级公共体育场馆实行“双十”惠民开放，于 2014 年提升到“双 14”惠民开放（每周免费、优惠开放各不少于 14 小时），并通过“互联网 + 体育”、政府购买服务方式扩大至社会体育场馆，至 2018 年公共体育场馆惠民开放 30 万小时，惠民 700 万人次。45 个公共体育场馆、上线“群体通”的 360 家社会体育场馆、受财政资助兴建的 100 个社区小型足球场，全部实行惠民开放，惠民时长约 130 万小时，受惠市民超 1000 万人次。

2013 年，在全国率先推出的全民健身公共服务平台（“群体通”），开设全民健身网站、手机 APP、微信公众号，把全市 45 个公共场馆、100 个社区足球场和社会体育场馆纳入“群体通”，采取线上线下相结合的方式，为广大市民提供体育信息发布、体育活动报名、免费或优惠预订场馆等多项便民惠民服务，广大市民足不出户即可轻松享受到公平、优质、便捷的体育信息化服务。2017 年上线“群体通”的各类场

馆数量达500多家，惠民超200万人次，同年“群体通”被评为广州最佳政务APP之一，入选广东省电子政务优秀案例。

2. 公共体育设施建设日益完善

第六次全国体育场地普查结果显示，广州市人均体育场地面积占有情况位居全国前列，共有各类公共体育设施19650个，人均体育场地面积达2.38平方米，大幅超过人均1.8平方米的国家体育发展“十三五”规划目标。为满足市民群众日益增长的体育健身需要，完善98个社区体育公园和361个美丽乡村和幸福社区的体育休闲功能和健身设施，全市建成100个社区小型足球场，117个“一站两点”即街镇文化（体育）工作站（中心）、社会体育指导员服务点、国民体质监测点。提前建成35个镇农民体育健身工程，达到全市35个镇100%全覆盖。2017年，新建310条健身路径和完善一批社区体育健身设施。2018年，全市社区公共体育设施正常使用率达98.96%，超过正常使用率98%的指标。

3. 全民健身组织网络不断健全

2015年，全市共有各级各类体育社会组织超250个，形成市、区、街（镇）、社区（村）四级体育组织网络。2018年，有48个市属单项体育协会，170个社会体育指导员服务点，在民政部门登记成立的体育社会组织超400个，由体育部门、体育社会组织、社会体育指导员等构成新的全民健身组织网络体系。

2015年，广州市率先出台全国第一个地方协会改革方案《广州市足球协会改革方案（试行）》，全面启动足球社会化、专业化、市场化改革。顺利实现市足球协会换届改选，选举产生新一届市足协领导班子，撤销市足球运动管理中心，率先迈出地方足协改革关键一步。

4. 群众体育活动广泛深入开展

连年成功举办大型全民健身活动、品牌活动和各单项群众体育赛事，培养形成市级“市长杯”系列比赛、横渡珠江、全民健身日、南粤幸福活动周、广州户外运动节等群体品牌活动以及各区级的品牌活动。每年市、区、街（镇）举办群众性体育活动500多项次，参与人数超600万人次。2015年起创办的广州户外运动节，围绕“环保、健康、低碳”理念，开展登山、攀岩、绿道骑游、千人钓鱼、户外摄影、户外文化展等项目，促进体育与休闲、旅游、文化等融合发展。多项国家级赛事落户广州，如全国群众登山健身大会、全国公开赛、广清穿越徒步大会、中国坐标·广州城市古驿道户外挑战赛、全国露营大会、中国马拉松系列活动比赛（广州从化山地马拉松赛）等。各区举办的大型群体活动也各具特色。广州跳绳和毽球等特色群体运动发展水平走在全国前列，毽球项目被国际毽球联合会授予最高奖项“发展毽球运动特别贡献奖”，跳绳项目已收获上百项国际大赛金牌。第十三届全运会期间，广州市有20个单位、10人被国家体育总局表彰为2013—2016年度全国群众体育先进单位、先进个人。

（二）竞技体育续写新辉煌

1. 竞技体育成绩稳步提升

自2004年雅典奥运会以来，广州籍运动员在每届奥运会上都夺得金牌。2012—2017年，广州籍运动员共获得90项世界冠军、77项亚洲冠军、416项全国冠军和1719项省赛冠军，涌现出陈艾森、刘诗雯、樊振东、刘婷婷、陈一乐、李丹、冯珊珊等一大批奥运冠军和世界冠军。

广州籍运动员在2012年伦敦奥运会获2枚金牌、1枚铜牌、1项第六、2项第七的优异成绩，击剑运动员雷声夺得中国在男子花剑个人项目上的第一枚奥运金牌，打破欧洲国家116年来对该项目的垄断。2015年的第一届全国青年运动会（原全国城市运动会），广州共获得31金28银18铜，总分857分，囊括金牌、奖牌、总分3项第一名。2016年的第三十一届奥运会，广州籍运动员获3枚金牌、2枚铜牌、1项第四、1项第五，创历史最好成绩，金牌数为全省之首、居全国同类城市前列，与北京持平。2017年的第十三届全运会，广州籍运动员共获18枚金牌、17枚银牌、14枚铜牌，对广东代表团金牌、奖牌的贡献率均达41%，在全省绝对领先，金牌数与东道主天津持平。2018年，广州运动员参加第十八届亚运会，获16枚金牌、5枚银牌、4枚铜牌，破1项世界纪录、1项亚洲纪录，创历届参赛最好成绩。广州体育代表团在第十五届省运会上，金牌、奖牌、总分三项均位居全省第一，创下历届省运会参赛最好成绩。

2. 后备人才培养体系更加完善

省运会期间（2015—2018年），广州市向国家和省培养输送优秀体育后备人才200多人。广州体育职业技术学院和增城区、越秀区、番禺区体校被国家体育总局命名为国家重点高水平体育后备人才基地，占全省入选单位的44.4%，还有6个训练单位也被命名为国家高水平体育后备人才基地，被命名的单位数量在全国同级别城市中位居第一。建立以市属训练单位为龙头、区级业余体校为基础、体育传统项目学校为补充的三级训练网络体系。获省体育局认定的省示范基地9个、省体育单项后备人才重点基地16个、省体育单项后备人才重点班23个。国家级、省级体育传统项目学校分别为8所、46所，国家级、省级青少年体育俱乐部分别为38所、17所。2018年全市注册青少年运动员34237名，共有市属、区属两级在编教练员309名，其中享受国务院特殊津贴专家1名、国家级教练员12名、高级教练员79名。

3. 职业俱乐部迈向国际化水平

不断加大对重点体育企业的扶持力度，积极推动广州恒大淘宝足球俱乐部、广州龙狮篮球俱乐部先后成为国内职业足球、职业篮球领域第一个挂牌新三板的俱乐部。广州珠江体育文化发展股份有限公司逐步发展成为国内最具影响力的体育场馆运营管理专业机构。引进万达体育控股有限公司全球总部落户广州，承办亚冠、中超足球联赛、CBA篮球联赛及足协杯等赛事。

4. 国际体育赛事接连成功举办

广州国际龙舟邀请赛国际影响力日益显著。承办金砖国家运动会，运动会获各国代表团一致好评，为广州赢得良好国际声誉，习近平主席向大会致贺信。2013年，广州举办乒乓球团体世界杯赛、世界羽毛球锦标赛，成为全国首个举办乒联、羽联所有顶级赛事“大满贯”的城市。广州马拉松赛连续4年被评为中国田联金牌赛事，2015年，广州成为首个马拉松合作伙伴挂牌招商成功的城市，2018年7月，广州马拉松被评为国际田联金标赛事。

随着广州办赛水平不断提升、办赛环境持续优化，一批国际高端品牌体育赛事活动落户广州：2017—2018赛季沃尔沃环球帆船赛广州停靠站赛事、世界羽联世界羽毛球巡回赛总决赛、世界攀联中国攀岩公开赛等国际赛事，世界斯诺克中国锦标赛的举办提升国内斯诺克国际A级赛事水平，沃尔沃环球帆船赛2017—2018赛季广州停靠站活动提升了广州在国际帆船赛领域的地位，广州成功举办第十五届WTA（国际女子网球协会）广州国际女子网球公开赛，广州南沙国际帆船节，亚洲足球联合会冠军联赛，世界女子七人制橄榄球系列赛，世界青年攀岩锦标赛，世界三人篮球锦标赛等国内国际重大体育赛事活动。广州办赛水平向专业化、品牌化、社会化方向发展。

（三）体育产业实现新跨越

1. 体育产业规模稳步增长

积极贯彻落实国务院《关于加快发展体育产业促进体育消费的若干意见》，优化体育产业发展环境，创新体育发展模式，体育产业总体规模不断扩展。体育健身市场快速发展，涉及游泳、羽毛球、乒乓球等多个项目。健身场所步入品牌化、连锁化，体育产业影响力逐步扩大。2017 年，广州市体育产业实现增加值 425.76 亿元，占全市地区生产总值的 1.98%，成为新的经济增长点。

2. 体育产业发展环境优化

2017 年，《广州市公共体育设施及体育产业功能区布局专项规划》与“群体通”一同入选国家发改委体育产业联系点典型案例。广州市被体育总局、国家发改委定为国家体育产业联系点。广州天河体育中心、广州爱奇实业有限公司、广州双鱼体育用品集团有限公司被体育总局评为国家体育产业示范单位。

2018 年，印发实施《广州市体育产业创新发展行动方案》，落实职业体育俱乐部扶持奖励政策，中国体育文化博览会和中国体育旅游博览会自 2018 年起连续 5 年落户广州。

推进马匹运动产业发展和登山健身步道建设，分别于 2013 年、2016 年与香港赛马会签订《广州赛马场亚运赛后利用的合作备忘录》，香港赛马会从化马场投入运营。

3. 体育彩票销售额日益增长

大力推进体育彩票的品牌建设、系统建设、组织建设和队伍建设，着力拓宽销售渠道，丰富营销手段，体育彩票市场不断扩大，发行量迅速增长。转变发展理念和发展方式，大力强化体育彩票的公益性，有效增强体育彩票的公信力。

“十二五”期间，实现体育彩票销售 164 亿元，筹集体彩公益金 42 亿元。2018 年，彩票销售额达 52.52 亿元，筹集公益金超 12.18 亿元，连续位居全国省会城市和副省级城市前列。

新时代新征程，广州体育在习近平新时代中国特色社会主义思想的引领下，坚持和践行新发展理念，落实全民健身战略，以满足群众不断增长的体育需求，同时以增进人民福祉、促进人民全面发展为基本任务，以改革创新为动力，以深化全民健身活动、提升竞技体育核心竞争力、发展和壮大体育产业为重点，创新体育发展方式，促进体育事业和体育产业全面协调可持续发展，努力把广州建设成为具有广泛知名度和影响力的国际体育名城，为广州建设成国家重要中心城市和综合性门户城市作出积极贡献。

参考文献：

1. 王晓玲 . 广州解放 60 年 [M]. 北京：红旗出版社，2009.

2. 广州市地方志编纂委员会 . 广州市志：卷十五 . 体育志 [M]. 广州：广州出版社，1997.

3. 广州市地方志编纂委员会 . 广州市志：1991—2000. 卷十六 . 体育志 [M]. 广州：广州出版社，2009.

4. 广州市体育局 . 广州市体育发展规划（2001—2015 年）文件汇编，2011.

5. 广州市体育局 . 广州市体育事业地方志资料年报（2012—2018 年）.

6. 广州市体育局 . 广州市体育工作会议材料汇编（2012—2018 年）.

（参编人员：席庆锋　吴东源）

第二十一章

人居环境变化

新中国成立以来，特别是改革开放以来，广州按照山水生态城市的理念进行规划建设，人居环境实现了历史跨越，城市景观和市容环境焕然一新，先后获得国际花园城市、国际改善人居环境最佳范例奖，以及国家卫生城市、国家环境保护模范城市、国家园林城市、国家森林城市、国家文明城市、国家黑臭水体整治示范城市等多项国内外城市生态环境奖项。在为市民创造舒适优美的生活环境和更为广阔的发展空间的同时，对广州未来发展所产生的启迪弥足珍贵。

一、1949—1978 年：广州人居环境建设初获成效

新中国成立以来，广州市的人居环境建设和保护事业经历了一个从无到有、逐步完善的过程。

20 世纪 70 年代以前，因工业体量不大，广州以公园建设为主，以丰富市民休闲娱乐之需。到 20 世纪 70 年代初，经过“大跃进”和“文化大革命”前期工业粗放、无序发展，加上工业布局不合理、工厂与居民住宅混杂、工艺落后、设备陈旧等原因，工业“三废”（废水、废气、废渣）问题严重，环境污染问题日渐突出。为缓解环境污染问题，广州市开始重视人居环境的改善，环境保护理念与意识也逐步觉醒，以治理“三废”为重点、以消烟除尘为突破口的人居环境综合治理体系初步建成。

（一）以消烟除尘为突破口开展“三废”治理

1949—1957 年，广州市着重注意综合平衡和统筹兼顾，推动经济有计划按比例发展。当时，广州市有工业企业 3300 多家，随着工业日渐发展，污染源也在逐步增多。在这一时期，虽然尚没有明确的环境保护目标，但广州市进行了多项有利于环境保护的

建设，如兴建公用设施、进行旧城改造、开展植树造林及开挖四大人工湖等，有效治理一批脏、乱、差的环境问题。同时，工业与科研部门通过组织开展废物综合利用，使城市环境得到局部改善。1958 年后，广州大建工厂和街道企业，特别是出现许多简陋的炼铁、炼钢炉，广州的环境状况开始恶化。1966 年后，在居民稠密区、水源地和风景游览区建起了一批污染型工厂，废水、废气、废渣和噪声污染开始成为突出的社会问题。至 20 世纪 70 年代，由于城区规划布局不合理，广州城区烟囱林立、工厂遍地。当时的广州市区面积仅有 54 平方公里，周边遍布工业区，如河南工业区、员村工业区、西村工业区等。

1972 年，广州成立“三废治理办”。1973 年 10 月，广州市召开第一次环境保护工作会议，成立广州市革命委员会环境保护领导小组，同期批准设立广州市革命委员会环境保护领导小组办公室。从此，广州以消烟除尘为突破口，全面开展“三废”治理工作。

（二）以开展公园建设为重点推进人居环境优化

1949 年以来，广州的公园建设取得很大成就，逐步形成比较独特的地方风格。1956 年 3 月，广州市政府成立绿化工作委员会和广州市园林管理处，制定了市区园林绿化布局规划。广州市是全国最早成立绿化工作委员会的城市之一。1949—1957 年，将汉民公园改建成动物园，整理恢复海幢公园，开辟沙面公园，新建文化公园、广州起义烈士陵园、植物标本园（后改为广州兰圃），使广州城市公园达 9 个，总面积增至 168.3 公顷。1957 年 9 月，广州市政府颁布《广州市保护绿化暂行办法》。1958—1959 年，全市新建流花湖公园、东山湖公园、荔湾湖公园、麓湖公园等 11 个公园，公园数量达 20 个，总面积增至 917 公顷。

1965 年 1 月，广州市园林管理局成立，加强政府对城市园林绿化建设工作的指导与管理。1966 年，广州城市绿化覆盖率达 27.3%，居全国大城市第二位，城市公园建设与管理水平在全国名列前茅。

（三）以强化水利安全为根本全面治理水旱灾害

广州解放后，市区首先整治玉带河，疏浚六脉渠，使市区排水得以畅通。郊县重点培修加固北江大堤，对清西围、莲花围等进行联围筑闸，大大提高堤围的防洪能力，捍卫广州市区安全，也保障了郊县农业生产。

1957—1966 年，市区排水方面，继续整治西关涌，兴建麓湖、东湖、荔湾湖、流花湖四大调洪湖泊，疏浚东濠涌、西濠涌等，市区排水得到进一步改善。郊县大规模发展农田水利建设，全面治理水旱灾害，大力发展农田排灌。在此期间，修建了一批大、中、小型水库，控制了河涌的集雨面积，削减了洪峰流量对中下游堤防的威胁，减少了内涝积水。

1967—1977 年，这一阶段治水，以根治流溪河流域为重点。1969 年，复建李溪拦河坝引水工程。1970 年 11 月，成立根治流溪河总指挥部，对流溪河进行主、支流全面治理，兴建黄龙带、天湖、和龙等一批中小型水库。与此同时，各县还大搞疏河、改河工程，掀起 1949 年以来水利建设的第二个高潮。

二、1978—2012 年：广州人居环境综合整治推动绿色发展

改革开放以来，特别是到 20 世纪 90 年代中期，广州经济高速发展，致使污染物排放量大幅增加，全市大气、水和噪声环境有多项指标超过国家规定的标准，人居环境面临严峻形势。

为解决环境污染和“脏乱差”等问题，广州市通过珠江综合整治、开展“一年一小变、三年一中变、2010 年一大变”环境综合整治、创建国家环境保护模范城市、举办“绿色亚运”、创建国家园林城市和森林城市等举措，持续推进环境综合整治，实现人居环境可持续性跨越式发展。

（一）治理工业污染

1979 年，广州开全国之先河，出台《广州市消烟除尘管理条例（试行）》和《广州市“三废”排放收费规定（试行）》规章制度，组织开展“烟尘控制街”和“无烟街”的创建工作，使大气环境质量不断得到改善。按照“减量化、资源化、无害化”原则，固体废物污染防治工作也逐步开展起来。广州城市人居环境有了很大改观。

1981 年，广州市人民政府环境保护办公室成立，1995 年，升格为广州市环境保护局，环境保护工作不断加强。1997 年 5 月，广州出台全国第一部地方性环境保护综合性法规《广州市环境保护条例》，成为广州打开全城环境保护工作局面的利器。

广州是最早探索用经济手段调控污染的城市之一。1980 年，广州根据有害“三废”的排放量和浓度计算排污费征收标准，运用经济手段等调控企业行为。到 1981 年，市

中心区 435 根烟囱，95.6% 采取了消烟除尘措施，144 台锅炉进行了改造。

20 世纪 80 年代，广州市通过调整工业布局、强化固体废物环境管理等一系列措施，对一批重点工业企业开展专项整治。1995 年的《广州市环境保护总体规划》中把危险废物污染控制作为广州市固体废物污染防治工作的重点，开展全市危险废物污染状况调查。1999 年 10 月，市卫生局和市环保局联合印发《关于广州市医疗垃圾集中处置的通知》，陆续在全市推行医疗废物集中焚烧处置。2001 年 6 月，广州市出台《广州市固体废物污染环境防治规定》，将固体废物污染环境防治全面纳入地方法制管理轨道。2006 年，广州市编制完成《广州市固体废物污染防治规划（2005—2015 年）》，是我国省会城市第一部系统、全面的固废污染防治规划，在国内处于领先地位。

（二）综合整治珠江

1984 年，广州市以水污染防治为重点，开展珠江综合整治工作。1986 年，制定实施第一部地方法规——《广州市饮用水源污染防治条例》，这是广州市人大常委会获得地方性法规制定权后制定颁布的首部地方法规。1988 年，广州市把污染物排放量约占全市一半的广州氮肥厂、广州造纸厂等 12 家水污染大户列为水污染控制重点企业，集中资金进行综合治理，并创新性地实施总量控制和浓度控制相结合的排污许可证制度。到 1990 年，全市完成废水治理项目 877 项，总投资 1.731 亿元；全市建成治理设施 1020 套，废水日处理能力 88.72 万吨。

20 世纪 90 年代中期，广州市把珠江整治列为重点项目。1995 年 6 月实施的《广州市防治珠江广州河段水域饮食业污染管理规定》，是我国第一部流域污染防治的政府地方法规。同年 7 月，广州出台《珠江广州河段环境整治实施方案》，取缔珠江河面的海鲜舫。1995 年，广州工业废水处理率虽达 86.86%，但生活污水处理率仅有 10% 左右，珠江广州段有机污染仍出现加重态势，广州把重点工作转移到生活污水的治理上，开始重点建设大型污水处理厂。

（三）推动人居环境“小变”“中变”

1998 年，广东省委对广州市提出实现城市环境面貌“一年一小变、三年一中变、2010 年一大变”的要求。

广州先从根治城市“脏乱差”入手，把“小变”“中变”目标和实现国家“一控双达标”任务结合起来，加强对工业污染的防治，推行燃煤脱硫，加大城市基础设施建设投入。2001年，成为全国完成“一控双达标”目标的三个省会城市之一，城市环境面貌也发生质的变化。2000年，市区空气中二氧化硫浓度比1999年下降16.7%，二氧化氮浓度下降11.6%，总悬浮颗粒物浓度下降13.2%，降尘量下降10.0%，市区空域保持蓝天白云的良好状态；地表水和饮用水源水质达到国家考核标准，区域环境噪声和道路交通噪声连续7年下降。市民对城市环境的满意率由1997年的27%增加到2001年的95.8%。市领导在评价广州“中变”成果时说，“三年一中变”不但创造了物质，也创造了精神，是很难计算价值的一笔财富，把广州人的自信心和勇气提高到历史新高度。

2001年，作为“中变”的重要成果，广州市荣获“国际花园城市”称号。2002年，广州市被联合国授予“国际改善人居环境最佳范例（迪拜）奖”。

在广州这片敢为天下先的沃土上，广州环境保护宣传教育以跑在全国前列的速度和姿态，创造了不少工作亮点，广州也成为传播绿色文明的热土。如广州率先在全国制定实施“绿色学校”和“绿色社区”两项考评标准，推动全市“绿色学校”和“绿色社区”系统、规范地创建。同时通过举办系列“绿满花城”等大型环保公众宣传活动，大力提倡环保人人参与，使环保理念更加深入人心。

（四）创建国家环境保护模范城市

实现“中变”以后，广州市以创模、创卫、创文和举办“绿色亚运”为契机，全面开启“大变”的工作。

1998年，市政府向全市发出创建全国环保模范城市的动员令。特大城市创模谈何容易，国内还没有先例，棘手问题不少：创模的26项指标，广州几乎有一半不达标。广州却义无反顾、自加压力。

广州首先打响工业污染整治的创模战役，重点治理排放量占全市二氧化硫排放总量85%以上的56家重点工业企业的废气污染，2003—2005年，共投入12.38亿元，形成年削减9.8万吨的脱硫能力。整治机动车排气，全面禁摩，提前实施国Ⅲ标准。推广清洁能源，饮食业全面推行“油改气”并治理油烟，近2万辆公交和出租车使用LPG（液化石油气），天然气进入市民家庭。投入100多亿元，综合整治56条河涌总长358公里河段，对27条河涌截污、40条河涌清淤，珠江广州段消除了发黑发臭现象。

从1998年启动创模到2006年11月创模成功，广州经济以年均13.7%的速度持续、快速、稳定发展。与1998年相比，2006年，广州在每年新增工业总产值1000亿元的情况下，工业废水排放量减少22.4%，主要污染物排放总量减少11.64%，工业粉尘排放量减少 97.66%；万元工业产值废水排放量相当于全国平均值的 17%，万元工业产值废水 COD（化学需氧量）排放量下降 90.94%，废气排放量下降 46.04%，二氧化硫排放量下降 67.20%。

2007 年 2 月 12 日，广州市获得国家环境保护模范城市称号。广东省委书记张德江对广州创模工作作出重要指示，“广州创模成功，是广东省的一件大事，必将在国内外，特别是在港澳产生重大影响”。促进了经济与环境的和谐发展，广州经济社会发展驶入可持续发展的快车道。

创模促进广州环境空气质量明显改善，使广州成功摘掉戴十多年的“重酸雨区”帽子，产业结构调整和效益明显，城市转型加速，市民对城市认同感、归属感增强。

（五）举办“绿色亚运”，实现城市环境“大变”

2004 年 7 月 1 日，广州市获得 2010 年第十六届亚运会主办权。为兑现举办“绿色亚运”的庄严承诺，广州市全面推进“天更蓝”“水更清”行动，成功实现 2010 年城市环境“大变”目标。

在空气质量保障方面，广州市制定八个阶段亚运空气质量保障目标，不断优化产业结构，把转变经济发展方式和调整产业结构作为重要抓手，全面组织推进工业企业污染防治、机动车污染防治、饮食服务业油烟和工地扬尘扰民整治、挥发性有机物治理、产业结构调整等工作。通过全面推进城市环境基础设施的建设、推进实施“空气整治 50 条”“空气整治新 31 条”等措施，广州共完成 12860 项空气治理项目任务。

从 2004—2010 年，在广州市经济以年均 13.5% 的速度快速增长的同时，环境空气质量创下 2004 年申亚成功以来的最佳水平。至 2010 年，主要污染物排放总量连续 5 年实现“双下降”，空气质量连续 6 年优于国家二级标准，空气质量优良率达 97.81%，与 2004 年相比上升 14.71 个百分点，超过亚运空气质量保障设定 96% 的目标，圆满完成 2010 年亚运环境质量保障任务。在整个亚运会期间，广州空气达标率为 100%。

在水污染控制方面，广州市依法从严控制污水排放，对涉及污水治理、饮用水源保护的 145 家企业和 11 家建设进度较慢的中心镇污水处理厂实施挂牌督办。2009 年，全市集中式饮用水源地水质达标率 82.23%，分别比 2008 年和 2004 年上升 1.27 个、55.83 个百分点；珠江广州河段水质明显改善，从 2006 年开始，广州恢复一年一度的“横渡珠江”活动。

广州是 2000 年国家提出的 8 个垃圾分类试点城市之一。2009 年以后，广州的垃圾分类进入全面推广期，在法规制度建设方面先行先试，主动探索创新，2011年出台了全国首部垃圾分类政府规章。

时任亚奥理事会总干事侯赛因·穆沙拉姆表示："相比20年前，现在（指2010年，编者注）广州的天更蓝了，污染也大大减少了，对于广州市民来说，最大的好处就是他们的健康得到了保证。这是广州收获的一项无价之宝。""绿色亚运"推动广州迈上一条经济增量、污染减量的绿色发展之路。

（六）推动污水收集处理能力建设

1988年，广州市印发实施《广州市区污水治理总体规划》，把全市的工业废水大户和主要生活污水源纳入污水治理范围，提出污水处理要遵循"集中处理为主、分散处理为辅"的原则，重点建设大型污水处理厂。2000年，先后建成大坦沙二期、猎德一期和开发区污水处理厂，全市污水处理能力为58万吨/日，是1991年的3.87倍。

迈入21世纪，广州持续推进污水处理工作。2003年，在抓紧污水处理厂建设的同时，启动"青山绿地蓝天碧水"工程，以水变清岸变绿，恢复河涌自然特征为目标，编制实施河涌综合整治计划。2009年2月，完成《广州城市污水治理总体规划》修编。根据规划，全市污水处理系统总服务面积为3261.7平方公里，共分67个污水处理系统，72个污水处理厂，到2020年污水处理厂的总规模1035.1万立方米/日，总服务人口1670万人。

为了实现这一宏伟计划，2008年11月，广州市政府成立污水治理和河涌综合整治工作领导小组，与13个治水责任主体签订"责任状"，并融资351亿元，全面推进污水治理、河涌综合整治、调水补水、中心城区雨污分流和水浸街改造等五大工程。2010年6月30日，全市38家污水处理厂、75座污水泵站、1140公里市政污水管网已基本完工。污水处理能力从228.6万吨/日提升到465.18万吨/日，全市城市生活污水集中处理率从75.09%提升到85%，中心城区生活污水集中处理率近90%。在广东省位居前列。

2007年，广州市委市政府按照水利部对水务管理体制改革的要求，开展水务管理体制改革，把分散于政府各职能部门的治水职责赋予新组建的水务局。2008年1月15日，广州市水务局挂牌成立，统筹管理水利、供水、排水三大行业，承担防洪、水资源管理、供水、排水和污水处理、节约用水和计划用水五项基本职能，同步完善与农业、城建系统各单位的职能界定与工作关系，实现涉水事务统一管理。

（七）实施“四年消灭荒山、八年绿化广州”

1985 年，广东省委省政府作出“十年绿化广东”的决定，广州市委市政府提出“四年消灭荒山、八年绿化广州”，市、县（区）党委书记、农委主任、林业局局长等各级领导带头设立造林绿化点，促进群众性大规模造林绿化运动的开展。全市共消灭荒山 115.6 万亩，荒山绿化取得巨大成效。

于 1992 年实现绿化达标后，实施森林分类经营制度。一方面，开展“十大进出口”造林绿化工程，规划建设以水源涵养林、森林公园为主的生态公益林体系，森林公园建设开始起步。另一方面，大力发展以“三高”林业为基础的林业产业体系，速生丰产林建设快速发展，商品林建设取得成效。

（八）园林绿化事业蓬勃发展

1981 年，省委省政府、市委市政府决定把广州建设成为“名副其实的花城”，城市公园建设进入快速发展期。至 1985 年，广州市区已有 18 个公园，总面积 735 公顷，年游客接待量 5351 万次，初步形成城市公园系统。1987 年，广州被评为“全国绿化先进城市”。至 1990 年，全市建成 28 个公园，总面积 1026 公顷，被评为“全国城市绿化先进城市”。

1998 年开始，市委市政府以打造宜居城市“首善之区”的山水生态城市为总体目标，按照“精心打造城市，精心美化城市，精心管理城市”的要求，全面实施“一年一小变、三年一中变、2010 年一大变”的城市形象综合治理工程，大力推进规划建绿和见缝插绿。先后出台实施《广州市绿化条例》《广州市公园条例》等多部绿化地方性法规，不断规范园林绿化建设和管理。市区主干道和十大进出口的园林绿化水平进一步提高，新建、扩建一大批城市公园，到 2007 年，城市公园达 199 个。园林绿化建设成效显著。

（九）成功创建国家园林城市、国家森林城市、全国绿化模范城市

2003 年，市委市政府全面启动“青山绿地，碧水蓝天”工程，制定和实施“花园城市”建设行动纲领，大力实施“森林围城，森林进城”战略，连续 7 年全面推进青山绿地工程。至 2007 年，建设森林公园和自然保护区 48 个，城区公园 199 个，建成区绿地率达 33.87%，绿化覆盖率达 37.14%，人均公共绿地面积达 12.62 平方米。逐步形成“林带 + 林区 + 园林”，以中心区公园绿地、道路绿化、立体绿化等

为“内圈”，以白云山、近郊森林公园为“中圈”，以远郊自然保护区、生态公益林区为“外圈”的城乡一体绿地系统，提升了广州城市生态承载力，实现广州生态环境建设的跨越式发展。先后获得国家园林城市、国家森林城市、国际花园城市、联合国改善人居环境最佳范例（迪拜）奖、全国绿化模范城市、全国林业生态建设先进市等殊荣。

三、党的十八大以来，广州迈向生态文明建设新征程

党的十八大以来，广州认真落实中央和省决策部署，贯彻新发展理念，践行“绿水青山就是金山银山”的理念，坚持经济建设与生态文明建设齐头并进，坚定不移走生态优先、绿色发展之路，遵从山、水、城、田、海的自然分布格局，坚决打赢污染防治攻坚战，坚决打赢蓝天保卫战，推动大气、水、土壤环境质量持续向好。

（一）划定生态保护红线

进入“十二五”阶段，广州城市建设与生态敏感用地保护矛盾仍然突出，环境资源超载，大气区域性、复合型污染尚未有效缓解，城市水体污染依然较重，饮水安全依赖广州市外，高风险企业数量多、类型复杂。“十二五”以来，广州以“源头严防、过程严管、后果严惩”为导向，做好顶层设计、做优转型升级，谋划推动生态文明体制改革，努力构建节约资源能源和保护生态环境的产业结构、增长方式和消费模式。

2012年，广州市作为首批开展城市环境总体规划编制的试点城市，用5年时间编制《广州市城市环境总体规划（2014—2030年）》，创造了多项第一和唯一。生态保护红线的划定，是该规划的核心内容之一。作为生态文明建设工作的蓝图，该规划系统分析了广州经济社会发展的形势，提出城市发展的“环保底线”，成为广州城市空间发展的指南和各类开发建设活动的基本依据。

“十三五”时期，广州继续围绕建设绿色生态美丽广州的总体目标，在划定并严守生态保护红线的基础上，构建全市生态安全格局。以环境承载力为基础，促进经济结构优化调整。坚持问题导向，深入推进大气、水、土壤污染防治。完善重点企业和重点区域的环境风险管控，强化环境风险防范。优化完善全市环境监测网络建设，严格执法。健全生态环境综合决策和协调机制，构建政府、企业、公众、社会组织共同参与的社会共治体系。

（二）PM2.5 达国家二级标准

2011 年之后，灰霾与 PM2.5 成为家喻户晓的名词。2012 年 2 月，国务院发布新修订的《环境空气质量标准》，将 PM2.5 正式纳入空气质量监测项目。2012 年以来，广州严格落实国家“大气十条”有关部署，以“改善环境质量、保障环境安全”为核心，按照“减煤、控车、降尘、少油烟”的方针，以 PM2.5 治理为重点，兼顾一次污染物减排和二次污染物防治，大气污染防治各项措施有序推进，推动城乡人居环境面貌不断改善。

1. 推进十大空气污染综合防治行动

2012 年，广州市印发实施《广州市 2012—2016 年空气污染综合防治工作方案》，以防控 PM2.5 等污染为抓手，实施新一轮的环境空气大整治行动，大力推进十大防治行动、42 条具体措施。制定实施《广州市大气污染综合防治工作方案（2014—2016 年）》，部署十大防治行动、57 项具体措施、8 个方面保障措施和 3000 多项具体任务。印发实施《广州市环境空气质量达标规划（2016—2025 年）》，明确到 2020 年实现空气质量全面达标、2025 年实现稳定达标的规划目标。

2. 大力推进燃煤整治

2014 年起，广州在全国率先推进燃煤电厂“超洁净排放”改造。截至 2017 年底，全市 35 台总装机容量 535.9 万千瓦的燃煤发电机组或企业自备发电锅炉完成改造。二氧化硫、氮氧化物、烟尘等污染物排放达到燃气机组水平，基本实现 65 蒸吨以上燃煤设备“超洁净排放”全覆盖。完成 1298 台高污染燃料锅炉及 60 台窑炉整治，工业锅炉及窑炉整治率达 100%。2017 年起，将全市行政区域划定为高污染燃料禁燃区，全面禁止第三产业和居民使用燃煤。2013 年以来，全市无新建燃煤发电项目。2018 年，印发实施《广州市煤炭消费减量替代三年行动计划（2018—2020 年）》，关停广州发电厂、旺隆电厂 7 台机组。

3. 加快淘汰黄标车及老旧车

出台经济政策鼓励提前淘汰黄标车。2014 年 12 月 15 日起，实施为期一年多的鼓励提前报废黄标车政策，推动汽车报废 6.05 万辆，发放奖金约 4.02 亿元。不断扩大黄标车限行区域，2017 年 7 月起，将黄标车限行区扩大至全市行政区范围，黄标车电子警察抓拍执法点增至 190 多个。2017 年，基本完成全市黄标车淘汰工作，全市共计淘汰黄标车及老旧车 21.6 万辆。同时，加强机动车总量控制和推广新能源机动车。

4. 强化扬尘污染治理

2013 年以来，对全市 2000 多个在用工地进行日常监管，重点加强道路开挖、三通一平、土方作业等工程的防尘措施监管。2015年起，开展扬尘排污收费管理，利用价格杠杆促进扬尘污染控制。2018年，建立扬尘污染控制联席会议，每季度组织召开联席会议，以问题为导向督促扬尘控制工作开展；督促建设工程落实“6个100%”管理要求；全市环卫作业车辆每天对广州市建成区道路进行机械化清扫、高压冲洗。

5. 深化油气回收治理

将加油站、储油库油气回收系统评估整改工作纳入民生实事并全力推进。2017年，完成纳入广州市十件民生实事的545座加油站、13座储油库油气回收系统评估整改工作；完成209家挥发性有机物排放重点企业末端治理。2018年，全面完成262家重点企业挥发性有机物“一企一方案”综合整治，加强对556座加油站、9座储油库的常态化管理。

随着科技的进步，广州市民在通过新闻发布会了解环境状况的同时，还可通过广州环保微博、空气质量平台手机版、广州环保微信公众号等资讯宣传平台，实时了解空气、水等环境质量信息。

2017年，广州市全面完成国家“大气十条”空气质量改善终期考核目标任务，PM2.5平均浓度为35微克／立方米，与2013年（国考基准年）相比下降18微克／立方米，在国家中心城市及地区生产总值超1万亿元、常住人口超1000万的省会城市中率先实现PM2.5达标。2018年，广州市PM2.5浓度仍为35微克／立方米，再次稳定达标。

环境空气大整治行动助力广州坚决打赢蓝天保卫战，为广州经济的发展腾出环境容量，增强经济社会的可持续发展能力。

（三）推进固体废物、土壤污染防治和垃圾处理

2012年10月，广州市废弃物安全处置中心举行一期工程投运仪式。处置中心项目一期工程建设了危险废物总收集处置能力为4.5万吨／年的主体工程，及其配套的公用辅助工程、环保工程等。2013年起，广州市启用固体废物GIS（地理信息管理系统），逐步实现固体废物网上申报、数据采集、转移跟踪、审核管理、统计分析等信息化管理工作，规范危险废物转移联单等管理，提高各区（县级市）固体废物管理的信息化水平。2018年，广州强化固体废弃物处理，继续推进危险废弃物处理处置设施项目建设。市环保局印发实施《广州市贯彻落实广东省固体废物污染防治三年行动计划实施方案（2018—2020年）》，全面排查危险废物经营单位、污泥处置单位，重点打击固体废物非法转移、倾倒处置行为。在全省率先制定并印发实施

《固体废物各行政主管部门监管职责清单》，明确 19 个单位对 11 类固体废物污染防治的工作职责，有效强化责任担当，压实监管职责。广州新建 13 座建筑废弃物消纳场，创建 300 个生活垃圾精准分类样板居住小区，建成兴丰应急填埋场一期工程，4 座资源热力电厂试运营。

2016 年，随着国家《土壤污染防治行动计划》、省工作方案的颁布和市工作方案的编制，广州市开展对 43 个重点地块的场地环境调查和风险评估工作，土壤污染防治工作迎来重要的机遇和挑战。2018 年，广州市环境保护部门大力推进农用地土壤环境质量详查和重点行业企业用地基础信息调查。印发实施《广州市污染地块再开发利用环境管理实施方案（试行）》，率先在广东省建立部门联动管理机制，环境保护与国土规划、城市更新、住房城乡建设等部门建立联动管理机制，共同做好污染地块再开发利用监管工作，保障人居环境安全。2017 年，共确定 36 家土壤环境重点监管企业，2018 年，及时督促企业落实土壤防治相关工作，同时筛选 2018 年度 8 家企业纳入重点监管企业名单并签订土壤污染防治责任书。严格落实土壤污染治理与修复，2018 年，共开展 118 个地块的土壤环境质量调查评估，32 个需修复地块中，16 个已完成修复。

党的十八大以来，广州市垃圾处理设施建设、垃圾分类专项立法、垃圾分类全流程管理、社区分类模式探索、第三方企业化服务、“两网融合”等方面都呈现良好发展态势。2015 年，广州成功创建全国首批生活垃圾分类示范城市，垃圾分类处理工作荣获联合国 2015 年中国城市可持续发展范例奖。2017 年，广州被住房和城乡建设部列入全国 46 个生活垃圾强制分类重点城市，多次季度考核名列前茅。2018 年，颁布全国首个垃圾分类地方性法规《广州市生活垃圾分类管理条例》，开创全国垃圾分类专项执法先河。2018 年，全市生活垃圾清运处理量为 745.31 万吨，处置率为 100%，其中填埋处理量为 456.80 万吨，焚烧处理量为 287.38 万吨，生化处理量为 1.13 万吨；生活垃圾回收利用量为 354 万吨，生活垃圾回收利用率达 35.6%；城镇生活垃圾无害化处理率为 100%。

（四）打赢打好水污染防治攻坚战

2012 年 12 月 11 日，习近平总书记到广州视察，他站在横穿广州城市中心的东濠涌边，对身边的人说道：“东濠涌是我们建设美丽中国、永续发展的一个局部、一个细节，把这些局部和细节做好，我们的宏伟蓝图就能绘就。”如今，东濠涌整治工程已经完成，这条昔日的臭河涌现已成为美丽广州的名片，成为广州市民日常休闲、饭后散步的好去处。东濠涌今日的治理成效就是“绿水青山就是金山银山”生态文明思想的重要体现。

党的十八大以来，广州市把水环境治理作为重大民生工程来抓，市委主要领导担任市第一总河长，市政府主要领导担任市总河长，全市四套班子成员担任流域河长、市级河长，全市上下高度重视，高位推动水环境治理工作。积极落实“3—4—5”治水路线，即“源头减污、源头截污、源头雨污分流”的三项原则，持续推进“四洗”行动（洗楼、洗井、洗管、洗河），坚持“控源、截污、清淤、补水、管理”五条技术路线，坚持一张蓝图干到底、一锤一锤钉钉子，推动水环境治理各项工作取得阶段性成效。

一是黑臭水体治理成效明显。截至2019年10月，广州市纳入住建部监管平台的147条黑臭河涌，经市复核，144条初见成效，消除比例为98%，其余3个黑臭水体已基本完成整治，正在查缺补漏。2018年，广州市成功申报为国家黑臭水体整治示范性城市。2019年5月，水利部部长鄂竟平调研广州治水工作时，充分肯定广州市治水工作，认为“广州做得很好”。市统计局2019年5月民调结果显示，市民认为工作成效最为显著的是黑臭河涌治理，位列建设花城成效显著各项工作第一。整治后的车陂涌、乌涌、土华涌、景泰涌等河涌已经成为城市的靓丽风景。

二是水污染源头治理力度明显。创新推出“四洗”（洗楼、洗井、洗管、洗河）清源行动。洗楼排查面积7.38亿平方米，全面清理整顿5万余个“散乱污”场所。狠抓涉河违建拆除工作，已拆除934.68万平方米。全市共计完成洗管10447公里，洗井约36万个，排水设施运行水平不断提升。“洗河”1802条（次），集中清理河岸、河面、河底以及河道附属设施的垃圾和其他附着物，有效清除河道污染物；完成187条黑臭河涌共计7199个排水口的整治工作。

三是水污染物消减总量明显。2016—2018年，全市污水处理总量由每年的15.84亿吨增长至每年的18.02亿吨，污水处理厂平均负荷由88.94%提升至91.59%，COD消减量由每年的26.69万吨增至每年的33.01万吨，氨氮削减量由每年的2.59万吨增至每年的3.22万吨。污染物减排成效十分显著，大大减少污染物直排水体导致污染的风险。

四是各项工程建设提速明显。2016年以来，建成污水处理厂13座，新增污水处理能力为71.05万吨/日，城镇污水处理率为95.53%，达到住建部城镇污水集中处理率大于95%的考核要求。建成污水管网6869公里，管网建设数是“十二五”期间建设总数的5.3倍。在建污水处理厂16座，规模191万吨/日。完成全市1112个行政村（社区）

治理任务，农村新建生活污水处理设施收集率达 85%，在全省率先实现全市农村生活污水治理行政村全覆盖。

五是各项水污染防治指标改善明显。最严格水资源管理制度考核的三项指标用水总量、万元地区生产总值用水量、万元工业增加值用水量稳定达到省考核要求。2019 年，灌溉水有效利用系数提高至 0.503（2016 年为 0.485）。中水回用率提高至 25.3%（2015 年为 18.22%）。城市公共供水管网漏损率逐年下降，降低到 8.69%（2015 年为 12.84%）。供水水质综合合格率保持在 99% 以上。重点内涝区治理完成率为 97%。花都湖公园成为国家级水利风景区。

六是管理体制强化明显。在全省率先全面推行河长制，市四套班子成员担任市级河长。创新设置九大流域河长，以流域为体系，统筹协调流域内河湖管理保护、水环境治理等工作；全市已落实河长 3030 名，湖长 828 人；推行网格化治水，落实 19372 个网格，配置 16257 名网格员；形成河长领治、上下同治、部门联治、全民群治、水陆共治的工作格局。在全省率先推出广州河长 APP，“互联网 + 河长制”治理模式获水利部充分肯定。成立广州市城市排水有限公司，累计接收管网 10452.19 公里；巡查管网设施 7.18 万公里，清疏管道 5750 公里，基本实现中心城区公共排水设施一体化管理。

70 年来，广州人居环境不断改善，切实惠及市民。未来，广州将强力推进生态文明建设，生动践行“绿水青山就是金山银山”理念，坚决打赢污染防治攻坚战，坚决打赢黑臭水体剿灭战，加快绿色低碳循环发展，不断加强人居生态环境保护和建设，让广州天更蓝、地更绿、水更清，环境更优美。

（五）绿色生态建设不断提升，绿化美化出精品

近年来，广州先后实施亚运绿化美化工程、绿城花城行动计划、新一轮绿化广州大行动、花城花景建设等大型生态工程，园林景观品质全面提升，绿色生态网络日益完善，花城魅力更加彰显，基本形成“森林围城、绿道穿城、绿意满城、四季花城”的城市景观及多层次、多功能、立体化、网络化的绿色生态格局。

纵向看，全市森林覆盖率从改革开放初的 20% 增加到 2018 年的 42.31%，森林面积净增一倍多。城市建成区绿化覆盖率从 1991 年的 20% 增加到 2018 年的 45.13%，城市建成区绿地面积增加近一倍。横向看，广州城乡绿化各项指标都位居全国大城市前列，进入全国绿化先进城市行列。截至 2018 年底，全市建成区绿地率 39.22%，人

均公园绿地面积17.3平方米，城市公园247个，森林公园90个，湿地公园19个，赏花点120个。2012年，荣获“国土绿化突出贡献单位”称号。2015年，荣获“全国林业信息化示范市”称号。2016年，荣获“全国绿化模范城市”称号。2018年，获评“全国林业信息化建设市级十佳单位”。2019年，广州市荣获全国“关注森林活动20周年突出贡献单位”称号。

近年来，广州大力推动枢纽型网络城市建设，围绕建设美丽宜居花城的目标，全力实施新一轮绿化广东大行动和森林城市品质提升计划。

在城市外围，构建以生态林区、森林公园、自然保护区、防护林为主体的森林屏障体系；通过绿道、生态景观林带、绿色生态水网等生态廊道，把山系、绿系、水系等生态空间连成一体，形成绿色生态网络体系；依托广州“山水林田湖海”齐备的自然优势，构建涵盖森林公园、自然保护区、湿地公园、郊野公园、乡村公园“五位一体”的绿色休闲空间体系；在中心城区，提升园林景观品质，增加花景观、挖掘花文化、讲好花故事，塑造千年花城品牌，构建岭南园林景观体系。

建成349公里四季常青、三季开花的城市空中花廊。广州天桥绿化以簕杜鹃为主要种植品种，在栽培选育、基质配比、水肥调控等方面获得7项国家专利，“人行天桥、立交桥悬挂绿化种植养护技术规范”成为国家标准。突破植物选择、花期调控、节水灌溉等关键技术，建设水平全国领先。

从增花量、添花景、建花园、办花节、兴花业五个方面着手，全力打造“四季花城”。以“广州过年·花城看花”、春季花节、秋季花展三大主题系列活动为依托，每年举办广州园博会、云台花展、越秀灯会、公园“一园一品”等活动，举办广州国际花卉艺术展，充分挖掘和弘扬花文化。新增宫粉紫荆、木棉、美丽异木棉、黄花风铃木等17种开花乔木30万棵，形成赏花点120个，夯实花城色彩基底，凸显花文化品牌。在公园、道路、广场营建色彩缤纷的花境、花海、花箱、花带，增强城市花艺术的氛围。花城品牌进一步凸显。

广州是广东省第一个国家森林城市。近年来，以全省森林资源保护和发展目标责任制考核为重要抓手，扎实推进林业重点生态工程建设，不断提升森林品质。2015—2017年，广州市连续3年获得广东省森林保护和发展目标责任制考核第一名。2018年，广州市成功举办中国森林旅游节。

全市已建成湿地公园21个，为市民提供休闲、科普、观鸟、亲近自然的场地。着力打造湿地公园品牌亮点，如：海珠国家湿地公园的垛基果林是岭南数千年农耕智慧的缩影，海珠国家湿地公园是全国最大的城央湿地公园，全国湿地公园“四颗明珠”之一；南沙湿地是滨海滩涂红树林湿地，是10万候鸟迁徙的重要栖息地，以和谐自然的生态景观入选“羊城新八景”。从北到南，建设流溪河湿地、花都湖湿地、海珠湿地、南沙湿地等湿地公园的水鸟生态走廊。近十年来，南沙湿地和海珠湿地公园鸟类都增加了100多种。

全市建成绿道3500公里，串联起300多个景点，形成24条精品绿道线路，成为线路最长、覆盖面最广的绿道网。千里绿道成为市民享受都市“慢生活”的绿色休闲新空间。

公园体系日趋完善。已初步形成由远郊自然保护区、森林公园、近郊湿地公园、郊野公园、城区综合公园、专类公园、社区公园组成的城市公园体系。近年来，建成开放13个儿童公园，成为全国规模最大、数量最多、内容最丰富、分布最均衡的儿童公园体系。

多年来坚持建管并重，区划界定生态公益林270万亩，为生态环境与经济社会协调发展提供重要保障。逐步制定《广州市生态公益林条例》《广州市生态公益林经济补偿和管护经费管理办法》等规章制度，规范生态公益林的建设、管理和保护工作。不断完善生态公益林经济补偿机制，从统一标准补偿变为分级补偿，补偿标准从一开始的4元/亩提升到目前最高150元/亩，2018年的补偿资金总量达3.6亿元，惠及约45万户200万林农。

新中国成立70年来，广州人居环境不断改善，切实惠及每一位市民。未来，广州将按照中央、省的要求，以满足人民群众日益增长的美好生活需要、实现老城市新活力为核心任务、围绕打造“美丽宜居花城、活力全球城市”的目标，对标国内外先进城市，发挥粤港澳大湾区中心城市示范引领作用，修复自然生态，加快绿色低碳循环发展，不断加强人居生态环境保护和建设，优化人居环境，塑造广州风貌，推动广州焕发云山珠水、吉祥花城的魅力，让广州天更蓝、地更绿、水更清、环境更优美。

参考文献：

1. 广州市环境保护发展历程编纂委员会. 广州市环境保护发展历程：1972—2016[M]. 广州：花城出版社，2017.

2. 广州市地方志编纂委员会. 广州市志[M]. 广州：广州出版社，2001.

3. 广州市志地方志编纂委员会 . 广州市志：1991—2000 [M]. 广州：广州出版社，2010.

4. 广州市水务局，广州市社会科学院联合课题组 . 广州水文化研究 [M]. 广州：广东人民出版社，2011.

5. 广州市水务局，广州市水务科学研究所 . 广州市部门志行业志丛书：广州市水务志（2001—2017）[M].

6. 2017 年广州市环境保护工作总结，2018 年 1 月 .

7. 2018 年广州市生态环境保护工作总结，2019 年 1 月 .

（参编人员：佘晓娴　程晋彪　王玮）

第二十二章

广州对外（港澳）交流合作

广州外事始终围绕党和国家中心工作，发挥特有的地缘文缘优势，与中华民族站起来、富起来、强起来的复兴进程同频共振，服从服务国家总体外交，服务广州改革开放和高质量发展，致力和平发展、开放包容、合作共赢，书写新中国城市外事工作精彩的广州篇章。广州外事，特别是穗港澳交流合作在广州70年的发展历程中具有十分重要的地位和作用。

一、1949—1978年：广州对外（港澳）交流合作的探索与发展

新中国成立后，广州发挥国家对外交往重要门户城市作用，一边“打扫干净屋子”，一边“请客”，以“站起来”的姿态开展对外交往工作，开启“海上丝绸之路”发祥地、千年商都对外交往的历史新篇章。

（一）以顺应形势为主要任务发展的相关机构

1974年以前，广东省和广州市的外事机构合一设置。1949年10月31日，广州市军事管制委员会外侨事务处成立，由中央人民政府外交部和广州市军管会双重领导，统管全省对外事务。1950年11月，改为广州市军事管制委员会外事处。1955年1月，广东省人民政府外事处正式成立。1958年3月，广东省人民委员会外事办公室成立。1975年1月，负责外事工作的广州市革命委员会办事组第三秘书处与广州市侨务办公室合并为广州市革命委员会外事办公室，负责广州市的外事和侨务工作。1978年5月，成立市革委会侨务办公室，保留市革委会外事办公室。

新中国成立初期，广州尚有美国、法国、英国、荷兰、葡萄牙、瑞士等国滞留的办

事机构，至 1953 年，滞留办事机构相继离境。1950 年 1 月起，与新中国建交的苏联、越南、波兰、捷克斯洛伐克、印度尼西亚等先后在广州设立领事机构。后因中苏关系变化，苏联驻广州领事馆于 1958 年 9 月自动撤离；捷克斯洛伐克驻广州领事馆也随后自动撤离；印度尼西亚驻广州领事馆 1966 年 2 月建馆，后因两国关系变化，于同年 7 月自动关闭；越南驻广州总领事馆于 1978 年 6 月关闭撤离。

（二）以反对帝国主义侵略为主要任务的民间对外运动

从新中国成立起，广州人民积极参与民间对外运动，反对帝国主义对新中国的敌视和侵略，支援抗美援朝，支持亚、非、拉人民反帝救国正义斗争及越南人民抗法斗争，为巩固新中国的独立与安全、维护世界和平作出了贡献。

1950—1971 年，广州市先后举行和平签名运动、反对美国重新武装日本示威、抗议英政府迫害和屠杀中国香港同胞游行、支持刚果人民的正义斗争集会、支持古巴人民反侵略斗争集会、抗议美国 U-2 型飞机侵犯中国领空集会、声讨美国飞机轰炸中国货船集会等活动。

抗美援朝期间，广州各界以实际行动支援前线抗美作战，为支持越南人民反对美帝国主义侵略、统一祖国的正义斗争，全市先后举行各类集会、游行等活动，先后发表宣言，举行报告会，开展动员大会、募捐活动、签字活动、宣传活动多次，派出赴朝医疗队和后勤服务队。

（三）以配合国家总体外交为主要任务的对外交往

20 世纪 50 年代前期，以美国为首的西方国家对中国实行外交断绝、经济封锁的遏制政策。此时期广州对外交往重心是：支援抗美援朝，促进中苏友好关系，接待来华访问抵穗的国宾及其他来宾。20 世纪 50 年代末至 70 年代末，国家外交侧重于支持亚、非、拉民族解放，团结平等待我的资本主义国家，反对两个霸权主义国家。这一时期，广州对外交往以官方为主，民间（如体育、文艺界）交往也有发展。

1954—1978 年，访穗或经穗的国宾逐步增多，广州市先后接待 105 批次，其中在穗参观访问活动 31 批次。1970 年 4 月，印度支那人民最高级会议在广州举行，柬埔寨、老挝、越南三国代表团出席会议，周恩来总理到会祝贺。1976 年 2 月和 1985 年 9 月，美国前总统理查德·尼克松两次访华，均抵广州参访。

1954—1979 年，访穗或经穗的外国政党领袖和政党代表团共 25 批次，其中

1959—1965 年最为频密，为 16 批次。广州市政府与外国地方政府直接交往不多，交往城市所在国家包括苏联、匈牙利、阿尔巴尼亚、越南和柬埔寨等，重要代表团互访 13 批次，其中与越南海防和广宁等省市来往占 8 批次。

广州市对外民间友好工作起步较早，1949 年 12 月，成立第一个对外友好团体——中苏友好协会广州分会，在各机关、街道、工厂、学校设有支会。1956 年 5 月，为促进对外经济文化交流合作，广州市对外文化交流协会成立。工会、共青团、妇联也积极开展与国际城市和港澳的交流活动。

从 1957 年开始，国家决定每年春秋两季在广州举办中国出口商品交易会（即广交会）。此后广交会持续发展，成为中国开展对外经贸活动的第一平台、国家外汇的主要来源、了解国际市场需求的独特渠道、展现中国社会主义建设成就的重要窗口。

二、1978—2012 年：广州对外（港澳）交流合作全方位发展

改革开放为具有开放包容特质和深厚文化底蕴的广州提供了广阔发展空间和持续进取动力。外事工作及穗港澳交流合作为推动广州形成全方位、多层次、立体化的开放格局，推动经济社会快速发展营造良好外部条件。

（一）顺应改革开放大潮的机构发展

1981 年 10 月，广州市革命委员会外事办公室更名为广州市人民政府外事办公室（以下简称市外办）。1983 年 6 月，市外办与市对外经济和贸易委员会合署办公；1984 年 6 月，单独设置。1984 年 3 月，中国人民对外友好协会广州市分会成立，办公室设置在市外办。1987 年 3 月，更名为广州市人民对外友好协会。1997 年 5 月，广州对外交流发展中心成立。2001 年 11 月，广州市人民政府港澳事务办公室正式挂牌，与市外办合署办公。2007 年，中共广州市委外事工作领导小组成立，领导小组办公室设在市外办。

1979 年 8 月，美国驻广州总领事馆开馆。1980 年 3 月，日本驻广州总领事馆开馆。至 2012 年 5 月，乌克兰驻广州总领事馆开馆。33 年间先后有 44 个外国领事馆在穗开馆。其中，1997—1998 年新增 8 个，2007—2012 年新增 22 个，形成 2 个快速发展的阶段，反映出港澳回归、广州成功申办和举办亚运会及广州经济持续高速增长对广州国际显示度、影响力的巨大提升作用。

（二）与改革开放同步的国际友好城市工作

这个时期，广州友城工作坚持城市外事与国家外交同心同行，官方与民间双轨并进，逐步从引进为主转为双向互惠。

1. 城市外事与国家外交同心同行

一是根据中央对外工作方针调整，友城工作顺势起步。1978 年 8 月，中日缔结《中日和平友好条约》。1979 年 5 月 2 日，广州市革委会主任杨尚昆与福冈市市长进藤一马签署两市缔结友好城市协议书，成为华南地区首对国际友好城市，正式拉开广州国际友城工作序幕。1979 年 1 月，中美正式建交；1981 年 12 月，广州与美国洛杉矶缔结友城关系。至 1989 年 2 月，广州先后同与中国具有良好关系基础的菲律宾马尼拉、加拿大温哥华等 6 个国家的 6 个城市结好，国际友好城市增至 9 个。二是伴随世界新旧格局转换过渡，友城工作进入调整探索期。1995 年，全市友城工作会议提出“因市制宜，分类发展”的指导原则。友城结好工作经过 6 年的停滞、调整和积累，于 1996 年、1997 年新增 6 个，迎来快速增长的两年，至 2002 年 7 月，新增友好城市 5 个、友好合作交流城市 5 个。三是中国全面融入世界，友城工作进入拓展期。至 2012 年 9 月，新增友好城市 14 个，增至 29 个；新增友好合作交流城市 9 个，增至 14 个。2007 年 2 月，在中国国家主席胡锦涛和斯里兰卡总统马欣达·拉贾帕克萨的共同见证下，广州市与斯里兰卡汉班托塔区建立友好城市关系。2006 年、2007 年新增友城 5 个，2012 年全年新增友城 9 个，形成两个快速增长期。

2. 官方与民间双轨并进

广州作为地处中国改革开放前沿的中心城市，承接大量的国宾接待任务。其中包括 1986 年 10 月，英国女王伊丽莎白二世和菲利普亲王抵穗访问。广州与国际友城之间的官方互访日益增多，逐步遍及全球，拓展到各个领域，很好地发挥城市间领导互访在发展国际城市友好合作关系中的引领作用。1999 年 5 月，日本福冈市市长山崎广太郎率政府、文化艺术、市民代表团一行 275 人访穗。2003 年 9 月，广州市副市长李卓彬率代表团一行 160 人访问福冈，参加“亚洲月”活动。2008 年 3 月，举办广州国际友城外办主任及友好协会会长联席会议，来自五大洲 22 个国家的 26 个国际友城与会。民间交流全面推进，“以民促官”，通过各类社会团体、民间组织和友好人士全方位开展对外交流，培育交流品牌，厚植城市国际交往社会基础。1996 年，广州以 2210 周年城庆活动为契机，开展丰富多彩的民间对外交流活动，如羊城国际粤剧节、国际艺术博览会、国际龙舟赛等，有力促进了多元文化交流。1999 年，举办“姐妹城市·姐妹情”广州国际友城发展20周年系列庆祝活动，借助媒体宣传，产生较大影响。2002年开始，广州连续组织友城之旅市民访问交流活动，形成民间对外交流系列品牌。

3. 从引进为主逐步转为双向互惠

广州作为改革开放的先行地，发展国际友城关系，既有深厚的历史积淀，更有现实的迫切需要。

科技交流早期主要着眼于引进技术与设备，如日本福冈市下水道局为广州市大坦沙污水处理厂提供生物脱氧除磷活性污泥法工艺，相关项目于1989年11月底全面建成投产，节省投资1000多万元人民币。在广州地铁筹建过程中，法国里昂市斯马里地铁公司派出地铁专家7批45人次，进行勘测，提交可行性报告。经贸交流合作从引进为主向双向互惠转变。发展中国家友城占比从起步阶段的11%，增至2012年9月的51%。人文领域双向交流有力促进民心相通。1980年，广州市借出两只大熊猫赴日本福冈展览两个月，观众达100万人次，引起很大反响，掀起“熊猫热”和“中国热”。1988年1月，由广州市为澳大利亚悉尼市设计的中国岭南风格庭园——“谊园”建成，为该市增添一大景观，也成为知名的海外中国园林之一。广州越秀公园、流花湖公园和云台花园等都建有展示友城赠品、纪念品的“谊园”。1994年，广州市为法兰克福建市1200周年市庆烟花晚会燃放烟花，点亮了城市形象。双向互动的民间交流，让广州走向世界，让世界了解广州。

（三）日益走近世界舞台中心的城市多边交往合作

伴随改革开放的步伐，广州在全国城市中率先加入重要的城市国际组织，活跃于城市国际多边交流合作的舞台。

1. 参加境外国际会议

世界大都市协会成立于1985年，广州市于1993年9月正式加入该组织，1996年被推选为董事会成员城市，是我国最早加入该协会并成为董事会成员的城市。世界城市和地方政府联合组织（简称“城地组织”）成立于2004年，是目前最大的地方政府国际组织。广州市以创始会员身份加入该组织，并于2007年起连续4届担任联合主席城市，是我国唯一连续担任联合主席的城市。从1993年起，广州市积极参加世界大都市协会和城地组织的年会、大会和亚太地区会议，发出广州声音。亚太城市首脑会议由日本福冈市于1994年发起，每两年一届，作为会员城市，广州积极参与，推动亚太城市间交往合作。

2. 合作举办国际会议

1991 年 8 月，由全国总工会发起并主办的亚洲十四国工会发展和就业研讨会在广州举行。1996 年 11 月，第二届亚太城市首脑会议在广州召开，11 个国家和地区的 21 个城市与会，签署《广州宣言》。2000 年 10 月，世界大都市协会董事会年会及特别大会暨国际研讨会在广州举行。这是世界大都市协会首次在中国召开的会议，来自 35 个国家和地区的 49 个城市代表与会。2007 年 8 月，亚太旅游振兴机构第三届总会在广州举办。2009 年 11 月，世界城市和地方政府联合组织世界理事会会议暨广州国际友城大会在广州召开，来自 60 多个国家、210 多个城市和地方组织逾千名代表出席大会。时任国家副主席习近平出席会议并发表题为《加强团结协作共同应对挑战》的主旨演讲。

3. 主办国际会议活动

广州市政府于 1993 年、1994 年连续举办两届“现代化国际大都市——迈向 21 世纪的广州”国际研讨会，首次提出广州建设国际大都市的远景目标。2009 年 12 月，第十六届亚洲运动会世界新闻媒体大会在广州召开。2010 年 11 月，第十六届亚洲运动会在广州成功举办，国务院总理温家宝出席开幕式并宣布开幕。2010 年 12 月，广州 2010 年亚洲残疾人运动会成功举办。

（四）从迎回归到双赢发展的港澳事务工作

穗港澳地缘相近、文脉相亲，广州是国家中心城市、岭南文化中心，做好港澳工作责无旁贷。1985 年 2 月，知名港澳爱国人士霍英东、马万祺来广州访问，邓小平和王震、余秋里分别会见。随着改革开放的深入和“一国两制”的提出并在港澳成功实施，工会、青联、妇联等组织围绕实现祖国统一、振兴中华的目标，密切与港澳相关团体往来，积极开展各种交流、联谊活动。20 世纪 80 年代，广东粤剧院和广州粤剧团多次组团赴香港、澳门演出，引起强烈反响。1980 年，广州粤剧团抵港与香港新老粤剧艺人 300 多人联袂演出，被香港媒体誉为“粤剧界空前盛举”。

改革开放初期，广州发挥毗邻港澳优势，在港澳地区组建境外经贸机构，以港澳为纽带连通世界。长期以来，港资在广州对外开放进程中发挥了重要作用。1979 年 4 月，兴建白天鹅酒店的协议正式签署，霍英东投资 5000 万元并提供管理、技术，该酒店成为内地第一家合资五星级酒店，产生巨大的窗口效应。与此同时，广州也向香港学习了推进改革开放所需的先进理念规则和管理经验。

三、党的十八大以来，开创广州对外（港澳）交流合作新格局

党的十八大以来，中国外交坚持合作共赢基本方略，实现从融入世界到引领时代的历史转变。在习近平外交思想指导下，广州外事提高政治站位，加强党对外事工作的集中统一领导，推动落实全市外事工作领导机制改革，先后4次召开市委外事工作领导小组会议，调整充实领导小组成员，2019年1月，成立中共广州市委外事工作委员会和市委外事工作委员会办公室。建立完善统筹协调全市外事（港澳）工作的制度机制，着眼大局服务国家总体外交，围绕中心服务广州改革开放和高质量发展，统筹推进国际交往中心建设，开创广州外事（港澳）工作新局面。

（一）全面推进友城工作快速发展

新时代，广州友城工作开拓创新，自2010年起，先后制定广州市国际友好城市工作两个五年规划和友城工作专项计划，提出友城发展百城目标，扩容提质增效有力推进，全面形成友好城市—友好合作交流城市—友好城区—友好单位“四位一体”布局和政府部门、企事业单位及社会各界共同参与的工作格局，国际友好城市从29个增至38个，国际友好合作交流城市从14个快速增至35个。

1. 积极发展“一带一路”友城关系，服从服务国家总体外交布局

新增30个友城中，所在国已同中国签订共建“一带一路”合作文件的友好城市占73%。2014年9月，在国家主席习近平和印度总理莫迪的见证下，广州市与艾哈迈达巴德市签署缔结友好城市关系协议。发展友城关系更加积极主动，实施友城拓展战略，新增友城中，国际友好合作交流城市占70%。双向互惠交流合作内涵不断丰富，新增友城中，发展中国家城市19个，占63%，与发达国家友城的合作也更加注重双向互动、强强联合。国际友城工作从“请进来”为主逐步转向“请进来”与“走出去”协调发展。

2. 探索形成友城工作“四化”路子，有力服务广州改革开放和高质量发展

推动友城合作平台化，组建广州国际友城文化艺术团，成立“广州大学·林雪平大学城市可持续发展研究中心”，设立广州国际交流合作基金会。坚持友城交流机制化，建立穗伯合作指导委员会工作机制，在广州设立英国伯明翰大学广州中心。建立青少年人文交流机制，中山大学医学部与英国布里斯托尔大学医学院、伯明翰大学等英国高校联合主办“北塘计划”，已举办17期；挂牌建立广州国际友城足球交流学

校，举办广州国际友城青少年足球交流赛。推进友城发展项目化，与友城法国里昂市在多领域开展务实合作，举办“太阳之旅”里昂至广州跨欧亚大陆自行车拉力赛；与意大利热那亚市合作推动帕格尼尼国际小提琴大赛亚洲区音乐交流会落户广州；在穗伯合作框架下，开展35个高水平合作科研项目。坚持友城交往常态化，完善友城统筹岗和联络岗工作制度，加强人文交流和宣传，提升多元主体参与度，举办国际友城联络人联席会议，开展友城结好周年庆祝系列活动、美国商船“中国皇后号”首航广州230周年纪念活动、国际友城市长面对面活动，开展广州青年交响乐团欧洲巡演、广州文化周·广东音乐非洲行。2016年，悉尼市市长克劳馥·摩尔女士率代表团一行约110人访穗，庆祝两市结好30周年，将友好合作关系推向了新的高度。

3. 从双边到多边，创设友城三城联盟经贸合作机制

2014年，成立广州—奥克兰—洛杉矶三城经济联盟，在多领域试点实质性合作。2015年，召开第一次市长联席会议，建立广州港与洛杉矶港、奥克兰港港口联盟，轮流主办三城经贸合作年会，实现友城双边合作到多边合作的新突破。2018年，策划广州—法兰克福—里昂三城经济合作机制的设立。同年12月，广州国际友城大学校长论坛暨广州国际友城大学联盟成立。

（二）积极参与推动全球城市治理创新

党的十八大以来，中国致力于推动国际秩序和全球治理体系朝着更加公正合理方向发展，为解决人类社会面临的种种全球性挑战提出中国方案。广州自觉担当历史责任，积极开展国际城市多边交往，参与推动全球城市治理创新。

1. 代表中国城市连任两个主要国际城市组织主席城市

2013年、2016年，广州市第三、第四次参选并连任世界城市和地方政府联合组织联合主席城市。2014年6月起，广州市负责该组织城市创新专业委员会日常管理，牵头城市创新领域有关工作。2014年10月，广州市当选为世界大都会协会首任联合主席城市并成为该协会亚太区联络办公室所在地。2017年6月，连任该组织联合主席城市，并取得2020年世界大都市协会第十三届世界大会的举办权。2015年、2017年举办第一、第二期国际城市创新领导力研讨班。

2. 创设广州国际城市创新奖

在中国人民对外友好协会指导与支持下，广州市与世界城地组织、世界大都市协会联合创设广州国际城市创新奖（简称“广州奖”），旨在通过评估和表彰在全世界具有

推广价值的城市治理创新举措，激励和推动城市治理创新，促进全球城市全面、协调与可持续发展。2012 年 11 月，举办第一届广州国际城市创新奖及广州国际城市创新大会暨世界大都市协会董事年会。广州奖每两年评选一届，每届评选 5 个获奖城市，已举办 4 届，全球 20 个城市先后获奖，其权威性、品牌影响力和全球知名度逐届提升。

3. 主办全球市长论坛

2018 年 12 月，全球市长论坛暨第四届广州奖及广州国际城市创新大会在广州举办，66 个国家的 193 个城市参评，39 个国家 105 个城市和地方政府派代表参会，全国政协副主席何维出席开幕式并致辞，联合国副秘书长、人居署执行主任谢里夫发来视频致辞，以“全球开放，包容创新”为主题举办近 30 场活动，发布《全球市长论坛广州宣言》，评出 5 个获奖城市和 1 个网络人气城市。论坛在广州奖基础上创设，由中国人民对外友好协会和广州市政府共同发起，获得世界城地组织和大都市协会支持，是城市治理层面首个由中国主导的全球性高端论坛。此外，广州于 2015 年 9 月以“大城市会员”身份加入 C40 城市气候领导联盟。

（三）推动国际交往中心建设，着力建设国际大都市

2016 年，广州提出高水平建设国际交往中心目标任务，2018 年出台实施《广州建设国际交往中心三年行动计划（2018—2020 年）》。“全球化与世界城市研究网络”（GaWC）的世界城市分级研究报告显示，广州排位加速提升，2000 年为第 109 位，2012 年为第五十位，2016 年为第四十位，进入 Alpha- 级，2018 年为第二十七位，进入 Alpha 级，成为继香港、北京、上海、台北之后的中国第 5 个世界一线城市。

1. 办好会议，着力打造国际会议目的地

举办重要国际活动场次由 2013 年的 20 场增至 2018 年的 61 场。2017 年 12 月，广州《财富》全球论坛召开，国家主席习近平发来贺信，国务院副总理汪洋出席开幕式并发表主旨演讲。论坛向国际社会宣介党的十九大精神、传递中国发展理念和发展信心。会后，《财富》全球科技论坛落户广州南沙。从都国际论坛于 2014 年正式创办，是中国境内重要的民间外交及国际交流平台。2017 年 12 月、2018 年 12 月，全国人大常委会副委员长王晨、国家副主席王岐山先后出席论坛开幕式并作主旨发言。国家主席习近平连续两届在北京会见出席论坛的外方嘉宾。广州先后承办 2016 年二十国集团（G20）峰会协调人会议、中国—海湾阿拉伯国家自贸区第七轮谈判会议、第二届对非投资论坛、2017 年金砖国家运动会、2018 年世界航线发展大会等国际会议活

动，国际会展赛节的质量水平持续提升。

2. 用好平台，集聚全球优质资源

自2014年下半年起，广州市主要领导连续率团出席世界经济论坛冬季、夏季达沃斯论坛，举办广州之夜宣介活动。2016年世界经济论坛商业圆桌会在广州召开。自2016年起，连续参加博鳌亚洲论坛。2017年起，连续参加中国发展高层论坛，举办专场城市推介会。配合国家主场外交活动和国家领导人出访，开展综合性路演推介，讲好中国发展广州故事，提升城市形象国际美誉度。

3. 建好网络，发展海外办事机构

拓展驻外机构平台与海外推介网络，设立3个驻外办事处、20个广州旅游境外推广中心、3个广州港境外办事处、27个市贸促会驻外联络处，一些企业开设海外研发中心和生产基地、营销网络。外国驻广州总领事馆新增18家，增至63家。筹建广州国际交流合作中心，以聚集服务外国驻穗机构。每两年举办一届广州地区中外友人运动会，打造驻穗外国友人加深友谊、促进交流、展现风采的活动平台。

4. 以人为本，提升外事管理服务水平

落实总体国家安全观，做好驻穗外事机构人员管理服务工作，妥善处置涉外突发应急事件，开展海外领事保护。统筹全市因公出访计划，认真贯彻落实中央八项规定有关因公出国要求，加强事前事中事后管理，出国任务更加务实，出国人员结构更加优化，出访目的地更加精准。提升公共服务国际化水平，推进公共场所英文标识规范化和标准化建设，筹建多语种服务平台。

（四）粤港澳大湾区建设开启穗港澳交流合作新篇章

粤港澳大湾区国家战略发布以来，广州举全市之力推进粤港澳大湾区建设，穗港澳交流合作迎来新的历史机遇，也承担起新的历史使命。

落实国家战略部署，不断推进穗港澳交流合作。粤港澳合作的深化实化为建设粤港澳大湾区创造有利条件。广州积极推动《内地与香港、澳门关于建立更紧密经贸关系的安排》（CEPA）落实，着力打造粤港澳全面合作示范区，推进穗港澳深度交流，启动粤港澳深度合作区起步区建设，持续推进穗港澳服务贸易自由化，抓住粤港澳大湾区建设重大历史机遇，穗港澳互利合作迈入新时代。在此进程中，领导体制和工作体系不断升级加强，政策体系不断健全，穗港澳合作机制日益完善，规则对接广度和深度持续拓展；穗港澳政府间互动日益频繁，穗港、穗澳合作专责小组先后召开6次会议，签订一批合作文件；各领域交流交往逐年增加，设施联通、产业合作、科技合作、平台建设加速推进。

担当国家中心城市责任，积极做好港澳青少年工作。持续完善便利港澳同胞在穗发展的政策措施，签订共同推进穗港澳青年就业创业合作协议，不断完善保障体系。着力促进人心相通，穗港澳姊妹学校增至216对，推动建立穗港姊妹学校发展联盟，年交流量近4万人次，形成一批交流活动品牌。着力提升就业能力，务实推进职业教育合作，连年组织“赢在广州”大学生创业大赛、广州百万奖金国际创业大赛、“青创杯”广州青年创新创业大赛港澳地区分赛。2015年起，实施粤港澳大湾区港澳青年实习计划和港澳青年学生实习“百企千人”项目，累计吸引4000余名港澳学生来穗实习。着力联合打造创新创业平台，先后建成粤港澳（国际）青年创新工场、天河区港澳青年之家创业基地、南沙区“创汇谷”粤港澳青年文创社区等青创孵化基地22家。

奋力新时代、踏上新征程，广州外事正以高水平建设国际交往中心为抓手助力实现老城市新活力，着力建设国际大都市，以建设“一带一路”重要枢纽城市为重心构建全球城市伙伴关系网络，利用粤港澳大湾区建设重要机遇持续提升参与国际竞争与合作的水平，以城市多边国际平台为主阵地参与推进全球城市治理创新，为开创新时代中国特色大国外交新局面作出新贡献。

参考文献：

1. 广州市外事志编纂委员会 . 广州市志：1990 年前 [M]. 广州：广州出版社，1991.

2. 广州市政务志编纂委员会 . 广州市志：1991—2000[M]. 广州：广州出版社，2001.

3. 广州市人民政府外事办公室，广州市档案局 . 相知者不以万里为远（1979—2015）.

4. 广州市社会科学院 . 广州城市国际化发展报告 (2018)：引领型全球城市 [M]. 北京：社会科学文献出版社，2018.

5. 全球市长论坛暨第四届广州国际城市创新奖及 2018 广州国际城市创新大会组织委员会办公室编，全球市长论坛暨第四届广州国际城市创新奖及 2018 广州国际城市创新大会专刊 .

6. 广州市社会科学院 . 广州城市国际化发展报告 (2019)：建设国际交往中心 [M]. 北京：社会科学文献出版社，2019.

（参编人员：周德利　韩捷）

第二十三章 人才事业发展

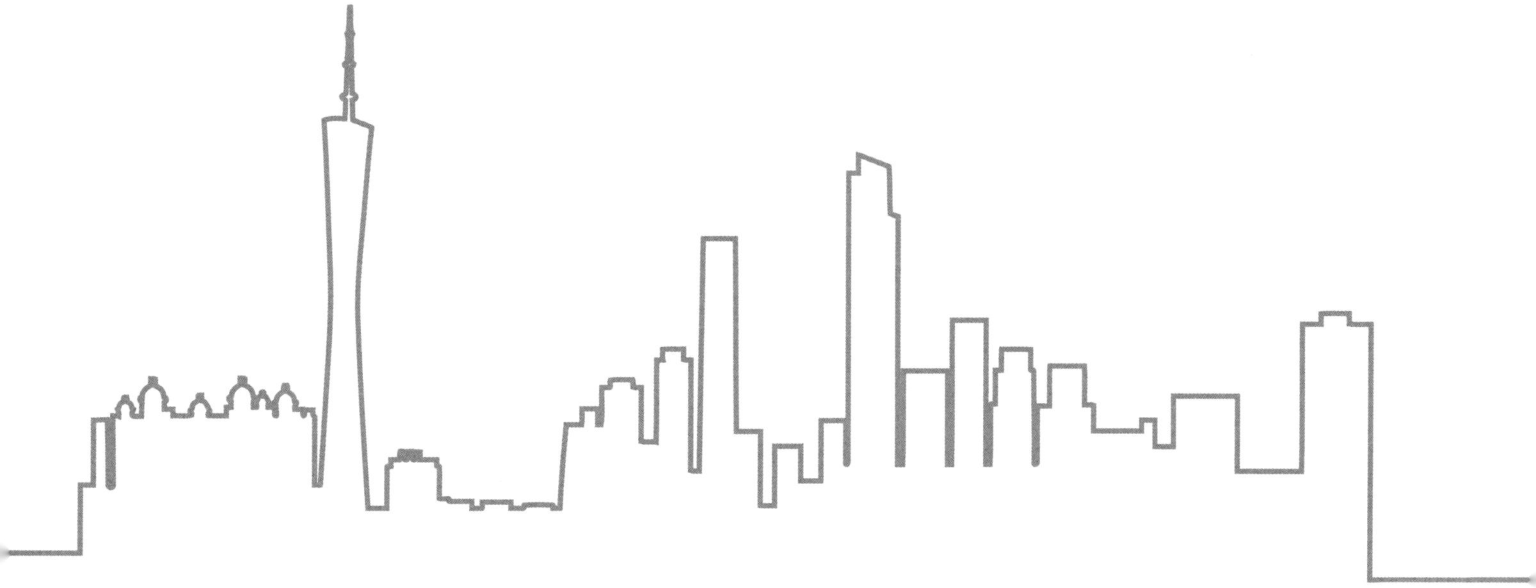

在新中国成立70年来的历史进程中，广州市一直高度重视人才工作，始终坚持锐意改革、逐步拓展、纵深推进，不断发展壮大各类人才队伍，人才工作取得历史性变革、历史性成就，为广州经济社会发展提供了有力的人才和智力支撑。

一、1949—1978年：广州人才工作起步前进，取得相当大的进展

新中国成立初期，百业待兴。人才工作在社会主义建设中起步前进。毛泽东对人才提出“又红又专，德才兼备”的要求。党和国家建立健全教育体系，大力吸引和帮助海外留学人才回国，并大规模向苏联和东欧国家派遣留学人员，更注重从工人、农民骨干中大量培养人才。在这一大背景下，广州市人才工作也取得相当大的进展。

（一）三大产业就业人数增长迅速

据统计，1949—1978年，全市就业人数从991967人增加到2668989人。其中，第一产业人员从612274人增加至1165987人，第二产业人员从126473人增加至857527人，第三产业人员从253220人增加至645475人，第一、第二、第三产业人数的增长，对促进三大产业发展，推动广州市经济社会发展发挥了积极的作用。[①]

（二）专业人才队伍发展壮大

新中国成立初期，广州市各类专业人才队伍也在不断发展壮大，突出表现在卫生技

① 数据来源：《广州市志（卷二）》。

术人员、科技人才、文艺人才等方面。在卫生技术人员队伍方面，1949 年，广州市区每千人口卫生人员仅 1.75 人。到 1952 年，全市卫生技术人员 7386 人，每千人口卫生人员达 2.72 人。到 1978 年，全市卫生技术人员 31547 人，其中医师 12014 人，护师（士）8110 人，每千人口卫生技术人员达 6.53 人，卫生技术人员队伍不断充实扩大。[①] 在科技人才队伍方面，1950 年，中华全国自然科学专门学会联合会广州分会筹备委员会成立。1959 年 3 月，广州市科学技术协会成立。1950—1959 年，广州各种学会、协会及基层组织发展到 220 个，会员达 3 万余人。[②] 这些团体面向生产，为工农服务，广泛开展各种学术交流与协作，解决有关科学技术难题，使广州的学术交流和科普活动焕发蓬勃生机。在此时期，广州市的文艺人才队伍建设也取得一定的进展。1949 年 10 月，广州解放后，广东文艺工作者纷纷从香港、两广及东江游击区、北方解放区各地会师广州，成为广州文化建设的中坚力量。1950 年，广州市人民政府文教局成立，社会文化团体广州市文学艺术界联合会筹备会宣告组成。1952 年底，市政府决定成立文化局，致力于文化事业和文化人才队伍的新发展。

在不断发展壮大的人才队伍中，各领域涌现一批杰出的人才代表。例如，在文艺人才队伍方面，有粤剧一代宗师、红派艺术创始人红线女。1955 年，红线女返回广州，加入广东粤剧团，并先后在广东粤剧团、广东粤剧院、广州粤剧团工作，她开创了中国粤剧史上花旦行当中影响最大的唱腔流派之一——红派艺术，为岭南粤剧艺术乃至中华文明树立了不朽的丰碑。[③] 还有中国近现代国画家、美术教育家、岭南画派创始人之一高剑父，以及岭南画派代表人物、著名国画家、教育家关山月等美术大家，他们致力于传统技法的继承、创新和发展，在永无止境的艺术道路上不断追求，为广东的美术作出重要贡献。此外，文学大家欧阳山在社会主义建设时期先后创作《三家巷》《苦斗》《柳暗花明》等一大批文学作品，为推动我国文学艺术发展作出积极贡献。著名历史学家陈寅恪任职于中山大学，长期致力于史学研究工作，对魏晋南北朝史、隋唐史、宗教史（特别是佛教史）、西域各民族史、蒙古史、古代语言学、敦煌学、中国古典文学以及史学方法等方面都作出重要的贡献。在医疗卫生方面，涌现了著名妇产科专家梁毅文、著名医学教育家柯麟等代表性人物。

① 数据来源：广州市卫生健康委员会。

② 数据来源：广州市科学技术协会。

③ 肖健《红线女粤剧流派是中华文明和岭南文化不朽丰碑》，新华网，2013 年 12 月 19 日。

（三）海外华人华侨回穗发展形成热潮

1953年4月12日，广州市归国华侨联谊会筹委会召开第一届会员大会，正式成立广州市归国华侨联谊会。根据章程，其宗旨是“联络在广州的归国华侨及侨眷，拥护中国人民政治协商会议共同纲领，团结互助，学习研究，介绍祖国情况，动员侨胞积极参加祖国各项建设工作”。1956年12月23日，为统一组织名称，广州市归国华侨联谊会改称广州市归国华侨联合会。

1954年5月，广州市成立华侨事务局，其主要任务是宣传贯彻中国共产党的方针、政策，维护华侨的正当权益和归侨、侨眷的合法权益，调动积极因素，为社会主义建设服务。

据有关资料，20世纪50年代归侨人数剧增，来自世界各地的华人华侨纷纷回穗积极参加祖国建设。在此期间，涌现出如黄长水、邓文钊、蚁美厚、黄洁、薛两清、王源兴、李祝朝、施子卿、林启文、黄复康、刘家祺、刘宜应、许崇德、范子英等一批积极回穗创办企业、投资定居的爱国知名人士。据统计，1955年全市的侨资私营工商业共计221家，资金达354万元。广大华人华侨积极回穗投身建设，为推动广州经济社会发展发挥了重要作用。①

二、1978—2012年：广州人才工作不断深化，进入新的发展阶段

（一）1978—1992年，人才工作在改革开放以来恢复发展

改革开放初期，邓小平提出“尊重知识、尊重人才”“科学技术是第一生产力”。1978年，全国科学大会召开，全面落实知识分子政策，国家恢复高考制度、留学制度，激发广大知识分子投身现代化建设的积极性和创造性。广州人才工作进入一个新的发展阶段。

1. 科技人才组织逐渐恢复加强

1978年2月，广州市委批准广州市科学技术协会恢复工作。到1990年，共选举产生5届市科协委员会。各级基层科协和学会、协会、研究会相继恢复和重建，队伍不断扩大。到1990年底，市属学会、协会、研究会82个，拥有会员39570人；区县科协12

① 数据来源：《广州市志（卷十八）》。

个，区县基层科协440个，会员40787人；厂矿科协54个，会员20657人。从1978—1992年，广州市科协系统和所属科技团体主办的国内科技学术交流活动11395场，参加活动的科技人员184.6万多人次；接待国外科技代表团786批，共1.2万多名专家和学者；进行学术交流活动1031场次，广州地区参加交流活动的科技人员达近4万人次。根据现代化建设需要，科技教育培训规模也逐年扩大，1982—1991年，市科协各部门共举办各类专业培训班27379期，培训学员约150万人次。①

2. 各类职业人才队伍不断壮大

1982—1990年，广州市各类专业、技术人员从235969人增加至340091人，国家机关、党团组织、企事业单位负责人从77063人增加至109077人，办事人员与有关人员从95758人增加至140280人，商业工作人员从93448人大幅增加至200357人，服务性工作人员从159204人增加至232612人，农、林、牧、渔劳动者从279805人增加至297260人。②

（二）1992—2003年，人才工作在社会主义市场经济建设中全面发展

江泽民提出“人才资源是第一资源”“尊重劳动、尊重知识、尊重人才、尊重创造”。这段时期，广州市人才引进工作机制及政策体系初步建立，人才引进培育方式更加灵活多样，人才资源总量大幅增长，人才资源结构得到改善，重视人才、关心人才、支持人才的社会氛围日益浓厚。

1. 出台多项引才政策

2000年，广州市制定的人才“十五”计划，主要阐明广州市人才发展目标、重点任务和重大举措，是广州市人才发展的综合性、基础性、指导性的重要依据。2002年，市人事局印发《2002年广州市引进人才专业目录》（以下简称《目录》），将各专业分为紧缺专业、控制专业和一般专业，指导各地、各部门、各单位按照《目录》的要求创造条件引进紧缺急需的专业人才。2002年，广州市印发《关于调整广州市区引进人才审批条件和程序的意见》和《实施〈关于调整广州市区引进人才审批条件和程序的意见〉有关问题的通知》，对年龄在50周岁以下具有博士学位或正高级专业技术资格、年龄在40周岁以下具有副高级专业技术资格，或硕士学位和中级专业技术资格、执业资格

① 数据来源：广州市科学技术协会。
② 数据来源：《广州市志（卷二）》。

等人才补进委托各区人事局审批，并定期报市人事行政部门备案。[①]

2. 成立中国南方人才市场

1995年9月13日，劳动部与广州市政府联合组建国家级区域性人才市场——中国南方人才市场，该市场以“服务人才、服务社会”为宗旨，专注于人力资源服务领域，以企业和人才需求为导向，按照专业化、信息化、产业化、国际化发展方向，逐步形成人力资源配置、人才公共服务、海外人才交流及创业投资孵化四大服务平台，最大限度依靠市场发现人才、评价人才、支持人才、回馈人才，迅速发展成为华南地区集聚人才的主渠道和主平台，为推动广州地区经济社会发展起到积极作用。

3. 创办中国留学人员广州科技交流会（简称“留交会”）

1998年，亚洲金融危机肆虐，我国也面临海外引才需求大、留学人员获取国内信息渠道缺乏的结构性矛盾。为吸引海外人才特别是优秀留学人员回国发展，刘悦伦、卢智俊、彭说龙、顾军、颜光美五人共同发起成立留交会的倡议。在广州市委市政府和开发区的支持下，第一届“中国留学人员广州科技交流会”在流花路广州出口商品交易会召开。经过20年的发展，留交会已经从一个只有303名留学人员参加的地方性海外人才项目洽谈会，发展成为由教育部、科技部等部委与广州市委市政府联合主办，全球近30个国家和地区、众多海外人才参与的国家顶级海外人才和科技项目交流会，累计吸引3.3万余名海外人才，推动6100多个高端项目在广州乃至全国各地落户，成为我国规模最大、层次最高、最具影响力的海外人才项目交流平台，被誉为“中国海外留学人员交流第一品牌”。[②]百度李彦宏、华大基因汪建、药明康德李革、锐博生物张必良、威创视讯何正宇等一批知名的创新创业人才，都从这里迈出回国创业的第一步。2016年，经省委批准，留交会更名为中国海外人才交流大会暨中国留学人员广州科技交流会（简称“海交会”），服务人群和辐射范围进一步扩大，成为广州服务“一带一路”倡议的人才桥头堡。

4. 加强科技人才联系服务工作

这段时期，以科技工作者为代表的人才思想更加活跃，各类诉求也日益增多。为进一步加强对科技工作者等人才的联系服务，广州市政府批准自1996年开始，连续3年，每年拨款200万元，支持市科协建立广州市自然科学技术交流基金，为开展学术交流活

---

① 数据来源：广州市人力资源和社会保障局。

② 数据来源：广州市人才工作领导小组办公室。

动提供有力的经费支持。1993 年起，市科协与广州电视台合作拍摄 35 集专题片，首次通过电视媒体广泛宣传科技人员先进事迹。2000 年，广州市科协开通“科技人员热线电话”、开展“科技人员来访接待日”活动，方便科技人员反映意见和问题。成立法律顾问团，为广州地区科技工作者提供法律服务。继续开展科技论文评选工作，1993 年—1998 年共评选出 425 篇。1995 年，还进一步完善优秀科技论文奖励制度，把优秀科技论文一等奖奖金提高到一万元，奖励金额为当时全国科协系统同类奖金之最。积极推动学术交流，从 1993—2003 年，广州市科协系统和所属科技团体主办的国内科技学术交流活动有 9132 场，参加活动的科技人员有 53.47 万多人次。①

（三）2003—2012 年，人才工作得到整体谋划、系统推进

胡锦涛提出科学人才观，强调“人才资源是第一资源”“人人都可以成才”“以人为本”。2003 年 12 月，党中央、国务院召开新中国历史上第一次全国人才工作会议，颁布《关于进一步加强人才工作的决定》，全面部署实施人才强国战略。这段时期，广州市坚持整体谋划、系统推进人才工作，持续创新人才引进工作机制，进一步完善人才政策体系，不断加强人才引育工作力度。

1. 推进全市人才工作的顶层设计

2010 年，出台《广州市中长期人才发展规划纲要（2010—2020 年）》，完成全市党政人才、企业经营管理人才、专业技术人才、高技能人才、农村实用人才、社会工作人才等 6 支人才队伍的专项规划编制，推动各区（县级市）、市属高校、企业和科研院所启动人才强区（县级市）、强校、强企、强院等规划编制工作，初步形成全市人才规划体系。

2. 持续强化人才引进的制度保障

制定《关于加快广州市人才引进的若干意见》，实行人才引进直接申报制度，全市国家机关、群众团体、事业单位和各类企业（包括未办理人事代理的民营、无主管部门的企业），均可直接向市政府人事行政管理部门申请本单位需要的符合广州市人口准入条件的人员来广州市就业。实行居住证制度，开创“柔性”引进人才新机制。市人事局与市公安局联合印发若干意见，对广州市需要或希望到广州市工作的国内外人才实行《广东省居住证》制度，在“子女入学、购房购车、创办企业、申办出国、科技资助、

① 数据来源：广州市科学技术协会。

职称评审、参加保险”等方面给予市民待遇。出台《广州市鼓励留学人员来穗工作规定》《关于鼓励海外高层次人才来穗创业和工作的办法》，鼓励海外人才来穗发展。据统计，广州市所接收应届毕业生入户人数从2003年的15932人增长至2013年的21530人，人数较2003年增长约35.14%，在职人才引进入户人数也从2006年的4302人增加至2013年的10216人，人数较2006年增长约137.47%。①

3. 启动全市高层次人才认定工作

出台《关于加快吸引培养高层次人才的意见》及10个配套实施办法等政策文件，聚焦海内外高层次创新创业人才及团队，突出引领作用，宽领域、多层次、全方位打造吸引培养高层次人才政策体系。共认定广州市杰出专家44人、优秀专家182人、青年后备人才33人，基本形成由三个梯队市管专家构成的高层次人才集聚体系，并给予住房保障、培养资助、子女入学、配偶就业等一系列支持待遇。

4. 启动实施全国首个地方性公派留学项目——广州市“菁英计划”留学项目

2011年，出台《广州市“菁英计划”留学项目实施办法（试行）》，启动实施全国首个地方性公派留学项目——广州市“菁英计划”留学项目，瞄准广州市经济社会发展重点领域，选派广州地区高校、科研院所优秀硕士研究生到教育、科技发达国家和地区的一流高校攻读博士学位（含联合培养），并资助其留学期间的生活费和往返1次的国际旅费。“菁英计划”为广州培育一批批具有国际视野的青年优秀人才，被喻为针对青年英才的“天使投资”。曾入选2011年度广东省地级以上市人才工作“十大精品”项目。

8年来，“菁英计划”先后资助270人，累计资助约7800万元。已有145人学成返穗创业就业，逐步成长为各领域人才队伍中的骨干，其中35人获得国家自然科学基金青年基金的资助进行相关课题研究，4人主持国家自然科学基金的面上项目，9人开始创业；已有数人入选人社部首届“博士后创新人才支持计划”，并获得教育部高等学校科学研究优秀成果三等奖、广东省科技进步一等奖、广东省哲学社会科学优秀成果一等奖以及青年珠江学者等荣誉。②

5. 各领域人才队伍不断壮大

2012年，广州市卫生系统卫生专业技术人员中，具有高级专业技术资格人员4363

① 数据来源：广州市人力资源和社会保障局。

② 数据来源：《聚一流人才 创羊城风采——改革开放40周年回望广州人才事业发展》，载《中国人才》杂志社。

人，占 13.6%；具有中级专业技术资格人员 9856 人，占 30.6%；研究生以上学历（学位）3538 人，占 11%；留学人员 171 名。[①] 社工人才工作方面，出台《关于学习借鉴香港先进经验 推进社会管理改革先行先试的意见》《关于加快推进社会工作及其人员队伍发展的意见》等 14 份有关文件，累计通过国家社会工作者职业水平考试 9843 人，并呈现逐年增加的良好态势。[②]

三、党的十八大以来，开创广州人才工作新局面

党的十八大以来，以习近平同志为核心的党中央高度重视人才工作。习近平总书记就人才工作先后作出 100 多次重要批示和指示，并提出“广聚天下英才而用之”“发展是第一要务，人才是第一资源，创新是第一动力”等重要论断。这个时期的人才工作着重在推进人才发展体制机制改革上发力，加快构建具有全球竞争力的人才制度优势。广州市大力实施人才强市战略，对接粤港澳大湾区建设发展，不断推进人才发展体制机制改革，着力实施更加开放的人才政策，努力实现“广聚英才，共创未来”。

（一）人才政策更加积极开放、精准有效

1. 出台粤港澳大湾区首个城市人才发展战略性文件“广聚英才计划”

2019 年 5 月，广州市委市政府出台《关于实施“广聚英才计划”的意见》，推出一系列人才发展体制机制创新举措，全力集聚国内外“高精尖缺”人才、全面激发人才创新创业活力、全方位优化人才发展环境，加快构筑创新人才战略高地。主要内容包括：

一是聚焦战略谋划，强化人才引领发展的重要作用。一方面优化整合提升产业领军人才政策、高层次人才支持政策、“人才绿卡”制度、“菁英计划”留学项目等现有市级人才项目。另一方面提出一系列创新举措，重点集聚一批大湾区发展需要的高端专门人才，增强人才与现代化经济体系匹配度。二是对标国际一流，打造极具竞争力的人才支持体系。在实施“人才举荐制”、实施团队带头人全权负责制，对优质产业人才团队予以滚动支持或追加资助，实施“人才投”“人才贷”“人才保”金融服务等方面大胆探索。三是突出问题导向，补齐制约人才事业发展的短板弱项。在人才安居保障、博士

① 数据来源：广州市卫生健康委员会。

② 数据来源：广州市民政局。

后博士生活补贴、人力资源服务产业园建设、国家和省重大人才工程入选配套资助、国有企事业单位协议工资制等方面谋求突破。四是发挥广州优势，深化粤港澳大湾区人才交流合作。如优化提升“菁英计划”留学项目，探索将港澳台地区知名高校优秀学生纳入支持范围，增设“基础研究青年英才项目”；打造“青年创新成果广州交流会”，规划建设市高层次人才创新创业示范基地和100个青年众创空间，着力营造“类海外”人才发展环境等。

2. 实施产业领军人才政策吸引创新创业人才

2016年2月，广州市出台《关于加快集聚产业领军人才的意见》及4个配套文件（简称“1+4”政策），在全国率先实施以产业领军人才为对象的人才引育工程。“1+4”政策5年投入35亿元，在新一代信息技术、人工智能、生物医药、新能源新材料等12个重点产业领域内支持500名创新创业领军人才，每年支持1000名产业高端人才、2000名产业急需紧缺人才。以创新创业领军团队项目为例，入选团队可以获得300万元人才经费以及最高3000万元的项目经费资助，同时还可以享受工作场地房租补助、贷款贴息、首购首用风险补偿等一系列支持政策。自政策实施以来，得到社会各界热烈响应，每年总申报人数均超1万人，尤其吸引一大批高层次人才和团队流入广州。

3. 建立科学开放的高层次人才认定和支持体系

2017年12月，广州市出台高层次人才认定、服务保障、培养资助三份政策文件，以“高精尖缺”为导向设定112条认定标准，将全市各行业领域的高层次人才划分为“杰出专家”“优秀专家”“青年后备人才”三个层次，并计划5年投入15亿元，为高层次人才提供住房保障、子女入学、医疗待遇、培养资助、资料津贴等一系列支持待遇。以住房补贴为例，杰出专家可获得500万元，其中院士等顶尖人才可获得1000万元，优秀专家可获得200万元，青年后备人才可获得100万元。高层次人才认定不受国籍、户籍和身份限制。广州高层次人才已认定701人，其中港澳人才3名、外籍人才26名。

（二）各类人才队伍蓬勃发展

对于各行业领域的专门人才，广州市相关职能部门相继在科技人才、教育人才、卫生人才、社会工作人才、金融人才、高技能人才等方面出台专项支持政策，建立起具有专业性、普惠性特点的人才政策体系，推动各类人才队伍不断发展壮大。如医疗卫生人才方面，市卫生健康委员会下属 11 家医疗卫生机构的 8488 名专业技术人员中，博士研究生及以上学历的 473 人，占 5.57%，具有正高级职称的 837 人，占 9.86%，有副高级职称的 1710 人，占 20.14%；现有新世纪百千万人才工程国家级人选 2 人，原卫生部有突出贡献的中青年专家 2 人，享受国务院特殊津贴专家 25 人，广东省医学领军人才 10 人，广东省杰出青年医学人才 62 人。① 社工人才方面，通过全国社会工作者职业水平考试 18231 人，被评为全国社会工作领军人才的 2 名，获得国家级、省级、市级先进个人、劳动模范等荣誉称号等的 54 名，分布在各系统的社工专业人才 13113 人，为广州社会工作发展提供了有力支撑。② 金融人才方面，高层次金融人才引进对象逐年增多，自 2015 年的 218 人增长至 2018 年的 329 人，复合增长率达 22.85%。③ 高技能人才方面，广州地区技能人才队伍总人数为 260 万人，高技能人才总量超 80 万人，占比 31%，明显高于全国水平。④

截至 2018 年底，广州地区具有大专以上学历人才资源总量 351 万人，在穗留学回国人员近 8 万人。在穗工作的诺贝尔奖获得者 6 人、“两院”院士 97 人（全职 39 人，占全省的 86%）。国家重大人才工程入选者 493 人，占全省的 57.1%。省“珠江人才计划”创新创业团队 90 个，占全省的 41.9%。省引进高层次人才 210 人，占全省的 58.3%。“广东特支计划”入选者 891 人，占全省的 75%。在广州持有外国人工作许可证的外国人 1.6 万余人，仅次于上海、北京，其中外国高端人才和外国专业人才共 1.3 万余人，占比约 82%。⑤

（三）重点人才项目稳步实施

1. 实施创新创业领军人才百人计划

为大力引进扶持海内外人才来穗创新创业，2012—2014 年，市财政累计投入 2.09 亿元实施“百人计划”，分 3 批引进 78 名创新创业领军人才，给予科研经费、创业启动资金和安家费。入选者专业主要集中在电子信息、生物医药、节能环保、新能源、新材料等高新技术领域，与广州市积极培育发展的战略性新兴产业相吻合。72 人具有海

① 数据来源：广州市卫生健康委员会。
② 数据来源：广州市民政局。
③ 数据来源：广州市地方金融监督管理局。
④ 数据来源：广州市人力资源和社会保障局。
⑤ 数据来源：广州市人才工作领导小组办公室。

外发达国家或地区的学习和工作经历，56人取得海外博士学位。该计划支持的人才中，国家重大人才工程入选者36名，近半进入人才“国家队”，一批关键技术取得突破，经济效益持续快速增长。[①]

2. 实施“121人才梯队工程”（岭南英杰工程）

2011年7月，广州市出台实施《广州市“121人才梯队工程”实施意见》，采取个人自荐、专家举荐、组织推荐等多种方式，将市高层次人才集聚体系中发展潜力巨大、业绩突出者择优选拔进入“121人才梯队工程”，对其进行个性化重点培养，采取跟踪服务和动态管理措施，争取用5年时间，培养10名站在世界科技前沿的中国科学院、中国工程院院士后备人才（简称第一梯队），20名具有国内领先水平的“新世纪百千万人才工程”国家级人选后备人才（简称第二梯队），100名在学科专业领域起骨干带头作用的享受国务院政府特殊津贴的后备人才（简称第三梯队），并分别给予最高40万元、30万元和20万元专项工作经费。该工程自实施以来，累计培养114人，其中第一梯队12人，第二梯队10人，第三梯队92人，其中已有1人当选中国工程院院士，1人获2017年院士增选提名，3人入选国家百千万人才工程，29人被国务院批准为享受政府特殊津贴人员，10人入选“广东特支计划”。广州市于2018年1月出台《广州市“岭南英杰工程”实施意见》，对“121人才梯队工程”进行全面升级，计划5年内资助培养20名两院院士后备人才、200名国家级重大人才工程人选后备人才，为入选者提供创新经费、交流平台和服务保障配套支持。

3. 实施高层次金融人才支持项目

2014年，广州市出台实施《广州市高层次金融人才支持项目实施办法（试行）》，是全国为数不多的专门金融人才政策，分金融领军人才、金融高级管理人才、金融高级专业人才三个层次对全市金融人才给予最高100万元的资助补贴。项目实施以来，累计评出金融领军人才3名、金融高级管理人才236名、金融高级专业人才528名，总奖励金额8967万元。从外地新引进高层次金融人才65名，涌现一批高素质、贡献大的金融人才。

4. 实施基础教育高层次人才引进计划

2017年8月，出台实施《广州市基础教育高层次人才引进办法（试行）》，对引进人才给予最高150万元安家费，并解决落户、医疗、子女教育等实际问题，力争自2017

---

① 数据来源：广州市人才工作领导小组办公室。

年起，3 年内在全国引进一批相当数量的高层次教育人才，促进基础教育优质发展，为推进广州教育“全面上水平，全国有影响”提供强有力的教育人才保障。2017 年以来，广州市引进基础教育高层次人才 62 人（含柔性引进 3 人），其中杰出人才 40 人，骨干人才 22 人。

5. 实施“红棉计划”

2017 年 12 月，广州市出台《关于实施鼓励海外人才来穗创业“红棉计划”的意见》，紧紧围绕广州重点产业领域，5 年内每年引进并扶持不超过 30 个海外人才来穗创业项目，对技术创新类的给予 200 万元资助，对商业模式创新类的给予 100 万元资助，还可在工商登记、税收、银行贷款、安家购房、子女入学等方面给予一系列优惠待遇，力争集聚一批掌握先进科学技术、熟悉国际市场运作的海外人才和创业项目。此前，“红棉计划”评出第一批 20 个项目，并在 2018 年海交会上颁发证书，其中，有 10 个新一代信息技术项目、8 个生物制药项目、2 个新材料项目。

（四）人才发展平台建设深入推进

1. 先行先试打造粤港澳人才合作示范区

2012 年 10 月，经中央人才工作协调小组批准，南沙“粤港澳人才合作示范区”被列为全国人才管理改革试验区。按照中央和省的统一部署，结合南沙新区和南沙自贸片区的发展战略，扎实推进南沙粤港澳人才合作示范区建设。推动制定出台南沙新区“粤港澳人才合作示范区”人才中长期发展规划、集聚高端领军人才和重点领域急需紧缺人才暂行办法。积极推进粤港澳国际人才工作站建设，建立“粤港澳（国际）青年创新工场”，打造“红鸟苗圃”“红鸟一起飞”“高校创业联盟”等系列人才创新创业平台。探索开展职业资格“一试三证”“一试双证”等培养评价工作，引进美国、英国和港澳的三个职业资格培养评价体系。积极争取政策支持，推进外国人出入境便利，目前在广东自贸区范围内率先获得公安部授权审批，可直接受理签发外国人签证证件。已吸引来自港澳、“一带一路”沿线国家等区域的 1300 多名高端人才落户发展，南沙自贸片区已经成为海外高端人才创新创业的热土。

2. 积极推进人才平台载体建设

大力创建“海外高层次人才创新创业基地”，全市已有广州开发区、广州汽车集团股份有限公司、广州天河科技园（软件园）、中山大学 4 家单位入选国家级人才基地。广州开发区“国家海外高层次人才创新创业基地”共柔性引进院士 27 人、广东省创新科研团队11个、“百名南粤杰出人才培养工程”人才4名，吸引3000多名海外留学人员在区内创新创业。2018年10月，以天河人才港和琶洲互联网创新人才集聚区为双核，番禺青年人才创新创业服务园、广州开发区海外高层次人才服务园区、南沙粤港澳人才合作示范园区、越秀现代服务业人才服务园区、花都临空产业人才服务园区为多点支撑，广州市获批“国家级人力资源服务产业园”。[①]

3. 打造海外高层次人才南方创业服务中心人才服务高端品牌

经报中央人才工作协调小组批准，2012年，在广州组建成立海外高层次人才南方创业服务中心（简称“南创中心”）。南创中心旨在为海内外高层次人才来穗来粤创新创业提供政策、科技、人才、信息、市场、融资等全链条、专业化、个性化的综合服务。通过发挥南创中心机制灵活的优势，优先落实公共服务，探索对接市场服务，努力打造创新创业创投资源的汇聚点，融合引才育才用才各项服务的新平台，形成与党政人才工作部门互补对接的人才综合服务体系。南创中心已服务各类高端人才近1000名，吸引约200名海外高层次人才来穗与科研机构、创投机构、高新技术企业等进行交流对接。组建南方创业服务中心曾入选广东省组织系统2012年度特色工作。

（五）人才服务保障稳定有力

1. 首推“人才绿卡”制度

作为人口流入型城市，广州审慎研判本市人才结构特点和公共服务承载能力，通过“柔性引才”的方式引才、惠才，不求所有，但求所用，体现高度的灵活性和包容性，为人才营造宽松、贴心的创新创业环境，让在穗安心创新创业人才有家的感觉。2016年2月，广州在全国率先制定发布《广州市人才绿卡制度》，对非广州户籍的8大类人才，在出入境和停居留、购房、购车、子女入学等9个方面提供户籍居民同等待遇，其中，境内持卡人可在穗购买2套自住房，境外持卡人可购买1套，子女可就近在公办小学就读等，较好地解决了人才在穗发展的后顾之忧。截至2018年底，人才绿卡已发放4880张，吸引一批年富力强、各专业领域内的“高精尖缺”人才来穗工作和创业，成为广州引才聚才的有力“引擎”和知名“品牌”。[②]

---

① 数据来源：广州市人才工作领导小组办公室。

② 数据来源：广州市人才工作领导小组办公室。

2. 提升人才各类服务水平

落实好专家休假、体检待遇和院士探访制度等，组织开展市管专家教育培训、国情研修活动，落实好高层次人才创业资助、住房补贴、安家费核发和购房、购车指标申请等待遇。组织高端人才服务机构赴企业开展人才供需对接活动，一对一地为企业引进人才服务。举办穗企赴港揽才招聘会，开穗企赴港招聘的先河。广州地区高层次人才的政策咨询、人选推荐、经费申报、体检登记均实现全程网上办理。构建留学人员“一站式”服务体系，提供资格认定、学历认证、专项资金申请和拨付、代办工商手续等 12 大类 25 项服务。在全国率先建立大学生就业市场和首创“政府购买服务”解决高校毕业生就业问题。

3. 强化人才政治引领和政治吸纳工作

积极推荐高层次人才担任国家和省、市“两代表一委员”，吸纳高知识群体入党。2018 年 3 月 7 日，在十三届全国人大一次会议广东代表团审议会议上，来自广州的归国创业青年人才袁玉宇作了关于推进产业创新和人才发展的发言，习近平总书记听取发言后发表重要讲话，强调“发展是第一要务，人才是第一资源，创新是第一动力”，引起社会广泛热议。2018 年起，广州市在知识分子中深入开展“弘扬爱国奋斗精神、建功立业新时代”活动。深入挖掘科研、创业领域典型创新人物，在《广州日报》《新快报》等主流媒体开设专栏系列，报道近百名专家践行爱国奋斗精神的先进事迹。组织人才代表赴青海省原子城、中国工农红军西路军纪念馆等地开展“弘扬爱国奋斗精神、建功立业新时代”研修活动。选派 2833 名专业技术人才到毕节、黔南挂职和开展结对帮扶。[①] 制定《广州市领导干部联系高层次人才工作制度》，由市、区党政领导班子成员，人大、政协以及市直局以上单位主要负责同志，每人联系 1—2 名高层次人才，每年联系活动不少于 2 次，面对面听取人才的意见建议，全面营造“要创业到广州、要创新来广州”的良好氛围。截至 2018 年底，全市各级各部门共有 255 名局级以上领导干部与 290 名高层次人才建立联系，共开展各类联系活动 1275 次，全面建立起领导干部联系人才“直通车”制度。[②]

4. 加大宣传工作力度

建立广州人才工作网、“人才广州”微博、“人才广州”微信平台，并积极发布各

① 数据来源：广州市人才工作领导小组办公室。

② 数据来源：广州市人才工作领导小组办公室。

类人才工作信息，新媒体已成为广州市对外推介政策、联系服务专家的重要平台，有效营造浓厚的创新创业氛围。此外，积极主动“送政策上门”，每年组织开展近50场政策推介会，面向琶洲互联网创新集聚区、广汽集团等重点区域、企业、行业协会以及粤港澳大湾区重点人才团队宣讲广州市人才政策。同时，积极拓展政策宣传新载体，2018年6—12月，在广州地铁站点、广州塔、珠江新城、白云山等地的大屏幕和广告灯箱上，进行省、市人才政策和“弘扬爱国奉献精神、建功立业新时代”活动宣传，配合校招季、海交会，在地铁八号线推出人才政策主题列车，引起广泛关注。

（六）党管人才工作机制更加健全

建立健全党委统一领导、组织部门牵头抓总、有关部门各司其职、社会力量广泛参与的人才工作新格局。将“市人才工作协调小组”升格为“市人才工作领导小组”，由市委书记担任组长、市长担任第一副组长，并建立人才工作领导小组例会制度，更大力度发挥市人才工作领导小组在全市人才工作中的战略谋划、宏观指导、综合协调和督促检查功能。建立各级党政领导班子和领导干部人才工作目标责任制，将人才工作列为党建工作责任制情况述职的重要内容。落实人才工作“一把手”负责制，强调充分发挥各级各部门主要负责同志作用，让“一把手”抓“第一资源”成为自觉。全市11个区均成立人才工作领导小组、组建专职人才工作队伍。

站在新的历史起点，广州正以习近平新时代中国特色社会主义思想为指导，切实按照中央和省委的部署要求，在更高站位上统筹谋划全市人才工作，加快构筑具有高度竞争力、辐射力、引领力的全球创新人才战略高地，为广州努力实现老城市新活力，在综合城市功能、城市文化综合实力、现代服务业、现代化国际化营商环境方面出新出彩，推动国家中心城市建设全面上新水平，着力建设国际大都市，在全省实现“四个走在全国前列”、在“两个重要窗口”中勇当排头兵，发挥粤港澳大湾区核心增长极作用，提供坚强的人才保障和智力支撑。

（参编人员：曾雪玲　柯欣　胡艺厘　郑穗汶）

第二十四章

广州经济技术开发区

广州经济技术开发区（以下简称“广州开发区”）于1984年经国务院批准成立，是全国首批14个国家级开发区之一，先后与广州高新技术产业开发区、广州出口加工区、广州保税区、中新广州知识城合署办公，实行“五区合一”管理体制，统称广州开发区。

35年来，广州开发区在经济发展、科技创新、对外开放等领域一直位居全国开发区前列，先后获批国家自主创新示范区、国家双创示范基地、全国首个知识产权运用和保护综合改革试验区，成为我国首批中欧、中以合作试点区，全国最具实力、最具活力、效益最好的开发区。

一、广州开发区历史沿革

1984年春，邓小平视察深圳，提出除了现有几个特区以外，还可以考虑再开放几个，增加几个港口城市。中央在研究落实邓小平同志指示时，最初并没有考虑广州。广州市委对此高度重视，市委书记许士杰组织起草电报，向中央详细说明广州的基础和优势。经过力争，中央批准了广州市的请求，广州被列为设置经济技术开发区的14个城市之一。

根据《国务院关于广州市城市总体规划的批复》，同意广州市在抓好老企业技术改造的同时，有计划有步骤地设置经济技术开发区，位置定在黄埔区东缘，珠江主流与东江北干流交汇处，北以横滘河为界，东南至东江，西南至珠江，包括大蚝洲岛，总面积9.6平方公里。

1984年12月28日，广州经济技术开发区挂牌成立。

1991年，广州高新技术产业开发区成立。

1992 年，广州保税区成立，2002 年与广州经济技术开发区合署办公。

2000 年，广州出口加工区成立；同年，与广州经济技术开发区合署办公。

2002 年后，形成经济技术开发区、高新技术产业开发区、保税区、出口加工区“四区合一”管理体制。

2005 年，依托广州开发区成立萝岗行政区，实行经济功能区与行政区合署办公。

2010 年，设立广州知识城管理委员会，形成经济技术开发区、高新技术产业开发区、保税区、出口加工区、萝岗行政区、广州知识城管理委员会“六区合一”管理体制。

2014 年 1 月，国务院批准撤销萝岗区和黄埔区，设立新的黄埔区，与广州开发区实行高度融合、优势互补、集成互动发展的管理体制。

二、广州开发区发展阶段

广州开发区坚决贯彻改革开放伟大决策，大力发扬“敢为人先、务实进取”的创业精神，以“杀出一条血路”的勇气和胆识，从“摸着石头过河”到大胆创新实践，生动诠释“开发区大有希望”。回顾广州开发区 35 年发展历程，大致分为以下四个阶段。

（一）创建探索阶段（1984—1992 年）

这一阶段是积累资本、人才、经验的起步阶段。全区在集中精力搞经济建设的目标指引下，艰苦奋斗、摸索前行，为未来发展打下了坚实基础。

该阶段，广州开发区坚持“依托母城、服务母城”，在 9.6 平方公里起步区实行高起点规划、高标准建设、高效能管理。采用引进技术分档次、产业结构分层次、项目实施分步骤的开发与技术创新策略，力争开发一片，建成一片，收益一片。作为“准政府”架构，广州开发区一方面积极行使广州市赋予的市一级管理权限，一方面按照国家规定的“三为主、一致力”（即以工业项目为主、以吸收外资为主、以出口为主，致力于发展高新技术）办区方针，充分利用国家赋予“经济技术开发区内的外商投资企业按照 15% 的税率缴纳所得税”等优惠政策，大力开展招商引资，多渠道引进外资项目、拓展国际市场、提高出口创汇能力。在没有现成理论指导、没有现成经验可循的情况下，从零开始、大胆探索，逐步形成开发区建设与开发模式，深刻影响了后来的可持续发展。

截至1992年，全区建成200多家合资或独资企业，与50多个国家和地区建立经贸关系，签订三资企业项目合同393个，合同引进外资16.77亿美元，外商实际投资8.21亿美元，投（试）产企业205家，在园区建设理念、开发速度、经济效益、政策创新等方面成为全国开发区的一面旗帜，得到国务院特区办及兄弟开发区充分的肯定。

（二）跨越发展阶段（1993—2004年）

1992年春，邓小平发表南方谈话，标志着全国改革开放进入新的历史时期。广州开发区紧抓“二次创业”机遇，有选择性地强化资金密集与技术密集型产业发展，从数量规模向质量效益转变，注重引进一批科技含量高的项目，优先安排技术含量高、投资规模大、经济效益好的骨干项目，从此步入跨越式发展新阶段。

在该阶段，广州开发区从9.6平方公里逐步扩大到78.92平方公里，经济保持高速增长，产值长期位居国家级开发区前列。截至2004年，全区聚集中外企业6000多家，其中科技企业2800多家，世界500强企业119家，上市企业数量占全市的1/3，每年实现全市1/7的地区生产总值、1/3的工业总产值、30%的出口总值和1/3的实际利用外资指标，创造了以“广州效益”闻名全国的开发区品牌。与此同时，广州开发区大胆进行体制机制创新，大部制、企业筹建、“无费区”等改革理念成效显著，推动广州开发区向集约化、规范化和国际化方向阔步发展。

（三）优化调整阶段（2005—2014年）

广州开发区紧紧抓住经济全球化机遇，按照国家关于开发区“三为主、二致力、一促进”（即以提高吸引外资质量为主，以发展现代制造业为主，以优化出口结构为主，致力于发展高新技术产业，致力于发展高附加值服务业，促进国家级经济技术开发区向多功能综合性产业区发展）的发展方针，坚持产业高端化、集群化、融合化，注重发展新一代信息技术、新材料、新能源、生物医药、生命健康等战略性新兴产业，不断增加产业的科技与知识含量，促进产业发展由产值驱动向创新驱动、知识驱动、价值驱动转变。坚持科学规划、产城融合的理念，采取交通先导、项目跟进、配套服务开发模式，逐步改变重生产、轻生活开发模式，着力优化宜业宜居环境，提升自主创新能力，吸引一大批创新项目和高端人才来区落户和创业，增强区域经济发展后劲。

这一阶段，广州开发区经济发展平均增速 17.83%，高于全市 10 个百分点以上。合同利用外资和实际利用外资两项指标均占全市 1/3，地区生产总值、财政总收入、税收收入等主要效益指标在全国国家级开发区中继续位居前列。

与此同时，广州开发区各项改革取得重大突破，“投、融、建、管、还”一体化创新园区开发模式日臻成熟，达成一大批国际研发合作，大力构建一大批国际创新平台，以中新知识城、广州科学城为载体的未来知识经济领域创新取得重大突破。

（四）创新引领阶段（2014 年以来）

2014 年 1 月，经国务院批复同意，撤销黄埔区、萝岗区，设立新的黄埔区。2015 年 9 月，黄埔区正式挂牌，与广州开发区合署办公。

广州开发区一方面充分发挥经济功能区精简高效、亲商务实的体制优势，侧重辖区园区建设、招商引资和经济发展等工作，在改革、开放、创新上走在全市、全省乃至全国前列，真正发挥引领带动作用。另一方面全面履行黄埔区公共服务、社会管理职能，优化投资环境，将黄埔区的城市建设、社会管理、公共服务等功能覆盖到经济功能区，切实发挥行政区的支撑保障作用。

近年来，广州开发区坚决贯彻习近平总书记视察广东重要指示精神，牢牢把握粤港澳大湾区建设机遇，围绕“世界知识城、湾区创新源、国际人才港”目标，科学谋划知识城、科学城、黄埔港、生物岛在粤港澳大湾区中的定位，增强空间互联、产业互动、政策互通，打造“四区四中心”（即全力建设知识城粤港澳大湾区知识创造示范区，打造具有全球影响力的国家知识中心；全力建设科学城粤港澳大湾区制度创新先行区，打造具有国际影响力的中国智造中心；全力建设黄埔港粤港澳大湾区现代服务创新区，打造服务港澳的新贸易创新中心；全力建设生物岛粤港澳大湾区生命科学合作区，打造世界顶尖的生物医药研发中心）。随着中新（广州）知识城上升为国家战略，并纳入粤港澳大湾区发展规划，广州开发区再次驶入发展快车道。

三、广州开发区发展成就

广州开发区始终没有忘记作为改革开放试验田的历史责任，在开发建设、招商引资、经济管理、产业发展、科技创新、政府管理、体制改革、党的建设等方面大胆探索、开拓创新，取得辉煌发展成就。

（一）经济持续快速发展，成为引领区域经济重要增长极

广州开发区坚定不移贯彻新发展理念，经济持续快速发展，已成为广州市发展实体经济、深化供给侧结构性改革、推进创新驱动发展、促进产业转型升级的主战场，广州城市“东进”发展的战略龙头。2018年，完成地区生产总值3465亿元，增长7.6%；规模以上工业总产值7603亿元；财税总收入达1052亿元，持续领跑全国开发区。主要经济指标继续保持领先优势，其中工业增加值、工业总产值、固定资产投资、税收收入、一般公共预算收入、一般公共预算支出、进出口总值、进口总值、出口总值、实际使用外资等10项指标总量保持全市各区首位的优势。2018年，广州开发区在全国经开区综合考评中排名第二位、科技创新居全国第一位。

（二）对外开放不断扩大，成为引领外向型经济发展重要基地

广州开发区始终坚持开放引领，在引进外资和国外先进技术，发展外向型经济方面取得丰硕成果。高标准搭建大湾区平台，率先对接港澳营商规则，加快建设广州科学城粤港澳大湾区青年创新创业基地、穗港智造特别合作区、穗港科技合作园，深度融入粤港澳大湾区建设。高质量打造外资集聚地，全区对外经贸联系遍及100多个国家和地区，累计引进外资企业3500多家，投资额超3000亿美元，世界500强企业及项目176个，成为跨国公司在华投资最密集的区域之一，在商务部外资考核中一直处于前列。高水平构建开放型平台，充分发挥黄埔港“古港”“良港”在“一带一路”沿线国家的影响力，以中新知识城国家级双边合作项目强势推进开放型经济，在一系列重大国际合作中再领风骚。

（三）产业集聚带动作用明显，成为区域经济发展主导力量

广州开发区按照主导产业引领、核心企业带动、产业生态支撑发展思路，做大做强主导产业，优化调整产业布局，构建产业发展新格局。大力发展先进制造业和战略性新兴产业，出台“先进制造业10条”等十几个产业促进政策，壮大实体经济，做实行业龙头，带动产业链延伸实现高端化整合，形成三大千亿级产业集群和四大500亿级产业集群，累计建成14个国家级产业基地，2018年，全区规模以上工业总产值7603亿元，占广州市同类型企业的“半壁江山”；全区上市企业总数达52家，居全国经济技术开发区上市企业数量榜首。全区产业不断优化，新一代信息技术、生物医药等新业态呈现良好发展势头，仅2019年前5月引进重点优质项目70个，投资总额

超过3300亿元，其中重大投资项目和总部型项目22个。总部经济、科技金融、电子商务、服务外包、文化创意、物联网等现代服务业蓬勃发展，产业分布更加合理。现今，广州开发区成为广州市IAB战略实施的排头兵，新一代信息技术、人工智能、生物医药三大战略性新兴产业产值占广州市比重均超50%，产业集聚带动作用明显，成为区域经济发展主导力量。

（四）自主创新能力快速提升，成为全国“双创”示范基地

广州开发区深入实施创新驱动发展战略，扎实推进以科技创新为核心的全面创新，加快增强自主创新能力和实力，跻身科技部十大世界一流高科技园区建设行列，成功获批全国唯一的国家知识产权运用和保护综合改革试验区，是珠三角国家自主创新示范区、全国首批双创示范基地和国家级产城融合示范区，成为全市重大科技成果孵化和产业化的领头羊。2018年，全区4项成果荣获2018年度国家科学技术奖，全区集聚科技企业突破2万家，高新企业超过2000家，3家孵化器获评“中国孵化器50强”，拥有各类研发机构1036家，集聚省级新型研发机构21家，R&D（科学研究实验发展）经费占比预计将达到4%，企业发明专利申请量、发明专利授权量、发明专利有效量均占广州全市的三成以上。龙沙、默克、GE生物科技园、广州中以国际生命科学平行孵化中心、中科院空天信息研究院太赫兹科学中心、广东省工业互联网创新中心、百济神州、诺诚健华等重大项目或团队积蓄创新强大势能，以明珞、洁特生物、三晶电气、小鹏汽车、方邦电子等为代表的一批瞪羚企业、独角兽企业成为全区经济社会发展的主引擎和增长极。

再造“高精尖缺”人才成功区，率先在全国出台人才“美玉10条”，以“高精尖缺”为导向，聚集各类高层次人才698人，在全国搅动招才引智“一池春水”，广州开发区被誉为“企业和人才离成功最近的地方”。

（五）营商环境不断改善，成为全省首个营商环境改革实验区

广州开发区始终瞄准国内外最高最好最优的营商环境，在若干重点领域和关键环节取得实质性突破，多项指标达到全国最优、国际一流，成功获批全省首个营商环境改革创新实验区，获评“2018年度中国十佳营商环境示范县市”，成为超（特）大城市营商环境改革创新探路先锋。

一是跑出最快审批速度，打造企业服务“高速路”。企业开办实现“44证合一”“一

天办”“一键办”“免费办”，全国首创“区块链+AI”商事服务新模式，打造全省首个“企业开办无费区”，设立全省首家行政审批局，全国首推“秒批”政务服务事项清单，首创“海运口岸24小时通关模式”。二是加大制度供给力度，政策创新抢占制高点。首推工业用地先租后让，积极推进“企业筹建无费区”建设，建设全国首个“一口受理、内部流转、集成服务、限时办结”政策兑现品牌，畅通政策落地快车道，获央视点赞。三是创出最优法治环境，打造企业发展“防护林”。率先成立营商环境改革局，深入推进全国唯一经国务院批准设立的知识产权运用和保护综合改革试验区试点效应，建设全省首家知识产权检察室和知识产权保护基地，助力法治化营商环境建设。

（六）体制创新成效明显，成为全面深化改革“试验田”

广州开发区从2万元起家，发展成为现代化新城，走出一条富有开发区特色的制度创新之路。制定全国第一个开发区条例，首创土地有偿出让制度，率先构建“五区合一”的开发区管理模式、率先提出招商引资4.0模式、率先打造企业筹建“123”工作目标模式。深入推进放管服改革，大胆探索构建“大部制”管理体制，率先在全市推行行政管理“无费区”改革，全省首设第一个行政审批局，打造“承诺制信任审批”“订制式审批服务”“来了就办、一次搞定”“政策兑现”系列改革品牌。开创了园区服务、人才公选、外企党建等多个领域的国内先河。

（七）城市建设步伐加快，成为全国产城融合示范区

广州开发区坚持以产兴城、以城带产、产城融合发展道路，坚持“用绣花功夫提高城市管理服务”理念，持续深化“干净、整洁、平安、有序”城市精细化常态化管理，加快推动园区经济向城市综合功能区转型，努力建设产业活力强劲、城市品质高端、服务功能完备、环境生态宜居、市民乐业幸福的高科技新型园区、新型城区，被评为国家级产城融合示范区。城市建设带动各项事业取得长足进步，教育、医疗事业稳步发展，中小学、幼儿园、医院等公共设施拔地而起，大力引进了各种特色学校，加快建设匹兹堡大学医学中心国际医院、广州医科大学附属妇女儿童医院、知识城南方医院等医疗项目，加速补齐短板。加快构建交通体系，修建创新大道、开放大道2条“南北大动脉”，开通地铁十四号线、二十一号线等成为融合样板。城市“三旧”改造，南海神庙、黄埔军校等历史文化资源活化利用，长洲岛珠

江国际慢岛建设，“有山有水有风光、生产生活有生态”的东部山水城区打造，让美丽黄埔焕发勃勃生机。

（八）党的建设全面加强，成为党建引领基层治理新标杆

广州开发区坚持以党的建设统领提升全区各项事业，做好“党建＋创新”大文章。一是创建园区党建新模式。针对区内园区多的特点，构建园区党建“区域化”“一体化”“融合化”发展模式，培育明珞汽车装备等5家民营公司建成非公党群服务示范室，加强知名民营企业的党建指导和组织规范，打造高新兴、汇桔网等一批党群服务阵地。二是推动城市建设新发展。把党建与城市发展有效结合，以高质量党建工作引领城市新发展，运用“党建＋项目”模式，在城市更新改造中，充分发挥党委领导核心作用、党支部战斗堡垒作用和党员先锋模范作用，创造了征地拆迁“大沙模式”“横沙、姬堂经验”，群众获得感幸福感空前提高。三是创造基层治理新品牌。在全市率先出台“有呼必应”黄埔方案，构建“党建引领、有呼必应、群众满意”的工作机制，给街镇赋权、加力、增效，推动部门快应、必应、应了有效，实现民有所呼、党政必应，街镇有呼、部门必应，党有呼唤、全民响应，破局社会基层治理难题，形成广州基层治理样本经验。

四、广州开发区发展基本经验

改革开放是决定当代中国命运的关键之举。35年来，广州开发区因改革而生，因开放而长，因创新而强，坚持在摸索中前进，在前进中总结，在总结中创新，在创新中提升，铸就以“敢为人先、务实进取”为核心的开发区精神。

（一）坚持党的领导，凝心聚力，打好基层党建“组合拳”

广州开发区始终把党的政治建设摆在首位，以党的政治建设为统领，全面加强党的政治、思想、组织、作风、纪律制度建设，以党建带治理，以党建促发展，以党建兴文化，通过做好创新基层党建这篇大文章，打造和形成具有广州开发区特色的“党建＋”模式。全国第一个实行党政合一“大部制”管理体制，强化党委领导体制和工作机制；全国第一个在世界500强跨国公司（广州宝洁有限公司）成立党委，坚持“党建＋创新”“一企一策”推动党组织全覆盖，培育“金雁工程”“红色方

阵”“党情日记”等党建品牌，在非公有制经济组织中建立342个党组织，得到中组部充分肯定。

实践证明，广州开发区经济最活跃的区域，就是党建最有力的地方，始终坚持党的集中统一领导，凝聚人心，引领企业创新发展，服务改革开放大局，是广州开发区忠诚的使命担当，更是高质量发展的现实驱动力。

（二）坚持先行先试，大胆探索，争当改革创新“排头兵”

广州开发区以坚定必胜的信心、敢为先下先的勇气和顽强拼搏的精神，走出一条科学有效的改革发展路子，创造了许多先行先试和大胆探索的经验做法。比如在全国第一个制定特殊功能区地方性法规，拍卖全国开发区第一块工业用地，率先实行四区合署管理体制，搭建国际合作平台，建设国家级知识产权运用和保护综合改革试验区，在全省率先开展行政审批制度事中事后监管标准体系建设改革试点等，为开发区的科学快速发展注入强劲动力。

实践证明，开发区事业的不断前进发展，必须与时俱进、先行先试、大胆创新，勇于争当改革创新的尖兵。

（三）坚持优化环境，提升服务，打造国际一流园区“新样板”

广州开发区始终注重提升服务质量和服务效益，致力打造具有自身特色的国际一流园区。先后提出“人人都是投资环境、处处都是区域形象”“一个部门管理、一支笔审批、一条龙服务”“一切为了企业、一切为了投资者、一切为了人民群众”等理念，率先在全市推行服务承诺制，率先在行政管理中导入ISO9001标准，推动管理服务规范化、标准化。按照项目投资程序和发展规律，锐意创新，着力构建包括招商服务、企业筹建服务和生产经营服务等在内的全方位体系。全省首设营商环境局，努力营造公平公正的市场环境。

实践证明，没有好的投资环境，就引不来“金凤凰”，广州开发区从一无所有，发展成相对成熟的现代化、国际化产业园区，良好的投资环境和服务起到了决定性作用。

（四）坚持创新驱动，人才引领，培育转型升级“新动能”

发展是第一要务，人才是第一资源，创新是第一动力。广州开发区坚持遵循科技创新规律，着力推动外向型经济优势向“引进消化吸收再创新”的自主创新优势拓展。突出创新政策的引导作用，制定实施创新政策体系，坚持“育苗”与“造林”并举，推动科技企业加快成长、集群发展。突出创新人才的核心作用，大力实施“人才强区”战略，率先在全省实行领军人才计划，面向海内外招揽人才，吸引一批世界一流高端人才。现在，广州开发区已成为国家首批创新型科技园区、国家海外高层次人才创新创业基地、国家知识产权试点园区，成立全省第一家人才工作集团，首创政府特聘雇员制度，面向全球公开遴选政府序列特聘雇员，成为广东创新创业人才最为密集的区域之一。

实践证明，只有紧跟时代发展步伐，把握经济规律和科技创新规律，发挥创新人才的集聚效应，大力推动产业园区化、园区专业化、发展集聚化，开发区才能永远立于不败之地。

（五）坚持国际视野，扩大开放，强化外向经济“引力场”

广州开发区准确把握经济全球化发展的新动向和新趋势，充分利用国家和省、市给予的优惠政策，抢抓经济全球化带来的新机遇，率先构建国际产业转移承接平台。积极主动参与国际产业分工体系，推动对外开放朝优化结构、拓展深度、提高效益方向发展。着力链接和引进全球高端资源，提高对国外高端项目、技术、人才以及资金的吸引力，以国际合作为产业发展提供不竭动力和有力支撑，不断提升开发区产业的国际竞争力。全区对外经贸联系遍及 100 多个国家和地区，累计引进外资企业 3500 多家，在商务部对外资考核评价中一直处于前列。

实践证明，只有坚持对外开放，深化国际合作，参与全球竞争，增创外向型经济发展优势，才能形成强大的生命力。

（六）坚持绿色发展，集约高效，开创生态和谐园区“新路径”

坚持绿色发展是发展观的一场深刻革命。广州开发区 35 年来的建设发展，不是粗放式、低水平的重复，而是在扩大发展规模、加快发展速度的前提下，促进外延开发与内涵发展相结合，不断强化创新、绿色、智慧、低碳、循环发展理念，不断提高经济发展的质量和效益，实现集约化发展。特别是随着园区面积的不断扩大，开发区积极探索可持续发展模式，加快发展绿色低碳、循环经济，强化项目准入评审，推动园区转型升级，创新生态化管理，出台绿色低碳发展办法，设立绿色低碳发展资金，建立园区政策保障体系。先后获得国家循环经济示范园区、国家生态工业示范园区、国家循环化改造示范试点园区、国家级经开区绿色发展最佳实践园区等荣誉。

实践证明，践行新发展理念，始终坚持绿色增长、集约发展，是开发区实现可持续发展的必由之路。

2018年10月24日，习近平总书记到广州科学城视察，提出“中小企业能办大事”，希望科学城5年要有大变化。广州开发区始终牢记习近平总书记嘱托，不忘初心，围绕“世界知识城、湾区创新源、国际人才港”目标，打造大湾区创新中心核心枢纽，在构建开放型经济的新体制上充当“探路者”，在培育吸引外资的新优势上充当“顶梁柱”，在增强创新驱动发展的新动力上充当“生力军”，在应对资源环境的新挑战上充当“好模范”，让国家级开发区焕发出新的生机与活力，为国家级开发区高质量发展贡献更多更好的“广州经验”。

（参编人员：李飞流　唐妍）

第二十五章

南沙国家新区（自贸区）

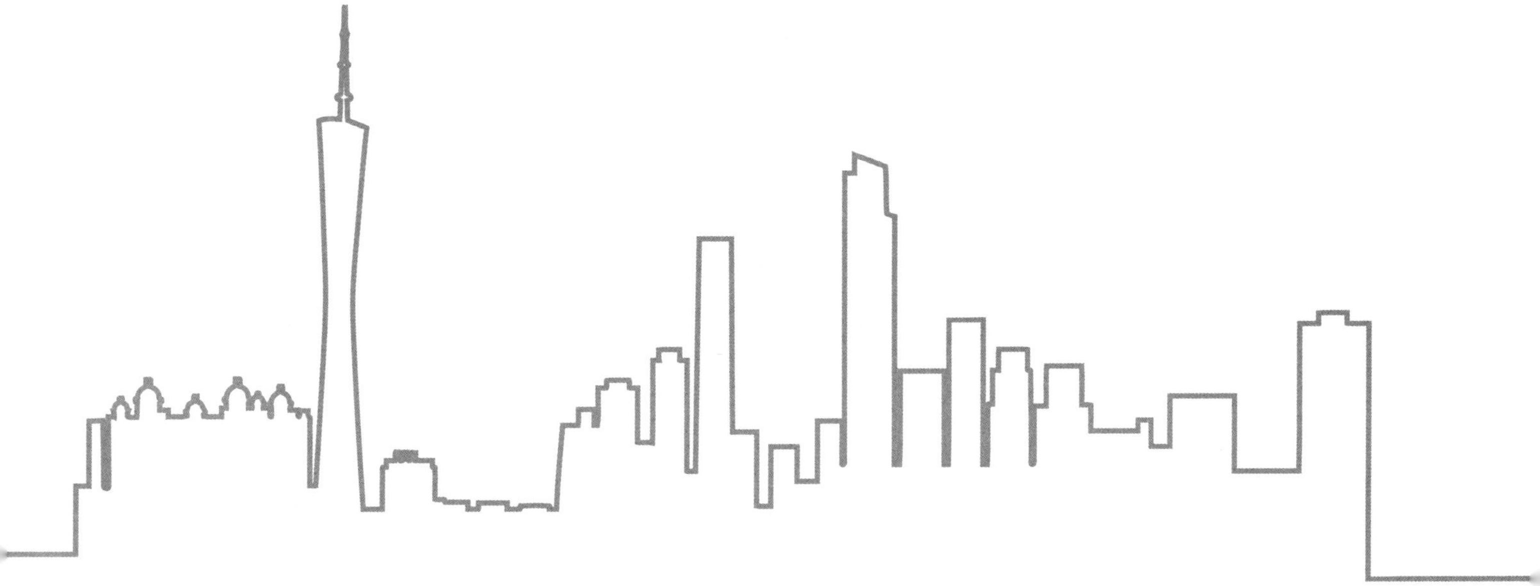

南沙区位于广州市最南端、珠江出海口，地处大珠江三角洲地理几何中心，是通向海洋的重要通道，广州市唯一的出海通道。距香港38海里、澳门41海里，东与东莞市隔江相望，南濒出海口伶仃洋，西与佛山市顺德区接壤，北以沙湾水道为界与广州市番禺区隔水相连。2005年，国务院批复将番禺区的南沙街道和万顷沙镇、横沥镇、黄阁镇以及原灵山镇、东涌镇部分区域划归南沙设立行政区。2008年，在珠江管理区设立珠江街道划入南沙区行政区划。2011年，将万顷沙镇龙穴地区划出设立龙穴街道；2012年，国务院批复同意将番禺区东涌镇、大岗镇、榄核镇划归南沙区管辖。至2018年底，南沙区面积803平方公里，下辖6个镇3个街道，共128个行政村，36个社区居委会，常住人口75.2万人，实际管理人口超100万人。

一、南沙国家新区（自贸区）开发建设历程

南沙经历早期发展、大开发及国家战略三个阶段。党的十八大以来，广东自由贸易试验区广州南沙新区片区（以下简称“南沙自贸片区”）功能定位不断提升，形成了多重国家战略功能叠加发展的开放创新优势。

（一）早期发展阶段（1949—2001年）

新中国成立后，南沙区域先后隶属东莞县、中山县、珠海县。1959年7月后隶属番禺县，1975年随番禺县归入广州市管辖。1993年，国务院批准设立广州南沙经济技术开发区，面积9.9平方公里（2004年经国务院批准，面积扩大至27.7平方公里），成立广州南沙经济技术开发区管理委员会。2001年8月，广州南沙经济技术开发区建设指挥部成立，统筹南沙开发建设。

（二）大开发启动阶段（2002—2012 年）

2002 年，广东省委省政府第一次召开“广州南沙开发现场会”，拉开南沙开发建设新篇章。2005 年国务院批准设立广州市南沙区，2008 年 10 月，国务院批准设立广州南沙保税港区。2011 年 10 月，省委省政府再次召开“广州南沙新区开发建设现场会”，要求“以南沙新区开发为突破口，打造一个新广州”，吹响南沙新一轮开发建设的号角。

（三）开发建设上升为国家战略阶段（2012 年以来）

2012 年 9 月，南沙获批成为第六个国家级新区，站在了我国新一轮改革开放的最前沿。2015 年 4 月，广东自贸试验区广州南沙新区片区正式挂牌，面积 60 平方公里，由 7 个区块组成，重点发展航运物流、特色金融、国际商贸、高端制造、专业服务等产业，建设以生产性服务业为主导的现代产业新高地和具有世界先进水平的综合服务枢纽。2016 年，广州市委十届九次全会决定，将南沙定位为广州城市副中心。2017 年，广东省第十二次党代会，要求南沙建设成为承载门户枢纽功能的城市副中心。2019 年 2 月，《粤港澳大湾区发展规划纲要》公布实施，南沙被定位为粤港澳全面合作示范区，要求携手港澳建设高水平对外开放门户、创新发展示范区、金融服务重要平台和优质生活圈。南沙在国家、省、市战略大局中的地位不断提升，已构建“三区一中心”（国家新区、自贸试验区、粤港澳全面合作示范区和承载门户枢纽功能的广州城市副中心）发展新格局，形成了多重国家战略功能叠加发展的开放创新优势。

二、南沙国家新区（自贸区）开发建设主要成效

自南沙大开发以来，特别是党的十八大以来，南沙在新时代新发展格局中抢抓机遇、积极作为、砥砺奋进，以前所未有的勇气和担当，以再创业的激情，苦干实干埋头干，雷厉风行、久久为功，努力开创各项工作的新局面。坚持新发展理念，坚持深化市场化改革，坚持扩大高水平开放，践行高质量发展要求，高标准建设国家新区、自贸试验区、粤港澳全面合作示范区和承载门户枢纽功能的广州城市副中心。

（一）经济发展稳中提质

1. 2002—2012 年，经济起步开局良好

自 2002 年南沙大开发以来，南沙经济保持快速发展势头，经过十余年的努力奋斗，

形成汽车生产基地、造船基地和物流基地等临港产业体系，有了一定的经济规模。2012年，南沙地区生产总值是2002年的13.1倍，年均增长22.6%；规模以上工业实现产值是2002年的19倍，年均增长30.9%；一般公共预算收入是2002年的23.4倍，年均增长35.4%；税收总额是2002年的27.3倍，年均增长33.7%，10年累计实现税收达1113.31亿元；固定资产投资规模是2002年的13.9倍，年均增长27.1%；实际利用外资是2002年的13.1倍，年均增长27.4%。

2. 2012年以来，经济发展迈上新台阶

2012—2018年，主要经济指标继续保持两位数以上增长，地区生产总值由809亿元提高至1459亿元，年均增长11.6%；税收总额由251亿元提高至555.7亿元，年均增长13.5%；进出口总额由869亿元提高至2063.9亿元，年均增长15.4%；规模以上工业实现产值由2051.83亿元提高至2420.56亿元，年均增长10.9%；固定资产投资规模由191.4亿元提高至588.18亿元，年均增长28.3%；经济结构不断优化，三大产业由5.09：72.72：22.19优化调整为的3.48：58.85：37.67。

3. 市场活力不断激发

自贸区改革红利持续释放。2014—2018年，区内注册企业由8400家增加到90535家，增长近10倍。累计引进中交、中铁、中铁建等世界500强企业的投资项目152个，在先进制造、港航物流、特色金融、科技创新等领域形成产业集聚态势。在商务部2018年国家级经济技术开发区综合发展水平考核中，南沙经济技术开发区综合排名第十六位，在产业基础、利用外资、对外贸易等单项排名中均跻身前十。

（二）制度创新成效显著

自2015年4月21日挂牌以来，南沙自贸片区以制度创新为核心，大胆试、大胆闯、自主改，形成一大批可复制推广经验，有效发挥全面深化改革和扩大开放试验田作用。累计形成457项制度创新成果，其中42项在全国复制推广，104项在全省复制推广，196项在全市推广实施，“跨境电商监管新模式”“企业专属网页政务服务模式”“智能化地方金融风险监测防控平台”等3项创新举措入选商务部“自贸试验区最佳实践案例”，2018年南沙营商环境在世界银行指标体系中模拟排名全球第二十九位。

投资自由化便利化水平大幅提升。对外资全面实行准入前国民待遇加负面清单管理，探索实施商事登记确认制，推出“一照一码走天下”“证照分离”2.0等改革，“国

际营商通”实现离岸注册；“一口受理 6+X”实现 50 项准入和准营事项同时办理，新办企业“照、章、税、金、保”等事项一天办结，银行开户两天办结，企业选办准营许可事项三天办结，实现“准入”“准营”同步提速，开办企业便利度可比肩全球效率最高的国家和地区。

贸易便利化走在前列。国际贸易“单一窗口”货物、运输工具和舱单申报使用率均达 100%。推出全球质量溯源体系、全球首个数字贸易综合服务系统等标志性改革。建成“线上海关”样板间，实现企业“足不出门”和“全天候”办理货物通关、邮件通关、物品通关、加工贸易、政务服务等领域的超 300 项海关通关业务，企业办事效率提高 80% 以上。拓展 DIT（国际延迟中转）新业务，优化粤港跨境货栈，试行粤澳跨境电商直通车，全国首创“船舶载运危险货物比对快速通关系统”，集装箱通关审单从 1 小时缩短至 5 分钟。打造智能通关系统，实现邮轮旅客人均 3 秒通关。

“放管服”改革深入推进。设立明珠湾管理局、产业园管理局两个法定机构；推进相对集中行政许可权改革，企业投资项目从取得土地到拿到施工许可实现最快 15 个工作日内完成审批，“带设计方案”项目实现“交地即开工”；全域实施综合行政执法，率先建设统一的市场监管和企业信用信息平台；签发全国首张身份证“网证”和全省首张电子居住证。提供全流程线上政务服务，构建“即刻办 + 零跑动”政务服务模式，初步形成“一个窗口管受理、一颗公章管审批、一支队伍管执法”行政管理服务体系。

法治化营商环境不断优化。成立全国首个自贸区法院、劳动人事争议仲裁委（仲裁院），设立自贸区检察院，获批全国首批粤港澳律师事务所合伙联营试点，南沙国际仲裁中心率先实现“三大法系”仲裁庭审模式同步运行，全国率先试行商事纠纷领域“临时仲裁”新模式，大湾区暨“一带一路”法律服务集聚区挂牌。

（三）粤港澳全面合作示范区建设步伐加快

南沙是广东省实施 CEPA 先行先试综合示范区，20 世纪 80 年代，以霍英东先生为代表的有识之士开始来南沙投资开发，与港澳合作历史悠久、基础良好。现有港澳企业 3244 家、投资额 982.7 亿美元。

推动要素便捷自由流动。国家超算中心南沙分中心与香港光纤通信线路已联通，为港澳两地提供超算及数据服务。创新“粤港跨境货栈”和 CEPA 食品检验监管模式，开通粤澳跨境电商直通车，完成粤港澳游艇“自由行”首航。出台对港澳人才专项扶持奖励政策，实施“一试三证”模式，不断放宽港澳人士执业限制。

加强与港澳科技创新和产业合作。南沙资讯科技园成为粤港科技合作典范，香港科技大学霍英东研究院被科技部授予“国际科技创新合作基地”称号。粤港深度合作园加快建设，引入落户香港科技大学（广州）、新鸿基庆盛枢纽站场综合体项目等一批重大合作项目。粤澳合作葡语国家产业园启动规划，将推动澳门自由港政策向南沙延伸，共建国际经贸合作新平台。规划建设穗港国际健康产业城，李氏大药房、霍英东鹤年堂中医城等项目投入运营。落实“港人港税、澳人澳税”等政策措施，开展共有产权住房试点，成立粤港澳院士专家创新创业联盟、粤港澳高校创新创业联盟，粤港澳青年创新工场、“创汇谷”等平台集聚94个创新创业团队，加快建设粤港澳青年创业就业试验区。

深化与大湾区重点区域合作。南沙区已与佛山市顺德区、东莞市滨海湾新区、中山翠亨新区签订战略合作框架协议，加强交流对接，推进在交通互联互通、产业、城市规划建设、文化等领域全方位合作。积极谋划南沙与深圳前海、珠海横琴等区域的战略合作，引领带动粤港澳全面合作。

携手参与“一带一路”建设。成立南方国合中心、中国贸促会南沙服务中心等综合性服务平台，落户丝路产业与金融国际联盟、穗港澳“一带一路”企业合作联盟、广州市一带一路投资企业联合会等合作组织，与世界自由区组织、迪拜机场自贸区等建立直接联系，与海上丝绸之路沿线国家共建城市港口联盟，与西咸新区、贵安新区、四川自贸区川南临港片区建立战略合作关系，建设“一带一路”协同发展的战略支点。成功举办IFF（国际金融论坛）全球年会、CNBC全球科技大会等国际活动，21世纪海上丝绸之路重要枢纽作用不断显现。

（四）国际航运枢纽功能不断提升

南沙是广州唯一的沿海行政区，拥有丰富的港口岸线资源和覆盖珠江水系的广阔腹地，承载着广州从沿江城市到滨海城市的城市梦想。自2004年广州港南沙港区开港，南沙大踏步开启建设国际航运枢纽的步伐，2018年实现集装箱吞吐量1566万标准箱、增长11.4%，商品车吞吐量突破100万辆，助力广州港成为世界第五大港。

港口服务能力方面，建成南方最具规模的集装箱、汽车和通用码头群，拥有16个15万吨级集装箱深水泊位、年通过能力超100万辆的汽车滚装码头。集聚全球前20大集装箱班轮公司，开通102条国际班轮航线、32条内贸航线和64条“穿梭巴士”支线，建成36个“无水港”，航线通达全球200多个港口和城市。

贸易便利改革方面，推出国际贸易“单一窗口”、进出口商品全球质量溯源体系、

“线上海关”等一系列全国领先的改革举措，打造“粤港跨境货栈”“粤澳跨境电商直通车”、（中欧班列）过境多式联运中心，形成口岸便利化改革“南沙模式”。第三方评估显示，南沙自贸片区贸易便利化指数连续两年位居全国第一。

航运服务业方面，现有航运物流企业近8000家，落户全球运力最大的中远海运散货总部。广州航交所发展成为华南规模最大的航运交易平台，“珠江航运运价指数”成为国家监测航运景气度的重要指标。设立“广东南沙”船籍港，落户首艘“广东南沙”船籍港船舶。落户全国首家省级航运专业人才市场，挂牌成立海上丝绸之路国际海员中心和国际海员外派基地，形成了较为完整的航运交易、航运金融、海事服务体系。

外贸新业态方面，2018年跨境电商保税网购进口额98.7亿元，增长37.6%，占全国的1/5；汽车平行进口1.4万辆，成为全国平行进口汽车数量第二大口岸；邮轮出入境旅客48万人次，增长19.3%，位居全国第三；成为亚太地区最大工程塑料集散地。国际分拨中心投入运营，进驻安利、雀巢、马士基等企业。中转集拼、钻石保税存储、艺术品保税展示等业务不断取得新突破。

（五）科技创新基础不断夯实

南沙坚持以创新驱动为抓手，全力集聚科技创新资源，扶持科技创新企业发展，科技创新领域后发优势初现，专利申请数量同比增长98.5%。

创新平台加快集聚。形成以中科院“一院五所”、国内高等院校、国际科技合作、企业研究院为主的创新型研发机构集群，新型研发机构数占广州市五分之一；高新技术企业数量实现连年翻番，达475家。与中科院共建南沙科学城、中科院明珠科学园，落户中科院南海生态环境工程创新研究院、南方海洋科学与工程广东省实验室，启动建设深海科技创新中心基地，规划建设国家级可燃冰科研总部基地。

科研成果转移转化不断加强。开展广东省首个科技服务体系试点，建成运行华南技术转移中心，积极对接吸引全球创新资源，打造华南科技创新成果转化高地。中国科学院、香港科技大学等机构，已明确在南沙建设其系统科研成果转移转化总部基地。

创新创业氛围日益浓厚。推进全国人才管理改革试验区建设，建立完善的人才政策体系，成立大湾区首家博士后公共研究中心，推动粤港澳院士专家创新创业联盟在南沙成立，建成香江独角兽牧场、中大医谷、乐天云谷、粤港澳青年创新工场等18家孵化器、众创空间。实施人才“一站式”服务，建立“人才公寓+共有产权房”的人才住房保障体系。

（六）创新型产业体系初步形成

南沙是国家三大造船基地之一、国家汽车和零部件制造及出口基地、珠三角核电装备制造业基地。正紧盯新一轮科技革命和产业变革前沿，引导传统优势产业向价值链高端攀升，积极培育发展新动能。

先进制造业方面，汽车产业集群产值突破千亿级，恒大新能源汽车整车、电池、电机三大基地加快建设，落户广汽丰田新生产线、广汽蔚来、芯聚能、联晶智能等一批汽车产业链项目；获批国家级智能网联汽车测试示范区，将建成新的千亿级新能源智能网联汽车城。东方电气集团年产能4台（套）核岛核电装备，中船集团已建成年产能358万吨的龙穴造船基地，北京精雕高端数控机床华南总部、日本电装车载系统生产基地等高端制造业项目已落地。

战略性新兴产业方面，庆盛国际人工智能价值创新园区启动建设，落户广州国际人工智能产业研究院、云从人工智能视觉图像创新研发中心、中科院广州智能软件产业研究院、科大讯飞华南人工智能研究院等四大人工智能产业综合平台，集聚了包括云从科技、小马智行等独角兽企业，以及暗物智能科技、异构智能、同盾科技、创客工场科技（Makeblock）在内的170多家人工智能企业。依托国家物联网标识管理公共服务平台、“天河二号”超算中心南沙分中心、亚信集团全球数据总部等机构，集聚发展新一代信息技术、物联网、大数据、云计算等产业。广东医谷入驻140多家生物科技领域企业，王老吉大健康、一品红药业等龙头企业加快发展。

特色金融产业方面，集聚金融和各类金融机构6429家，比自贸区挂牌前增加50倍，持牌法人金融机构11家占广州市的五分之一，形成以航运金融、科技金融、融资租赁等为特色的创新型金融服务体系。IFF永久会址、国际风险投资中心等项目启动建设，粤港澳大湾区国际商业银行、创新型期货交易所等平台加快筹建。全国首创以美元结算的跨境船舶租赁资产交易，累计交付融资租赁飞机突破100架、船舶32艘，成为华南最大的飞机船舶融资租赁集聚区。落户包括广东省三大政策性基金在内的1500家股权投资企业，注册资本超3600亿元。

（七）现代滨海新城快速崛起

南沙城市规划建设用地面积超300平方公里，可建设一个容纳200万—300万人口的新城区。这里山、城、田、江、海交相辉映，生态环境优美。经过一代代建设者披荆斩棘、艰苦奋斗，南沙城市功能布局初步成形，一座滨海新城正迅速崛起。

城市重点组团加快建设。蕉门河“城市客厅”基本建成，南沙体育馆、南沙中心医院、广州外国语学校附属学校、凤凰湖公园、蕉门河“双桥”等一大批公共服务设施投入使用，万达城市综合体、喜来登酒店、璧珑湾双子塔、中国铁建华南总部等一批功能性设施建成。明珠湾起步区完成灵山岛尖基础设施建设，中国风险投资研究院等6个总部项目已开工，将率先打造绿色低碳智慧示范区。南沙湾地区高端商务、科技创新及配套设施已初具规模，将依托国际邮轮母港、资讯科技园等，打造粤港澳大湾区创新合作先行区、粤港澳大湾区海上门户、广州国际海洋文体休闲中心。启动庆盛区块综合开发，落户了香港科技大学（广州）、新鸿基庆盛枢纽站场综合体、广州国际人工智能产业研究院等。

区域综合交通枢纽初具雏形。累计建成约400公里道路，基本形成“双环 + 九射”主骨架路网，新龙特大桥、凫洲大桥、凤凰（一、二、三）桥、蕉门河双桥等桥梁，使南沙连通更加紧密。地铁四号线全线开通，地铁十八号线、二十二号线开工建设，构建了“三高三快”高快速通道，40分钟通达广州中心城区。南沙大桥、虎门大桥横跨珠江，广深港高铁全线开通，以南沙为中心的大湾区“半小时交通圈”加快形成。

生态环境建设持续加强。严格落实生态环境保护责任，严控开发强度，严格产业准入，着力实施大气、水、土壤污染防治行动计划，强化主要污染物排放总量控制，实现了开发建设和生态建设双提速，环境质量常年在全市排名靠前。2018年，南沙区空气优良率为87.1%，环境空气质量主要指标综合排名全市第二位。

（八）民生社会事业加快发展

1. 提升教育和医疗质量

2018年新增中小学（幼儿园）学位5490个，华南师范大学附属南沙中学已建成并投入使用，广州外国语学校附属学校、广州市南沙区湾区实验幼儿园、南沙中心医院二期后续工程建成并投入使用，广州市第二中学南沙天元学校、广州大学附属中学（南沙）实验学校、中山大学附属第一（南沙）医院、广东省中医院南沙医院、广州市妇女儿童医疗中心南沙院区等一批优质项目开工建设，加快建设国家健康旅游示范基地。实施“适合的教育”，成立南沙小学、金隆小学两个区属教育集团，区内公办学校全部实施十二年免费教育，荣获第四届全国教育改革创新优秀奖，先后成为“全国义务教育发展基本均衡区”和“广东省推进教育现代化先进区”。深化医药卫生体制改革，多举措有效提升医疗卫生服务能力，基本实现“小病不出村（居）、大病不出区”。

2. “乡村振兴”深入实施

高标准打造广州种业小镇，获批国家现代农业产业科技创新中心，大力培育新型职业农民和农业生产经营机构，大力推进农村人居环境整治。全区 128 个村全面完成“三清三拆三整治”，多数村基本达到“干净整洁”村、“美丽宜居”村的标准，打造了一批特色精品村。

3. 文化体育事业蓬勃发展

体育场地总面积近 300 万平方米，南沙网球中心场等基础设施建设稳步推进，广州南沙国际帆船赛等精品体育赛事不断推出，率先在全市实现“双十体育圈”全覆盖。建设图书馆新馆，开展首批图书馆总分馆试点，打造首届中国（广州）国际模特大赛总决赛、自贸区万步行等精品文体活动品牌。邮轮旅游自 2016 年从零起步，游客人数连续三年保持全国第三，稳居中国邮轮产业第一梯队，成为广州的一张新名片。

4. 建设全国社区治理和服务创新实验区

围绕“协同善治、打造城乡社区服务一体化格局”的实验主题，以港澳特色和品质提升为两轴，以均等化、市场化、智慧化为导向，形成社区协商、社会工作服务、时间银行等一批治理创新项目，构建了城乡社区服务“政府、市场、社会、公众”多元主体良性互动的现代城乡社区服务一体化治理体系，实现现代化城乡社区治理格局初步构建，城乡社区服务供给能力和品质全面提升，城乡社区居民幸福指数得到提升，形成了可复制推广的经验。

5. 推进党建引领镇（街）管理体制机制改革

在全区构建以党建引领为核心的“小网格、大服务、精管理、一支队伍管到底”基层治理体系，基层治理效能逐步提高。

三、南沙国家新区（自贸区）开发建设经验

南沙国家新区（自贸区）高举习近平新时代中国特色社会主义思想伟大旗帜，深入贯彻落实习近平总书记对广东重要讲话和重要指示批示精神。认真落实中央和省委、市委、区委决策部署，坚持以人民为中心，坚持新发展理念，坚持高质量发展要求，统筹推进“五位一体”总体布局，协调推进“四个全面”战略布局，坚持深化市场化改革，坚持扩大高水平开放。践行高质量发展要求，紧紧扭住粤港澳大湾区建设机遇，深入实施创新驱动发展战略，深化南沙国家新区（自贸区）改革开放创新，优化市场化国

际化法治化营商环境、建设更干净更整洁更平安更有序的城市环境、营造更加风清气正干事创业的政治生态环境。

（一）坚持全局视野，在国家战略中谋划发展

坚持从自身坚实发展基础出发，以战略思维、宽广视野思考和谋划南沙发展，积极主动融入国家开放大格局，将南沙独特区位优势转化为开放开发平台优势。推动南沙先后获批国家新区、自贸试验区、粤港澳全面合作示范区，实现从重点开发区域向国家战略承载区历史性转变。围绕国家赋予的战略愿景，坚持紧紧扭住粤港澳大湾区建设机遇，协同推进国家新区、自贸区与大湾区建设，加快打造高水平对外开放门户枢纽，建设新时代改革开放新高地。国家战略是南沙谋划发展的重要引领，新时代，南沙将以高度历史自觉和强烈使命担当，在全面实施国家战略中，不断开创南沙发展建设新局面。

（二）坚持先行先试，在改革开放中走在前列

发挥国家新区、自贸试验区改革开放平台优势，用好深化改革、扩大开放“关键一招”，解放思想，敢闯敢试、埋头苦干，勇于突破利益固化的藩篱，实现深刻的自我革命，不断提高谋划改革、推进开放的能力和水平，向改革开放要动力、要空间、要效益、要质量。积极构建与国际通行规则相衔接的制度体系，推动营商环境建设等重点领域和关键环节改革创新走在前列，形成以开放促改革、促创新、促发展的良好局面，把改革创新先行先试优势转化为开发建设的现实生产力。实践启示我们，改革开放是南沙最鲜明的时代特征，是推动南沙发展的生命线，必须要在新一轮高水平对外开放中敢于先行先试，切实担负起改革开放排头兵、先行地、实验区的历史使命。

（三）坚持发挥市场在资源配置中的决定性作用，积极探索发展新模式

以处理好政府和市场关系为核心，注重将市场的有效、有序和政府的有为、有度有机结合，推动经济发展方式和政府职能转变，破除传统发展模式依赖、政策依赖的惯性思维，不断扩大市场决定资源配置的范围。坚持从南沙战略定位出发，用改革激发市场活力，用政策引导市场预期，用规划明确投资方向，用法治规范市场行为，探索创新政企合作新的开发模式和推进机制，推动资源配置实现效益最大化和效率最优化，成功解决好快速发展与资源短缺的结构性问题，推动开发建设不断取得新成效。发挥市

场在资源配置中的决定性作用和更好发挥政府作用，是南沙开发建设快速推进的有效途径，必须在实践中不断探索发展新模式，形成新的增长动力。

（四）坚持创新引领，不断增强发展内生动力

始终坚持将创新作为引领发展的第一动力，全面贯彻新发展理念，积极推动科技创新与制度创新、产业创新互融互促，着力构建以创新为引领的高质量发展模式。坚持创新驱动发展战略，依托国家重大科技创新平台，打造科技成果转移转化高地。构建创新型产业体系，依靠科技创新改造提升传统行业，培育壮大先进制造业和战略性新兴产业，推动产业和产品更多地向价值链中高端跃升。探索创新型人才集聚发展的制度和政策体系，创建国际化人才特区，塑造更多依靠创新驱动的引领性发展。在新的起点上，南沙将坚定不移实施创新驱动发展战略，加快转换发展动能，释放更强的发展内生动力。

（五）坚持以人民为中心，让人民同步共享发展成果

贯彻落实以人民为中心的发展思想，把满足人民日益增长的美好生活需要作为各项工作的重点，解决好人民最关心最直接最现实的利益问题，时刻检视为民初心、时刻明晰使命担当。坚持目标导向与问题导向相统一，高质量建设广州城市副中心，高标准建设重点城市组团，加快补齐交通、教育和医疗等公共服务短板，打造粤港澳优质生活圈。全面开展“三旧”改造，村级工业园转型升级，扎实推进“四治”，实施乡村振兴战略，构建共建共治共享社会治理格局。为南沙发展夯实最广泛、最坚实的群众基础。让改革发展成果更多更公平惠及全体人民，不断提升人民群众的获得感、幸福感、安全感。

（六）坚持党建引领，全面营造风清气正的政治生态

一是强化党的政治建设，教育引导广大党员干部树牢“四个意识”、坚定“四个自信”、坚决做到“两个维护”，始终在思想上政治上行动上同以习近平同志为核心的党中央保持高度一致。二是加强基层党建工作。落实“令行禁止，有呼必应”党建工作要求，全面打造自贸区党建工作新格局。创建了556个“南沙三新讲学所”，建设全省首个自贸区非公企业党校、全省首个自贸区党群服务中心，实施“南沙党员时间银行”志愿服务工程，入选全国城市基层党建创新案例征集评选活动复评优秀案例。三是营造风清气正的政治生态。持之以恒抓作风建设，严格贯彻中央八项规定精神，坚决整治“四

风”，完善作风建设长效机制。深入推进“廉洁南沙新区”和“廉洁南沙自贸试验区”建设，成立廉洁南沙企业联盟，制定实施贯彻“三个区分开来”建立容错纠错机制的意见及正负面清单，鼓励干部干事创业。设立区委巡察办和巡察组，坚定不移开展政治巡察，深化纪检监察体制改革，成立区监察委，实现镇街监察组和村居监察站全覆盖，推动监察职能向基层延伸。

四、南沙国家新区（自贸区）未来展望

2019年2月，在《粤港澳大湾区发展规划纲要》中，南沙被确定为粤港澳全面合作示范区，南沙开发开放进入新阶段。南沙将深入贯彻落实习近平总书记对广东重要讲话和重要指示批示精神，贯彻落实中央和省委、市委决策部署，践行新发展理念和高质量发展要求，紧密衔接“一带一路”倡议、粤港澳大湾区、国家新区、自贸试验区建设等机遇，按照“1235”[①]发展思路，着力营造国际一流营商环境和人居环境，着力构建现代化产业体系，着力提升门户枢纽功能，坚决打好三大攻坚战，统筹做好稳增长、促改革、调结构、惠民生、防风险、保稳定各项工作，坚持不懈推进全面从严治党，高标准建设“三区一中心”，加快打造新时代改革开放新高地，把南沙打造成为广州推进粤港澳大湾区建设的主战场，实现老城市新活力、“四个出新出彩”的主阵地，为全省实现“四个走在全国前列”，“当好两个重要窗口”作出新的更大贡献，向实现“两个一百年”的宏伟目标奋勇前进。

（一）以优化营商环境为重点，着力推动国家新区自贸区改革创新取得更大突破

落实广东自贸区深化改革开放方案，实施南沙自贸片区深化改革开放90项任务清单和制度创新促进试行办法，加快推进实体化全球溯源中心、国际优品分拨中心、全

① “1”是指一个目标，即高标准建设国家新区、自贸试验区、粤港澳全面合作示范区和承载门户枢纽功能的广州城市副中心“三区一中心”，打造新时代改革开放新高地；“2”是指两条基本路径，即建设国际一流的营商环境以及国际一流的人居环境；“3”是指三大发展策略，即实施“枢纽+”“智能+”“绿色+”发展策略；“5”是指打造五大门户枢纽功能，即区域综合交通枢纽，国际科技产业创新枢纽、航运枢纽、新型贸易枢纽，金融业对外开放试验示范窗口等五大功能。

球报关系统等项目建设，进一步提升投资贸易便利化水平。加强与港澳制度规则相互衔接，加快编制打造规则相互衔接的示范基地建设方案，推进实施首批规则联通贯通融通任务清单，率先探索推出“湾区通”改革举措。在教育、医疗、文化等领域加强合作，完善便利港澳居民在南沙发展的政策体系。以打造粤港澳营商环境试验区为抓手，实施进一步优化提升营商环境2019年工作要点，加快推进商事登记确认制等标志性改革，年内“零跑动”事项达70%，确保营商环境全球模拟排名进入前25名。落实一批重点改革举措，推进土地综合管理改革试点，先行探索具有创新性、突破性的土地综合改革经验。推进镇街管理体制机制创新、村级工业园优化提升等重点领域关键环节改革。

（二）以深化与港澳全面合作为重点，着力构建全面开放新格局

依托南沙湾、庆盛枢纽、南沙枢纽，加快建设粤港深度合作园，推进香港科技大学（广州）、新鸿基庆盛枢纽站场综合体、嘉华集团粤港澳现代服务业总部基地、穗港澳国际健康产业城（南沙园区）、国际化教育园等项目建设。探索建设粤澳合作葡语国家产业园，发挥澳门葡语系国家经贸合作平台作用，推动澳门自由港在内地延伸。深化与港澳在科技创新、青年创新创业等领域合作，发挥华南技术转移中心、粤港澳院士专家创新创业联盟等平台作用，加快建设港澳青年创业就业试验区，打造华南科技创新成果转移转化高地。在CEPA框架下进一步扩大法律、金融、建筑、航运等领域对港澳开放，建设粤港澳专业服务集聚区。探索区域联动发展新模式，谋划建设广深合作产业园，加强与深圳前海、珠海横琴、东莞滨海湾、中山翠亨、佛山顺德等区域合作。携手港澳建设企业“走出去”综合服务基地，建设我国南方重要的对外开放窗口。

（三）以“四枢纽一窗口”建设为重点，着力提升门户枢纽核心功能

建设区域综合交通枢纽，加快地铁十八号线和二十二号线、深茂铁路、广中珠澳高铁、南中高速、广中江高速、深中通道等重点项目建设，研究推动建设环内湾城际，加快构建大湾区“半小时交通圈”。建设国际科技产业创新枢纽，加快广州南沙科学城和中科院明珠科学园、庆盛科技创新产业基地等重大平台建设，推进中科院南海生态环境工程创新研究院、冷泉生态系统大科学装置、南方海洋科学与工程省实验室等重大项目建设，打造大湾区综合性国家科学中心核心承载区。建设国际航运枢纽，落实新一轮国际航运中心建设三年行动计划，加快南沙港区四期、南沙港铁路、深水航道

拓宽工程二期、江海联运码头、国际通用码头等基础设施建设，拓展广州航交所服务功能，加快推进国际海事服务产业集聚区、国际分拨中心建设。建设国际新型贸易枢纽，大力发展跨境电商、汽车平行进口等外贸新业态，建设跨境数字贸易服务平台、南沙保税港区（中欧班列）过境多式联运中心，探索发展离岸经济。建设金融业对外开放试验示范窗口，加快国际金融岛建设，推进设立大湾区商业银行和创新型期货交易所，推动富卫人寿保险等重大平台项目，实施 FT（自由贸易）账户体系，壮大发展千亿级融资租赁产业集群。

（四）以建设现代化产业体系为重点，着力推动经济高质量发展

实施人工智能产业发展三年行动计划，加快建设南沙国际人工智能价值创新园区，到 2020 年集聚人工智能企业超 300 家，产业规模超 300 亿。建设智能网联汽车产业园，推进恒大新能源汽车整车、电池、电机三大研发生产基地，广汽蔚来，广汽丰田新生产线等重点项目建设，打造千亿级新能源智能网联汽车城。推进国家级可燃冰科研总部基地、国家健康旅游示范基地等平台建设，规划建设国家级自动驾驶测试基地和智慧交通示范区，加快第三代半导体、新型显示材料、锂离子动力电池等产业化集群化发展。发展智能制造产业，加快推进北京精雕等重点项目。大力发展总部经济、高端商贸、航运物流、创新金融、专业服务、文化创意、健康旅游等现代服务业，申报建设中国（广州南沙）邮轮旅游发展实验区，推动南沙游艇会成为开放口岸。加大引智引技引资力度，坚持以人才和资本为导向的招商新模式，加强重点产业靶向招商，拓展全球招商渠道和招商资源。探索有利于人才发展的政策和机制，建设国际化人才特区。

（五）以城市综合服务功能提升为重点，着力建设国际化滨海新城

优化提升规划体系，加快编制南沙新区国土空间规划及总体城市设计，建立“多规合一”长效机制，强化规划战略引领。高标准推进城市重点功能片区建设，明珠湾起步区率先探索低碳节能发展模式，确保 2020 年形成规模；蕉门河中心区加快总部经济集聚区建设，不断提升“城市客厅”综合服务功能。大力推进城市更新，完成近 40 个城市更新项目改造，2 年内对南沙街道、黄阁镇重点区域全部旧村启动更新改造。建设“AI+”新型智慧城市，实施新型智慧城市建设顶层设计规划及三年行动计划，加快国际 IPv6 根服务器、北斗城市应用示范工程等项目建设，5G 网络实现全覆盖，建设“城市大脑”、智慧交通示范区，打造全国领先的人工智能城市典范。构建优质公共服务体

系，加快推进广大附中（南沙）实验学校、湾区实验幼儿园、广州二中南沙天元学校和修仕倍励国际实验学校等教育项目，以及中山大学附属第一（南沙）医院、广东省中医院南沙医院、广州市妇女儿童医疗中心南沙院区、中山大学附属（南沙）口腔医院、区疾病预防控制中心等医疗项目建设，积极导入国内外优质资源，打造大湾区教育医疗新高地。大力实施乡村振兴战略，加快推进国家现代农业产业科技创新中心建设，优化提升“一村一规划”，由点到面打造美丽乡村群，加快建设广州种业小镇、星海音乐小镇、“珠宝＋文化”旅游小镇等特色小镇，探索具有特色的乡村振兴之路。

（六）以保障和改善民生为重点，着力提升人民群众获得感幸福感安全感

建设幸福南沙，深化镇街管理体制改革，加快构建“小网格、大管理、一支队伍管到底”服务管理体系，加强社会保障体系建设，扩大社会保险覆盖面。建设平安南沙，坚决打好防范化解重大风险攻坚战，深入开展扫黑除恶专项斗争和全民禁毒工程，严格落实安全生产责任制，维护社会大局和谐稳定。建设法治南沙，推进全域法治政府建设，提高重大行政决策质量，深化司法体制综合配套改革，建立“线上30秒，线下半小时”公共法律服务圈，形成全社会尊法学法守法用法良好氛围。建设美丽南沙，坚决打赢黑臭水体剿灭战、大气污染治理攻坚战、净土保卫战，全面落实河长制、湖长制，确保蕉门、官坦、洪奇沥国考断面达标，空气质量在全市保持领先，全域推动生态产业化和产业生态化发展，打造大湾区高端绿色发展示范区，坚决完成治水拆违任务。建设文明南沙，推进社会主义核心价值观融入法治建设和社会生活，深化全域文明创建，实施红色基因传承和革命文物保护利用工程，试点建设新时代文明实践中心，打造一批爱国主义教育主题景区，加强南沙城市IP打造及传播推介工作，塑造良好城市形象。

展望未来，力争经过三到五年，南沙营商环境建设达到全球先进国家和地区水平，与周边及港澳地区合作更加紧密，创新型产业体系初步构建，经济社会形成高质量发展态势，开放门户枢纽功能加快形成，广州城市副中心格局基本成形。再用五到十年时间，努力建成高水平对外开放门户枢纽和粤港澳全面合作示范区，成为粤港澳大湾区城市群核心门户、践行新发展理念的引领示范区。

（参编人员：柯寅希　俞丹丹）

第二十六章

增城经济技术开发区

增城经济技术开发区（以下简称“增城开发区”）创建于1988年1月，当时为市级的新塘工业加工区。2006年5月升级为省级开发区——增城工业园区。2010年3月升级为国家级经济技术开发区。增城开发区地处粤港澳大湾区、广深科技创新走廊，是广州经济发展的三大主引擎之一，也是广州重大战略性发展平台、先进制造业基地。

一、增城开发区创建与发展历程

增城开发区创建于改革开放时期，经历市级加工区—省级工业园区—国家级开发区三个发展关键节点，具体分为以下三个历史阶段。

（一）增城市新塘工业加工区（1988—2005年）

20世纪80年代，珠江东岸的增城，沐浴着改革开放的春风。为改变彼时增城农业县的落后面貌，改善人民群众的生活水平，增城县委县政府审时度势，顺应改革开放潮流，于1988年在工商贸易较为活跃的新塘，规划建设一个集中吸引外资、发展出口加工贸易产业的增城新塘工业加工区，并于当年获得广州市政府批准，享受县一级行政审批权限，从此掀开增城实行改革开放、吸引外商投资的历史篇章。

1988年起，沿着途经新塘的G107线，创建增城第一个工业小区——茅山工业区，引进培育一大批增城乃至广州之最的企业，主要包括：引进增城第一家外商独资企业——广州光华工业有限公司，引进开发广州第一个外商开发的工业小区——太平洋工业小区、增城第一个外商投资商业主体广场——顶好广场，培育广州最大体育服装企业——广州康威集团有限公司、增城第一家上市公司——广州宝龙特种汽车有限公司、增城最大民营摩托车企业——广州豪进集团有限公司。

到2005年，增城新塘工业加工区始终在增城的工业化进程中发挥龙头作用，先后引进设立纺织制衣、五金塑料、化工机械、玩具、电子、食品、陶瓷等行业企业共376家，累计投资总额约75亿元，打造太平洋工业区、甘湖工业村、茅山工业区、新塘牛仔纺织服装城等工业基地，培育的宝龙汽车、康威制衣、东洲油脂、裕华毛织、富通摩托等一大批企业从增城走向全国，形成新世界花园、亚太新城、汇美新村、紫云山庄、群星花园等综合小区，建设了太阳城、新好景、凯旋门等高端酒店商务、娱乐休闲项目，改善了投资、生活环境，大大推动当地城镇化进程。

（二）广东增城工业园区（2006—2010年）

进入21世纪的增城，经济社会实现跨越式发展。为在21世纪抢占科学发展的制高点，增城从2002年起进行行政区划调整，率先提出南中北三大主体功能区的科学发展规划，其中新塘工业加工区所在的南部地区为重点发展的新型工业化区。为承接广州乃至国际制造产业转移，做强做大增城先进制造产业，增城在南部核心地带规划面积达22平方公里的汽车产业基地，交由新塘工业加工区进行开发建设。2004年初，首期投资达22亿元、产能24万辆汽车的广汽本田汽车项目落户增城，由此掀开以汽车产业基地为契机，以广汽本田增城工厂为龙头，以产业集群模式发展汽车摩托车产业的新的发展阶段。龙头引领，产业集聚，豪进摩托、福耀玻璃、鹏映塑料等9家汽车、摩托车及其零部件企业争相入驻，广汽本田增城工厂不到一年时间就建成投产并在当年实现产值和效益，增城汽车产业快速崛起，成为广州东部重要的汽车产业基地。

2006年，经广东省政府批准，新塘工业加工区升级为省级广东增城工业园区。增城工业园区继续以汽车产业基地为核心，确立“先进制造业立区、高新技术产业强区、现代服务业旺区”，以及园区建设“三步走”发展思路，为园区快速发展插上强劲有力的翅膀。2005—2009年，增城工业园区共引进优质企业53个，形成以广汽本田、豪进摩托为龙头的汽车及摩托车产业集群，博创机械等为龙头的先进制造业产业集群，推动增城工业园区经济发展综合实力。2009年，园区工业产值290.25亿元，比2005年增长102.66倍；税收收入28.27亿元，比2005年增长352倍。在全省69个省级开发区中，从2005年的排名靠后跃升到2009年的第二位，成为增城工业发展的主战场和经济增长极。

（三）增城经济技术开发区（2010—2012年9月）

2010年是增城开发区发展历程中具有里程碑意义的一年。依托增城科学发展开创的经济社会新局面，增城工业园区于2010年3月21日经国务院批准，跨入国家级经济技术开发区行列，成为广州市继广州开发区、南沙开发区之后的第三家国家级经济技术开发区，为广州深化东进战略开辟了新的经济发展主战场。2015年12月，国家级侨商产业聚集区——侨梦苑在增城开发区落户，实现双国家级高端平台优势叠加。

增城开发区紧紧围绕打造广州经济发展主引擎的目标，坚持新发展理念，解放思想谋发展，立足实际打基础，创新载体抓落实，着力抓好招商引资、企业服务、园区建设等工作重心，推动经济社会健康发展，成为带动区域经济发展的强力引擎。

二、增城开发区发展主要成就

2013年是贯彻落实党的十八大精神开局之年，增城开发区迎来跨越发展的机遇期、加速期。增城开发区认真贯彻落实国务院关于国家级经济技术开发区促进创新驱动发展的相关政策规范，紧扣广州发展主力引擎的发展定位，着眼于长远高端发展开展战略谋划，全力打造发展平台，努力优化投资环境，积极培育高端产业，深入开展企业服务，全面参与建设现代化中等规模生态城市，各方面工作出现新变化、实现新进展、展现新成效，有效发挥了国家级经济技术开发区的辐射引领作用。

（一）综合发展水平大幅提升

1. 经济发展的主引擎作用进一步增强

2018年，增城开发区核心区完成工业总产值461.43亿元，同比增长19.71%，占增城区的43.75%，拉动全区增长7.73个百分点，是2013年（262.38亿元）的1.76倍，年均增长12%；固定资产投资295.7亿元，同比增长136.4%，占全区总量的29.62%，拉动全区增长22.23个百分点，是2013年（24.54亿元）的12.05倍，年均增长64.5%；商品销售总额1210.61亿元，同比增长9.54%，占全区总量的71.46%，拉动全区增长6.95个百分点；实际利用外资3.7亿美元，同比增长141.57%，占全区总量的51.75%，是2013年（0.39亿美元）的9.49倍，年均增长56.84%；进出口总额9.34亿美元，同比增长74.6%，是2013年（6.21亿美元）的1.50倍，年均增长8.4%。[①]经过5年的稳步发展，增城开发区的经济综合实力显著提升，增速领跑

① 数据来源：广州市增城区统计局公布的《增城统计月报》。

全区，在增城经济社会发展中起到引领带动作用，成为广州经济发展的主引擎之一。

2.“一区多园”辐射带动区域发展

积极实施国家级经开区扩容提质发展战略，加快推进“一区多园”发展战略，以增城开发区核心区为主体园区，在仙村园区、增江东区高新园区、石滩片区、中新园区、宁西园区、永宁园区、新塘园区等园区内加挂增城开发区的牌子，形成“一区多园”的共赢发展模式。扎实推进产业园区建设，此前仙村园区完成征地 5500 亩、使用林地可行性报告和园区文物考古调查，开展考古勘探、500kV 高压线迁改、道路基础设施建设工程的前期工作，场地平整工程已完成施工、监理招标，部分地块清表正在铺开。宁西工业园稳步发展，依托开发区核心区的辐射延伸，园区基础设施配套逐步完善。

（二）产业集聚态势逐步形成

1. 引智引技引资力度持续加大

2013 年以来，共引进落户产业用地项目 46 宗，总投资 1221.02 亿元，其中预计年产值超百亿元的有超视堺 8K 项目、江铜增资扩产、广本零部件物流、平安科技、烨龙集团、维信诺等 6 个项目，十亿元以上的有宝盛、日立、中汽研、中稼等 29 个项目。新一代信息技术、汽车及新能源汽车、金融科技三大千亿级产业集群格局已初步显现，构建高端高质高新现代产业体系的支撑能力进一步增强。

2. 新一代信息技术产业集群初现雏形

截至 2018 年底，扎实推进超视堺第 10.5 代显示器全生态产业园区建设，累计完成投资 419.7 亿元，占总投资 610 亿元的 69%。康宁显示项目建设同步推进，视源股份增城研发及生产基地、空气产品电子气体、康宁显示科技、超视堺国际智能科技等 8 个上下游配套企业（项目）落地建设。预计达产后新一代信息技术产业超千亿级。

3. 汽车及新能源汽车产业集群基本形成

广汽本田增城工厂新增 24 万台汽油发动机项目已建成，年产 24 万辆整车产能扩大项目将于 2019 年底投产，推动日立马达系统、中汽研华南生产基地等项目开工建设，广本汽车零部件物流、日特固（增城）防音配件公司等汽车及新能源汽车产业配套项目 8 个，广州电装、日立汽车系统等企业增效扩产，汽车及核心零部件完成产值约 800 亿元（含广本），千亿级汽车及新能源汽车产业集群加快形成。

4. 金融科技产业有望集聚

2018 年，推动总投资 100 亿元的平安（增城）科技硅谷项目落户建设，导入汽车、科技、金融、大健康四大产业，已注册利之城公司、车智汇通公司、粤港澳核心区产业投资公司等3家企业，项目达产后预计营收350亿元，有望形成新的千亿级金融科技产业集群。

（三）创新创业水平持续改善

1. 创新人才加快集聚

2015年底，推动国务院侨办、市政府将全国第五家国家级侨商产业集聚区“侨梦苑”落户在增城开发区。近年来，依托国家级侨梦苑在海外华侨华人中的影响，加快建设侨梦苑创新中心、创业梦工厂，打造全链条创新创业载体平台，积极走出去建立国际合作平台，引进石博士实验室、科学玩意（Science of Play）、热解气化技术设备研发生产等华侨华人创新项目24个，引进高层次人才47名，其中院士专家2名、国家“千人计划”人才5名。

2. 创新平台加快构建

积极利用开发区安置区物业，整体推进宝盛国际创新中心、珠江国际创业中心、侨梦苑科技企业孵化器、前沿科技孵化器、骏德葡萄酒文化产业孵化园、三泰汽车零部件生产研发及工业孵化器等10个科技企业孵化器的建设，积极拓展项目承载空间，为优质创新创业项目提供高品质、多样化的发展载体。企业总规划建筑面积约256万平方米，建成孵化器面积共约5万平方米，已进驻企业57家。

3. 创新主体加快培育

支持和推广企业间合作研发生产设备、高校科研机构与企业合作改进生产线等模式，鼓励企业采用新技术、新设备、新工艺进行技改，实施“小升高”培育工程。2018年，培育7家科技型中小企业成长为高新技术企业、设立7家个省级研发机构。至2018年底，增城开发区拥有高新技术企业39家，省级研发机构18家。

（四）企业服务能力不断增强

1. 案例：精准服务，保障超视堺8K项目建设

强化专业化服务，协调省、市、区各级部门，高效推进环保审批、消防审批、永久用电、设备运输、设备进口等工作，加强项目施工现场建设监管，解决办公、食宿等问题，提供人力资源定向委培、外籍人员办理驾照、特色公交、共享汽车和共享单车等便利服务，确保项目安全、有序、规范、高效地推进。项目开工面积达146.7万平方

米，阵列、彩膜、成盒及偏贴、康宁玻璃基板等 37 栋厂房及附属建筑已全面完工，同步开展生产设备安装、调试，项目生产线首片 65 寸（216.66 厘米）产品于 2019 年 7 月 31 日正式点亮。

2. 贴身服务，推动企业加快建设

树立“人人都是投资环境，个个都是服务专员”理念，创新服务方式，真心真情服务企业，建立完善的企业服务工作机制，全程为落户项目提供建设报批、综合验收、生产运营等全过程代办领办跟踪服务，推动企业加快建设、稳定发展。建立各部门联动机制，优化竣工验收流程，全力做好项目验收前指导工作，确保项目工程实现竣工与投产无缝对接。

2013 年以来，共推动超视堺、珠江钢琴、广州江铜、阿里巴巴等 60 个投资项目建设（其中省、市、区重点项目 52 个），总开工建筑面积 624 万平方米，投资总额 1103 亿元，已竣工投产项目 24 个，在建项目 23 个，筹建项目 13 个，全部项目达产后将新增年产值 / 营业收入 2389 亿元，预计年新增税收收入 123 亿元。

3. 用心服务，保障企业安心经营

建立管委会、办局、服务专员三级协调机制，切实解决企业生产经营中的问题。协调解决企业的用气价格、永久用电通电和高压线迁改等问题。

2013 年以来，已落户企业人才 841 人，解决企业人才共 872 名子女入学问题，搭建校企合作平台，协助企业招聘员工 3800 多人，帮助企业解决后顾之忧。优化公共交通线路，强化企业劳动服务规范化管理，会同各部门开展治安巡查、维稳信访、食品监管、防风防汛等工作，营造平安稳定的发展环境，确保企业良好发展。

（五）园区建设水平进一步提升

1. 加快外联内畅交通网络建设

连接广惠高速永宁出入口的创誉路（新耀南路—新新公路）顺利建成通车，增城开发区与广州开发区互联互通、与广州中心城区同城发展的交通连接建设实现重大突破。广惠高速增城开发区互通立交项目加快建设，开发区到广州东部交通枢纽中心的对接道路谋划实施，联系珠三角、融入粤港澳大湾区的交通网络初步显现。新誉北路北段、创优路一期等道路已建成，富士康、超视堺等重大项目周边交通配套设施加快完善；创业大道首期、永宁大道东段、沙宁公路升级改造工程、长风北路等道路工程不断加快。

2. 强化城市功能提升建设

坚持产城融合发展，突出城市功能升级，完善村民安置、生活消费、医疗健康、学校教育等配套设施，优化公共交通、商务、生活等整体环境。南方医院增城分院、新塘万达广场投入使用，永旺梦乐城动工建设，开发区小学、第二小学已开学，华商国际学院于2019年9月招生，保利配建员工生活配套区及高级人才公寓项目整体基本完工，完成竣工验收和其中一栋交楼的任务，超视堺员工入驻园区，开发区二期员工生活配套区及文化体育中心桩基础施工完成，开发区二期安置新社区项目主体结构封顶，龙丰安置新社区项目主体结构完成，内外墙饰面、室内地面铺装和机电安装基本完工，2019年底前可交付使用。

3. 加快推进土地资源整合

积极转变观念，攻坚克难，加大核心区连片土地整理力度，解决长期困扰的征地拆迁难题。根据项目引进计划，主动协调上级自然资源部门，有序启动并加快推进项目意向用地报批工作，有力保障了重大项目的落户建设。2013年以来，共获批土地11066亩，出让6710亩土地，有力满足超视堺、中汽研、日立电机、平安科技、中镓科技等30多个重点项目用地需求。共入库土地出让收入约138亿元。积极推动一区多园建设，其中仙村园区完成征地5500亩，已开展部分地块清表，500kV高压线迁改、道路工程的前期工作正加快推进。

（六）围绕“一核多元四平台”打造园区党建示范性品牌

近年来，增城开发区坚持以党建工作为引领，积极打造便民服务、资源整合、智能管理、理论研究等党建工作“四大平台”，助推园区实现高质量发展。

1. 高标准建成开发区党群服务中心，打造“便民服务”平台

投入约900万元，高标准规划建设总面积4900平方米的增城经济技术开发区党群服务中心，积极打造全市园区党建示范阵地。2018年7月5日至当年底，共开展主题活动175场次共3688人次，日常接待党员群众共8613人次。积极拓展党群服务中心功能作用，建设增城开发区新时代文明实践所，创新“重温一次入党誓词、奏唱一遍国歌、观看一个党建宣传片、观看一个专题教育片、重读一次党章、参观一次展览”6个固定动作和1个自选定制式服务的“6+X”活动开展模式，打通服务党员群众“最后一公里”；设立增城开发区基层党代表工作室、人大代表联络站和政协委员联络站，为开发区辖区范围及周边共23名“两代表一委员”知情议政、履行职责创造条件，架起“两

代表一委员”联系各界及群众的桥梁。

2. 组建区域党建工作联席会议，打造“资源整合”平台

由增城开发区直属机关党委牵头126个不同隶属关系的党组织组建区域党建工作联席会议，探索建立合作共赢的“1+N”先进工作创新模式，有效解决成员单位之间因隶属关系不同、平时党建工作交流少、党建资源统筹利用不充分等问题，已覆盖党员2000多名。2018年8月至12月下旬，组织开展企业“降本增效”管理经验交流评比活动，有60多家企业积极参与，旨在增强企业在降本增效管理方面的积极性，掀起了企业积极改善提升、勇于突破创新的热潮。

同时，加强园区非公企业党组织覆盖，成立园区非公企业党委并深入52家企业走访联系，听取和收集企业意见建议232条；新组建非公企业党支部18个，福耀公司、博创公司的党支部分别被评为广州市星级党支部。

3. 开设“增城开发区智慧党建”微信公众号，打造“智能管理”平台

推动“互联网+党建”有机结合，以移动互联网为载体，开设“增城开发区智慧党建”微信公众号，实现党建资讯动态更新，在线完成党建工作任务、党费查询、预约党群服务中心功能室等订制式线上党建服务。强化对党务工作的智能化管理，在线监督落实党支部标准化、规范化建设清单，提高党务工作办理效率和质量，有序推进党支部建设。着重加强党员教育管理，在线开展党员服务和学习教育，基层党组织“三会一课”制度落实良好，组织生活、党员教育开展更加规范。

截至2018年底，“智慧党建”已有2392名党员群众关注，其中在线注册党员372名，转载和发布学习材料、信息报道247篇，总点击量4.5万次。

4. 共建南方党建智库基层党建研究基地，打造“理论研究”平台

主动对接南方报业传媒集团，在全省率先共建“南方党建智库基层党建增城开发区研究基地”，以园区党建、非公党建实践为专题，探索党建引领、智库参与、地方实践的党建新模式，中国期刊协会党刊分会2018年年会的代表们称之为“党媒与地方融合的新型党建共建样本”。

通过开展党建学习论坛，定期组织邀请专家、学者、记者开展“送课”“送书”“集智”等系列活动，开拓非公企业党组织和广大党员的党建工作视野，切实提高党建工作理论水平。积极发掘推广先进典型案例，对区域内各级党组织以及优秀党员的先进事迹及时进行总结，通过媒体渠道进行宣传推广，形成“学典型、做典型”的党建工作良好氛围。

三、增城开发区发展经验启示

增城开发区在近30年的发展过程中，坚持求真务实的态度，遵循科学发展、可持续发展规律，大胆探索，勇于实践，积累了宝贵的经验。

（一）创造了党建与发展相融互动的“增城开发区模式”

在新的经济社会发展形势下，增城开发区从加强基层党建入手，为企业发展创造更好的环境，更好地服务群众，打造共建共治共享的社会治理新格局。找准加快推进改革发展的“金钥匙”，通过“党建+”创新模式，围绕“一核多元四平台”，逐步探索出一条以党建引领治理发展的新路径。充分发挥开发区党工委的核心作用，坚持党对各项工作的集中统一领导，针对园区内党组织类型多元化的特点，以园区党群服务中心、区域党建工作联席会议、智慧党建、“党建智库研究基地”等工作平台建设为抓手，对全区域党组织进行整合、融合，充分发挥企业党支部引领、党员模范带头作用，激发企业生产管理新动力，把符合条件的企业骨干培养成党员，把党员培养成业务骨干，把企业中的优秀分子输送到党组织中来，把党组织中的优秀分子输送到企业关键岗位上去，使党建与发展相融互动，有效推动园区各项工作实现高质量发展。

（二）树立产业链思维，是加快形成三大千亿产业集群的基础和前提

重点围绕新一代信息技术、汽车及新能源汽车、金融科技三大千亿级产业，制定各产业链年度目标和行动计划，开展上门招商、产业链招商、中介招商，坚持“项目为王”的招商理念，着力引进产业链缺失项目、短板项目，主动对接广州IAB（新一代消息技术、人工智能、生物医药）和NEM（新能源、新材料）计划，推动“三引”工作取得成效。针对新一代信息技术产业集群，紧紧围绕第10.5代显示器全生态产业园项目，抓紧推动维信诺、先导靶材等产业配套项目落户，早日形成聚集效应。针对汽车及新能源汽车产业集群，依托广本、北汽两大整车龙头，瞄准关键零部件厂商靶向招商，重点跟进李尔部件、东软睿驰等项目。针对金融科技产业，围绕平安（增城）科技硅谷，加快引进平安云科技中心、平安金服南方基地、平安好医生等龙头企业和哈尔滨工业大学、清华大学深圳研究院等科技院所，力争形成千亿级金融科技产业集群。针对其他重点产业，紧密对接富士康生命科技小镇、中世控股集团智能装备研发总部等项目，推动优质项目尽快落户，丰富全区产业链横纵延伸。

（三）创新企业服务手段，是企业发展提质增效的内生动力

企业服务是增城开发区的三大工作主线之一，增城开发区做细做实企业服务，不断强化服务意识，丰富手段，创新方式，努力提升企业服务水平，为企业解忧排难。一是建立专业化企业服务机制，落实重点企业服务专员制，为落户企业提供建设报批、综合验收、生产运营等全过程免费代办代领服务。二是强化重点项目现场跟踪服务，建立企业设立、建设报批、工程管理、安全生产、用水用电、人资总务、海关业务等微信交流平台，对重点在建、筹建项目实行精准服务、贴心服务，促进项目快建设、早投产。三是实行“一企一策”措施，积极开展企业走访服务，定期收集企业的诉求清单，通过点对点服务和召开联席会议，贴身解决企业发展的“痛点难点”，帮助企业做强做大。四是提供全面贴心的人才服务，帮助企业解决人才入户问题，协调教育部门为高端人才解决子女入学转学问题，同时积极落实省市区高层次人才扶持政策和高层次人才服务专员制度，帮助人才解决出入境、就业许可、工作签证、医疗服务等方面的问题。通过一系列创新和精准服务，推动企业高质量建设和发展。

（四）优化提升营商环境，是释放企业创新活力的关键因素

营商环境是一个地区的重要软实力、竞争力。增城开发区把优化营商环境作为全面深化改革的头号工程抓紧抓实抓细。着力提高行政审批效率，推进“证照分离”、国家知识产权投融资等改革试点，坚决破除各种隐性壁垒。加快建设开发区政务服务中心，实施“互联网＋政务服务”“一窗受理、集成服务”模式，推行“最多跑一次”改革，基本实现“园区事情园区办”。

落实限时办理制度，没有上下关联的审批事项，一律不互为前置条件，同步推进审批，实行审批承诺制，对主体材料具备、缺少其他附件材料的项目，申请企业只要出具书面承诺，采取“要件把关、容缺受理、平行推进”的方式，确保办结时限在原来承办时限的基础上进一步压减。通过一系列的优化改革事项的审批流程，精简审批材料，压缩审批时限，减轻企业负担，释放企业创新创业活力。

站在新的历史起点，增城开发区正在迸发高质量发展的全新活力，坚持新发展理念，坚持高质量发展要求，全面对接融入粤港澳大湾区建设，树立全球招商引资观念，加强科技创新驱动，全力打造三大千亿级产业集群，加快构建现代产业体系，力争建设发展动力更足、营商环境更优、创新能力更强、区域形象更佳的国家级开发区。

参考文献：

1. 徐咏虹，曾伟玉．转型与跨越：广州改革开放四十年 [M]. 广州：广州出版社，2018.

2. 广州市增城区统计局．增城统计月报，2009（12）.

3. 广州市增城区统计局．增城统计月报，2013（12）.

4. 广州市增城区统计局．增城统计月报，2018（12）.

5. 党建与发展相融互动的“增城开发区模式”[J]. 南方杂志，2019.

6. 增城开发区“一核多元四平台”党建示范品牌荣获第六届“粤治——治理现代化”党建引领基层治理 [N/OL]. 南方+ 党建频道，2019-05-10.

（参编人员：罗美平）

第二十七章
广州空港经济区

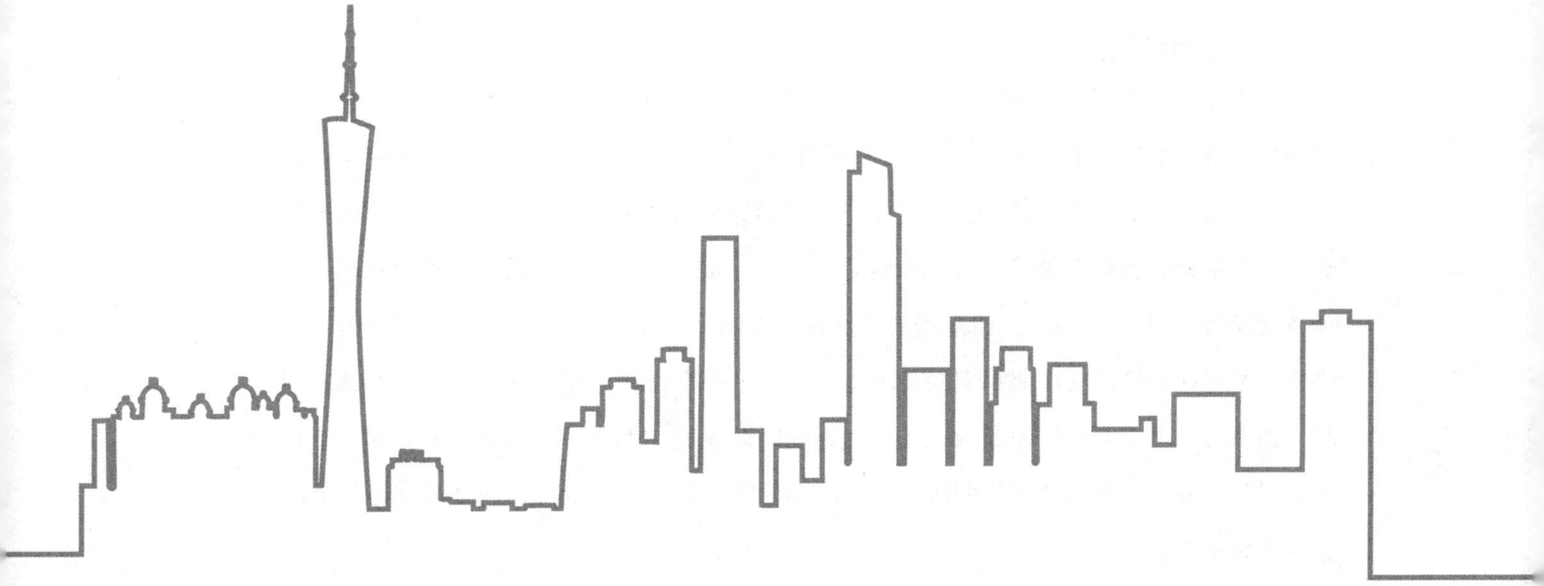

新时代，广州空港经济区坚持以习近平新时代中国特色社会主义思想为指导，对标“四个走在全国前列”要求，全力推进广州国际航空枢纽和国家临空经济示范区建设，有力提升广州国际大都市战略地位和国际性综合交通枢纽功能，推动珠三角地区在更高层次和更宽领域参与全球产业分工，进一步扩大对外开放，推动高质量发展。

一、广州空港经济区概况

广州空港经济区依托广州白云国际机场建设，致力打造功能完善、辐射全球的国际航空枢纽。“一带一路”倡议和《粤港澳大湾区发展规划纲要》提出“建设世界级机场群”“提升广州机场国际枢纽竞争力”“推进广州临空经济区发展”，为广州空港经济区发展提供重大战略机遇。

（一）历史发展

2010年，国务院正式批复设立广州白云机场综合保税区。2011年，广州市着眼发展临空经济，划定空港经济区，成立广州空港经济区管委会、白云机场综合保税区管委会。2015年3月，市委市政府提出要把广州空港经济区做实。同年8月，市编委印发实施《关于调整完善空港经济区管理体制的方案》，标志着广州空港经济区成为广州新的经济功能区。同年12月，广州市委决定建设三大国际战略枢纽。2016年12月，国家发改委、民航局批复设立广州临空经济示范区，标志着广州空港经济区建设上升为国家战略。2018年1月3日，广州白云机场综合保税区红线优化调整方案获国务院批复。2018年11月15日，市委主要领导调研广州空港经济区，提出要提升广州国际航空枢纽能级和全球影响力。

（二）区域现状

广州空港经济区规划面积为116平方公里（白云片区56平方公里、花都片区60平方公里），东起流溪河，西至G106国道—镜湖大道，南起北二环高速，北至花都大道，加上白云机场综合保税区，共涉及6个街镇、49个行政村。其中白云区涉及人和镇、钟落潭镇、江高镇3个镇，共20个村；花都区涉及新雅街道、花东镇、花山镇3个街镇，共29个村。约有2.8万户、近20万常住人口。白云机场综合保税区是广州空港经济区的重要组成部分，是广州国家级跨境电商综合试验区的核心功能区、广东省首个综合保税区，属全国少有的包含机场口岸操作区并实现“区港一体化”运作的综合保税保区之一。白云机场综合保税区一期已于2014年封关运行，二期于2019年6月正式通过国家验收，标志着广州现代产业体系建设和空港保税业态的发展迈出新的步伐，广州国际航空枢纽和国家临空经济示范区建设掀开新的篇章，广州空港经济区粤港澳大湾区跨境电商国际枢纽港建设迎来良好开局。

（三）功能定位

广州空港经济区按照国家批复广州临空经济示范区“建设成为国际航空枢纽、生态现代智慧空港区、临空高端产业集聚区、空港体制创新试验区”的功能定位，聚焦白云机场航空枢纽、白云机场综合保税区和临空经济商业圈三大重点区域推进开发建设。

国际航空枢纽。进一步增强白云国际机场航空运输服务功能和综合交通枢纽功能，强化其全国三大枢纽机场的地位，提升其国际地位和全球影响力，推动成为广州对接“一带一路”倡议、粤港澳大湾区、自由贸易港区发展布局，建设国家中心城市、国际性综合交通枢纽、综合性门户城市和国际大都市的核心功能载体，形成资金、技术、信息、人才等要素流通中枢，打造国际门户复合型航空枢纽。

生态现代智慧空港区。践行绿色、低碳发展理念，注重生态环境和人文环境建设，以航聚产，以产促区，建设以航空枢纽为核心、连接国内国际重要节点城市的空港服务体系，打造绿色、生态、智慧、开放的现代化空港城。

临空高端产业集聚区。重点发展具有临空指向性和关联性的高端产业，努力建成国际化航空物流中心、空港总部中心、知识创新中心、临空制造中心和生态休闲旅游中心，打造航空要素流动开放、创新资源集聚、产业集约高端、资金技术汇集的临空高端产业集聚区。

空港体制创新试验区。积极推进空港体制机制创新，充分发挥作为广州市三大营商环境改革重点区域的示范突破推动作用，率先在理顺机场管理体制、提高通关效率等方面取得突破，形成空港体制创新的示范效应。

（四）管理体制

根据规定，空港经济区管理机构为广州空港经济区管理委员会、广州白云机场综合保税区管理委员会（简称广州空港委），一个机构、两块牌子。广州空港经济区管理委员会为广州市人民政府派出机构，受市政府委托，对广州空港经济区重点开发区域（含机场控制区）和白云机场综合保税区实行统一领导和管理，主要负责区内的整体规划、开发建设、招商引资、项目筹建和企业服务，以及为经济发展、园区建设提供的社会治理和公共服务。属地主要负责征地拆迁、涉及居民的社会治理服务等。

为加强领导，广州市成立以市委主要领导任组长，市长任常务副组长的国际航空枢纽建设领导小组，实行“管委会+公司”的开发建设模式。广州空港经济区设独立金库，财政上实行独立运作。广东省大力支持政府示范区的建设，同意从2017年起连续5年将新转入示范区的企业和项目产生的省级税收收入全部专项补助示范区，以促进示范区的产业发展。

在管理权限方面，2016年2月，市政府印发实施《广州空港经济区管理试行办法》，并于2017年9月5日作出修订，将国土资源、规划、发改、人防等由市相关部门和属地的区政府共14个单位行使的54项行政管理权限赋予广州空港委行使。

二、广州空港经济区发展成效

广州空港经济区依托白云国际机场，背靠珠三角腹地这一世界知名制造业和进出口基地，着力提升国际航空枢纽能级，加速全球客流、物流、信息流、资金流在区内集聚，推动高端临空产业集聚集群集约发展。同时，加速发展的临空经济正通过互联的综合交通枢纽体系辐射、推动粤港澳大湾区城市群高质量发展，逐步打造成联通大湾区、服务全国、面向世界的国家级临空经济示范区。

（一）国际航空枢纽建设成效显著

广州空港经济区内的广州白云国际机场是全国航空枢纽之一，也是国际航空枢纽建设的核心，“一带一路”倡议国际航空枢纽之一，目前拥有3条跑道和2座航站楼，远期规划为5条跑道和3座航站楼。基地航空公司有两家：一家是规模亚洲第一、世界第三的南方航空公司，其以广州为起点的空中丝绸之路——“广州之路”品牌具较高知名度；另一家是中国中南部地区首家以低成本模式著称的九元航空公司。

白云机场航线网络已覆盖全球220多个航点，拥有航线超300条，其中国际及地区航线164条，国际航线网络遍布全球5大洲的92个航点，辐射包括“一带一路”30个沿线国家的55个城市。广州已成为连接大洋洲、东亚、东南亚的重要国际中转地，与国内、东南亚主要城市形成“4小时航空交通圈”，与全球主要城市形成“12小时航空交通圈”。广州白云国际机场2014年旅客吞吐量突破5000万人次大关、2018年旅客吞吐量接近7000万人次，其中国际旅客达1731.92万人次，同比增长9.0%，旅客吞吐量、货邮吞吐量分别位于全球第十三和第十七位，连续多年排名全国前三位，正加快朝世界级国际航空枢纽迈进。2019年初，白云机场T2航站楼被权威机构评为“全球五星航站楼”，白云机场被民航旅客服务测评机构评为“2018最佳机场”；同年4月，推动机场高峰小时容量从65架次提升到78架次；5月，国际中转旅客过境免签由72小时升级为144小时。2019年旅客吞吐量突破7000万人次。

（二）基础设施建设不断向纵深发展

白云机场综合保税区依托“区港一体化”优势，加快优化空间布局，成功推动机场综合保税区红线调整获国务院批准，机场综合保税区中区面积从0.75平方公里扩大至2.29平方公里，二期建设于2019年6月25日通过国家验收。投资近200亿元的白云机场二期扩建已全部完成，第三跑道已于2014年启用，T2航站楼（单体全国最大）及立体式综合交通中心已于2018年4月26日启用，航站楼建筑面积扩展65.8万平方米，总体旅客吞吐量设计容量已提升至8000万人次/年，南方航空等已顺利转场运营。FBO（白云机场商务航空服务基地）已于2017年12月启用，可同时停放30架公务机，规模全国第一。“六横七纵”高速公路网及3条城际轨道、4条城市轨道建设全面铺开，地铁九号线、三号线北延至T2航站楼段、机场出口主干道飞粤大道和迎宾大道升级改造项目、清水河景观提升项目已完工并投入使用。同时，以“空铁联运”为牵引，依托白云机场、广州北站、黄埔港、南沙港等交通枢纽，集民航、城轨、地铁、高速公路、城市公交等于一体的立体式综合交通枢纽正加紧建设，渐具雏形。

（三）产业集聚态势明显

近年来，广州空港经济区始终注重国际化营商环境建设，全面加大招商引资力度，产业全面提质增速，进驻企业自 2014 年的 7000 多家增长到 2019 年 6 月的 13000 多家，平均增长率为 14.21%，逐渐形成航空总部、航空维修与制造、航空物流、跨境电商、通用航空、飞机租赁等六大产业集聚。自广州临空经济示范区获批以来，相继开展重大产业项目，主要包括 Boeing（波音）飞机客改货项目、Airbus（空客）飞机客改货项目、GAMECO（广州飞机维修工程有限公司）部附件及新材料维修中心、九元航空飞机维修基地、CAE（加拿大航空电气设备公司）亚太航空培训基地、摩诘创新飞行模拟研发制造及训练中心、本田公务机大中华区营销总部（宏信通用航空）、南航资本控股公司、顺丰速运华南总部、圆通速递华南总部、嘉里物流华南区域枢纽总部、经纬集团粤港澳大湾区 IMX 全球臻品集散中心、苏宁跨境电商全国枢纽、高捷物流集团有限公司战略合作项目。更有粤商控股、德高集团、东方航空、亚洲商务航空等数百家优质企业落户发展。

在航空总部方面，广州空港经济区内已入驻南方航空、九元航空等主基地航空公司，以及东方航空广东分公司等近80家航空公司，其中国际及地区航空公司50家。

在航空维修与制造业方面，推动空客、波音的飞机客改货项目先后落户，启动广州飞机维修工程有限公司三期机库建设，初步建成全国重要飞机维修基地和全球重要飞机客改货基地。2018年，飞机维修基地共实现营业收入34.3亿元，同比增长7.7%。

在航空物流业方面，美国联邦快递已在区内注册独立法人公司，DHL（敦豪航空货运公司）、顺丰、唯品会等350余家国内外知名物流企业均在区内建立航空物流基地，初步形成全国最大空港物流中心。2018年，机场综合保税区进出口总额122.8亿元。

在跨境电商业方面，出台仓租补贴、第三方检测费用减免等跨境电商专项扶持政策，建立溯源平台和企业分级管理机制，吸引入驻机场综合保税区跨境电商企业逾千家、商品备案项数超10万种，覆盖BBC进口、BC出口等5种跨境电商业务，实现2018年机场综合保税区跨境电商业务货值超80亿元，呈翻倍增长，机场口岸跨境电商业务已连续5年居全国空港首位。

在通用航空业方面，依托国内规模最大、功能设施最完备的白云机场商务航空服务基地，引进本田公务机、亚联公务机、法国UUDS（优德士）集团等10多家国内外商务航空服务公司，可同时停放30架公务机，已为30多家客户提供2900多架次的航班保障服务，规模全国第一。白云机场商务航空服务基地正成为高端商务人士来往粤港澳大湾区的首选陆空中转点。

在飞机租赁业方面，首架融资租赁飞机于2015年9月22日在广州空港经济区成功实现当天交付，实现广州飞机租赁业态零的突破。广州积极拓展航空租赁业务范围和规模，已落地租赁飞机81架次，货值400多亿元。广州空港经济区已成为华南航空租赁业务发展的新增长极。

（四）国际化营商环境持续优化

广州空港经济区持续推动改革创新，制定《广州空港经济区管理委员会改革创新专项工作方案》以及广州空港经济区招商引资“7+1+1”系列鼓励政策，围绕体制机制、政务服务、投融资体制、土地利用、口岸保障等方面，逐步推进各项改革创新举措。依托空港智慧政务平台，采用“前台综合受理、后台分类审批、统一窗口出件”模式，创新推出空港政务大厅“企业代办服务”“首席服务官”等措施，为企业提供“一站式”服务。推动工程建设项目行政审批制度改革，将政府类投资工程项目从立项到竣工验收环节的审批时间压缩至90个工作日内、社会投资类项目审批时间控制在50个工作日内。2018年，共受理国土资源、规划、建设等行政审批事项超过1300宗、工商业务2740宗、税务业务34940宗，办结用时较承诺服务时限提高15%。在口岸保障方面，进一步发挥白云机场综合保税区政策作用，创新出台跨境电商扶持政策，建设国家级检验检疫公共服务标准化示范基地试点，推广应用“智慧空港”核心平台“单一窗口”，实施无纸化通关、“互联网+空港e通”等举措，进一步提升空港口岸通关效率，实现进口巴氏杀菌乳通关时长减至20分钟以内、保税融资租赁飞机落地入区验放1小时以内、进出口报关单平均通关效率提高25%以上。2018年，机场口岸进口整体通关时间同比缩短29%，出口整体通关时间缩短21.4%，分别位居全国主要空港口岸进出口通关时效第一、第二位。

（五）国际交往能力不断增强

2018年9月16—18日，由广州空港经济区牵头，在广州市有关部门大力支持下，广东省机场集团成功举办2018年世界航线发展大会，其间举行开幕式、主题论坛、旅游推介、庆祝晚宴、展台展示、城市观光、嘉宾会见等20多场重要会议活动，与多家航空公司达成开通28条国际航线的合作意向（截至2019年6月30日，实际已新开国际航线15条、新开航点6个）。作为被誉为全球民航界“奥运会”和“世博会”的行业盛会，世界航线发展大会共吸引全球逾3500名嘉宾参会，会议规模创历届之最，是广州继第十六届亚运会、广州《财富》全球论坛后举办的又一个全球性大会，得到《人民日报》、新华通讯社、《南方日报》以及英国《金融时报》、CNBC（美国消费者新闻与商业频道）等国内外媒体关注点赞，进一步刷新广州国际航空枢纽的知名度和影响力。

三、广州空港经济区未来展望

广州空港经济区规划到2020年，国际航空枢纽功能基本完善，航空产业集群加快形成，示范区的重点功能区域建设初见成效，示范区内外主要通道基本建成，公共服务体系初步建立，生态环境明显改善。白云国际机场旅客吞吐量达8000万人次，国际旅客占比达到26%，货邮吞吐量达250万吨，航空产业总值400亿元以上。

到2025年，国际先进、功能完善、绿色生态、产业高端的国际临空经济示范区基本建成，示范区综合交通体系全面建成，公共基础设施和综合服务体系基本完善，生态环境显著优化，临空高端产业集群发展。白云国际机场旅客吞吐量达9000万人次，国际旅客占比达35%，货邮吞吐量达350万吨，航空及相关产业总产值突破1000亿元。

到2030年，国际航空枢纽将有望跻身全球前十，成为粤港澳大湾区对外主要通道和21世纪海上丝绸之路航空门户。

（一）充分发挥明显区位优势，进一步提升国际航空枢纽竞争力

广州白云国际机场是中国三大国际航空枢纽之一，其旅客吞吐量等主要指标仅次于北京、上海，稳居全国第三。作为华南地区的核心枢纽机场，为了紧抓航空市场快速发展的机遇与应对挑战，对自身发展提出更高要求。一是将加快推进白云机场三期扩建（第四、第五跑道和T3航站楼），尽快引入高铁，加快新白广等城际铁路建设，构筑粤港澳大湾区快速交通网络和现代化的综合交通运输体系。二是加强国际城市交流与合作，拓展广州白云机场航线网络覆盖，打造通达欧洲、北美洲、大洋洲、非洲和南美洲的国际运输通道。三是推动共建共享共治，继续提升机场服务水平，在航站楼旅客出发、到达及中转流程、标识标志、环境氛围、卫生清洁、服务性配套设施、商业餐饮等方面不断优化服务。

（二）对标提升国际化营商环境，进一步发挥综合保税区作用

白云机场综合保税区是目前广东省唯一依托国际机场建设的海关特殊监管区域，是

广东省外向型经济发展的重要功能性平台，对粤港澳大湾区经济发展具有较大辐射带动作用。将充分发挥综合保税区功能，加紧推进唯品会、香雪、宝能等重大产业项目建成投产，着力解决空间布局不合理、仓库资源不足等问题，尽快推动CAE亚太航空培训基地、苏宁跨境电商全国枢纽、经纬集团粤港澳大湾区IMX全球臻品集散中心、摩诘高等级模拟器研发制造及飞行员培训中心落地等高端项目落户，重点引进飞机租赁、跨境电商、航空培训、展示展贸、检测维修、高端制造等产业项目，促进产业集聚发展，打造对外开放新高地。在机场海关的大力支持下，积极开展海关特殊监管区域的跨境贸易服务平台建设，全面挖掘广州市经济发展新动能。

（三）全力推进区域合作共建，进一步加快高端临空产业集聚发展

根据土地收储和基础设施建设进度，联合白云、花都两区，依托业已形成的维修制造产业基础，汇集区域合作共建能量，聚焦临空特色，加速综合保税区跨境电商、飞机租赁等新业态发展，加速推进以空港会议综合体、临空经济商业圈、总部经济园、飞机维修及飞机客机改货机基地、空港跨境电商试验园、空港国际医药物联网中心、穗佳华南空陆联运集散枢纽、顺丰速运华南（广州）快件枢纽转运中心等骨干项目（园区）建设，大力引进香港嘉里物流华南区域枢纽总部项目、顺丰大湾区国际生鲜港、GAMECO附件维修基地、九元航空生产综合保障基地项目等优质项目，全面增强空港区的竞争力、吸引力和发展力。推动空港经济区成为广州产业转型升级和高质量发展的加速器。

（四）加大改革创新力度，打造国家临空经济发展示范区

进一步加大改革创新力度，在高水平建设国家临空经济示范区、发挥白云国际机场综合保税区功能、全面复制推广自贸区政策做法的基础上，进一步加大改革创新力度，深化临空经济示范区营商环境改革试点，优化提升现代化国际化营商环境，力争形成在全国可复制、可推广的示范经验。

强化法制保障。有效整合和完善临空经济示范区建设的地方性法规和规章制度，为示范区的开发建设和改革创新提供法制保障。广州市适时制定出台《广州临空经济示范区条例》，保障示范区的规划建设、产业发展、行政服务、政策创新。加强规划征地的风险评估，妥善做好相关矛盾纠纷排查化解工作。加强白云国际机场管理，保障白云国际机场的安全运营。

推进建设用地市场化配置改革。加强示范区土地利用规划的管理，依法调整示范区

土地利用总体规划。建立农转用、土地征收审批机制。对于示范区重大项目用地，在土地规模和指标上给予倾斜，优先解决耕地占补平衡指标。探索引入实力雄厚的大型央企和综合竞争力强的民营企业参与土地一级开发。推广应用弹性年期供地、分期供地、标准厂房分割转让或出租等模式，鼓励发展多层产业厂房，允许其进行产权分割销售。创新农村集体建设用地流转和“三旧”改造项目的补偿安置方式，探索货币补偿与实物补偿相结合，实行代建物业、留成物业、入股等多种补偿安置方式。研究示范区内地块用途兼容，用地类型可实行两种或两种以上用途混合，实行整体供应。研究设立土地信托机构，开展多币种土地信托基金试点。

拓宽示范区建设投融资渠道。充分利用地方政府的债券资金，加快示范区建设。搭建示范区统一的投融资平台，建设示范区公共基础设施和公共服务项目。依托广州市航空产业投资基金，促进示范区高新技术产业快速成长，对空港跨境电商产业发展进行引导扶持。

构建专业化招商体系。建立“以产业为导向”的招商架构，统一制定招商规划并进行管理。以业务类型为依据来划分招商团队，引入行业专项负责人制，开展专项招商工作。探索与专业中介机构、非营利性组织、行业龙头企业等机构建立合作关系，共同进行招商引资工作。

完善示范区人才支撑体系。对示范区现有和引进符合广州市集聚产业领军人才政策支持条件的高端航空人才优先办理入区户口，并在职称评定、子女入学、医疗服务和资金支持等方面给予政策倾斜。建设海外高层次人才创新创业基地，实施海外创新创业人才引进优惠政策。依托广州民航职业技术学院，积极开展民航专业人才教育培训。支持民航普通高校和培训机构在示范区开展校企合作技能人才培养、设置考试考点及岗位技能鉴定机构，并给予相关税收优惠。面向全球招聘高级管理人才和市场运营人才，组建示范区专家咨询委员会、产学研联盟、法律服务团等智库机构，与国内外高校等进行“区校合作”。

广州国际航空枢纽建设使命光荣、任重道远，广州空港经济区将不忘初心、牢记使命，抢抓机遇、真抓实干，把广州市委“1+1+4”工作举措落到实处，奋发有为，实现老城市新活力，全面推动国际航空枢纽和临空经济示范区建设工作再上新台阶。

（参编人员：余奇颖　张亚光）

第二十八章

新中国成立以来广州党的建设

新中国成立以来，广州始终站在中国对外开放的前沿，经济社会飞速发展，城乡面貌发生巨变，居民生活安康幸福，陆海内外交流活跃，城市综合实力位居全国前列，实现从千年商都到世界一线城市的历史性跨越，创造了世界城市发展史的伟大奇迹，向国内外提供了老城市不断焕发新活力的成功样本。作为国家中心城市和国际大都市，广州经济社会发展的辉煌成就，既是党中央治国理政取得伟大成就的缩影，也是广州党建工作服务市委中心工作取得显著成效的见证。

一、1949—1978年：社会主义革命和建设道路探索时期

1949年10月14日，广州解放，标志着广州进入一个崭新的历史时期。同年10月24日，中共广州市委恢复设置。在广州市委的领导下，接管城市、组建政府、巩固政权，带领人民进行各项社会改革，消除污秽、发展生产、恢复经济，广州人民奋发图强，逐步建立起独立的、比较完整的工业体系和国民经济体系。翻身得解放的广州人民，焕发出建设社会主义的高涨热情，绘就最新最美的画卷。

（一）解决新民主主义革命遗留问题，完成社会主义改造

广州解放初期，面临着极为复杂的政治和经济形势。根据中央的部署，广州市委首要任务是召开全市党员大会，明确形势任务，统一思想共识，建立起各级政权机构和群团组织，为有序开展工作奠定组织基础。1949年10月30日，市委召开广州地下党员以及从老解放区和香港来的共产党员参加的地方党员大会，明确提出三大任务：巩固革命秩序，肃清匪特；密切联系群众，团结各阶层的革命人民，孤立反动派；团结广大

人民群众，大力发展生产。这为市委统揽全局、协调各方提供了阶段性指引。三大任务的完成为进行社会主义改造奠定了坚实的政治基础和组织基础。

1. 高度重视党的组织建设和思想建设

市委恢复设置后，率先设立组织部、宣传部和社会部，筹办党员训练班和党刊，动员带领广大党员虚心学习，不骄不躁地工作，努力实现党的任务。随即成立28个区的中共区工委和67个基层党组织。1950年6月，随着区的建制由28个调整为16个，区工委的组织机构也相应调整。此后，广州市的区域划分不断变动，党的组织机构亦随之调整。从1949年10月到1955年10月，广州市先后召开5次党员代表会议。1956年6月，召开中共广州市第一次代表大会，选举产生中共广州市第一届委员会。由此开启全面执政条件下党的建设的新探索。

2. 解决新民主主义革命遗留问题，恢复国民经济

广州市委领导人民，医治战争创伤，恢复经济，肃清残余匪特，扫除地下钱庄，稳定金融物价，取缔赌馆、烟馆、妓院，采取以工代赈的办法，安置救济失业工人，收容遣送国民党的散兵游勇，安定社会，组织生产。与此同时，市委根据中央的统一部署，开展了民主改革、“三反”(反贪污、反浪费、反官僚主义)、“五反”(反行贿、反偷税漏税、反盗窃国家资财、反偷工减料、反盗窃国家经济情报)、抗美援朝、土地改革、镇压反革命等运动。到1952年底，全市的工业生产总值比1949年增长70%，胜利完成了恢复国民经济的任务，解决了新民主主义革命的遗留问题。

3. 逐步明确广州建设工业城市的战略目标

新中国成立初期，广州是沿海城市，地处国防前线，不是国家经济建设的重点地区，苏联支援中国建设的156个重点项目无一落户广州。因而广州市的工业地位，从经济恢复时期的仅次于上海、北京、天津，变为“一五”计划时期逐步落后于武汉、沈阳等城市。“一五”计划期间，广州逐步明确建设工业城市的战略目标。1954年5月，中共广州市第四次代表会议号召全市党员干部要有足够信心和决心，把广州由消费城市建设成为社会主义的工业生产城市。市委在广泛调查研究的基础上，结合贯彻落实过渡时期总路线，在有序推进对农业、手工业和资本主义工商业的社会主义改造的同时，重点规划广州工业中心、商业中心和交通中心建设，新建扩建一批重点项目，并对城市空间布局进行新的规划，为把广州建设成为华南工业城市奠定了坚实基础。广州市“一五”计划提前一年超额完成，工农业总产值平均每年递增17.9%，高于同期全国平均水平。

（二）在艰难探索中整顿提高，经受住严峻的考验

1956—1966年，是中国全面开始建设社会主义的十年。经过党和人民的共同奋斗，克服种种困难，广大人民群众参与社会主义建设热情高涨，广州经济发展取得许多重要成就，社会事业有了重大发展，为后来发展现代化奠定初步基础。

在“文化大革命”中，尽管国民经济和社会事业受到破坏，但是广州党的组织、广大党员和全市人民，经受住了严峻的考验。这个时期，广州党建工作有三个亮点。

1. 艰难探索社会主义道路

历史是连续的生动的丰富的发展着的客观进程。在1960年和1972年两次纠“左”中，市委坚决贯彻落实中央方针，大大压缩重工业的投资，增加农业、轻工业和手工业的投资，使国民经济中的农、轻、重的比例趋于合理。在农村，着重调整人民公社内部的关系，实行以生产队为基础的三级所有制，批判、清理“共产风”，开放农贸市场，允许农民搞家庭副业和自留地，取消公共食堂等。在这个过程中，广州市委着重抓干部的理论学习，加强思想教育，通过干部轮训，发扬民主，总结经验，改进作风，密切联系群众。经过一系列的措施，经济形势很快好转，工农业生产迅速恢复和发展，市场供应好转，人民生活得到改善。特别是那些在生产第一线的党员和干部，与广大工人、农民在一起，坚守工作岗位，坚持生产，克服种种困难，尽量减少因挫折所造成的经济损失和社会破坏。1975年，广州工业生产总值首次突破60亿元大关。

2. 广州实践引起中央领导的关注

20世纪50年代中期到60年代初，毛泽东八次来广州，或主持会议、调查研究，或研读论著、著述文章，探索中国社会主义建设道路。从毛泽东在广州的活动与思考，可见中国社会主义建设的凯歌行进和曲折探索。1954年11月，毛泽东一行从北京乘专列到达广州，主持中央工作会议，修改和审定我国国民经济发展的第一个五年计划。1955年12月，毛泽东再次来到广州，主持编写《中国农村社会主义高潮》一书，该书的出版直接推动农业合作化运动持续发展，掀起社会主义高潮。1956年5月，毛泽东抵达广州进行为期近一个月的视察。1958年是毛泽东到广州次数最多的一年，1月、4月、12月，他先后三次来到广州视察；4月30日，他视察广州市郊的棠下农业合作社，参观广东省农具改革展览会，深入群众，对群众的首创精神表示赞赏。1960年1月27日到3月9日，毛泽东在广州待了一个多月，审编《毛泽东选集》第四卷，主持中央军委扩大会议。1961年2月、3月，毛泽东在调查研究的基础上，在广州主持召开中央工作会议，要求全党注重调查研究，讨论和解决农业问题，为国民经济调整工作的顺利开

展奠定了基础，有力地促进了经济形势的好转。

3. 广州英雄城市赋予新的内涵

广州是一座英雄城市，有着深沉的红色基因。在社会主义建设时期，广州涌现了许多模范人物。他们艰苦奋斗、奋发图强的精神，鞠躬尽瘁、默默奉献的品质，影响了一代又一代广州人民。扑火英雄向秀丽和世界冠军容国团就是他们中的杰出代表。2009年9月，在中宣部、团中央等11个部委联合组织的“双百人物”评选活动中，向秀丽和容国团入选“100位新中国成立以来感动中国人物”。崇尚英雄、学习英雄事迹，在广州蔚然成风。正是这些英雄和楷模成就了独特的广州红色文化。广州这座英雄城市所培养出的英雄儿女，在任何困难中都决不低头，在任何困苦面前都能昂首挺过。英雄的广州永远是这幅壮丽画卷中最浓墨重彩的一笔。

（三）率先推动思想解放，开始改革开放的早期探索

1976年10月粉碎“四人帮”，“文化大革命”结束。广州市委根据中央和广东省委的部署，领导全市党员和群众，深入开展揭批“四人帮”的斗争，并开始拨乱反正和改革开放的早期探索。

1. 清除“左”的思想障碍

党的十一届三中全会前后，广州市委组织广大党员干部，破除“左”的思想束缚，在各条战线贯彻落实中央政策、平反冤假错案。以后又在实行改革开放的实践中，不断总结经验，继续清除“左”的思想障碍，使党的十一届三中全会以来的路线方针政策得到贯彻。认真落实党的干部政策、知识分子政策、统战政策和侨务政策，落实被“疏散”人员回城复户工作。全市复查并平反冤、假、错案8175件，被错划为右派的4894人全部得到改正。在这一期间，市委对人事、干部制度方面进行重大改革。按照干部“四化”（即革命化、年轻化、知识化、专业化）的要求，对区、县、局以上的领导班子作了较大的调整，挑选一批德才兼备、年富力强的干部进入各级领导班子，为实现新老干部的合作与交替，推动广州率先改革开放作了政治上、思想上和组织上的准备。

2. 坚持解放思想

1977年11月邓小平视察广州时的讲话，点燃中国改革开放的“第一把火”。邓小平在广州视察期间，发表一系列重要谈话，内容涉及农业、工业、旅游外贸等方面，具有很强的针对性。他明确指出，要把党的工作重心转到经济建设上来，要以经济建

设为中心。这为广州率先进行改革开放的初期探索提供了理论基础。在邓小平讲话精神的鼓舞下，广州尊重基层首创精神，率先大胆开始改革探索。这个时期，市委适时推动三个方面的改革探索，奠定改革开放广州先走一步的重要地位，也充分反映出党领导的正确性。

3. 结合实际推动三项改革

一是推动农副产品流通体制改革，率先推行“产销见面、议价成交”的蔬菜购销体制改革，与此同时放开农副产品市场。影响最大的是水产品市场的开放，尤其是1978年12月开办的广州河鲜货栈，具有标志性意义。二是推动商业企业改革。以广州市副食品公司十甫商店为例，1978年春季广交会期间，十甫商店摆在橱窗陈列的四只熊掌，被广州酒家买去用于招待外宾。这个轰动事件在商店党支部内部引发大讨论：经营高档商品是不是背离社会主义商业方向？顾客到柜台有“迎声”、询问有“答声”、离开有“送声”是不是低三下四？企业建章立制是不是“作茧自缚”？围绕这三个问题的讨论，率先开展商业领域“姓资姓社”的大讨论，率先形成商业服务的“广州标准”。

4. 农村经营体制改革

1978年春，杨箕村搞起了“包产到户”，以两个生产队为试点，开始农村土地承包改革。这在当时引起轩然大波。上级派出调查组来审查，最后尊重群众意愿，采取了默许的态度。与此同时，由于受到温饱问题困扰，从化江浦、花县（今花都）炭步等地也悄悄搞起家庭联产承包责任制。由于这些地方的探索取得较好效果，1978年8月，花县县委率先出台《关于尊重生产队自主权、落实按劳分配原则和社员家庭副业的意见》，鼓励支持农村和农民的大胆创新。

二、1978—2012年：中国特色社会主义道路的探索发展时期

改革开放以来，广州领全国风气之先，坚持解放思想，实事求是，敢闯敢试，以杀出一条血路的勇气，以开放促改革，以改革促发展，经济总量长期居于全国城市第三。可以说，这是广州经济、政治、文化、社会、生态文明建设快速发展的时期，是城市建设和城市发展取得引人注目成就的时期，是广州在世界先进城市体系中构建竞争力的时期，是城乡居民生活水平显著提高的时期，也是率先探索创新基层党建工作的时期。这

个时期，广州不断探索在改革开放和实行社会主义市场经济条件下党的建设新思路，为全国提供可复制推广的有益经验。

（一）建立首个合资企业党组织，探索党的建设的基本规律

从1978年12月党的十一届三中全会到1989年6月党的十三届四中全会这11年间，以邓小平同志为核心的第二代中央领导集体把马克思列宁主义、毛泽东思想创造性地运用于当代中国，创立邓小平理论，在开辟中国特色社会主义新道路的历史进程中开创了党的建设新的伟大工程。党的十一届三中全会果断停止“以阶级斗争为纲”的政治路线，将党的工作重心转移到经济建设上来，开启了改革开放历史新时期，也开启了党的建设的历史新时期。在改革开放条件下加强党的建设，首先面临的问题就是，既要坚持党的建设传统优势，又要根据改革开放新形势的要求创新党建工作理念和方式。处理好这两者的关系，对于广州这个率先改革开放的地区来说，成为摆在市委面前的一个全新的课题。广州适应改革开放新要求，不断调整党的建设工作思路。1985年，广州率先在中国大酒店、花园酒店等合作企业中建立党组织，尝试依托工会开展党的工作。1986年9月，广州率先由“民选、民提、民评、民奖”的方式评选广州“十大杰出公仆”。这个时期，广州加强党建工作的系列创新在全国可圈可点，得到中央的高度评价。通过这个阶段的探索，以加强和改进党的建设为先导推动广州改革开放，在广州改革开放的实践中加强和改进党的建设，实现改革开放与党的建设良性互动，广州市委逐步探索出在改革开放条件下加强党的建设的基本规律。1990年，广州城市综合实力跃居全国第三位，仅次于北京、上海。

（二）首创党委党建工作责任制，形成党的建设的整体布局

从 1989 年 6 月党的十三届四中全会到 2002 年 11 月党的十六大这 13 年间，党中央高举邓小平理论伟大旗帜，坚持改革开放、与时俱进，创立“三个代表”重要思想，在全面开创中国特色社会主义事业新局面的历史进程中把党的建设新的伟大工程成功推向了 21 世纪。1992 年春天，邓小平再次南下广东，就关系到党和国家前途命运的重大问题，发表了重要谈话，为坚持党的领导，加强党的建设，毫不动摇坚持改革开放，建立和探索社会主义市场经济体制指明了方向。邓小平南方谈话，标志着我国改革开放进入一个新的阶段。在改革开放面临重大选择的历史时期，广州市委认真学习邓小平理论，坚持从实际出发，比较早地自觉地按照市场经济规律办事，在经济运行机制和管理

方法等方面大胆借鉴发达国家和地区，注重实干，注重实绩，讲求实效，坚持在改革中求发展，在发展中求稳定，在保持稳定的前提下促进改革和发展，站到了实行社会主义市场经济的前沿，再次赢得改革发展的难得机遇。广州从建立健全党建工作制度入手，明确党委和政府要把贯彻落实市委加强党的建设规划纲要同抓好经济建设和其他各项工作紧密结合起来，毫不动摇地落实党建工作责任制。按照党建工作责任制，各级党委和政府党组每半年召开一次例会，专门研究党建工作。多年来，市委一直坚持做到“三个一”，即每年召开一次党建工作会议，研究部署党建工作。每年开展一个主题活动，发挥党组织的战斗堡垒作用和党员的先锋模范作用。每年开展一次党建和党风廉政建设大检查，总结推广先进经验，采取措施解决存在问题。通过这个阶段的探索，适应建立社会主义市场经济体制的要求，从思想建设、组织建设、党风廉政建设等方面，探索解决党的建设面临的新情况、新问题，形成了既符合中央要求又具有广州特色的党的建设整体布局。

（三）首次聘用党建工作指导员，推动党的建设的改革创新

从2002年11月党的十六大到2012年11月党的十八大这10年间，党中央抓住我国加入世界贸易组织的重要战略机遇期，扎实推进经济建设、政治建设、文化建设和社会建设，着力完善社会主义市场经济体制，推动经济社会科学发展，创造性提出科学发展观，丰富和发展邓小平理论和“三个代表”重要思想，为在全面改革开放和完善社会主义市场经济体制条件下全面建设小康社会、夺取中国特色社会主义新胜利提供了行动指南。广州市委坚持以党的创新理论为指导，在推动广州经济社会发展中坚持党建工作重心下移，把更多资源投向基层，努力使基层党组织成为推动发展、服务群众、凝聚人心、促进和谐的坚强战斗堡垒。严格落实基层党建工作责任制，全面推进国有企业、农村、社区、机关、学校党的建设，首次聘用党建工作指导员，指导非公有制经济组织、社会组织党组织建设。优化基层组织设置，积极探索把支部建立在产业链、楼宇、协会等模式，不断创新基层组织服务载体、活动方式，切实提高党的基层组织和工作的覆盖面、渗透力和影响力。适应社会服务管理体制创新需要，推进城市基层区域化党建工作。健全城乡基层党组织互帮互助机制，构建城乡统筹的基层党建新格局。深入推进创先争优活动，扎实开展“羊城先锋行动”，形成学先进、赶先进、创先进的长效机制。认真做好新时期发展党员工作，加强党员教育管理，完善流动党员管理办法，健全党员动态管理机制和党内激励、关怀、帮扶机制。严格执行党风廉

政建设责任制，深入推进惩治和预防腐败体系建设，探索形成反腐倡廉建设的“广州经验”。

三、党的十八大以来，中国特色社会主义进入新时代

党的十八大以来，以习近平同志为核心的党中央站在国家强盛、民族复兴、人民幸福的战略高度，推动中国特色社会主义进入新时代。伟大事业需要伟大工程。党中央把全面从严治党纳入统筹推进“四个全面”战略布局，从理念、思想、战略三个维度，系统回答了什么是全面从严治党和怎样推进全面从严治党这个根本问题，形成了逻辑严密、结构完整的党建理论体系，创造性发展了马克思主义党建理论，已经成为我们党治国理政、管党治党的根本遵循和行动指南。

广州市委深刻学习领会习近平新时代中国特色社会主义思想特别是习近平总书记关于全面从严治党的重要论述，认真履行管党治党主体责任，始终保持理论上清醒、政治上坚定、行动上自觉，谋划实施国家重要中心城市发展战略，着力营造风清气正、干事创业的政治生态环境，把增强群众获得感贯穿改革发展全过程，创造性推进全面从严治党在广州落地见效，为充分发挥广州作为粤港澳大湾区核心引擎功能、推动广州实现老城市新活力、实现“四个出新出彩”提供了坚强的政治保障、思想保障和组织保障。

（一）旗帜鲜明讲政治，谋划实施广州高质量发展战略

全面从严治党的核心是加强党的领导。坚持和加强党的领导，必须深入学习和自觉运用党的理论武装头脑、引领方向、指导实践、推动工作。习近平总书记指出，我们党是高度重视理论建设和理论指导的党，强调理论必须同实践相统一。我们坚持和发展中国特色社会主义，必须高度重视理论的作用，增强理论自信和战略定力。习近平新时代中国特色社会主义思想，是指导我们进行伟大斗争、建设伟大工程、推进伟大事业、实现伟大梦想的鲜活的马克思主义，是引领当代中国胜利前进的行动指南，具有强大的真理力量和实践力量。

1. 高站位大视野，谋划广州发展战略定位

理论指引方向，核心凝聚力量。广州坚持把学深悟透和坚决贯彻习近平新时代中国特色社会主义思想和习近平总书记对广州工作指示精神，与坚决维护以习近平同志

为核心的党中央权威紧密结合起来，坚持“四个自信”，牢固树立“四个意识”，自觉践行新发展理念，时时处处与党中央决策部署进行对表对标，主动对接中央和省委的发展战略，围绕建设国家中心城市的主题主线积极作为，强化城市综合功能和省会城市辐射带动作用，提升国家中心城市功能，使广州能在全球城市体系中扮演更加重要的角色。广州主动适应和引领经济新常态，抓住世界新一轮科技革命的难得机遇，着力深化供给侧结构性改革，推动以创新驱动发展为引领的经济结构战略性调整，坚持“以大项目集聚大产业、以大服务推动大发展”，大力发展新一代信息技术、人工智能、生物医药等战略性新兴产业，坚持把广州发展推向新高度、新境界。世界经济论坛主席施瓦布称赞：“广州是第四次工业革命的最佳实践地。”

2. 悟精髓学方法，形成科学工作推进路径

学习贯彻习近平新时代中国特色社会主义思想，要学思践悟其蕴含的马克思主义世界观方法论，提高战略思维能力、综合决策能力、驾驭全局能力，不断改进工作作风和工作方法，增强工作的原则性、系统性、预见性、创造性。近年来，广州市委通过举办专题培训班、党委中心组学习、规划建设全市新时代文明实践中心等多种方式，引导干部胸怀大局、把握大势、着眼大事，主动在全球城市体系中找标杆，从国家大战略中找动力，从区域发展中找动力，从全球发展要素配置和国际产业分工中找动力，增强了直面问题的勇气和化解难题的智慧。引导干部在推进工作中坚持顶层设计和切实管用相结合、战略定力和精准发力相结合、统筹兼顾和重点突破相结合、长远谋划和及时见效相结合，为认识问题、分析问题、解决问题提供了有效管用的“钥匙”。引导干部面对改革的复杂形势和繁重任务，既抓重要领域、重要任务、重要试点，又抓关键主体、关键环节、关键节点，还善于突出重点、解决难点、形成创新点、找到平衡点，为创造性运用理论指导实际工作提供了有效管用的方法。

3. 抓住关键少数，强化干部战略执行能力

政治路线确定之后，干部就是决定性因素。领导干部是我们党执政的骨干力量，也是管党治党的组织者、推动者和实践者。全面从严治党，关键是要抓住领导干部这个“关键少数”。广州市委紧紧抓住关键少数，鼓励干部担当作为，强化干部战略执行能力。只有坚持求真务实，强化战略执行，才能把战略决策变成行动，把美好蓝图变为现实。只有坚持科学管理，强化问题导向、底线思维，才能善于运用专业素养来推动工作落实。在实际工作中，广州紧紧抓住关键少数，举办全市正局级以上领导干部专题培训班、全市年轻干部加强党性修养专题培训班、全市优秀年轻干部学习贯彻习近平新时代中国特色社会主义思想培训班，改革完善干部能上能下的体制机制，加大对干部关怀激励和问责追责力度，全市党员干部勇于直面矛盾、善于解决问题、敢于担当负责，在推动重大任务攻城拔寨、重大项目落地生根、黑臭水体治理、拆除违章建筑、扫黑除恶等关键时期表现优异。

（二）从严从实抓党建，着力营造良好政治生态

党的十八大以来，习近平总书记围绕全面从严治党发表了一系列重要讲话，深刻回答了在长期执政条件下马克思主义执政党保持先进性和纯洁性所面临的一系列重大理论和现实问题，牢牢抓住管党治党的关键环节和要素，深刻回答了中国共产党人思想灵魂深处的一些根本性问题。广州遵循习近平总书记关于“直面问题是勇气，解决问题是水平”的指示精神，以问题导向对症下药，以抓铁有痕的韧劲，着力营造风清气正的政治生态环境，提升全面从严治党的整体水平。

1. 加强理想信念教育，铸牢对党忠诚之魂

理想信念，是一个政党的灵魂，是共产党人思想的根基，精神的支撑，奋斗的源泉。对党忠诚是共产党人的根本，是党保持凝聚力战斗力的基石。广州深入开展党的群众路线教育实践活动，开展“三严三实”教育，推动“两学一做”常态化教育，深入开展“不忘初心、牢记使命”主题教育，始终把加强理论学习、党性修养、弘扬红色基因作为提高党员干部思想政治素养、增强党的意识、把握精神境界，坚守共产党人精神高地的动力源泉。传承广州英雄城市的红色基因，把红色资源利用好、把红色传统发扬好、把红色基因传承好，打造一批思想内涵深刻、文化底蕴丰富、有吸引力感染力的红色教育阵地，使广大党员干部感悟培育红色基因，弘扬滋养斗志元气，追随锻造意志品质。

2. 实行责任清单管理，落实管党治党之责

全面从严治党，靠全党、管全党、治全党。在实际工作中，广州实行责任清单管理，完善管党治党工作机制，找准着力点和突破口，确保管党治党主体责任“真兑现”“硬挂钩”。“真兑现”，即制定实施落实全面从严治党主体责任约谈一把手制度。建立完善“一案双查”制度，坚持有责必问、有错必究，强化问责倒逼责任落实。“硬挂钩”，即要求各级党组织书记切实担负起第一责任人的责任，不当甩手掌柜，不开空头支票，既“挂帅”又“出征”，真正把推进全面从严治党作为应尽之责、分内之事，要求班子成员认真履行“一岗双责”，真正做到各司其职、守土有责，充分运用述职评议结果，

真正把导向立起来。

3. 规范党内政治生活，夯实基层党建之基

党要管党必须从党内政治生活管起，从严治党必须从党内政治生活严起。近年来，广州市委坚决贯彻落实习近平总书记对加强党的建设特别是基层党建工作的指示精神，紧紧围绕基层治理，把规范党内政治生活贯穿于推进城乡基层党建工作创新的全过程，探索形成以增城下围村为代表的农村基层善治新模式和以"五化五同步"为核心的超大城市基层党建新模式。增城下围村把完善村民代表会议制度作为推进党组织领导的农村基层治理法治化的核心环节，把"民主协商、一事一议"作为推进党组织领导的农村基层治理法治化的总体要求，形成了具有广州特色的农村基层治理新样本，得到中央改革办的充分肯定。广州探索形成"五化五同步"的超大城市基层党建新模式，实行区域化管理、网格化覆盖、智慧化联通、项目化推进、品牌化提升，党组织领导搭建平台、提供规则，社会力量协同参与基层治理，实现党群大合唱，构建"令行禁止、有呼必应"的基层党建格局，有效破解基层党建面临的诸多难题。

（三）坚持以人民为中心，增强人民群众获得感

以人民为中心是我们党一以贯之的政治立场。民心是最大的政治，也是检验党的建设成效的试金石。站在人民的立场，遵循人民的方向，是全面从严治党之本。全面从严治党，既是我们党管党治党的责任使命，也是人民群众的热切期待。广州坚持以人民为中心的价值取向，着力建设国际化市场化法治化的营商环境，着力建设更干净更整洁更平安更有序的城市环境，着力营造风清气正、干事创业的政治生态环境，通过同步推进三大环境建设，坚定不移把增强群众获得感贯穿改革发展全过程，得到社会各界的高度评价。"广州魄力""广州速度""广州效率"获得国际社会点赞。

1. 牢记宗旨，汇聚"正能量"

全心全意为人民服务，是我们党的根本宗旨，也是全面从严治党的根本价值取向。广州市委要求全市党员干部以"撸起袖子加油干""攻城拔寨抓落实""一锤一锤钉钉子"的实干精神，以闻鸡起舞、日夜兼程、风雨无阻的战斗姿态，"静悄悄"深入基层，了解民情，紧贴群众心头，踏踏实实为老百姓办实事、办好事，让老百姓过上幸福生活。在实际工作中，以"大项目"带动激发干部干事热情，通过推进项目落地的实效和专项整治的行动，把干部思想凝聚到实干、落实项目上，把心思集中在"想干事"上，把能力运用在"会干事"上，把力量凝聚在"干成事"上，形成上下声气相

通、左右团结和谐、干群同心同向的良好工作状态。

2. 站稳立场，破解“肠梗阻”

群众立场是决定我们党的性质的根本政治问题。坚持民生是做好经济社会发展工作的指南针，抓重点、补短板、强弱项，优化体制机制，整合资源，高标准规划建设文化、教育、医疗卫生等民生设施，扎实办好入学入托、养老、疾病预防、就医、交通、文化惠民、老旧小区和城中村改造等民生实事，推动公共服务在更高水平上实现均衡发展。基于这样的认识，广州市推行领导干部直接联系和服务群众制度，深化机关党员志愿服务，做大党员志愿服务平台阵地，推进“基层评议机关”促作风整改，充分发挥第三方评议机关作风机制、网上投诉、“曝光台”等载体的作用，切实解决群众反映强烈的“肠梗阻”和“四难”等作风顽症，确保为民服务能“一竿子插到底”，彻底打通联系服务群众“最后一公里”。

3. 执纪在前，营造“好生态”

广州市着力加强教育宣传，引导党员增强纪律意识，养成纪律自觉；坚持从严执纪，注重抓早抓小，敢于较真碰硬，坚决维护党章党纪党规的权威，在严明纪律中推动管党治党从“宽松软”走向“严紧硬”，为净化政治生态提供了坚强保证。在实际工作中，创造性推进廉洁文化“进机关、进社区、进农村、进企业、进学校”，推进“宣讲、考纪、访谈、承诺”全覆盖，形成严明纪律的浓厚氛围，将谈心提醒纳入政治生活的重要内容，使党员干部谈认识、明举措、做承诺，切实做到心中有纪、心中有责，始终以人民满意为价值依归。经过努力，全市各级党员干部的作风更实、干劲更大、状态更好。风气好带动整个社会正能量上升和文明程度提高，也使得广州能够得到更多人尤其是外来务工人员和创业者的认同，更有利于广州聚集各种经济要素，实现更好更快发展。

广州的实践证明，如果没有党中央权威和集中统一领导、没有严格的政治纪律和政治规矩、没有风清气正的良好政治生态，就会丧失创造力、凝聚力、战斗力，就会丧失执政基础和执政能力，就会严重脱离人民，就不可能担负起领导人民进行改革开放和社会主义现代化建设的历史重任。

全面从严治党永远在路上。我们要牢记嘱托，不辱使命，坚定不移推进全面从严治党向纵深发展、向基层延伸，把全面从严治党的思路搞得更加科学、更加严密、更加有效，汇聚起争当“四个走在全国前列”排头兵、奋力推动老城市实现新活力的强大精神动力和行动自觉。

参考文献：

1.中共广州市委党史研究室.中共广州党史大事记[M].广州：广东人民出版社，1991.

2.广州市档案馆.广州大事记[M].广州：广州出版社，1996.

3.中共广州市委组织部.固本强基谱新篇[M].广州：广州出版社，2007.

4.中共广东省委宣传部.改革开放三十年历史回顾与经验启示[M].广州：广东人民出版社，2008.

5.王晓玲.广州改革开放30年[M].广州：广东人民出版社，2008.

（参编人员：王超　张仙凤）